Bildung und Teilhabe

Ingrid Miethe · Anja Tervooren
Norbert Ricken
(Hrsg.)

Bildung und Teilhabe

Zwischen Inklusionsforderung
und Exklusionsdrohung

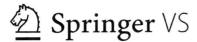

HerausgeberInnen
Ingrid Miethe
Justus-Liebig-Universität Gießen
Deutschland

Norbert Ricken
Ruhr-Universität Bochum
Deutschland

Anja Tervooren
Universität Duisburg-Essen
Deutschland

ISBN 978-3-658-13770-0   ISBN 978-3-658-13771-7 (eBook)
DOI 10.1007/978-3-658-13771-7

Die Deutsche Nationalbibliothek verzeichnet diese Publikation in der Deutschen Nationalbibliografie; detaillierte bibliografische Daten sind im Internet über http://dnb.d-nb.de abrufbar.

Springer VS
© Springer Fachmedien Wiesbaden 2017
Das Werk einschließlich aller seiner Teile ist urheberrechtlich geschützt. Jede Verwertung, die nicht ausdrücklich vom Urheberrechtsgesetz zugelassen ist, bedarf der vorherigen Zustimmung des Verlags. Das gilt insbesondere für Vervielfältigungen, Bearbeitungen, Übersetzungen, Mikroverfilmungen und die Einspeicherung und Verarbeitung in elektronischen Systemen.
Die Wiedergabe von Gebrauchsnamen, Handelsnamen, Warenbezeichnungen usw. in diesem Werk berechtigt auch ohne besondere Kennzeichnung nicht zu der Annahme, dass solche Namen im Sinne der Warenzeichen- und Markenschutz-Gesetzgebung als frei zu betrachten wären und daher von jedermann benutzt werden dürften.
Der Verlag, die Autoren und die Herausgeber gehen davon aus, dass die Angaben und Informationen in diesem Werk zum Zeitpunkt der Veröffentlichung vollständig und korrekt sind. Weder der Verlag noch die Autoren oder die Herausgeber übernehmen, ausdrücklich oder implizit, Gewähr für den Inhalt des Werkes, etwaige Fehler oder Äußerungen.

Lektorat: Stefanie Laux

Springer VS ist Teil von Springer Nature
Die eingetragene Gesellschaft ist Springer Fachmedien Wiesbaden GmbH
Die Anschrift der Gesellschaft ist: Abraham-Lincoln-Str. 46, 65189 Wiesbaden, Germany

Inhaltsverzeichnis

Einleitung... 1

Grundlagentheoretische Perspektiven

**Zum Verhältnis von Allgemeinem und Besonderem
in der Allgemeinen Erziehungswissenschaft**....................... 11
Das Thema der Inklusion als Herausforderung
Anja Tervooren

Teilhaben – Teil sein – Anteil nehmen............................ 29
Anthropologische Argumente der Zugehörigkeit
Cornelie Dietrich

Verletzlichkeit und Teilhabe..................................... 47
Carsten Heinze

Teilhabe und Teilung.. 65
Ralf Mayer

**„Bildungsbiographien" als Norm und Leistung
gesellschaftlicher Teilhabe**...................................... 87
Biographietheoretische Perspektiven
Bettina Dausien

Inklusion im Widerstreit 111
Eine kritische Analyse des Inklusionsbegriffs im Kontext
antagonistischer erziehungsphilosophischer Mindsets
Martin Harant

Gesellschaftstheoretische Perspektiven

Europäische Wissenspolitik der Bildung 133
Edgar Forster

Bildung als Kunst, sich zu entziehen 157
Vom Verweigern, Desertieren, Abfallen und Aussteigen
Christian Grabau

Partizipationskapitalismus 179
Bildungsphilosophische Überlegungen zum gesellschaftlichen Widerspruch von Bildung und Teilhabe
Daniel Burghardt

Migrationshintergrund 197
Überlegungen zu Vergangenheit und Zukunft einer Differenzkategorie
zwischen Statistik, Politik und Pädagogik
Kenneth Horvath

Bildung und Teilhabe im Kontext „pädagogischer Rechte" 217
Eine Exploration des normativen Rahmens Basil Bernsteins Bildungssoziologie
Hauke Straehler-Pohl und Michael Sertl

Empirische Perspektiven

Omnes omnia omnino? 243
Bildung zwischen Allgemeinem und Besonderem
Christine Demmer und Dorle Klika

Inklusion oder Teilhabe nach Plan? 259
Über die Pädagogisierung eines politischen Anliegens im Kontext ‚frühkindlicher Bildung'
Christine Thon und Miriam Mai

Möglichkeitsräume und Teilhabechancen in Bildungsprozessen 279
Merle Hummrich, Astrid Hebenstreit und Merle Hinrichsen

Struktur und Agency 305
Über Möglichkeiten und Grenzen erziehungswissenschaftlichen Fallverstehens im Kontext sozialer Teilhabe
Andrea Liesner und Anke Wischmann

Autor_innen und Herausgeber_innen 323

Einleitung

Die Themen Bildung und Teilhabe werden seit Jahrhunderten miteinander verbunden und gleichzeitig aufgrund ihrer wechselseitigen Verschränkung immer wieder auch kontrovers diskutiert. Bereits Comenius (2008/1657) wies, dem ständischen Denken seiner Zeit weit voraus, mit seiner *Didactica magna* und ihrer Forderung „Alle alles ganz zu lehren" auf die Notwendigkeit von Bildung für das Menschsein des Menschen hin – eine Potenzialität, die jedem um seiner selbst willen zur Verfügung zu stehen habe.

Spätestens seit der Französischen Revolution wird mit der Ermöglichung von und dem Zugang zu Bildung immer auch die Chance der Teilhabe an der Gesellschaft und die Möglichkeit zum sozialen Aufstieg verbunden. Die Vorstellung einer Gesellschaft, in der Menschen unabhängig vom Geburtsrecht gleichberechtigt miteinander leben und sich entfalten können, wurde als Ideal postuliert. Die in der französischen Revolution erhobene Forderung nach Freiheit, Gleichheit und Brüderlichkeit, die zunächst als universal präsentiert wurde, musste allerdings in den folgenden Jahrhunderten um Kategorien der Differenz ergänzt werden, die potenziell zum Ausgangspunkt von Ungleichheit wurden und werden, vor allem um Geschlecht, Ethnizität oder „Rasse", Behinderung, sexuelle Orientierung usw., um Teilhabe wenigstens anzustreben. Bildung in ihren unterschiedlichen Spielarten wurde also als ein wesentliches Moment betrachtet, um Teilhabe an und Gleichheit in der Gesellschaft zu ermöglichen. Erinnert sei hier beispielsweise an den bereits von de Condorcet 1792 in der französischen Nationalversammlung vorgetragenen *rapport et un projet de décret sur l'organisation générale de l'instruction publique*, der zwar von der Revolutionsregierung nicht aufgegriffen, in der Folge aber immer wieder rezipiert wurde. Die bereits in diesem Konzept entwickelte Forderung nach einer durch Bildung hervorgebrachten aufgeklärten Persönlichkeit als gesellschaftliche Aufgabe hat bis heute nichts von ihrer Aktualität eingebüßt (vgl. Dammer 1996).

Angesichts der engen Verschränkung der Bildung des Menschen mit (potenziellen) Teilhabemöglichkeiten erstaunt es nicht, dass politische Forderungen entwickelt wurden, um Bildungs- und damit Teilhabemöglichkeiten zu verbessern. So wirft beispielsweise bereits Wilhelm Liebknecht in seiner berühmten Rede „Wissen ist Macht – Macht ist Wissen" die Frage der Normativität der Bildung auf, indem er hinterfragt, welche Form der Bildung überhaupt Teilhabe ermöglichen könne bzw. welche gesellschaftlichen Veränderungen zunächst vorgenommen werden müssten bevor eine Bildung möglich wird, die auch den unteren sozialen Schichten eine wirkliche Teilhabe ermögliche (vgl. Liebknecht 1872/1974). Mit Dahrendorfs Forderung nach „Bildung als Menschenrecht" wird die Notwendigkeit einer formal-juristischen Verankerung der Möglichkeit des Zuganges aller zu Bildungsinstitutionen postuliert.

Die Tatsache, dass trotz inzwischen umgesetzter weitgehender formaler Gleichheit im Bildungssystem bis heute Ungleichheit und damit auch Nicht-Teilhabe fortgeschrieben wird, zeigt jedoch die Grenzen formal juristischer und politischer Ansätze auf und weist auf die „verborgenen Mechanismen der Macht" (Bourdieu 1992) genauso hin wie auf die Frage nach den gesellschaftlich relevant gemachten Inhalten von Bildung und dem Bildungsverständnis insgesamt.

Heute wird Teilhabe an Bildung allerorts gefordert, sei es in den aktuellen bildungs- und gesellschaftspolitischen Diskussionen um soziale Ungleichheit in allen ihren Dimensionen oder jene um Inklusion im engeren Sinne. Gerade auch in der aktuellen Debatte um den Umgang mit Geflüchteten in Deutschland werden die Fragen des Zugangs zu Bildung und die Teilhabe an den Möglichkeiten des deutschen Bildungssystem als wesentlicher Faktor einer geforderten gelingenden Integration aufgefasst.

Fast wird schon ein programmatischer Anspruch skizziert, Bildung sei bereits Teilhabe. Dabei lässt sich dieser Anspruch doppelt ausbuchstabieren: Wie kaum eine andere soziale Kategorie gilt insbesondere Bildung als Bedingung der Teilhabe am gesellschaftlichen Leben schlechthin. Nur wer gebildet ist, sei in der Lage, den Anforderungen moderner Lebensverhältnisse Rechnung zu tragen. Wenn aber Bildung auf (soziale) Teilhabe zielt, dann ist auch Teilhabe an Bildung selbst unverzichtbar und ein systemisches Erfordernis – bedeutete doch der Ausschluss aus Bildung unweigerlich den Ausschluss aus der Gesellschaft. Spätmodern aber sind beide Momente der Teilhabe als Implikationen der Bildung in Zweifel geraten: Weder vermag Bildung noch angemessen gesellschaftliche Teilhabe zu garantieren noch gilt, dass Bildung allen gleichermaßen offen steht. Die

Legitimationskrise der Bildung ist daher insbesondere eine Krise ihrer Teilhabemöglichkeiten.

In dem hier vorliegenden Band, der auf die vom 9.-11. März 2016 an der Justus-Liebig-Universität Gießen stattgefundene Tagung der Sektion „Allgemeine Erziehungswissenschaft" der Deutschen Gesellschaft für Erziehungswissenschaft (DGfE) zurückgeht, wird das Thema „Bildung und Teilhabe" grundlagentheoretisch aufgegriffen und die (Un-)Möglichkeit von Bildungsgerechtigkeit thematisiert.

In dem ersten Teil des Bandes werden grundlagentheoretische Fragen des Verhältnisses von Bildung und Teilhabe verhandelt. Dabei stehen der Teilhabebegriff in allen seinen Dimensionen und verwandte Begrifflichkeiten im Mittelpunkt.

Anja Tervooren weist in ihrem Beitrag auf die Rezeptionssituation des Themas „Inklusion" in der Erziehungswissenschaft hin: Durch die frühe Etablierung und den starken Ausbau einer Sonderpädagogik bereits seit Beginn des 20. Jahrhunderts sei die Auseinandersetzung mit der Kategorie „Behinderung" an eine Teildisziplin delegiert worden, die eine Dichotomisierung von Allgemeinem und Besonderem nach sich gezogen habe. Die Autorin arbeitet drei Rezeptionslinien in der Allgemeinen Erziehungswissenschaft heraus, denen es gelingt, das konstitutive Spannungsverhältnis von Allgemeinem und Besonderem auszuleuchten. Erstens nennt sie die historische Untersuchung der Geste des Abtrennens des Besonderen vom Allgemeinen und des Allgemeinem vom Besonderen, zweitens die Konzeption anthropologischer Bestimmungen von Allgemeinem und Besonderem und drittens werden synchrone, empirische Perspektiven präsentiert, welche sich der Herstellung von Allgemeinem und Besonderem im Feld widmen.

In dem Beitrag von *Cornelie Dietrich* wird die Qualität verschiedener Teilhabekontexte aus unterschiedlichen kulturanthropologischen Perspektiven beleuchtet, um das Theorem einer gesellschaftlichen Teilhabe durch Bildung zu problematisieren. Damit stellt die Autorin die prozedurale Dimension von Bildungs-Teilhabe im Kontext einer Vertiefung der Diskussion um Teilhabegerechtigkeit in den Mittelpunkt und diskutiert die Qualität von Teilhabeprozessen als Arten und Weisen der gemeinsamen Sinngenerierung und kulturellen Kooperation. Sie arbeitet heraus, wie verschiedene Teilhabeformen und -qualitäten zusammenspielen und merkt an, dass diese Dynamik im pädagogischen Diskurs marginalisiert zu werden drohe.

Carsten Heinze geht von der These aus, dass Teilhabe im generationalen Verhältnis nur dann theoretisch angemessen zu beschreiben ist, wenn dabei sowohl der wechselseitige Wirkungszusammenhang von Verletzlichkeit und Handlungsfähigkeit Berücksichtigung findet als auch partizipatorische Handlungen konzeptionell im Modus eines Bildungsprozesses gedacht werden. Bei der pädagogischen Gestaltung von Teilhabeprozessen griffen von daher sowohl solche Ansätze zu kurz, die aus der Verletzlichkeit des Kindes bevormundende paternalistische Eingriffe ableiten, als aber auch solche, die die Handlungsfähigkeit (Agency) überbetonten. *Ralf Mayer* entwickelt in seinem Beitrag das Verhältnis von Teilhabe und Teilung unter Rückgriff auf die politisch-ästhetische Theorie Rancières. Dieses Konzept ermögliche eine kritisch-emanzipatorische Perspektive auf normalisierende und normative Praktiken der Distinktion und der (pädagogischen) Autorisierung, der Positionierung und Partizipation.

In ihrem Beitrag zeigt *Bettina Dausien* auf, dass die Frage von Bildung und Teilhabe häufig implizit oder explizit mit einem räumlichen Modell verbunden wird, während die Zeitdimension eher vernachlässigt werde. Der Zusammenhang von Bildung und Teilhabe, so die Autorin, erfordere es jedoch, die Zeitdimension der Biographie systematisch einzubeziehen, da die Frage von Teilhabe und Ausgrenzung (auch) im Zeitrahmen individueller Lebensgeschichten wirksam werde.

Martin Harant arbeitet heraus, dass es für den Inklusionsdiskurs unumgänglich sei, leitende Vorverständnisse offenzulegen, da angesichts der Inkommensurabilität unterschiedlicher Denkhorizonte mit begrifflichen Widersprüchen zu rechnen sei. Dies wird an Konzepten im Rahmen eines realistisch-objektivistischen Denkens im Gefolge Hicks und Rands aufgezeigt und mit Girouxs *Border Pedagogy as Postmodern Resistance* kontrastiert.

Im zweiten Teil wird eine gesellschaftstheoretische Perspektive eingenommen und das Verhältnis von Bildung und Teilhabe anhand von aktuellen gesellschaftspolitischen Entwicklungen untersucht

Edgar Forster arbeitet heraus, wie sich Bildungspolitik in der Europäischen Union zunehmend auf evidenzbasiertes Wissen stütze und ein einflussreicher Forschungszweig entstehe, der die Genese und Zirkulation von Wissen untersuche. Bildungseinrichtungen, Forschungspraxis und die Disziplin der Erziehungswissenschaft werden durch wissenspolitische Entscheidungen über die Entwicklung von Indikatoren und Datapools oder die Institutionalisierung von wissenschaftlichen Netzwerken beeinflusst und somit auch gesellschaftliche Deutungsmuster von Bildung und Erziehung. Dabei verfolgt der Autor die These, dass Partizipation eine hegemoniale politische Strategie darstelle, die durch Indikatoren und Benchmarks Entscheidungsketten erzeuge und Anpassungsdruck auf die Mitgliedsstaaten der Europäischen Union ausübe.

Während in der Regel die Frage gestellt wird, wie über Bildung Teilhabe ermöglicht wird, argumentiert *Christian Grabau von* einem anderen Ausgangspunkt. Er verfolgt zum einen die These, dass Bildung auch bedeuten kann, Teilhabe aufs Spiel zu setzen, sie aufzugeben oder sogar auszuschlagen. Zum anderen wird gezeigt, dass die politische Dimension von Bildung nicht so sehr in der Ermöglichung von sozialer Teilhabe liegt, sondern in Versuchen, Abstand zu den eingespielten sozialen Mechanismen zu gewinnen und den sich mit ihnen verbundenen Zumutungen zu entziehen.

In seinem Beitrag unternimmt *Daniel Burghardt* auf der Basis von Heinz Joachim Heydorns Kritik der Bildungsreform der 1960er und 1970er Jahre eine Re-Lektüre aktueller Reformdiskurse. Er arbeitet die materialistischen Grundlagen der Heydornschen Bildungstheorie heraus, um heutige Debatten um Inklusion und Heterogenität ideologiekritisch rahmen zu können und vor allem das Verhältnis von sozialer Ungleichheit und deren meritokratischer Begründung zu untersuchen. Vor dem Hintergrund von Boltanski und Chiapellos Studie eines normativen Wandels von Kapitalismuskritiken bietet der Autor eine Neubewertung der Heydornschen Theorie an.

Ken Horvath diskutiert, wie sich die aktuell weit verbreitete Kategorie des Migrationshintergrunds herausgebildet hat. Als Heuristik arbeitet er mit dem Konzept der Differenzordnung und lenkt so die Aufmerksamkeit auf das Wechselspiel von symbolischen Grenzziehungen und sozialen Macht- und Ungleichheitsordnungen. So deutet er den „Migrationshintergrund" als implizit ethnisierende Differenzkategorie, die sich jedoch gerade aufgrund ihrer Unentschiedenheit und Mehrdeutigkeit durchsetzen konnte. Der Autor weist auf diese Instabilität hin, die Anlässe schaffe, über Formen der Problematisierung von Bildungsverhältnissen nachzudenken, die nicht auf essenzialisierende und naturalisierende Kategorisierungen zurückgreifen.

Der Beitrag von *Michael Sertl und Hauke Straehler-Pohl* expliziert den normativen Horizont der Theorie des pädagogischen Dispositivs und der pädagogischen Codes nach Basil Bernstein. Grundlage dafür bildet die Explikation der theoretischen Konzeption Bernsteins, die vor allem anhand des Konzeptes der pädagogischen Rechte ausbuchstabiert wird. Anhand empirischen Materials in Form von Vignetten aus dem Mathematikunterricht wird empirisch-rekonstruktiv dargestellt, wie pädagogische Rechte vorenthalten oder auch eingelöst werden. Abschließend wird der theoretische und methodologische Rahmen der Weiterentwicklung einer zwischen Theorie und Praxis vermittelnden „Soziologie des Unterrichts" diskutiert.

Mit den jeweiligen theoretischen Konzeptionen und Konstellationen des Verhältnisses von Bildung und Teilhabe ergibt sich die Notwendigkeit, aber auch die Chance, die jeweiligen empirischen Zugänge zu diesen Dimensionen neu zu konzipieren. Umgekehrt bieten empirische Forschungen Möglichkeiten, theoretische Debatten zu inspirieren. Entsprechend werden im dritten Teil des Bandes empirische Perspektiven auf die Untersuchung des Zusammenhangs von Bildung und Teilhabe eingenommen.

Christine Demmer und *Dorle Klika* zeigen auf, wie die aktuelle Diskussion um Inklusion die Allgemeine Erziehungswissenschaft erneut und verstärkt mit Anfragen nach der Beschaffenheit des Verhältnisses von Allgemeinem und Besonderem konfrontiert wird und rekonstruieren die historische Entwicklung des Diskurses um Behinderung. Mit einem biographie- und bildungstheoretisch ausgerichteten Zugang werden lebensgeschichtliche Narrationen von Frauen mit körperlicher Beeinträchtigung untersucht und vor allem auf Bildungsprozesse in den Bereichen Schule, Familie, Partnerschaft und Berufstätigkeit fokussiert. Die Autorinnen arbeiten heraus, wie die biografischen Erzählungen sowohl auf das ‚besondere Allgemeine' und das ‚allgemeine Besondere' fokussieren und dass soziale Teilhabe als aktiver und kontextbedingter Aushandlungsprozess aufgefasst werden muss.

Bildung im Elementarbereich, so *Christine Thon* und *Miriam Mai* wurde in der letzten Dekade auch deshalb so intensiv thematisiert, weil sie eng mit dem politischen Anliegen verbunden wurde, Bildungsbenachteiligungen im Lebenslauf früh entgegenzuwirken. Argumentiert wird von den Autorinnen, dass in der frühen Bildung und ihren aktuellen Programmatiken, die mit den Begriffen Inklusion und Teilhabe arbeiten, soziale Ungleichheit pädagogisiert wird. Vor dem Hintergrund von Laclau und Mouffe wird diese Pädagogisierung als diskursive Artikulation gefasst, um in einem zweiten Schritt auf der Grundlage der Analyse unterschiedlicher Dokumente einer Kindertagesstätte zu fragen, in welches Verhältnis Inklusion und Teilhabe zu Bildung gesetzt werden.

Der Beitrag von *Merle Hummrich, Astrid Hebenstreit* und *Merle Hinrichsen* fokussiert Teilhabechancen in Bildungsprozessen in schulischen und familialen Kontexten aus einer mehrebenenanalytischen Perspektive. Auf Basis zweier Fallstudien wird das theoretische Modell des Möglichkeitsraumes empirisch ausgelotet und theoretisch weiter begründet. Dieses Modell, so die Autorinnen, ermöglicht die Untersuchung von Teilhabechancen „als durch Platzierungen und Verortungen im Kontext eines (Sozial-)Raumes bedingte (Handlungs-)Optionen der Partizipation an Bildung ... die sich im Spannungsfeld von Inklusion und Exklusion eröffnen oder verschließen."

Das Verhältnis des handelnden Subjekts und den strukturellen Bedingungen seines Handelns markieren *Andrea Liesne*r und *Anke Wischmann* als zentrale Grundlage der Diskussion um Teilhabe und widmen sich vor diesem Hintergrund der Untersuchung von Lernprozessen. Zunächst werden soziologische Konzepte des Structure-Agency-Verhältnisses vorgestellt und Ansätze der Positionalität der Forschenden reflektiert. Anhand eines Interviews mit einer Zwölfjährigen wird rekonstruiert, wie die Lernerfahrungen des Mädchens und deren Beschreibungen durch rassistische Strukturen gerahmt werden. Die Interaktion im Interview wird im Kontext struktureller Verhältnisse reflektiert und gezeigt, wie diese gleichzeitig benachteiligen sowie privilegieren und vor allem festlegen, was als sagbar gilt und zum Gegenstand der Forschung gemacht werden kann.

Als Herausgebende danken wir allen Autorinnen und Autoren dieses Bandes für ihre Beiträge. Wir bedanken uns auch bei Fiona Sinkel für die redaktionelle Überarbeitung. Wir hoffen, die aktuellen Diskussionen über das Verhältnis von Bildung und Teilhabe aus grundlagen- und gesellschaftstheoretischer Perspektive angeregt sowie konkrete weiterführende empirische Vorschläge unterbreitet zu haben, um diesen alte und gleichzeitig aktuellen Zusammenhang zu analysieren.

Für die Herausgebenden
Ingrid Miethe und Anja Tervooren

Literatur

Bourdieu, P. (1992). *Die verborgenen Mechanismen der Macht*. Schriften zu Politik und Kultur 1, herausgegeben von Margarete Steinrücke. Hamburg: VSA.

Comenius, J. A. (2008) [zuerst 1657]. *Große Didaktik: Die vollständige Kunst, alle Menschen alles zu lehren*. 10. Aufl. herausgeben und übersetzt von Andreas Flitner. Klett-Cotta.

Dammer, K.-H. (1996). Condorcet. Über einen Klassiker der Pädagogik und die Gründe für seine Unvergänglichkeit. In: *Pädagogische Korrespondenz*, 17, S. 36-52.

Liebknecht, W. (1872/1974). Wissen ist Macht – Macht ist Wissen. In: Wilhelm Liebknecht. *Kleine Politische Schriften*. Herausgeben von Wolfgang Schröder. Leipzig.

Grundlagentheoretische Perspektiven

Zum Verhältnis von Allgemeinem und Besonderem in der Allgemeinen Erziehungswissenschaft

Das Thema der Inklusion als Herausforderung

Anja Tervooren

Nachdem sowohl in konkreten bildungspolitischen Debatten als auch in erziehungswissenschaftlichen Diskussionen um „Inklusion" lange Zeit weitgehend mit Argumenten auf der Ebene von Moral und Ethik gearbeitet wurde, werden diese mit der Ratifizierung der UN-Behindertenrechtskonvention durch die Bundesrepublik Deutschland im Jahre 2009 in Rechtsansprüche umgewandelt und verändern das bundesdeutsche Bildungssystem tiefgreifend. Was durch den Begriff der Inklusion aktuell repräsentiert wird, ist nicht nur die Legitimität der Forderung zur grundlegenden Teilhabe aller, sondern die Selbstverpflichtung einer Zivilgesellschaft, diese in allen Bereichen öffentlichen und privaten Lebens herzustellen. Die Notwendigkeit zur Teilhabe aller und die Bereitschaft all dieser für eine Teilhabe werden dabei vorausgesetzt. Das Bildungssystem steht in diesem Prozess besonders im Fokus, weil es zum einen selbst inklusiv werden und zum anderen auf diese Weise die notwendigen inklusiven Haltungen befördern soll.

In den internationalen Konventionen und Vereinbarungen, über die der Inklusionsbegriff maßgeblich Eingang in den politischen und pädagogischen Diskurs fand, vor allem in der Salamanca-Erklärung „Pädagogik für besondere Bedürfnisse" von 1994, wird mit einem breiten Inklusionsbegriff gearbeitet, in dem alle Formen von Ausschließung aus dem Bildungssystem adressiert werden. Die UN-Behindertenrechtskonvention, die dem Inklusionsbegriff zum endgültigen Durchbruch verholfen hat, stellt die Rechte der Menschen mit Behinderung in den Vordergrund und arbeitet eher mit einem häufig so genannten „engen" Begriff von Inklusion. Wenn dieser Position auch von vielen Seiten zu Recht eine Verengung auf eine Differenzlinie unter vielen vorgeworfen wird, welcher mit dem Inklusionsbegriff immer schon entgegengearbeitet worden sei (ex. Reich 2012, Budde und Hummrich 2013, Schildmann 2016), eröffnet die Arbeit mit einen engen Begriff von Inklusion die Möglichkeit, die besonderen Bedingungen der Diskussion um Behinderung im deutschsprachigen Raum zu erschließen. Diese sind in der Spezifik des deutschen Bildungssystems[1] und in der besonderen Beschaffenheit der deutschsprachigen erziehungswissenschaftlichen Disziplin begründet, denn Allgemeine Pädagogik und Sonderpädagogik gerierten sich bis vor einigen Jahren als zwei unversöhnliche Pole, als unterschiedliche Teildisziplinen ohne große Schnittmengen. Jürgen Oelkers spezifiziert dieses gegenseitige Ausschließungsverhältnis folgendermaßen:

> „Die Sonderpädagogik hatte sich lange Zeit einer Sonderbehandlung ihrer Klientel verschrieben und in der Allgemeinen Pädagogik kamen behinderte Kinder und Jugendliche nicht vor. Das „allgemeine" war immer das „nichtbehinderte" Kind, das die Erziehungstheorie beherrschte, ohne die nötigen Unterschiede zu machen" (Oelkers 2013, S. 39).

Diese spezifische Dynamik von Allgemeinem und Besonderem, die hier als forcierte Dichotomisierung beschrieben wird und sowohl das Allgemeine als auch das Besondere verfehle, hat zu einer schwierigen Rezeptionssituation des Themas „Inklusion" in der Allgemeinen Erziehungswissenschaft geführt, die im Folgenden einer näheren Untersuchung unterzogen werden soll.

In einem ersten Schritt wird deshalb zunächst der Eingang des Inklusionsbegriffes in die erziehungswissenschaftliche Diskussion unter besonderer Berücksichtigung der Darstellung ihrer gesellschaftlichen und kulturellen Bedingungen rekonstruiert. In einem zweiten Schritt wird darüber hinausgehend die These vertreten, dass die Allgemeine Pädagogik von ihrem Beginn an den Umgang mit Heterogenität in den Mittelpunkt stellte, auch wenn dies in einer besonderen Art und Weise geschah und die Anschlussstellen zum Thema „Inklusion" nicht systematisch untersucht wurden. Ausgehend von dieser Perspektive werden drei aktuelle Arbeitsfelder der Allgemeinen Erziehungswissenschaft vorgestellt, die der Dichotomisierung entgehen oder zu entgehen suchen. Zunächst werden historische Grenzziehungen der beiden Teildisziplinen rekonstruiert und damit eine Geste des Abtrennens des Besonderen vom Allgemeinen und des Allgemeinem vom Besonderen in Erinnerung gebracht, die bis heute wirksam ist. Anschließend werden anthropologische

---

[1] Das deutsche Schulwesen ist im internationalen Vergleich nicht nur deshalb so selektiv, weil es drei-, sondern weil es viergliedrig ist und das ausdifferenzierteste System an Förderschulen weltweit bereithält, weshalb internationale Debatten um Inklusion im deutschsprachigen Raum äußerst brisant sind.

Bestimmungen von Allgemeinem und Besonderem vorgestellt, die deren Gegenüberstellung problematisieren und abschließend synchrone, empirische Perspektiven skizziert, welche sich der Herstellung von Allgemeinem und Besonderem im Feld widmen. In einem Fazit werden aktuelle Forschungsdesiderata zum Thema Inklusion als Thema der Allgemeinen Erziehungswissenschaft markiert.

1 Zur Geschichte des Begriffs „Inklusion" in der deutschsprachigen Erziehungswissenschaft

1.1 Bildungspolitisch-programmatische Debatten und sonderpädagogische Selbstkritiken

Der Integrationsbegriff, mit dem in einer spezifischen Verbindung zur Kategorie Behinderung lange Zeit das Feld besetzt und der später vom Inklusionsbegriff abgelöst wurde, taucht in der deutschsprachigen Diskussion zunächst im Kontext von Bildungspolitik auf. Seit den frühen 1970er Jahren engagierten sich Eltern behinderter Kinder für deren Besuch von allgemeinbildenden Kindergärten und Schulen (Schnell 2003). Mit dem Rückenwind der international erstarkenden sozialen Bewegungen, hier vor allem der Behindertenbewegung, die ihren Ausgang im Kalifornien der späten 1960er Jahre nahm und sich in Deutschland seit Ende der 1970er Jahre provokativ „Krüppelbewegung" nannte[2], wurden Formen der Teilhabe am allgemeinen Bildungswesen beginnend mit dem Elementarbereich bis zur Sekundarstufe II und an allen Bereichen gesellschaftlichen Lebens gefordert.

Die später so genannte Integrationsbewegung formierte sich zu einem Zeitpunkt, an dem das deutsche Sonderschulsystem quantitativ gesehen auf dem Höhepunkt seines Ausbaus angelangt war, inhaltlich aber bereits profunder Kritik

---

2 Die Behindertenbewegung, die gesellschaftliche Teilhabe jeweiliger Gruppen wie etwa der Gehörlosen (Söderfeldt 2012) oder von Menschen mit Körperbehinderung (Fuchs 2001) forderte, formierte sich bereits Mitte des 19. und im beginnenden 20. Jahrhundert. Als „Krüppelbewegung" machte sie mit öffentlichkeitswirksamen politischen Aktionen auf sich aufmerksam, blockierte etwa nicht zugängliche öffentliche Räume und Verkehrsmittel, protestierte in Allianz mit der Anti-Psychiatriebewegung für die Auflösung von Sonderinstitutionen und für ein dezentrales Wohnen im Stadtteil etc. Diese Aktionen waren immer wieder mit international organisierten Bemühungen zur Durchsetzung der allgemeinen Menschenrechte verbunden, setzten diese in Gang oder wurden von diesen flankiert (Mürner und Sierck 2009, Köbsell 2012).

unterzogen wurde.³ Die Empfehlungen der Bildungskommission „Zur pädagogischen Förderung behinderter und von Behinderung bedrohter Kinder und Jugendlicher" von 1973 wurden deshalb folgendermaßen gerahmt: „Damit stellt sie [die Empfehlung] der bisher vorherrschenden schulischen Isolation Behinderter ihre schulische Integration entgegen" (Deutscher Bildungsrat 1979, S. 16).

In der sonderpädagogischen Disziplin, v.a. in der „Lernbehindertenpädagogik" wurde sehr früh kritisiert, dass das Label „Lernbehinderung" erst durch das Schulsystem produziert werde (s. zsfd. Eberwein 1996). Anknüpfend an diese Disziplinkritik wurde der Begriff der Integrationspädagogik entwickelt, der u.a. als Brücke zwischen Sonderpädagogik und Allgemeiner Pädagogik gefasst wurde (Eberwein 1988). Einige pädagogische Entwürfe, die aktuell unter dem Vorzeichen „Inklusion" prominent werden, wurden als „Integration" bereits seit den 1970er Jahren in der Praxis und seit Mitte der 1980er Jahre im erziehungswissenschaftlichen Kontext diskutiert. Dass der englische Begriff „inclusive" sowohl in der Salamanca-Erklärung als auch in der UN-Behindertenrechtskonvention mit „integrativ" übersetzt wurde, weil nur so ein Anschluss an den deutschsprachigen Diskurs möglich schien (Flieger 1996), zeigt, wie stark der Begriff „Integration" bereits konturiert und mit spezifischen gesellschaftlichen Praktiken verbunden war.⁴

1.2 Erziehungswissenschaftliche Leerstellen

Der Begriff der „Inklusion", der aktuell als politisch-programmatischer, normativer und wenn die Ebene der Umsetzung von bildungspolitischen Reformen betrachtet wird, manchmal auch dogmatisch verwendeter Begriff wahrgenommen werden kann, findet etwa um die Jahrtausendwende verstärkt Eingang in die erziehungswissenschaftliche Debatte, wobei zwei zentrale Rezeptionslinien zu unterscheiden sind. Erstens wird Inklusion systemtheoretisch ausbuchstabiert, sozial-

---

3   Anhand von Schulstatistiken zeigt Klaus Klemm (2014, S. 628), dass im Schuljahr 1952/53 von allen zwölfjährigen Schülerinnen und Schülern der damaligen Bundesrepublik 2,0% Sonderschulen besuchten, 1960/61 bereits 3,0 % und wiederum zehn Jahre später, im Schuljahr 1970/71, 4,8 %. Zu diesem Anstieg trug bei, dass in den 1960er Jahren auch mit Hilfe der Interessenvertretung von Eltern behinderter Kinder die Beschulung von Kindern mit damals offiziell noch so genannter geistiger Behinderung durchgesetzt wurde, also die letzte aus dem Bildungswesen noch völlig exkludierte Gruppe überhaupt in das Schulsystem eingelassen wurde.

4   Im englischsprachigen Raum dagegen wurde mit dem Begriff des „mainstreaming" gearbeitet, bevor durch die internationalen Vereinbarungen der Begriff „inclusive" fast alternativlos wurde.

pädagogisch gerahmt und v.a. an die Debatten um Migration und soziale Herkunft angeschlossen (ex. Baecker 2000, Merten 2000, Schneewind und Merkens 2001). Zweitens wird der Begriff der Inklusion mit Bezug auf die internationale Debatte zum gemeinsamen Unterricht von Kindern und Jugendlichen mit und ohne Behinderungen gebildet (Hinz 2000a, Biewer 2000, 2001, Feuser 2000), vom Integrationsbegriff abgegrenzt und eine grundlegende Neukonturierung des Verhältnisses von Allgemeinem und Besonderem markiert. Während beide Rezeptionsstränge um 2000 noch etwa gleich stark vertreten sind, verschiebt sich während eines starken Anstiegs des Gebrauchs des Begriffs der Inklusion die Gewichtung deutlich in Richtung der Kategorie Behinderung.[5]

Im letztgenannten Diskussionsstrang wurde mit der Begriffswahl ein Paradigmenwechsel markiert und eine Abgrenzung zum Integrationsbegriff vorgenommen, der zunächst keine ihm inhärente Verbindung zur Kategorie „Behinderung" aufwies, sondern das Verhältnis von Zentrum und Peripherie thematisierte. Der Begriff „Integration" (lat. integrare: wiederherstellen, erneuern) markiere, dass eine Trennung von zwei Gruppen rückgängig gemacht werden solle. Dabei werde übersehen, dass auf diese Weise an der Konstruktion dieser Gruppen mitgewirkt und auf der Seite der zu Integrierenden ein Defizit platziert werde. Inklusion, auch im Wortsinn von „includere" (lat. einschließen, beinhalten), ziele eher darauf, wahrzunehmen, dass das Besondere integraler Bestandteil des Ganzen sei (Tervooren 2001, S. 209). Die Begriffe „Integration" und „Inklusion" werden dabei weniger an theoretische Debatten angeschlossen als an der vollzogenen Geste des Abtrennens des Besonderen vom Allgemeinen und vor allem ihrer Kritik orientiert. Diskussionen zu dem Thema sind von Anfang an mit der Weiterentwicklung unterschiedlicher Pädagogiken verbunden, die ihren Ausgangspunkt bei verschiedenen Differenzlinien nehmen: Geschlecht und Erfahrungen mit Migration werden neben Behinderung genannt und nach dem Wiedererstarken der Debatte um soziale Ungleichheit, die sich zeitgleich mit der Karriere des Begriffs „Inklusion" vollzog, auch diese (Prengel 1993, Preuss-Lausitz 1993, Hinz 1998, 2000).

Während die Debatten um Heterogenität und Differenz mittlerweile zu den zentralen Themen der Forschung in der Allgemeinen Erziehungswissenschaft zu zählen sind (Koller et al. 2014, Tervooren et al. 2014), beteiligt sich jene zunächst noch wenig an der Debatte um Inklusion. Dabei bleibt eine verstärkte Arbeit am Begriff der „Inklusion" dringend geboten, denn der Paradigmenwechsel, der sich seit 2000 unter dem Vorzeichen von Inklusion vollzieht, droht hinter der infla-

---

5 Die Datenbank FIS-Bildung etwa verweist für 2000 und 2001 auf fünf Einträge, die mit dem Begriff der Inklusion arbeiten, 2004 sind es 52, 2010 293 und 2015 436 Artikel, Sammelbände und Monographien, durch die das Stichwort „Inklusion" genannt wird.

tionären Verwendung des Begriffs zu verschwinden. Ein Theorieangebot, auf das in der Debatte seit ihrem Beginn zurückgegriffen wird, ist das der Systemtheorie (Stichweh 2013). Mit dieser, stark soziologisch ausgerichteten Perspektive lässt sich jedoch die pädagogische Spezifik von Situationen nicht fassen, wie etwa Hans-Uwe Rösner anmerkt (2013). Auch Heinz-Elmar Tenorth, der das Thema auf seine Historizität hin befragt, hebt hervor, dass v.a. pädagogische Reflexionsformen angemessen sind:

> „…produktiv sind vor diesem Hintergrund deshalb in unserem Kontext allein Debatten, die sich dieser Erfahrungen bedienen, und d.h. Reflexionen, die primär pädagogisch argumentieren, aber weder dominant juristisch noch primär soziologisch oder gesellschaftskritisch oder gar nur appellativ und moralisierend. Zur Destruktion von Illusionen der Legitimation oder der Machbarkeit oder der Alternativlosigkeit notwendig, sind die anderen als pädagogischen Reflexionsformen ansonsten für eine erziehungswissenschaftliche Analyse wenig produktiv" (Tenorth 2013, S. 18).

Colin Cramer und Martin Harant (2014, S. 656) fordern im Gegenteil eine interdisziplinäre Perspektive auf das Thema Inklusion ein, die sich der Dialektik der unterschiedlichen Perspektiven öffne, und sprechen sich gegen die Etablierung *einer* wissenschaftlichen Disziplin aus, um nicht Gefahr zu laufen, die Komplexität des Phänomens und der gesellschaftlichen Verhältnisse zu verfehlen. Gerade an den Universitäten mit ihren breiten Fächerspektren könnten so gesellschaftliche Disparitäten untersucht und Antworten auf die Frage entwickelt werden, wie angemessen auf Bildungsbenachteiligung reagiert werden könne (ebd., S. 657).

Der Begriff „Inklusion" selbst, wie er international und im deutschsprachigen Raum aktuell verwandt wird, umreißt also weder ein klares Phänomen noch ist er theoretisch durchgearbeitet, doch bietet diese theoretische Leerstelle gerade auch Möglichkeiten, die Debatte um Inklusion vom Allgemeinen aus zu denken und die Normativität der Pädagogik selbst zum Gegenstand zu machen.

2 Zum Verhältnis von Allgemeinem und Besonderem: Lesarten der Allgemeinen Erziehungswissenschaft

„Inklusion" beschreibt vorrangig ein Verhältnis von Allgemeinem und Besonderem, wobei mit der Wahl des Begriffs eine Perspektive markiert wird, in der das Allgemeine keine Vorrangposition vor dem Besonderen hat: Das Allgemeine ist nicht ohne Besonderes denkbar und beide sind auf das Engste miteinander verschränkt. Aufgabe einer Allgemeinen Pädagogik müsste es daher sein, das Verhältnis von Allgemeinem und Besonderem zu analysieren, ohne nur allein die eine oder andere Seite der Dichotomie zu betrachten und vor allem jenes in den Mittelpunkt zu stellen, was einer Gegenüberstellung und den mit ihr verbundenen erkenntnistheoretischen Konsequenzen entgeht.[6]

Ausgehend von diesem Befund sollen im Folgenden drei Formen der Auseinandersetzung mit dem Thema Inklusion in der Allgemeinen Erziehungswissenschaft skizziert werden, die zwar nicht explizit mit dem Inklusionsbegriff arbeiten, aber anschlussfähig an die aktuelle Debatte um Inklusion sind und Perspektiven einer Allgemeinen Erziehungswissenschaft markieren, die weiter ausgebaut werden müssten.

2.1 Historische Grenzziehungen: Diachrone Rekonstruktionen der Geste des Abtrennens des Besonderen vom Allgemeinen und die Analyse des Normalitätsdispositivs

Um In- und Exklusionsprozesse in Vergangenheit und Gegenwart zu untersuchen, ist es notwendig, einen grundlagentheoretischen Blick auf das Verhältnis von Abweichung und Normalität zu werfen und dabei die Historizität der jeweiligen Konstellationen zu analysieren. Im Mittelpunkt solch einer Perspektive steht die Erkenntnis, dass „Behinderung" ebenso wie „Normalität" historisch gewachsene und entsprechend wandelbare, kontingente Kategorien sind. Die Geste des Abtrennens des Besonderen vom Allgemeinen wird unter diesen Vorzeichen nicht stets neu vollzogen, sondern in den Mittelpunkt der Analyse gestellt.

Zu fragen wäre: Wie und auf welche Weise wird in unterschiedlichen Zeiträumen etwas als „Behinderung" konstituiert und als Phänomen gesellschaftlich etabliert? Wie wird in einem entsprechendem Zeitraum Normalität bestimmt? Wie werden darauf aufbauend institutionelle Strukturen geschaffen, in denen diese Phänomene pädagogisch bearbeitet werden? Und stärker erziehungswissenschaftlich gewendet: Wie ist die soziale und kulturelle Produktion von Behinderung mit Prozessen und Zäsuren schulischer Selektion verbunden? Dabei ist von Seiten der Allgemeinen Erziehungswissenschaft aus zu bestimmen, was zu einem spezifischen historischen Zeitpunkt als das Allgemeine und damit auch als das Besondere begriffen worden ist.

---

6   Siehe zu dieser dekonstruktiven Lesart etwa die Überlegungen von Tervooren zum „verletzlichen Körper als Grundlage einer pädagogischen Anthropologie" (2001), aber auch neuere Ansätze wie das Schwerpunktheft der Zeitschrift Inklusion online zu „Ableism: Behinderung und Befähigung im Bildungswesen" (2015) oder für diese Perspektive im angloamerikanischen Raum „Dis/ability Studies: Theorising Disablism and Ableism" von Dan Goodley (2014).

Für die Auseinandersetzung um die Kategorie Behinderung in der Erziehungswissenschaft muss in Rechnung gestellt werden, dass sie die erste war, die in der Disziplin unter einem wie auch immer beschaffenen Vorzeichen von Differenz bearbeitet wurde und deshalb einen teildisziplinären Bereich konstituierte, dessen erste Fachbezeichnung „Heilpädagogik" lautete und in der Gegenwart als Sonder-, Behinderten- oder Rehabilitationspädagogik bezeichnet wird. Aus diachroner Perspektive wären dabei also vor allem jene Scharniere zu rekonstruieren, mit denen eine pädagogische Klientel der Disziplin der Sonderpädagogik überantwortet oder auch wieder von der Sonderpädagogik zurückgefordert wurde.

Gerade im Bereich der Sonderpädagogik wurde stets eine Differenz der eigenen Klientel zu einer wie auch immer gearteten „Normalität" behauptet, um die Legitimität der sich neu etablierenden heilpädagogischen Profession zu begründen. Vera Moser führt aus, dass Anfang letzten Jahrhunderts Schülerinnen und Schüler der Volksschule aufgrund fehlender standardisierter Diagnoseverfahren durch die charakterologische Zuschreibung der Diagnose „Schwachsinn" ausgesondert wurden. Auf diese Weise brauchte die eindeutig prekäre soziale Lage der neu gewonnenen Klientel nicht explizit zur Sprache gebracht werden. Für die Ausformung der sich erst konstituierenden Profession hatte dieses Vorgehen zwei Vorteile: zum einen konnte die Klientel mit der Diagnose „Schwachsinn" nicht an die ebenfalls erstarkende Sozialreformbewegung und spätere sozialpädagogische Profession verloren gehen und zum anderen die biologistische Definition eines angeborenen Schwachsinns in den Kontext der erstarkenden eugenischen Bewegung gestellt werden (Moser 2000, S. 266 f.).

Zentraler Bestandteil solch einer Analyse der Abtrennung des Besonderen vom Allgemeinen im Kontext Allgemeiner Erziehungswissenschaft ist es, herauszuarbeiten, wie bestimmte Behinderungsformen oder Diagnosen im historischen Kontext entstehen, wie sie mit Ausprägungen des Bildungssystems korrespondieren und wie sie „behandelt" und institutionalisiert werden. James W. Trend zeigt etwa in seinem Buch „Inventing the Feeble Mind" (1986) anhand von Briefen, privaten Fotos und öffentlichen Dokumenten auf, wie „geistige Behinderung" in den letzten 150 Jahren im US-amerikanischen Kontext begriffen und Menschen über diese Konstruktion unterschiedlichen institutionellen Arrangements zugewiesen wurden.

Im deutschsprachigen Raum ist gerade im Kontext der Kindheitsforschung das Aufkommen unterschiedlicher Diagnosen untersucht und so die Konstitution von Normalitätsvorstellungen rekonstruiert worden: Doris Bühler-Niederberger hat dies etwa für die Karriere des Konzepts Legasthenie (Bühler-Niederberger 1991) und Sabine Reh für die Diagnose ADHS, deren Vorläufer sie Anfang des 20. Jahrhunderts ausmacht (Reh 2008, 2015), herausgearbeitet.

Lisa Pfahl untersucht in einer diskursanalytischen Herangehensweise die Zeitschrift des Verbands der Hilfsschullehrer „Die Hilfsschule" seit ihrer Gründung zu Beginn des 20. Jahrhunderts in Hinblick auf die Konstitution der eigenen Klientel und damit auch der eigenen neuen Profession. Pfahl arbeitet heraus, wie sich die entstehende Hilfsschulpädagogik über eine Entlastung – im Originaltext ist von „Befreiung" die Rede – der Volksschule legitimiert und dabei die Hilfsschule als Schutzraum präsentiert (Pfahl 2012). Pfahl interessiert sich für Bildungsverläufe von Sonderschulabsolventinnen und -absolventen und beschäftigt sich deshalb mit der Entstehung der Hilfsschule. Aus der Perspektive der Allgemeinen Erziehungswissenschaft wäre es aber geboten, die Diskursanalyse ebenso auf das entsprechende Publikationsorgan des Volksschullehrerverbands auszudehnen und damit die wechselseitige Beeinflussung der getrennten Konstruktion der eigenen Schülerschaft zu analysieren. Erst die Parallelen oder aber Divergenzen in den Diskursen gäben Aufschluss über das Verhältnis von Allgemeinem und Besonderen und der Konstitution eines sich als allgemein Setzenden, das Besonderheiten an andere Institutionen delegiert.

Eben dieses Scharnier nimmt Brigitte Kottmann mit ihrer Studie zu den Sonderschulüberweisungsverfahren in einem nordrhein-westfälischen Regierungsbezirk in den Blick (Kottmann 2006). Sie arbeitet auf der Grundlage von sonderpädagogischen Gutachten heraus, welche Schülerinnen und Schüler die Grundschule verlassen müssen und in welchem Verhältnis Faktoren wie Geschlecht, die soziale Herkunft und der Migrationshintergrund zu der attestierten Sonderschulbedürftigkeit stehen.

Diese Analysen des – in der zugrunde gelegten Terminologie – Besonderen bedürfen immer eine Analyse der Konzepte dessen, was als normal begriffen wurde. Gerade im Kontext der Kindheitsforschung ist die Durchsetzung und Veränderung eines Normalitätsdispositivs (Kelle und Tervooren 2008, Turmel 2008) einer intensiven Untersuchung unterzogen worden.

2.2 Anthropologische Bestimmungen von Allgemeinem und Besonderem

Anthropologie als Wissenschaft vom Menschen skizziert heute nicht (mehr), was ein Mensch sein sollte, sondern beobachtet Variationen des Menschseins und fragt, wie Grenzen des Möglichen oder Unmöglichen gezogen werden. In der Pädagogischen Anthropologie wird diese genaue Beobachtung auch auf pädagogische Konzepte und ihre Konstitution des Allgemeinen und Besonderen bezogen.

Jörg Zirfas weist schon früh auf die Problematik pädagogischer Konzeptionen von Bildung hin (1999, 2004), die häufig den Gedanken der Höherbildung, der *perfectibilité*, und des Fortschreitens in sich tragen und damit eine Orientierung an einem vollkommenen Bild des Humanen skizzieren: „Der Mensch ist zwar ein Mängelwesen, doch er befindet sich als perfektionierbarer lediglich in einem Interimstadium zwischen Mangel und Vollkommenheit; d.h. Erziehung setzt an der anthropologischen Mängelhaftigkeit an und überwindet diese in Hinblick auf Perfektion" (Zirfas 2004, S. 39). Anders als in der Tradition der Antike und des christlichen Mittelalters werde das Wirkliche in der Moderne nicht aus dem Bestehenden, sondern aus dem Fortschritt erschlossen (ebd.). Theorien der Vervollkommnung setzten aber voraus, dass das Nicht-Vollkommene negiert, abgewertet und überwunden werden solle und seien normativ angelegt. Gerade Menschen mit einer Behinderung setzten jedoch der Anrufung des Fortschritts in der Pädagogik Grenzen und erinnerten an die Unverbesserlichkeit des Menschen.

Heinz-Elmar Tenorth stellt ausgehend vom Begriff der Bildsamkeit weniger das Verhältnis von Mangel und Vervollkommnung als von Universalität und Individualität in den Mittelpunkt. Bildsamkeit als pädagogischer Grundbegriff, der sich im 18. Jahrhundert durchsetzt, bestimmt er als universale Zuschreibung an den Menschen, Fähigkeiten auszubilden, unabhängig von der Zugehörigkeit zu Gruppen, wie das bei der sozialen Herkunft oder dem Geschlecht der Fall sei, jedoch auch unabhängig von Merkmalen des Einzelnen wie etwa Leiblichkeit und Geistigkeit (Tenorth 2006, S. 19).

> „Behinderung ... ist für diese Generalprämisse der zentrale Prüfstein, das *experimentum crucis* auf die Universalitätsannahme, die der Begriff der Bildsamkeit formuliert. Am schwierigen problematischen, ja am scheinbar ausweglosen Fall muss sich die Wahrheit der pädagogischen Unterstellung und Ambition erweisen, dass sich Bildsamkeit in der Konfrontation von Mensch und Welt ereignet, notwendigerweise, sowie – und pädagogisch vor allem, – dass die Welten gefunden werden müssen, die solche Beweise ermöglichen, falls sie sich nicht wie von selbst erweisen. Bildsamkeit im Kontext von Behinderung zu erweisen, bedeutet deshalb im pädagogischen Verstande nichts anderes als die Zuspitzung des Grundproblems von Universalisierung und Individualisierung, und zwar unter kontingenten Bedingungen" (Tenorth 2006, S. 23f.).

Tenorth zieht deshalb den Schluss, dass in den Debatten um Inklusion nicht etwas Neues verhandelt, sondern ein Grundproblem der Pädagogik in neuem Gewande bearbeitet und aus diesem Grunde die bekannten Theorien und Erfahrungen herangezogen werden müssten (ebd., S. 17f.).

Das Verhältnis von Universalisierung und Individualisierung wird in der Debatte um Inklusion insgesamt aufgerufen; wenn das Thema der Grenzen der Inklusion verhandelt wird, steigert sich jedoch dessen Dynamik. In den Auseinandersetzungen um den Besuch inklusiver Schulen von Kindern und Jugendlichen mit komplexer Behinderung – in einer anderen Terminologie wird auch von schwerer Mehrfachbehinderung gesprochen – wird die Frage, was universal ist, immer wieder neu aufgerufen. Auch damit wird ein Grundproblem von Pädagogik adressiert, wenn die Frage nach der Stellvertretung vor dem Hintergrund der „Andersheit des Anderen" aufgeworfen wird (Ackermann und Dederich 2011, Wimmer 2014).

Mit der Betrachtung der Kategorie Behinderung ist jeweils notwendig die Analyse eines wie auch immer begriffenen Gegenteils verbunden. In den angloamerikanischen Disability Studies hat sich diese Perspektive schon lange durchgesetzt und wird unter anderem mit dem von Robert McRuer in die Debatte eingebrachten Begriff „compulsory able-bodiness" akzentuiert (McRuer 2006). „To be able" ist dabei eine lebenslange Anforderung an das spätmoderne Subjekt, welche vor allem zu Beginn und am Ende des Lebens, aber auch für viele während des gesamten Lebens nicht eingelöst werden kann. Damit wird auf die ambivalente Entwicklung der Spätmoderne hingewiesen ebenso wie auf die Anstrengungen in der Subjektwerdung, welche dem Individuum abverlangt werden. Hanna Meißner spricht von einer Individuationsfigur, die „Handlungsfähigkeit an eine souveräne Individualität bindet und damit auf einer Verleugnung von Abhängigkeiten gründet" (2015, Abs. 2).

Der Autonomiebegriff, der bereits unter dem Einfluss der erstarkenden sozialen Bewegungen, vor allem der Frauenbewegung spätestens seit den 1970er Jahren einer Kritik unterzogen worden ist (Nunner-Winkler 1991), wird in einer anthropologisch ausgerichteten Beschäftigung mit dem Thema der Inklusion also erneut auf den Prüfstand gestellt. Wurde zunächst – etwa von der Behinderten- und der Frauenbewegung – Autonomie für das vormals Ausgeschlossene gefordert, geriet bald eine vorausgesetzte Dichotomie von Autonomie und Abhängigkeit in die Kritik und vor allem in den Gender und Disability Studies wurden andere Konzeptionen des Verhältnisses wie Interdependenz (Brückner 2011; Tervooren 2003) oder relationale Autonomie (Mackenzie und Stoljar 2000) entworfen und weiterentwickelt.

Die Beschäftigung mit der Kategorie Behinderung rückt also neben anderen vor allem die Untersuchung des Verhältnisses von Abhängigkeit und Unabhängigkeit in den Vordergrund. Für die Erziehungswissenschaft erhalten damit die Begriffe „Erziehung" und „Sorge" wieder stärkere Aufmerksamkeit, die mit der intensiven Konjunktur des Bildungsbegriffs seit der Jahrtausendwende in den Hintergrund geraten waren. In die neue Debatte um „care" hat sich die erziehungswissenschaftliche Disziplin unter diesen Vorzeichen unbedingt einzumischen.

2.3 Synchrone Perspektiven: Zur Herstellung von Allgemeinem und Besonderem im Feld

Um In- und Exklusionsprozesse in ihrer Komplexität zu untersuchen, ist die Analyse der sie konstituierenden Praktiken – in ihren Unterschieden zu entsprechenden politischen oder pädagogischen Programmen von Inklusion – unerlässlich. In empirischen Studien, v.a. solchen, die unterschiedliche Ebenen pädagogischer Handlungsfelder in den Blick nehmen, kann rekonstruiert werden, wie in sozialen Praktiken in Bildungsinstitutionen oder in Kontexten informellen Lernens die Differenz „Behinderung", aber auch ihr wie auch immer bestimmtes Gegenteil jeweils neu relevant gemacht werden, diese sich letztendlich verfestigen und evtl. gegenseitige Ausschließungsverhältnisse etablieren. Dabei spielt die Verbindung mit anderen Differenzkonstruktionen, z.B. die Konstruktion von Geschlecht und Sexualität oder die von natio-ethno-kultureller Zugehörigkeit, eine zentrale Rolle.

Im Rahmen der US-amerikanischen Ungleichheitsforschung hat es früh entsprechende Studien gegeben, auch weil es in diesem Kontext ein entsprechend ausdifferenziertes Sonderschulsystem, wie es in der Bundesrepublik existiert, nicht gab. Mehan, Hertweck und Meihls (1986) haben mit ihrer ethnographischen Studie „Handicapping the Handicapped. Decision Making in Students´ Educational Careers" auf den Prozess der Herstellung von Behinderung in Schulen hingewiesen. Unter anderem führten sie Lehrerinnen und Lehrern videographierte Szenen aus dem Unterricht vor und ließen diese das Gesehene kommentieren. Sie arbeiten heraus, dass die Art und Weise der Einschätzungen der Lehrerinnen und Lehrer nur zum Teil auf dem Verhalten der Schülerinnen und Schüler basierte und zu einem anderem von den Kategorien, welche die Lehrpersonen in die Interaktion einbrachten, abhingen. Somit machen sie zwei zentrale Interaktionsformen aus: erstens zwischen Lehrperson sowie Schülerinnen und Schüler und zweitens zwischen letzteren und den Kategorien.

Louise Holt führt Fallstudien in zwei, vom Einzugsgebiet her unterschiedlichen inklusiven Primarschulen mit 7 bis 10-jährigen Kindern durch und kann zeigen, dass sich die Kategorie Behinderung in den unterschiedlichen Räumen verschieden konstituiert. So werden etwa Kinder mit ähnlichen „mind-body characteristics" je nach Schule, die unterschiedliche Vorstellungen einer angemessenen Entwicklung vertreten, in verschiedener Weise als behindert klassifiziert. Dies hänge unter anderem damit zusammen, dass sich die jeweilige Definition von „special educational needs" an einer Mehrheit von Kindern, demgegenüber das behinderte Kind im Vergleich größere Schwierigkeiten beim Lernen hat, orientiert. Neuere ethnographische Studien, die vor allem die sozialen Praktiken zur Herstellung der

Kategorie „Behinderung" im Unterricht in den Blick nehmen, liegen bereits einige vor (Fritzsche 2013, Schumann 2013), jedoch sollte die Arbeit in der Schul- und Unterrichtsforschung, in der Peerforschung (vgl. Tervooren 2016) sowie an anderen Orten non-formaler und informeller Bildung dringend intensiviert werden.

Allerdings besteht bislang noch eine Zurückhaltung in der empirischen – fokussiert wird hier auf qualitative Arbeiten – Auseinandersetzung mit der Konstitution von Allgemeinem und Besonderen, in welcher die Kategorie Behinderung eine Rolle spielt. Das gilt sowohl für die Allgemeine Erziehungswissenschaft, in der qualitative Forschung einen festen Bestandteil bildet, als auch für Sonder- und Inklusionspädagogik, in der sich die empirische Wende insgesamt später vollzogen hat, jetzt aber als durchgesetzt gelten kann. Allerdings liegen zahlreiche qualitative Forschungen, die nach der Produktion von Ungleichheiten meistens im Kontext von schulischen Lernkulturen fragen, vor (ex. Rabenstein et al. 2013, Sturm und Wagner-Willi 2016) und zu Arbeiten im Kontext eines breiten Inklusionsbegriffs zu zählen sind. Dabei wird zunehmend die Kategorie Behinderung neben anderen ins Spiel gebracht.

3 Fazit

Mit dem Thema „Inklusion" wird für die Allgemeine Erziehungswissenschaft keineswegs ein neues Feld betreten und vielmehr die zentralen grundlagentheoretischen Aufgabenfelder nur etwas anders konturiert, denn das Verhältnis von Allgemeinem und Besonderem und seine genauere historische, anthropologische und empirische Bestimmung ist das zentrale Thema moderner Pädagogik seit ihrer Entstehung. Wie das Verhältnis von Allgemeinem und Besonderen in unterschiedlichen historischen Zeiträumen jeweils neu bestimmt wird, welche Rolle die pädagogische Profession dabei spielt und wie dabei auch Normativität in pädagogischen Kontexten selbst produziert wird, sind Kernfragen Allgemeiner Pädagogik und muss noch stärker in einer analytischen Wendung in den Blick genommen werden.

Unter der Voraussetzung einer De- und Rekonstruktion der Kategorie Behinderung, wie sie mit den drei Herangehensweisen vorgeschlagen worden ist, kann diese Kategorie selbst wieder stärker in den Hintergrund und die Interdependenzen zwischen den Differenzlinien in den Vordergrund gerückt werden. Die Voraussetzung für die Arbeit mit einem breiten Inklusionsbegriff ist also eine genaue Auseinandersetzung mit der Kategorie „Behinderung" in dekonstruktiver Hinsicht.

Literatur

Ackermann, K.-E., Dederich; M. (Hrsg.) (2011). *An Stelle des Anderen. Ein interdisziplinärer Diskurs über Stellvertretung und Behinderung.* Oberhausen: Athena.

Baecker, D. (2000). „Stellvertretende" Inklusion durch ein „sekundäres" Funktionssystem: Wie „sozial" ist die soziale Hilfe? In: Roland Merten (Hrsg.), *Systemtheorie Sozialer Arbeit. Neue Ansätze und veränderte Perspektiven* (S. 39-46). Wiesbaden: VS.

Biewer, G. (2000). „Inclusive Schools" – Die Erklärung von Salamanca und die internationale Integrationsdebatte. In: *Gemeinsam leben 8*, H. 4, 152-155.

Biewer, G. (2001). *Vom Integrationsmodell für Behinderte zur Schule für alle Kinder.* Neuwied, Kriftel, Berlin: Luchterhand.

Brückner, M. (2011). Zwischenmenschliche Interdependenz – Sich Sorgen als familiale, soziale und staatliche Aufgabe. In: Karin Böllert, Catrin Heite (Hrsg.), *Sozialpolitik als Geschlechterpolitik* (S. 105-123). Wiesbaden: VS.

Buchner, T., Pfahl, L., Traue, B. (Hrsg.) (2015). Schwerpunktheft „Ableism: Behinderung und Befähigung im Bildungswesen". *Zeitschrift für Inklusion Online 2*.

Budde, J., Hummrich, M. (2014). Reflexive Inklusion. Zeitschrift für Inklusion. http://www.inklusion-online.net/index.php/inklusion-online/article/view/193/199. Zugegriffen: 05 Juni 2016.

Bühler-Niederberger, D. (1991). *Legasthenie – Geschichte und Folgen einer Pathologisierung.* Opladen: Leske & Budrich.

Cramer, C., Harant, M. (2014): Inklusion – Interdisziplinäre Kritik und Perspektiven von Begriff und Gegenstand. In: Zeitschrift für Erziehungswissenschaft, Jg. 17, H. 4, 639-659.

Deutscher Bildungsrat, Empfehlungen der Bildungskommission (1979). *Zur pädagogischen Förderung behinderter und von Behinderung bedrohter Kinder und Jugendlicher.* Verabschiedet im Oktober 1973 in Bonn. Stuttgart: Klett.

Eberwein, H. (Hrsg.) (1988). *Handbuch der Integrationspädagogik.* Beltz: Weinheim, Basel.

Eberwein, H. (1996). Zur Kritik und Revision des lernbehindertenpädagogischen Paradigmas. In: Hans Eberwein (Hrsg.), *Handbuch Lernen und Lernbehinderungen* (S. 11-15). Weinheim, Basel: Beltz.

Feuser, G. (2001). Prinzipien einer inklusiven Pädagogik. *Behinderte in Familie, Schule und Gesellschaft 24*, H. 2, 25-29.

Flieger, P. (1996). Anmerkungen zur deutschen Übersetzung. In: Unesco 1994: Die Salamanca Erklärung und der Aktionsrahmen zur Pädagogik für besondere Bedürfnisse. http://bidok.uibk.ac.at/library/unesco-salamanca.html#idp2931904.

Fritzsche, B. (2013). Inklusion als Exklusion: Differenzproduktion im Rahmen schulischen Anerkennungsgeschehens. In: Anja Tervooren, Nicolas Engel Michael Göhlich, Ingrid Miethe, Sabine Reh (Hrsg.), *Ethnographie und Differenz in pädagogischen Feldern. Internationale Entwicklungen erziehungswissenschaftlicher Forschung* (S. 329-345). Bielefeld: transcript.

Fuchs, P. (2001). *„Körperbehinderte" zwischen Selbstaufgabe und Emanzipation. Selbsthilfe – Integration – Aussonderung.* Berlin et al.: Luchterhand.

Goodley, D. (2014). *Dis/Ability Studies: Theorising Disablism and Ableism.* Oxon, New York: Routledge.

Hinz, A. (1998). Pädagogik der Vielfalt – ein Ansatz auch für Schulen in Armutsgebieten? Überlegungen zu einer theoretischen Weiterentwicklung. In: Anne Hildeschmidt, Irmtraud Schnell (Hrsg.), *Integrationspädagogik. Auf dem Weg zu einer Schule für alle* (S. 127-144). Weinheim München: Juventa.

Hinz, A. (2000a). Pädagogik der Vielfalt – Pädagogik einer ‚Grundschule für alle'. *Sonderpädagogik in Niedersachsen 4*, 15-36.

Hinz, A. (2000b). Sonderpädagogik im Rahmen von Pädagogik der Vielfalt und Inclusive Education. Überlegungen zu neuen paradigmatischen Orientierungen. In: Friedrich Albrecht, Andreas Hinz, Vera Moser (Hrsg.), *Perspektiven der Sonderpädagogik* (S. 124-140). Neuwied: Luchterhand.

Holt, L. (2004). Childhood disability and ability: (Dis)ableist geographies of mainstream primary schools. *Disability Studies Quaterly 3*, H. 24, 20-48.

Klemm, K. (2014). Auf dem Weg zur inklusiven Schule: Versuch einer bildungsstatistischen Zwischenbilanz. *Zeitschrift für Erziehungswissenschaft*, Jg. 17, H. 4, 625-637.

Köbsell, S. (2012). *Wegweiser Behindertenbewegung*. Neu Ulm: AG SPAK Bücher.

Koller, H.-Ch., Casale, R., Ricken, N. (Hrsg.) (2014). *Heterogenität. Zur Konjunktur eines pädagogischen Konzepts* (S. 219-240). Paderborn: Ferdinand Schöningh.

Kottmann, B. (2006). *Selektion in die Sonderschule: Das Verfahren zur Feststellung von sonderpädagogischem Förderbedarf als Gegenstand empirischer Forschung*. Bad Heilbrunn: Klinkhardt.

Mackenzie, C., Stoljar, N. (Hrsg.) (2000). *Relational Autonomy*. New York/ Oxford: Oxford University Press.

McRuer, R. (2006). *Crip Theory: Cultural Signs of Queerness and Disability*. New York: New York University Press.

Mehan, H., Hertweck, A., Meihls, J. L. (1986). *Handicapping the Handicapped. Decision making in students' educational careers*. Stanford: Stanford University Press.

Meißner, H. (2015). Studies in Ableism – Für ein Vorstellungsvermögen jenseits des individuellen autonomen Subjekts. Zeitschrift für Inklusion, URL: http://www.inklusion-online.net/index.php/inklusion-online/article/view/276/259. Date accessed: 18 Jul. 2016.

Merten, R. (2000). Inklusion/Exklusion und Soziale Arbeit. Überlegungen zur aktuellen Theoriedebatte zwischen Bestimmung und Destruktion. *Zeitschrift für Erziehungswissenschaft 4*, 173-190.

Moser, V. (2000). Das Verhältnis von Hilfsschul- und Heilpädagogik im frühen 20. Jahrhundert. *Sonderpädagogik und Rehabilitation auf der Schwelle in ein neues Jahrhundert. Vierteljahrsschrift für Heilpädagogik und ihre Nachbargebiete 69*, H. 3, 265-270.

Mürner, Ch., Sierck U. (2009). *Krüppelzeitung. Brisanz der Behindertenbewegung*. Neu Ulm: AG SPAK Bücher.

Nunner-Winkler, G. (Hrsg.) (1991). *Weibliche Moral. Die Kontroverse um eine geschlechtsspezifische Ethik*. Frankfurt: dtv.

Oelkers, J. (2013). Inklusion im selektiven Schulsystem. *ARCHIV für Wissenschaft und Praxis der sozialen Arbeit, Vierteljahresschrift zur Förderung von Sozial-, Jugend- und Gesundheitshilfe Heft 3*, 38-48.

Pfahl, L. (2011). *Techniken der Behinderung. Der deutsche Lernbehinderungsdiskurs, die Sonderschule und ihre Auswirkungen auf Bildungsbiographien*. Bielefeld: transcript.

Prengel, A. (1993). *Pädagogik der Vielfalt. Verschiedenheit und Gleichberechtigung in interkultureller, feministischer und integrativer Pädagogik*. Opladen: Leske & Budrich.

Preuss-Lausitz, U. (1993). *Die Kinder des Jahrhunderts. Zur Pädagogik der Vielfalt im Jahr 2000*. Weinheim: Beltz.

Reh, S. (2008). Vom „deficit of moral control" zum „attention deficit". Über die Geschichte der Konstruktion des unaufmerksamen Kindes. In: Helga Kelle, Anja Tervooren (Hrsg.), *Ganz normale Kinder. Heterogenität und Standardisierung kindlicher Entwicklung* (S. 109-126). Weinheim, München: Juventa.

Reh, S. (2015). Der „Kinderfehler" Unaufmerksamkeit: Deutungsmuster zwischen Kulturkritik und professionellen Handlungsproblemen im Schulsystem in Deutschland um 1900. In: Sabine Reh, Kathrin Berdelmann, Jörg Dinkelaker (Hrsg.), *Aufmerksamkeit. Zur Geschichte, Theorie und Empirie* (S. 71-93). Wiesbaden: Springer VS.

Rabenstein, K., Reh, S., Ricken, N., Idel, T.-S. (2013). Ethnographie pädagogischer Differenzordnungen. Methodologische Probleme einer ethnographischen Erforschung der sozial selektiven Herstellung von Schulerfolg im Unterricht. In: Zeitschrift für Pädagogik, Jg. 59, H. 5, S. 668-690.

Reich, K. (Hrsg.) (2012). *Inklusion und Bildungsgerechtigkeit. Standards und Regeln zur Umsetzung einer inklusiven Schule*. Weinheim: Beltz.

Rösner, H.-U. (2013). *Behindert sein – behindert werden. Texte zu einer dekonstruktiven Ethik der Anerkennung behinderter Menschen*. Bielefeld: transcript.

Schildmann, U. (2016). Von der (reflexiven) Koedukation zur (reflexiven) Inklusion – ein Hürdenlauf der besonderen Art. In: Jürgen Budde, Susanne Offen, Anja Tervooren (Hrsg.), *Jahrbuch Frauen- und Geschlechterforschung. Geschlecht der Inklusion* (S. 75-95). Opladen, Berlin, Toronto: Budrich.

Schneewind, J., Merkens, H. (2001). Inklusion und Exklusion von Mitgliedern der türkischen Minorität in Schulklassen. In: Frank Gesemann (Hrsg.), *Migration und Integration in Berlin* (S. 251-270). Opladen: Leske und Budrich.

Schnell, I. (2003). *Geschichte schulischer Integration. Gemeinsames Lernen von SchülerInnen mit und ohne Behinderung in der BRD seit 1970*. Weinheim, München: Juventa.

Schumann, I. (2013). „Das hat der Stefan alleine gemacht". Zur Herstellung der Unterscheidung behindert – nichtbehindert in einer Grundschulklasse. In: Anja Tervooren, Nicolas Engel, Michael Göhlich, Ingrid Miethe, Sabine Reh (Hrsg.), *Ethnographie und Differenz in pädagogischen Feldern. Internationale Entwicklungen erziehungswissenschaftlicher Forschung* (S. 291-307). Bielefeld: transcript.

Söderfeldt, Y. (2012). *From Pathology to Public Sphere. The German Deaf Movement 1848-1914 [Von der Pathologie in die Öffentlichkeit. Die deutsche Gehörlosenbewegung 1848-1914]*. Bielefeld: transcript.

Stichweh, R. (2013). Inklusion und Exklusion in der Weltgesellschaft – am Beispiel der Schule und des Erziehungssystem. *Zeitschrift für Inklusion Online 1*.

Tenorth, H.-E. (2006). Bildsamkeit und Behinderung – Anspruch, Wirksamkeit und Selbstdestruktion einer Idee. In: Lutz Raphael, Heinz-Elmar Tenorth (Hrsg.), *Ideen als gesellschaftliche Gestaltungskraft im Europa der Neuzeit. Beiträge für eine erneuerte Geistesgeschichte* (S. 497-520). München.

Tenorth, H.-E. (2013). Inklusion im Spannungsfeld von Universalisierung und Individualisierung – Bemerkungen zu einem pädagogischen Dilemma. In: Karl-Ernst Ackermann, Oliver Musenberg, Judith Riegert (Hrsg.), *Geistigbehindertenpädagogik. Disziplin – Profession – Inklusion* (S. 17-42). Oberhausen: Athena.

Tervooren, A. (2001). Pädagogik der Differenz oder differenzierte Pädagogik? Die Kategorie Behinderung als integraler Bestandteil von Bildung. In: Bettina Fritzsche, Jutta Hartmann, Andreas Schmidt, Anja Tervooren (Hrsg.), *Dekonstruktive Pädagogik. Er-*

ziehungswissenschaftliche Debatten unter poststrukturalistischen Perspektiven (S. 201-216). Opladen: Leske und Budrich.

Tervooren, A. (2003). Phantasmen der (Un-)Verletzlichkeit. Körper und Behinderung. In: Petra Lutz, Thomas Macho, Gisela Staupe, Heike Zirden (Hrsg.), *Der [Im-]perfekte Mensch. Metamorphosen von Normalität und Abweichung* (S. 280-293). Köln: Böhlau.

Tervooren, A., Engel, N., Göhlich, M., Miethe, I., Reh, S. (Hrsg.) (2014). *Ethnographie und Differenz in pädagogischen Feldern. Internationale Entwicklungen erziehungswissenschaftlicher Forschung.* Bielefeld: transcript.

Trend, J. W. (1994). *Inventing the feeble Mind. A History of Mental Retardation in the United States.* Berkeley and Los Angeles: University of California Press.

Turmel, A. (2008). *A Historical Sociology of Childhood.* Cambridge: Cambridge University Press.

Wagner-Willi, M., Sturm, T. (2016). Soziale Prozesse der Differenzherstellung im Fachunterricht einer integrativen Schulform der Sekundarstufe I – erste Ergebnisse einer videobasierten Vergleichsstudie. In: Hedderich, Ingeborg; Zahnd, Rapfael; Graf, Erich Otto (Hrsg.), *Teilhabe und Vielfalt. Herausforderungen einer Weltgesellschaft. Beiträge zur Internationalen Heil- und Sonderpädagogik.* Bad Heilbrunn: Klinkhardt. S. (im Druck).

Wimmer, M. (2014). Vergessen wir nicht – den Anderen! In: Hans-Christoph Koller, Rita Casale, Norbert Ricken (Hrsg.), *Heterogenität. Zur Konjunktur eines pädagogischen Konzepts* (S. 219-240). Paderborn: Ferdinand Schöningh.

Zirfas, J. (1999). Die Normativität des Humanen. Zur Theorie der Behinderung aus der Sicht pädagogischer Anthropologie und Ethik. In: Hans Eberwein, Ada Sasse (Hrsg.), *Behindert sein oder behindert werden? Interdisziplinäre Analysen zum Behinderungsbegriff* (S. 96-119). Neuwied, Berlin: Hermann Luchterhand.

Zirfas, J. (2004). *Pädagogik und Anthropologie.* Stuttgart: Kohlhammer.

Teilhaben – Teil sein – Anteil nehmen

Anthropologische Argumente der Zugehörigkeit

Cornelie Dietrich

1 Teilhabe woran?

Im Begriff der Teilhabe, wie er in sozialwissenschaftlichen Diskursen etabliert ist, werden zwei Kategorien aufeinander bezogen, die auch in der Pädagogik von hoher Bedeutung, in ihrem Verhältnis zueinander aber alles andere als eindeutig sind: die Kategorie der Zugehörigkeit und die der Ungleichheit (Bartelheimer 2004). Durch diese zweifache Bestimmung steht der Begriff sowohl im Horizont von Vergemeinschaftung als auch in demjenigen der Vergesellschaftung und erweist sich somit als gleichermaßen kulturanthropologisch wie gerechtigkeitstheoretisch relevant. Ich möchte im Folgenden vor allem dem ersten Aspekt nachgehen, indem ich zunächst einige anthropologische Argumentationen zum Phänomen der Zugehörigkeit, des Teilseins einer Gruppe und Anteilnehmens am Anderen vorstelle (2.). Abschließend werde ich fragen, ob aus diesen anthropologischen Argumenten für die gerechtigkeitstheoretischen Probleme, die mit einem erziehungswissenschaftlichen Teilhabebegriff verbunden sind, ein Gewinn zu erwarten ist (3.).

Als mehrdimensionale Kategorie wird Teilhabe auf verschiedene *Formen* wie Arbeitsmarkt, Bildung, Kultur, bürgerliche Rechte und soziale Nahbeziehungen bezogen. Die einzelnen Formen können in jeder Biografie durchaus in Widerspruch geraten, etwa wenn eine als besonders erfolgreich bezeichnete Teilhabe am Arbeitsmarkt aufgrund von Mobilitätserfordernissen und hoher zeitlicher Belastung eine als besonders prekär erfahrene Teilhabe an intimen sozialen Beziehungen mit sich bringt. Jede Teilhabeform ist zudem charakterisiert durch eine Eigensinnigkeit, die sich nicht in äquivalente Logiken überführen lässt. So kann ein Verlust der Teilhabe an sozialen Nahbeziehungen in seinen Folgen kaum mit dem Verlust der Teilhabe an Bildung verglichen werden, wenn das Verlassen der Schule von den 16-Jährigen als Freiheitsgewinn begrüßt wird. Ebenso werden daher die Unterschiede von *Qualitäten* betrachtet. Die Teilhabequalität wiederum lässt sich am Teilhabeergebnis studieren. So kann die vollständige Teilhabe am Arbeitsmarkt im Ergebnis auch zu Ausgrenzung in Bildung und Kultur führen, wenn Arbeitsbedingungen und Arbeitslohn keine Teilnahme am kulturellen Leben im angemessenen Maße möglich sein lassen. Durch diese Mehrdimensionalität kann Teilhabe nur als ein dynamischer Begriff verstanden werden, da sich im Laufe der Zeit Formen und Qualitäten, Widersprüchlichkeiten und Ergänzungen, prekäre und stabile Modalitäten von Teilhabe immer wieder verändern können.

In erziehungswissenschaftlichen und bildungspolitischen Kontexten wird Teilhabe demgegenüber meist in positiver Konnotation verwendet. Die Forderung nach einer gerechten Teilhabe *an* Bildung ist ebenso präsent wie diejenige nach einer gesellschaftlichen Teilhabe *durch* Bildung. Während erstere im Horizont der Chancengerechtigkeit argumentiert, dass allen Kindern und Jugendlichen die Teilhabe an Bildung ermöglicht werden müsse, so wie allen Erwachsenen die Teilhabe am Arbeitsmarkt möglich sein sollte, also selbst eine Teilhabeform darstellt, thematisiert letzteres – die Teilhabe durch Bildung – die Vorläufigkeit der Erziehungs-, Unterrichts- und Ausbildungsprozeduren, die auf einen zukünftigen Zeitpunkt als einer Bedingung für *andere* Teilhabeformen ausgerichtet ist. Wird aber in der Teilhabe an Bildung nur erst die Vorbereitungsinstanz für gesellschaftliche Teilhabe gesehen, verschwindet in dieser Doppelstruktur eine Thematisierung der Frage nach Wählbarkeit und Freiwilligkeit. Eben weil das eine Voraussetzung für das andere ist, steht es nicht zur Disposition, Teilhabe an den Bildungseinrichtungen der Mehrheitskultur ist für alle in gleichem Maße erstrebenswert. So plausibel eine solche Argumentationsstruktur angesichts aktueller und institutionalisierter Exklusionsmechanismen im Bildungssystem ist, so problematisch wird sie doch im Lichte der Frage nach Wahlmöglichkeiten und nach Teilhabequalitäten. In pädagogischen Zusammenhängen wird advokatorisch für Andere (Kinder, Menschen mit Beeinträchtigungen, Menschen mit Migrationsstatus, Menschen aus von Armut geprägten Milieus usw.) festgelegt, in welchem Maße und auf welche Weise Erziehung, Unterricht, Wissens- und Könnensvermittlung im Sinne einer Voraussetzung für gesellschaftliche Teilhabe zu geschehen hat, und das in einer zunehmend standardisierten Weise. Die so genannte Teilhabegerechtigkeit kann damit auch als Zwang aufgefasst werden, sich an einer Mehrheits- oder Dominanzkultur (Rommelspacher 1995; 2002) beteiligen zu müssen ohne jemals im Leben die kulturellen, symbolischen sowie ökonomischen Kräfte aufbauen zu können, sich für oder gegen die Teilnahme zu entscheiden. In viel diskutierten Feldern wie etwa der Arbeitsmarktforschung (Koch et al. 2009) und der Inklusionspädagogik

(Dangl 2014) wird daher zunehmend auch die Frage nach einer Teilhabe um jeden Preis gestellt.

2 Anthropologische Argumentationen zu Teilsein und Anteilnahme

In der Sozial- oder Kulturanthropologie stellt sich die Frage, wie sich Zugehörigkeit als die Erfahrung des Teilseins im Vollzug herstellt. Unhintergehbar ist zunächst die Gewissheit der Erfahrung des Getrenntseins als eine Voraussetzung dafür, dass man sich als Teil einer Gemeinschaft erleben kann. Kleine Kinder erwerben erst diese beiden Modalitäten der Erfahrung, denn solange Ich und Nicht-Ich noch nicht voneinander geschieden sind, bevor die Erfahrungsstruktur des Unterschiedenseins von Anderen und der Welt nicht gegeben ist, bedarf es auch keiner Herbeiführung von Teilhabe. Vor diesem Hintergrund und seit diesem lebensgeschichtlichen Zeitpunkt kann es anthropologisch keine dichotom organisierte Struktur von Inklusion und Exklusion geben, sondern lediglich ein Mehr oder Weniger des Verbundenseins mit den Anderen und der Welt. Das Begriffspaar Inklusion/Exklusion bietet ebenso wie dasjenige von innen/außen lediglich ein sprachlich verfasstes Modell der Beschreibung für Erfahrungen der Fremd- wie Selbstzuschreibungen oder der formalisierten Arten von Zugehörigkeiten (etwa in Vereinen, Institutionen).

Gemeinsam mit der frühkindlichen Erfahrung des Getrenntseins von den frühen Bezugspersonen, die eine ganz neue und lebenslang zu bearbeitende Grundstruktur der Erfahrung darstellt (Dietrich 2010; 2014), entsteht individuell und kulturell die Notwendigkeit, diesen „Riss" zu überbrücken durch intersubjektive Verständigung über das, was die Welt und Andere uns je bedeuten. Sobald das Aufgehobensein in der Mitwelt (Plessner 1923/1982) nicht mehr fraglos gegeben ist, muss es in der Interpretation und im Sinnverstehen bzw. in der gemeinsamen Sinngenerierung immer wieder hergestellt werden. Dies geschieht vorzugsweise in der Sprache, im kommunikativen Aufsuchen und Herstellen von Sinn, jedoch hebt die Sprachlichkeit die primordiale leiblich fundierte Verbundenheit mit Menschen und Dingen niemals ganz auf (Meyer-Drawe 1984).

2.1 Teilsein im Sinnverstehen

Helmuth Plessner beschreibt in seiner Schrift „Die Einheit der Sinne" (1923/1982) ein unwillkürliches Affiziertsein durch die Dinge und Menschen, welches das

Verstehen und Interpretieren bzw. Verstanden- und Interpretiert-Werden fundiert. Ausgehend davon beschreibt er unterschiedliche Modi des Sinnverstehens, die er auf unterschiedliche Haltungen des Bewusstseins zurückführt: Während im *thematischen* Bewusstsein (der ästhetischen Wahrnehmung z.b.) der Mensch direkt angesprochen und affiziert wird und den Sinn der unmittelbaren Anschauung entnimmt, richtet sich das *syntagmatische* Bewusstsein (der Sprache) auf die Bedeutungen, die durch die sinnlichen Eindrücke der Zeichen erst vermittelt werden. Schließlich richtet sich ein *schematisches* Bewusstsein (der Wissenschaft) auf den höchsten Grad der zeichenhaft vermittelten Präzision und Eindeutigkeit.

„Thematisch fassen wir eine Erscheinung, eine Landschaft, einen Menschen, ein Werk als puren Sinn auf, der nichts weiter besagt, noch irgendwelchen Gründen seiner Richtigkeit gehorcht" (ebd., S. 204ff.). Unmittelbar erfassen wir Sinnhaftigkeit oder Nicht-Sinn, ohne dass das Erfassen sich auf eine Bedeutung richten würde, die hinter der Erscheinung liegt. Angesprochen wird ein präsentatives Bewusstsein, das sich ganz auf Formen und Proportionen, also auf sinnliche Qualitäten richtet. Diese thematische Auffassung der Außenwelt begegnet uns in allen Situationen, in denen wir uns auf den sinnlich gegebenen Eindruck richten bzw. von ihm unmittelbar erfasst werden; Plessner erläutert diese Bewusstseinshaltung ausführlich am Beispiel der ästhetischen Erfahrung mit Kunst oder der Naturerfahrung. Er beschreibt die Qualitäten der unmittelbar Sinn erfassenden Wahrnehmung mit Begriffen wie „Hin und Her, Dorthin und Dem entgegen, gleichsinnige und gegensinnige Bewegung, Färbung, Stimmung, Ballung und Entladung, Helligkeit und Dunkelheit, Leichtigkeit und Schwere […]" (ebd., S. 207). Für den entstehenden Sinn ist ein objektives Verstehen weder möglich noch notwendig, die Auffassung erfolgt ohne Abgleichung mit den Auffassungen Anderer. Der thematische Sinn bezeichnet das unmittelbare Angesprochensein durch die Dinge. Nicht nur in Kunst und Natur, sondern ebenso im Alltag der zwischenmenschlichen Kommunikation, in Gesten und Blicken, Sprachmelodie und Hexis, in der Atmosphäre eines Raumes oder eines Gesprächs, fundiert diese Bewusstseinsstufe das Teilnehmen und zum „Teil-gemacht-Werden".

Auf der Stufe der thematischen Sinngenerierung liegen die spontanen Ausdrucksgesten, wie etwa Lachen und Weinen, die nicht lediglich auf einen hinter ihnen liegenden seelischen oder geistigen Gehalt verweisen, sondern sich selbst präsentieren. Ohne diese materiell in Erscheinung tretende Selbstpräsentation des Leibes wäre der Sinn des Lachens und des Weinens nicht zu haben. Vergleichbar der Statue des Bildhauers wird auf dieser thematischen Stufe der geformte Leib zur Plastik. Ähnlich wie in der Kunst findet Sinngebung durch Formung und Proportionierung der Materie statt. Es ist diese Materialität und Leibgebundenheit der Ausdrucksgesten, die als das Fundament aller sinnvollen Rede verstanden werden muss. Die unmittelbar thematische Auffassung der Welt etabliert eine primäre Schicht der „reelle[n] Anteilnahme" (Plessner 1923/1982, S. 245) zwischen Objekt und wahrnehmendem Subjekt, welche Spannungszustände herbeiführen, die sich in Ausdrucksgesten wieder entspannen. Wollen, Vorstellen, Fühlen, Erinnern und Begehren sind hierbei beteiligt, aber nach Plessner immer schon in einer sprachlichen oder auf Sprache sich zubewegenden Form: „Wir nehmen nichts wahr, fingieren, wollen und fühlen nicht, es sei denn in den Formen möglicher Präzisierung" (ebd., S. 246). Das Zusammenspiel von thematisch erzeugter Anteilnahme und syntagmatisch erzeugtem Bedürfnis nach repräsentativem Bedeuten äußert sich laut Plessner in jedem sprachlichen Ausdruck.

Auf der zweiten Stufe ist das Bewusstsein nicht mehr unmittelbar auf die Anschauung, sondern mittelbar auf Bedeutungen gerichtet; Plessner spricht hier von der repräsentativen Stufe, der erfasste Sinn „erhält eine Zuspitzung auf etwas außer ihm selbst liegendes" (ebd., S. 205). Funktion dieser Bewusstseinshaltung, die sich in Symbolisierungsformen wie vor allem der Sprache realisiert, ist die Präzisierung und Gliederung der Sinngehalte, die nun in einem intersubjektiven Raum mitteilbar und streitbar werden. Zur repräsentativen Stufe der Sprachzeichen gehören aber nicht nur Worte im Sinne eines arbiträren Zeichensystems, sondern ebenso auch entsprechende signalisierende Bewegungen wie z.B. „Fingerstellungen in der Zeichensprache, […] konventionelle Bewegungen des Kopfnickens und -schüttelns, des Handschlags, der Verbeugung, des Zusammenfaltens der Hände im Gebet" (ebd., S. 211). Es sind dies Bewegungen des Körpers, die zwar einerseits Stellvertreterfunktion für eine Bedeutung (Gruß, Abschied, Unterwerfung etc.) besitzen, andererseits aber auch vielfach von thematischen Ausdrucksbewegungen begleitet sind. So kann sich in Art und Weise des den Fremden begrüßenden Handschlags sowohl Zurückhaltung, Respekt als auch große Freude oder Ablehnung ausdrücken. *Wie* jemand begrüßt, angesprochen, bewertet und verabschiedet wird, entscheidet in bedeutsamer Weise mit über die erfahrene Qualität der Teilhabe. Plessner spricht hier von einer Konkordanz zwischen Haltungen des Körpers und den Haltungen des Bewusstseins. Auch in den körpersprachlichen Gesten, der Mimik und den Gebärden lassen sich thematische und syntagmatische Dimensionen der Sinnkonstituierung zwar unterscheiden, und zwar nach den Graden von Gerichtetheit und Präzisierung auf eine bestimmte Bedeutung hin, sie lassen sich aber empirisch nicht voneinander lösen.

„Das Verständnis des Witzes ist mit Lachen und Lächeln ebenso notwendig verknüpft wie die Auffassung rührender, erschütternder Dinge mit Tränen, erhebender Themen mit der Ergriffenheit, die im Größerwerden des Blicks, in der Streckung des Körpers sich äußert" (ebd., S. 213).

Es ist diese Materialität und Leibgebundenheit der Ausdrucksgesten, die als das Fundament aller sinnvollen Rede verstanden werden muss. „Das Wort wirkt nicht und erscheint seines ursprünglichen Sinnes beraubt, wenn ihm nicht in der beredten körperlichen Gesamthaltung Antrieb und Resonanz gegeben sind" (ebd., S. 214).

Plessner postuliert damit eine enge und unauflösliche Verbindung von Laut und Zeichen, von ästhesiologischem Angesprochensein, das eine Antwort herausfordert und mit Zeichen agierendem Bedeuten, das die Verbindungen zwischen Menschen sowie zwischen Menschen und ihren kulturellen Gewohnheiten und Objektivationen herstellt und die Erfahrung des Teilseins überhaupt erst ermöglicht. Diese hierin beschriebene Weise der unwillkürlichen Anteilnahme lässt sich nur verstehen als ein Geschehnis, das sich *zwischen* Menschen oder zwischen Menschen und Dingen einstellt. Man kann es nicht souverän an- oder abwählen, weil es sich im relationalen Geflecht ereignet, innerhalb dessen der individuelle Anteilnehmer immer in einem je spezifischen Verhältnis von Bestimmung und Bestimmbarkeit handelt.

Über das Zwiegespräch hinausgehend lassen sich dann bestimmte kulturelle Settings daraufhin befragen, *wie* darin thematische und syntagmatische Sinngenese zusammenwirken, in welcher Weise die Teilnehmer sich zu beteiligen befugt sind. Nicht evaluativ aber deskriptiv gilt es dann Unterschiede in der Qualität und Intensität des Affiziert-Werdens und damit der Teilhabe zu rekonstruieren. So gibt es bedeutsame Differenzen in der teilnehmenden Erfahrung an einem Konzert und an einer Vorlesung, zwischen dem Teilsein eines Streitgesprächs mit den eigenen Eltern und dem einer Kommunikationsgemeinschaft mit dem Nachrichtensprecher. In der unterschiedlichen Kooperation von thematisch evozierter Anteilnahme und syntagmatisch evoziertem Bedeuten entstehen die Sprach- und Kommunikationsformen, mit Hilfe derer die Verhältnisbestimmungen von Teilsein und Teilhaben je unterschiedlich Gestalt gewinnen.

2.2 Kooperation in geteilter Intentionalität

Mit einem anderen Aspekt der Qualitäten von Teilhabe befasst sich Michael Tomasello in seinen kulturanthropologischen Studien (vgl. Tomasello 2009; 2011). Eine seiner Hauptthesen lautet: Menschliche Kommunikation ist sowohl in der Individualgenese als auch in der kollektiven kulturellen Entwicklung und Weitergabe als eine besondere Form des kooperativen Handelns zu verstehen, das nur dann als gelingend erfahren werden kann, wenn ihr eine „geteilte Intentionalität" zugrunde liegt.

Ontogenetisch beschreibt er die Neunmonatsrevolution als den entscheidenden Meilenstein, an dem das Kind sich aus der dyadischen zu einer triadischen Struktur hin öffnet. Während es zuvor immer entweder mit einer Sache sich beschäftigt, dann aber die Bezugsperson nicht wahrnimmt, oder mit der Bezugsperson interagiert, dann aber die Dinge oder andere Personen nicht wahrnimmt, entwickelt es nun, etwa im Alter von 9 Monaten, die Fähigkeit, sich zwei Ereignissen außerhalb seiner selbst zuzuwenden. Aus einer dyadischen (Kind-Ding oder Kind-Erwachsener) wird eine triadische Interaktionsstruktur (Kind-Erwachsener-Ding), aus der heraus so etwas wie eine Ur-Situation kultureller Sinngenese entsteht: Zwei Menschen richten sich in ähnlicher Intentionalität auf ein Drittes. Dies beginnt in den allermeisten Fällen mit Zeigegesten, die von beiden Seiten ausgehen können. Also: Einer von beiden (nehmen wir an das Kind) zeigt auf einen Gegenstand (nehmen wir an eine Puppe) und versichert sich beim Anderen (nehmen wir an die erwachsene Bezugsperson) durch Blicke, Mimik und Gestik, dass der Andere sich auf eben denselben Gegenstand ausrichtet (joint attention). Diese geteilte Aufmerksamkeit führt aber nur dann zu weiterer Kommunikation, wenn der Gegenstand auch eine gleiche oder ähnliche Emotionalität hervorruft, etwa Staunen, Freude, Erschrecken oder Neugierde. Der gemeinsame Bezug auf die Sache ist beim kleinen Kind untrennbar verbunden mit dem ebenfalls gemeinsamen Bezug auf eine Gefühlstönung, eine ähnliche Gestimmtheit, in der man sich auf die Sache richtet. Zeigt das Kind aufgeregt auf einen neu entdeckten Gegenstand, dem sich der Erwachsene zwar zuwendet, dabei aber keinerlei Überraschung oder Interesse zeigt, insistiert auch das Kind nicht weiter auf ein Erkundung des Gegenstandes. Hinzu kommt etwas, was Tomasello die „sensumotorische Verbundenheit" der drei Pole nennt, d.h. Kind, Bezugsperson und Puppe verhandeln nicht über große Distanzen die Bedeutung der Situation, sondern die Sinnhaftigkeit entsteht in der Erfahrung von körperlicher Nähe, gemeinsamer Ausrichtung auf die Sache und geteiltem Affiziertsein durch die Sache.

Dies alles findet vorsprachlich statt, so „ist die vollständige kooperative Infrastruktur grundsätzlich schon ausgebildet, bevor der Spracherwerb ernsthaft beginnt" (Tomasello 2009, S. 180). Für Tomasello sind dies Anhaltspunkte dafür, dass menschliche Kooperation und Altruismus (im Sinne von grundlegender Kooperation) angelegt sind und von Erziehung und Sozialisation dann kulturspezifisch überformt werden. Im weiteren Verlauf der Entwicklung zeigen sich die frühen Fähigkeiten der Perspektivenübernahme. Viele Dreijährige zeigen bereits, dass sie sich vorstellen können, was ein Anderer sieht und nicht sieht, obwohl für sie selbst beides im Blickfeld liegt. Auch vermögen sie zu unterscheiden, ob ein Erwachsener die Kooperation im gemeinsamen Spiel beendet, weil er sich nicht mehr beteiligen kann oder ob er sich nicht mehr beteiligen will. Während ersteres eher akzeptiert wird, versucht das Kind im letzteren Fall, den Erwachsenen wieder und wieder zum kooperativen Weiterhandeln zu animieren. Diese Formen der Perspektivenübernahme fundieren wiederum die Fähigkeit des Verstehens unterschiedlicher Rollen oder Aufgaben in der Kooperation, so dass die Kinder allmählich in die Lage kommen, die Aufgaben oder Rollen des Anderen zu übernehmen oder an andere zu delegieren, wenn ein Kooperationspartner ausfällt. Die Sache der gemeinsamen Handlung kann dann abgeschlossen, das Ziel erreicht werden, die geteilte Intentionalität wird kulturell generalisiert. So geht es Tomasello nicht nur um den ontogenetischen Beginn von handelnder und sprachlicher Kooperation und damit die Stärkung der Theorie sozialpragmatischen Spracherwerbs, sondern um die Erklärung kultureller Kooperation im Allgemeinen. Es gilt daher das Postulat der geteilten Intentionalität auch und besonders für Institutionen, in denen auf Basis geteilter Intentionalität eine kooperativ erzeugte Vorstellung über die Wirklichkeit auf Dauer gestellt ist. Sie erhalten „solche kulturell konstruierten Dinge wie Geld, Ehe und Regierung einschließen, die nur innerhalb einer institutionellen, kollektiv konstituierten Wirklichkeit existieren, an die wir alle glauben und in der wir gemeinsam handeln, so als ob es sie wirklich gäbe" (Tomasello 2011, S. 18).

In der frühkindlichen Phase kultureller Kooperation ist zunächst noch nicht entschieden, wer den Gegenstand, auf den gezeigt wird und der damit zum Verursacher der geteilten Aufmerksamkeit wird, bestimmt oder vorschlägt. Die Definitionsmacht der Erwachsenen über die richtigen und falschen oder die wertvollen und weniger wertvollen Gegenstände der geteilten Aufmerksamkeit setzt erst später ein. Zunächst, d.h. im privaten Raum der frühkindlichen Dyaden, geht das Zeigen, das Sichversichern der gemeinsamen Blickrichtung und der geteilten Emotion, beides Grundlagen der geteilten Bedeutungsgenese, zwischen Kind und Erwachsenem hin und her, so jedenfalls die Ergebnisse der Forschungen im Labor des Kulturanthropologen Tomasello. Dies ist der erste Schritt der Erfahrung des Teil-Seins eines kulturellen, d.h. sinngenerierenden triadischen Gebildes.

2.3 Empathie und Mitgefühl

Tomasello orientiert sich stark an der Genese der Fähigkeiten zur gemeinsamen Problemlösung, sowohl in der individuellen wie in der kollektiv-kulturellen Entwicklung. Dafür ist, wie wir gesehen haben, eine als ähnlich empfundene Gefühlsstimmung bei jüngeren Kindern eine Voraussetzung, von der aber im Laufe des Aufwachsens immer stärker abstrahiert werden kann. Problemlösende Kooperation unter Kolleginnen und Kollegen mag zwar mit geteilter Begeisterung für eine Sache besser und leichter gelingen, ist darauf aber nicht zwingend angewiesen. Institutionen schaffen den Rahmen der Handlungsoptionen und Handlungsverbindlichkeiten, so dass darauf in vielen Fällen verzichtet werden kann. In bestimmten Feldern kultureller Kooperation wie etwa in Erziehung und Bildung, Pflege und Therapie oder Religion bleibt die emotionale Bezogenheit aufeinander in weit stärkerem Maße konstitutiv. Empathie und Einfühlungsvermögen als professionelle Kompetenz der Anteilnahme am Leiden oder an den Bedürfnissen und Möglichkeiten anderer gehört hier in hohem Maße zur gelingenden Kooperation und Interaktion. Auf der anderen Seite ist bekannt, dass genau diese Kompetenzen auch zu Überforderung und Krankheiten führen können, wie es z.B. Gabriele Winker in ihren Studien über die „erschöpften Sorge-Arbeitenden" (Winker 2015) beschreibt. In der internationalen anthropologischen Forschung wird Empathie aber derzeit auch noch aus einer anderen Motivation heraus interdisziplinär diskutiert, nämlich vor dem Hintergrund der Frage, ob und wie ein Bewusstsein für die globalen Interdependenzen entstehen kann, in denen Menschen real leben, zugleich aber an einem in-group-/out-group-Bewusstsein innerhalb lokaler, kultureller oder nationaler Grenzen festhalten und handeln.

In diesen internationalen und interdisziplinären Kontexten hat Tania Singer (Singer/Klimecki 2012; Singer/Bolz 2013) auf den bedeutsamen Unterschied zwischen Empathie und Mitgefühl hingewiesen und damit zwischen zwei Systemen sozialer Resonanz differenziert, die auch in erziehungswissenschaftlichen und pädagogischen Feldern oft synonym verwendet werden.

Empathische Reaktionen basieren auf dem resonanten Mitgehen mit den Affekten des Anderen, es liegt ihnen eine Art Ansteckung zugrunde, die man bei schreienden Säuglingen, lachenden oder gähnenden Menschen, aber auch unter gewalttätigen Jugendlichen erleben kann. Der Ausgangspunkt ist hier ein ganz ähnlicher wie in Plessners Sinnesanthropologie von 1923. Empathische Resonanzen auf die Gefühle und Stimmungen Anderer entstehen offenbar durch die unwillkürliche Aktivierung derjenigen Systeme, die auch dem eigenen Erleben zugrunde liegen. Im Unterschied zur einfachen emotionalen Resonanz basiert Empathie allerdings bereits auf dem Bewusstsein des Getrenntseins. Wer den Schmerz einer anderen Person teilt, sich in diesen so sehr einfühlt, dass er oder sie selber mit-leidet, weiß trotzdem immer noch, dass es nicht der eigene Schmerz ist, den sie empfindet. In verschiedenen Studien zur Schmerzempathie bestätigte sich wiederholt, dass eine solche empathische Aktivierung des eigenen Erlebens sowohl bei vertrauten als auch bei fremden Personen, sowohl bei leibhaftig anwesenden als auch bei bildlich dargestellten oder imaginativ vorgestellten Personen sich ereignet (zusammenfassend Singer/Bolz 2013, S. 286 ff.). Hinzu kommt aber, dass diese mitleidenden Reaktionen zugleich häufig von unangenehmen Gefühlen der Anstrengung, der Erschöpfung bis hin zur Aversion begleitet werden. Empathische Anteilnahme am

Leiden Anderer kann offenbar so überwältigend wirken, dass die dadurch hervorgerufenen negativen Emotionen abgewehrt werden (müssen). Die gegebene Fähigkeit zur Empathie kann sich entwickeln zur gesteigerten Einfühlung in andere Personen oder auch Tiere, sie kann aber auch selektiv oder generalisiert unterdrückt oder ausgeblendet werden, wie bspw. an Untersuchungen zu Straftätern immer wieder deutlich wird (Hosser/Beckurts 2005). Diese sind nicht generell weniger empathiefähig als andere Personen, sondern sie erwerben ein Handlungsmuster, indem ihre grundsätzliche Fähigkeit zur empathischen Resonanz dort, wo ein anderes – etwa sexuelles – Begehren dem widerspricht, negiert wird. Ebenso erzeugen starke Emotionen der Freude bei Anderen keineswegs in jedem Fall empathische Reaktionen der Mitfreude, sondern ebenso auch Gefühle wie Neid oder Angst um die eigene Position.

Von dem System der Empathie deutlich unterschieden wird dasjenige des Mitgefühls. Mitgefühl (Compassion) ist eine sekundär zu erwerbende Fähigkeit, dieses Affiziertsein vom Leid des Anderen in Grenzen zu halten und darauf eine Haltung der Sorge aufzubauen. Die negativ getönten Stimmungen, die im Mitleiden entstehen, können durch Mitgefühl insofern reguliert werden, als eine Distanz zum Anderen aufgebaut wird, die es erlaubt, im Leid des Anderen dessen Bedürfnisse zu sehen und entsprechend handeln zu können. Dies wird als Befreiung von der Überwältigung erlebt und ist im Gegensatz zur starken Empathie von positiven Gefühlen der Zuneigung und der Güte begleitet, die sich hirnphysiologisch auch als die Aktivierung anderer Areale messen lässt (Singer/Bolz 2013, S. 288). Die Distanznahme vom Leid des Anderen ist zugleich eine Distanznahme vom eigenen Affiziertsein durch das Leid des Anderen und ermöglicht so auf anderem Wege eine erneute, nicht erschöpfende Weise der Verbundenheit. Diese erfolgt aber keineswegs von selbst, sondern ist das Ergebnis langer Mitgefühlsübungen, die aktuell auf dem relativ jungen Gebiet der „sozialen Neurowissenschaft" erforscht werden. Diese junge Disziplin versucht die Individualisierungsfalle der Hirnforschung zu umgehen, indem sie nach der Entstehung und Entwicklung sozialer Emotionen und Verhaltensweisen fragt und deren Erlernbarkeit im Anschluss an die Plastizitätsthese untersucht. Interessanter- und in der ersten Begegnung auch irritierenderweise wurden die eben dargestellten Forschungen in einer methodologischen Mixtur aus strenger neurowissenschaftlicher Herangehensweise und interkulturell qualitativer Befragung durchgeführt. So wurden im Labor die Gehirne von buddhistische Mönchen durchleuchtet, während sich diese in verschiedene Formen der Mitgefühlsmeditation befanden, die sie in jahrzehntelanger Praxis geübt hatten; man hatte diese Probanden, wie es in der Hirnforschung üblich ist, als Experten zum Experiment eingeladen, um die Plastiziertheit von Hirnstrukturen in Interdependenz von bestimmten intensiv geübten Praktiken zu untersuchen.

Neu an der Methode ist die daran anschließende zusätzliche qualitative Befragung der Probanden zu den subjektiven Erlebnisweisen während der Meditationen. Die Unterscheidung zwischen Empathie und Mitgefühl wurde dergestalt im langen Dialog zwischen westlichen Neurowissenschaftler_innen, Psycholog_innen und in der asiatischen Weisheitslehre und Meditationspraxis erfahrenen Philosophen und Mönchen erarbeitet. Obwohl der neurowissenschaftliche Part dieses Dialogs der heute offenbar unverzichtbaren Evidenzüberzeugung folgt, nach der nur wahr sein kann, was sichtbar ist, versteckt sich doch im Kern dahinter die Auseinandersetzung mit asiatischen Philosophien, die in 2000-jähriger Tradition von dem Leiden der Menschen (und Tiere) ausgehend eine Ethik des Mitgefühls und der Linderung von Leid entwickelt haben. Die soziale Neurowissenschaft, wie sie Singer vertritt, fordert m.E. daher eher dazu auf, sich der interkulturellen Philosophie als der Hirnforschung zu öffnen.

3 Teilhabegerechtigkeit in Bildungsprozessen

3.1 Gesellschaftliche Kontextualisierungen anthropologischer Argumente

Alle drei bisher vorgestellten Thematisierungen von Zugehörigkeit aus kulturanthropologischer Perspektive streifen die gesellschaftlichen und pädagogischen Bedingungen, unter denen sie sich vollziehen, nur am Rande. Sie verdeutlichen vielmehr in unterschiedlicher Weise die Innenseite von Teilhabeprozessen und sensibilisieren für die Bedingungen der Möglichkeiten von Teilhabequalitäten. Diese sind aber bereits in früher Kindheit eingebettet in Institutionen und Institutionalisierungsprozesse mit je historisch bestimmten Normhorizonten und Verbindlichkeiten. So bleibt es beispielsweise in einer Krippengruppe mit 15 Kindern und einer Erzieherin keineswegs unbestimmt, mit wem in welcher Weise und wie oft eine Situation der *joint attention* hergestellt und gehalten wird. Die triadische Situation der in geteilter Aufmerksamkeit auf Dinge und Personen entstehenden Interpretation und Kooperation ist kontextualisiert in asymmetrischen pädagogischen Verhältnissen, innerhalb derer die Erwachsenen in den meisten Fällen längst entschieden haben, worauf die Aufmerksamkeit zu richten lohnt und wertvoll ist.

Plessner hat bereits vor nahezu hundert Jahren auf die normativen Prävalenzen, die jede Sinngenese kommentieren, hingewiesen. Innerhalb unserer westlichen Kultur, der die wissenschaftliche Genauigkeit als die höchste Form von Präzision und Eindeutigkeit von Sinn generierenden Interpretationen gilt, sind die Formen der thematischen und syntagmatischen Verstehensweise hierarchisiert.

Das thematische Sinnverstehen in seiner idiosynkratischen Leibbezogenheit und Mehrdeutigkeit bleibt im westlichen Welt- und Menschenbild anfällig für Missverständnisse, da es nur in kleinen Schritten – qua Konvention der Gestik und gebundener Aufmerksamkeit an den leibhaftig Anderen – zur Intersubjektivität und Repräsentanz gelangen kann. Der Rationalismus unserer Kultur versucht dem in der Regel durch immer präziseres Sprechen zu begegnen und so das Nicht-Verstehen zu minimieren. Der größte Teil der Spracherziehung in unseren Schulen folgt der Überzeugung: Je allgemeiner die verwendeten Zeichen, je ungestörter die Übereinstimmung von Zeichen und Bezeichnetem und je genauer und vielgestaltiger die Rede, desto geringer wird der Einfluss von subjektiven Einflüssen und Milieu. Dass alle Kinder eine gemeinsame (Bildungs-)Sprache lernen müssen, gilt als unhinterfragtes erstes Gebot der Schulpädagogik und Schulpolitik. Plessner aber gibt zu bedenken, dass in der abendländischen Ausrichtung auf Präzision (und letztlich Wissenschaft) Verständigung eben nicht nur gefördert, sondern auch verhindert werden kann:

> „Wer will leugnen, dass, je geringer der lebendige Wortschatz ist, desto größerer Spielraum den Gesprächspartnern bleibt, um in unausgesprochenem Künden und Verstehen die reine syntagmatische Kraft des Geistes zu üben? Ein großmaschiges Wortnetz bedingt eine umso intensivere Zuwendung zum anderen, um ihm in seinen Intentionen zu folgen. Sparsamkeit und Unbiegsamkeit des Ausdrücklichen kann – und nur das wollen wir den stolzen und rationalistisch wertenden Menschen des Abendlandes zu bedenken geben – Zeichen einer Keuschheit der Seele sein, welche die unausgesprochen zwischen den Menschen hin und her gehenden Beziehungen, die Phantasie, das Einfühlungsvermögen, die Reinheit und Echtheit der Gefühle, die Zielsicherheit des Willens erzieht und in Kraft hält und den Schatz des Herzens und Geistes vor Vergeudung durch Geschwätzigkeit bewahrt" (Plessner 1923/1982, S. 164).

Und auch in den Forschungen zur Entstehung und Plastizität sozialer Verhaltensweisen scheinen die zur Zeit interessantesten Ergebnisse im interkulturellen Dialog zu entstehen, indem die Anthropologie nach Wegen sucht, den Horizont der „stolzen und rationalistisch wertenden Menschen des Abendlandes" zu erweitern. In beiden Richtungen, derjenigen der philosophischen Anthropologie aus dem Beginn des 20. Jahrhunderts ebenso wie derjenigen der neurowissenschaftlichen Anthropologie und Psychologie des frühen 21. Jahrhunderts ist ein Unbehagen an einer westlichen Dominanzkultur ausgedrückt, das dazu auffordert, die anthropologischen Argumente nicht nur in einen historischen, sondern auch in einen globaleren Kontext zu stellen.

3.2 Teilhabegerechtigkeit durch Bildung?

Ich hatte einleitend festgestellt, dass dem Teilhabebegriff in Bezug auf Bildung eine Doppelstruktur mit- und der Bearbeitung aufgegeben ist. Damit Teilhabe an verschiedenen gesellschaftlichen Formen wie vor allem Arbeit und selbständiger Lebensführung möglich wird, ist Bildungsteilhabe Voraussetzung und damit selbst nicht optional. Daher wird Teilhabegerechtigkeit in Bezug auf Bildung meist vom Ende, vom Resultat der Bildungsverläufe her gedacht und lässt sich eigentlich nur im Futur II rekonstruieren: Die Bildungsgänge sind dann gerecht organisiert, wenn alle Beteiligten die gleichen Chancen gehabt haben werden, die „Vorbereitungskurse" auf gesellschaftliche Teilhabe ihren Möglichkeiten nach erfolgreich zu durchlaufen (vgl. Dietrich et al. 2014). Die so verstandene Chancengerechtigkeit liegt in der europäischen Moderne auf dem meritokratischen Prinzip auf, demzufolge das Einmünden der Bildungsgänge in ungleiche Lebenschancen durch die vermeintlich objektiv feststellbare ungleiche Leistung der Individuen gerechtfertigt wird (Hadjar 2008; Solga 2005; Dietrich 2016). Das meritokratische Prinzip etablierte sich seit dem ausgehenden 18. Jahrhundert als Ausdruck der Emanzipation im entstehenden Bürgertum. Verteilung und Erreichbarkeit von sozialen und beruflichen Positionen sollte fortan von erbrachter Leistung des Individuums und nicht länger von Geburt in ein bestimmtes soziales Kollektiv geregelt werden. Es ging von Anfang an nicht um die Beseitigung von Ungleichheit, sondern um die am Maßstab der Chancengerechtigkeit gemessene Rechtfertigung von Ungleichheit (vgl. Heid 2012). Dass dieses Prinzip allein nicht ausreicht, eine gerechte Verteilung von Lebenschancen zu gewährleisten, weil Aufbau, Performanz und Wahrnehmung von Leistungsfähigkeit in erheblichem Maße von der familiären Herkunft abhängig ist, ist zwar einerseits spätestens seit den 60er und 70er Jahren des letzten Jahrhunderts bekannt und wird durch die Befunde der internationalen Vergleichsstudien heute immer wieder bestätigt. Andererseits aber werden das Leistungsprinzip und der Glaube an dessen Gerechtigkeit erneut gestärkt, indem es sich mit einer Ökonomisierung und Individualisierung im bildungspolitischen Denken verbindet. So heißt es in einer Veröffentlichung des Aktionsrates Bildung:

> „Wenn zum Beispiel Bildungsangebote zur Herstellung von Bildungsgerechtigkeit von den Bedarfsträgern oder ihren Eltern nicht genutzt werden, wenn der Schulbesuch unregelmäßig ist, wenn die Lerner nicht alles dafür geben, die Lernangebote auch zu internalisieren, wenn sie den Lernerfolg anderer dadurch gefährden, dass sie sie am Lernen hindern, durch banale Unterrichtsstörung, durch die Diskriminierung von Leistung oder durch Leistungsbetrug, dann sind dieses Verhaltensweisen, die eine Gesellschaft nicht dulden kann, die erhebliche Mittel zur Herstellung von Bildungsgerechtigkeit investiert." (vbw/Aktionsrat Bildung 2007, S. 20ff.)

Bildung wird hier in Hinsicht auf seine ökonomische Struktur, nämlich als Anstrengung und Kostenverursacher für die im Besitz Befindlichen dimensioniert. Dieses Angebot, das nach Grundsätzen der distributiven Gerechtigkeit allen Marktteilnehmern zugänglich sein sollte, muss aber auch von den Individuen entsprechend genutzt werden; sie verhalten sich sonst gegenüber den Anbietern unsolidarisch, die auf die Freiheit verzichten, ihr Geld anders als zur Steigerung der Bildungsgerechtigkeit zu verwenden. Sie verhalten sich ebenso unsolidarisch gegenüber der Gesamtgesellschaft, die erwarten kann, dass durch die Ermöglichung von Chancengleichheit auch das gemeinsame Ziel (der Volkswirtschaft) einer Anhebung des Leistungsniveaus von allen ernsthaft verfolgt wird.

Teilhabe *an* Bildung muss auf eben dieses kulturelle Dispositiv der individualisierten Leistung *durch* Bildung vorbereiten und dies wiederum führt zu Normalitätserwartungen und Normalisierungspraktiken hinsichtlich Leistung, Wettbewerb und individualisierter, möglichst souveräner Lebensführung und Gesundheit. In kindheitswissenschaftlichen Zusammenhängen wird diese Normalisierung als Normierung inzwischen vertieft thematisiert (Kelle und Tervooren 2008; Kelle und Mierendorff 2013). Diese Untersuchungen folgen auf eine Auseinandersetzung mit poststrukturalistischen Analysen einer zunehmend disziplinierten und institutionalisierten modernen Biografie sensu Foucault sowie der neueren machtsensiblen Kindheitssoziologie (etwa Alanen und Mayall 2001; Sgritta 1987). Hier wird empirisch untersucht, wie vor allem in der Stärkung des Entwicklungsparameters immer neuen Konstruktionen des anormalen Kindes, der Norm-Abweichungen und Pathologisierungen im Diskurs hervorgebracht werden, die bei Kindern und Familien durch die Zuschreibung von A-Normalität zu Erfahrungen der Exklusion und Repression führen können. Wichtige Arbeiten stammen hier von der Arbeitsgruppe um Helga Kelle, die außerschulische Orte der medizinischen Betreuung von Kindern untersucht und dabei ebenfalls die Ambivalenz von Standardisierung herausgearbeitet hat (Kelle 2007; auch Stechow 2004). Die Standarderwartungen an Körpermerkmale, Lernresultate und Verhaltensweisen ermöglichen auf der einen Seite die rechtzeitige Intervention und dadurch möglicherweise Inklusion in die je altersangemessene Lerngruppe, erzeugen auf der anderen Seite aber immer auch Exklusionsmechanismen, weil Normalität nur durch Aufrechterhalten der Grenzen zum Nicht-Normalen bestehen bleiben kann. Solche Fragestellungen sind in anderen kindheitswissenschaftlichen Kontexten aufgegriffen worden. Im Feld der Pädagogik der Frühen Kindheit etwa etablieren sich seit ca. 15 Jahren Strukturen der Normalisierung und Standardisierung von Erwartungen an Lernresultate und Verhaltensentwicklungen, deren Praktiken der Testung, Beobachtung, Diagnostik und Förderung inzwischen auch in ihrer Ambivalenz von Inklusion und Normierung diskutiert werden (Diehm et al. 2013; Cloos und Schulz 2011; Dietrich 2011).

3.3 Prozedurale Teilhabegerechtigkeit in Bildung

Das Futur II im europäischen Credo der Chancengerechtigkeit durch Bildungsteilhabe überspringt notwendigerweise fortlaufend die Gegenwart und damit das, was in den oben dargestellten Innenansichten der Teilhabeprozesse je aktuelle Bedeutsamkeit besitzt. Berücksichtigte man diese Innenansichten stärker, käme in anderer Weise das Prozedurale eines je gegebenen Präsens in den Blick. Teil zu sein einer kulturellen Gemeinschaft, die man in einer personalen Dyade, einer Familie, einer Schulklasse, einer Fancommunity im Fußballstadion oder auch mit sich selbst erfahren kann, basiert auf gemeinsam geteilter Aufmerksamkeit auf eine Sache, einen Gegenstand sowie auf der Widerfahrnis emotionaler Gemeinsamkeit und gegenseitiger Ansteckung, die ein primäres gemeinsames Sinnverstehen erst ermöglicht. Teil zu sein ist wie auch immer rudimentär angewiesen auf ästhesiologische Qualitäten gegenseitiger Wahrnehmung und die erworbene bzw. zu entwickelnde Fähigkeit, mit uneindeutigen Sinnfigurationen, die aus dem Wechselspiel von präsentativen und repräsentativen Symboliken hervorgehen, flexibel umzugehen. Die Flexibilität und Beweglichkeit speist sich aus dem Hin und Her zwischen präreflexiver Verbundenheit und Interdependenz und der Fähigkeit, diese Verbundenheit distanzierend thematisch werden zu lassen. Weil anthropologisch nicht nur die positiven Aspekte des Teilseins im Sinne eines partizipativen und inklusiven Anspruchs, sondern ebenso die möglichen Effekte der Überforderung, des Überwältigtwerdens, der Abwehr von vereinnahmenden Widerfahrnissen zur Sprache kommen, können auch die Dynamiken der Verneinung von Teilhabe verständlicher werden. Aus der Distanznahme kann zweierlei entstehen, nämlich entweder die Lösung aus der Teilhabesituation oder die erneute Verbindung mit allen anderen Teilen und Teilhabenden der Situation auf einer kulturell und situativ je spezifischen Weise. Ebenso verhält es sich mit dem von Singer beschriebenen Zusammenspiel von Empathie und Mitgefühl. Eine distanzierende Haltung zum eigenen Affiziertsein von (leidvollen) Gefühlen des Anderen kann auch hier entweder zur Auflösung von Teilhabebeziehungen führen – durch Überforderung, Abwehr, Verdrängung, Widerstreit – oder zur Entwicklung einer Haltung von Mitgefühl. Solche Erfahrungen sind nicht dauerhaft zu haben, sondern zeichnen sich durch hohe Fragilität und Verletzlichkeit aus. Situationen, in denen solches geschieht, sind nur bedingt herstellbar und schon gar nicht feststellbar. Die Verflüssigung des Zustandes der Zugehörigkeit, des Teilseins, kann das Denken in den eher monolithischen Begriffen der Inklusion und Exklusion erweitern. Teil zu sein oder nicht Teil zu sein kann, je nach Bezugsgruppe häufig sogar mehrmals täglich, wechseln. Die kulturanthropologischen Argumentationen können für die Erfahrungsräume zwischen den eher dichotom formulierten Polen von Inklusion und Exklusion, von

Bildungsteilhabe oder Nicht-Teilhabe sensibilisieren und ein Beschreibungsinstrumentarium bereitstellen. In Bezug auf die Teilhabeprozesse in pädagogischen Rahmungen folgt daraus eine differenzierende Betrachtung derjenigen Prozesse und Praktiken, die das Teilsein und Anteil nehmen in den nicht symmetrischen Verhältnissen zwischen Erwachsenen und Kindern bestimmen. Was geschieht in den Momenten, wo Schüler_innen sich aus dem Unterrichtsgeschehen „ausklinken" und wie ist eine pädagogische Situation beschaffen, die es ermöglicht, die Aufmerksamkeit wieder auf den gemeinsamen Gegenstand zu richten?

Gerechtigkeitstheoretisch wären hier eher die Thematisierungsformen der prozeduralen als diejenigen der distributiven Gerechtigkeit zu befragen (Hübner 2014, S. 44ff.). Prozedurale Gerechtigkeit meint, dafür Sorge zu tragen, dass die Art und Weise der Verteilung bzw. Aneignung eines bestimmten (knappen) Gutes auf gerechte Weise vor sich geht. Fokussiert man dergestalt auf den Prozess der Ermöglichung von Teilhabegerechtigkeit in Bildungsprozessen, entstehen andere Aufgaben für die Pädagogik, als wenn man auf das Ziel der vorbereitenden Teilhabegerechtigkeit fokussiert. Im letzteren Fall könnte jedes Mittel als gerechtfertigt gelten, um ein von der Dominanzkultur definiertes Kompetenzprofil zu erwerben; dann ist auch in der Verweisung auf dieses Ziel ein ständiges Argument für das Übergehen einer prozeduralen Teilhabegerechtigkeit gegeben. Im ersten Fall hingegen müssten Pädagog_innen sowohl das Maß als auch Formen einer unfreiwilligen Teilhabe an und durch Bildung begründen und rechtfertigen können. Es wird dann der theoretische, aber vor allem auch empirische Blick erheblich geschärft werden müssen für die alltäglichen Praktiken einer Orientierung an bestimmten Leistungsstandards in Unterricht und Erziehung oder für Praktiken der Bewertung, Diagnostik und Beobachtung von Kindern und Jugendlichen, die im Sinne der Chancengerechtigkeit zur Teilhabe an der Normalität von etwa Regelschulen angehalten werden. Welche Spielräume des Antwortens, welche Optionen der Wahl, welche Möglichkeiten der Artikulation, welche Weisen der Kommunikation werden gewährt oder können entstehen?

Literatur

Alanen, L., Mayall, B. (Hrsg.) (2001). *Conceptualizing Child-Adult Relations*. London/New York: Psychology Press.
Bartelheimer, P. (2004). Teilhabe, Gefährdung und Ausgrenzung als Leitbegriffe der Sozialberichterstattung. *SOFI-Mitteilungen 32*, 47-61.
Cloos, P., Schulz, M. (Hrsg.) (2011). *Kindliches Tun beobachten und dokumentieren: Perspektiven auf die Bildungsbegleitung in Kindertageseinrichtungen*. Weinheim/München: Beltz Juventa.
Diehm, I., Kuhn, M., Machold, C. (2013). *Ethnomethodologie und Ungleichheit? Methodologische Herausforderungen einer ethnographischen Differenzforschung*. In: Budde, J. (Hrsg.), *Unscharfe Einsätze. (Re-)Produktion von Heterogenität im schulischen Feld* (S. 29–51). Wiesbaden: Springer VS.
Dangl, O. (2014). Inklusion als Herausforderung für die Geistigbehindertenpädagogik. *Zeitschrift für Bildungsforschung 4*, 257-270.
Dietrich, C. (2010). *Zur Sprache kommen. Sprechgestik in jugendlichen Bildungsprozessen in und außerhalb der Schule*. Weinheim/München: Beltz Juventa.
Dietrich, C. (2011). Bildungstheoretische Notizen zur Beobachtung und Dokumentation frühkindlicher Bildungsprozesse. In: P. Cloos, M. Schulz (Hrsg.), *Kindliches Tun beobachten und dokumentieren: Perspektiven auf die Bildungsbegleitung in Kindertageseinrichtungen* (S. 100-114). Weinheim/München: Beltz Juventa.
Dietrich, C. (2014). Sprache. In: C. Wulf, J. Zirfas (Hrsg.), *Handbuch Pädagogische Anthropologie* (S. 475-484). Wiesbaden: Springer VS.
Dietrich, C. (2016). Im Schatten des Vielfaltsdiskurses: Homogenität als kulturelle Fiktion und empirische Herausforderung. In: I. Diehm, M. Kuhn, C. Machold (Hrsg.), *Differenz – Ungleichheit – Erziehungswissenschaft*. Wiesbaden: Springer VS (im Erscheinen).
Dietrich, F., Heinrich, M., Thieme, N. (2014). Bildungsgerechtigkeit jenseits von Chancengleichheit. Theoretische und empirische Ergänzungen und Alternativen zu ‚PISA' – Zur Einführung in den Band. In: F. Dietrich, M. Heinrich, N. Thieme. (Hrsg.), *Bildungsgerechtigkeit jenseits von Chancengleichheit. Theoretische und empirische Ergänzungen und Alternativen zu ‚PISA'* (S. 11-34). Wiesbaden: Springer VS.
Hadjar, A. (2008). *Meritokratie als Legitimationsprinzip. Die Entwicklung der Akzeptanz sozialer Ungleichheit im Zuge der Bildungsexpansion*. Wiesbaden: Springer Verlag.
Heid, H. (2012). Der Beitrag des Leistungsprinzips zur Rechtfertigung sozialer Ungerechtigkeit. *Vierteljahresschrift für Heilpädagogik und ihre Nachbargebiete (VHN) 81*, H 1, 22-34.
Hosser, D., Beckurts, D. (2005). *Empathie und Delinquenz. KFN Forschungsbericht Nr.96*. Hannover: Kriminologisches Forschungsinstitut Niedersachen.
Hübner, D. (2014). Bildung und Gerechtigkeit: Philosophische Zugänge. In: F. Dietrich, M. Heinrich, N. Thieme (Hrsg.), *Bildungsgerechtigkeit jenseits von Chancengleichheit. Theoretische und empirische Ergänzungen und Alternativen zu ‚PISA'* (S. 35-55). Wiesbaden: Springer VS.
Kelle, H. (2007). „Ganz normal": Die Repräsentation von Kinderkörpernormen in Somatogrammen. Eine praxisanalytische Exploration kinderärztlicher Vorsorgeinstrumente. *Zeitschrift für Soziologie (ZfS) 36*, H. 3, 197-216.
Kelle, H., Mierendorff, J. (Hrsg.) (2013). *Normierung und Normalisierung der Kindheit*. Weinheim: Juventa.

Kelle, H., Tervooren, A. (Hrsg.) (2008). *Ganz normale Kinder. Heterogenität und Standardisierung kindlicher Entwicklung.* Weinheim: Juventa.
Koch, S., Kupka, P., Steinke, J. (Hrsg.) (2009). *Aktivierung, Erwerbstätigkeit und Teilhabe: Vier Jahre Grundsicherung für Arbeitssuchende.* Bielefeld: Bertelsmann.
Meyer-Drawe, K. (1984). *Leiblichkeit und Sozialität.* München: Wilhelm Fink Verlag.
Plessner, H. (1923/1982). *Die Einheit der Sinne. Grundlinien einer Ästhesiologie des Geistes.* Frankfurt a. Main: Suhrkamp.
Rommelspacher, B. (1995). *Dominanzkultur: Texte zur Fremdheit und Macht.* Berlin: Orlanda Frauenverlag.
Rommelspacher, B. (2002). *Anerkennung und Ausgrenzung. Deutschland als multikulturelle Gesellschaft.* Frankfurt a. Main/New York: Campus Verlag.
Solga, H. (2005). Meritokratie – die moderne Legitimation ungleicher Bildungschancen. In: P.A. Berger, H. Kahlert (Hrsg.), *Institutionalisierte Ungleichheiten. Wie das Bildungswesen Chancen blockiert* (S. 19-38). München: Juventa.
Sgritta, G.B. (1987). Childhood: Normalization and project. *International Journal of Sociology 17,* H. 3, 38–57.
Singer, T., Klimecki, O. (2012). Empathic Distress Fatigue rather than Compassion Fatigue? Integrating findings from empathy research in psychology and social neuroscience. In: B. Oakley, A. Knafo, G. Madhavan, D. S. Wilson (eds): *Pathological Altruism.* New York: Oxford University Press.
Singer, T., Bolz, M. (Hrsg.) (2013). *Mitgefühl in Alltag und Forschung.* Leipzig: Max-Planck-Institut für Kognitions- und Neurowissenschaften.
Stechow, E. von (2004). *Erziehung zur Normalität. Eine Geschichte der Ordnung und Normalisierung der Kindheit.* Wiesbaden: VS Verlag für Sozialwissenschaften.
Tomasello, M. (2009). *Die kulturelle Entwicklung des menschlichen Denkens.* Berlin: Suhrkamp.
Tomasello, M. (2011). *Die Ursprünge menschlicher Kommunikation.* Berlin: Suhrkamp.
vbw – Vereinigung der Bayerischen Wirtschaft e.V. (Hrsg.) (2007). *Bildungsgerechtigkeit. Jahresgutachten 2007. Aktionsrat Bildung.* Wiesbaden: VS Verlag für Sozialwissenschaften.
Winker, G. (2015). *Care-Revolution. Schritte in eine solidarische Gesellschaft.* Bielefeld: transcript.

Verletzlichkeit und Teilhabe

Carsten Heinze

> „Wie schaffe ich eine Lebensform, die die Bedürfnisse des Kindes, seine Würde nicht verletzt, sondern respektiert; die sittliches Handeln möglich macht ohne Zwang; also letzten Endes auf die Einsicht sich gründen kann; die geistig-seelische Tätigkeit, die Produktivität des Kindes belebt; die dies alles durch eine Sozialform ermöglicht, die zugleich Modell für Lebensformen überhaupt sein kann? In kurzer Formel ausgedrückt: Wie sieht eine pädagogisch verantwortbare Lebensform aus, wie müssen wir rechtes Leben den Kindern gegenüber repräsentieren?" (Mollenhauer 1983/2003, S. 74)

1 Die Verletzlichkeit des Kindes im erziehungswissenschaftlichen Diskurs

Die Betrachtung des Kindes in seiner ‚Verletzlichkeit' ist eine in der Geschichte der Pädagogik eher ungewöhnliche Perspektive auf den Prozess der Subjektbildung, da das pädagogische Handeln vor allem als Reaktion auf die anthropologisch bedingte Unselbstständigkeit des Kindes konzeptualisiert und durch die daraus folgende Notwendigkeit der Unterstützung und Fürsorge mit dem Ziel der „Verselbständigung" legitimiert wurde (Geissler 1973, S. 18; vgl. Oelkers 2001). Die Verletzlichkeit des Kindes gehörte dabei nicht zu den gebräuchlichen Dimensionen der Reflexion professionellen pädagogischen Handelns. Dies ist umso erstaunlicher, als gerade durch das Faktum der Verletzlichkeit sowohl die Abhängigkeit des Kindes im Verhältnis der Fürsorge als auch die Gefährdung des pädagogischen Handelns in den gewaltsamen Formen der Misshandlung, Vernachlässigung und Missachtung deutlich werden. Zwar lassen sich im erziehungswissenschaftlichen Diskurs immer wieder Formen der Thematisierung kindlicher Verletzlichkeit finden, allein führten diese bisher kaum zu einer Etablierung und theoretischen Fundierung des Begriffs (vgl. Christensen 2003, S. 117).

Eine kritische Auseinandersetzung mit der Bestimmung des Kindes in Anbetracht seiner Verletzlichkeit erfolgte im letzten Drittel des 20. Jahrhunderts in der sich konstituierenden „neuen" Kindheitsforschung. Problematisiert wurde dabei insbesondere eine essentialistische Perspektive auf die kindliche Vulnerabilität sowie die daraus abgeleitete Legitimation paternalistischer sozialstaatlicher Interventionen, durch die Kindheit auf eine „‚Schutzideologie'" reduziert werde

(Hengst und Zeiher 2000, S. 11; Lüscher 1999, S. 383ff.). Zugleich gerieten solche sozialisationstheoretischen Ansätze in die Kritik, die die kindliche Entwicklung als Resultat sozialstruktureller Einwirkungen interpretieren und das Kind zugleich als (passives) Objekt von Sozialisationsregimen betrachten (vgl. Qvortrup 2009, S. 21ff.; James 2009, S. 36f.; Prout 2003, S. 39; Tisdall und Punch 2012, S. 250f.). Mit dem Konzept des Kindes als „sozialer Akteur" bzw. dem der kindlichen „Agency" wurde ein Paradigmenwechsel angestrebt hin zur Wahrnehmung der „vielfältigen Handlungspotenziale" sowie der „sozialen Wirkmächtigkeit von Kindern" (Hungerland und Kelle 2014, S. 228; vgl. James 2009, S. 40f.).

Infolge der Konzentration auf die Handlungsfähigkeit des Kindes und der Betonung seiner kompetenten Gestaltungskraft geriet jedoch die Verletzlichkeit des Kindes und damit nicht nur der Aspekt der Verantwortlichkeit des jeweiligen Handelns aus dem Blick, sondern auch die Frage nach den Handlungsbeschränkungen in gewaltförmigen Situationen des Zwangs und mithin nach realen Praktiken der Gewalt (vgl. Bluebond-Langner und Korbin 2007, S. 243f.; Tisdall und Punch 2012, S. 255f.). Es ist daher nicht erstaunlich, dass sich angesichts dieser konzeptuellen Defizite die disziplinäre Forderung ergab, die wechselseitige Beziehung von Handlungsfähigkeit und Vulnerabilität in ihrer Bedeutung für die diskursive Konstruktion von Kindheit sowie für das tatsächliche Leben der Kinder wieder stärker zu berücksichtigen (vgl. z.B. Ben-Porath 2010, S. 71; Andresen et al. 2014; Eisenhuth 2015, S. 40) und das Augenmerk verstärkt sowohl auf die empirische Erfassung von Formen der Verletzung in pädagogischen Handlungszusammenhängen zu richten als auch auf die theoretische Bestimmung von Verletzlichkeit. Seit Anfang des 21. Jahrhunderts liegen vermehrt Arbeiten zu verletzendem Verhalten von Lehrkräften in der Schule vor wie u.a. die Studien von Volker Krumm, Kristin Eckstein und Susanne Weiß sowie das von Annedore Prengel initiierte Projektnetz INTAKT, in dem Lehrer-Schüler-Interaktionen auf der Grundlage von Unterrichtsbeobachtungen erfasst werden (vgl. Krumm und Eckstein 2002; Krumm und Weiß 2005, 2006; Prengel 2013; vgl. auch Hafeneger 2013, S. 74ff.; Fritzsche 2011; Heinze 2016, i.V.). Das übergreifende Ergebnis dieser Untersuchungen lässt sich dahingehend zusammenfassen, dass verletzendes Verhalten von Lehrpersonen gegenüber Schülerinnen und Schülern in erheblichem Umfang den Unterrichtsalltag bestimmt. Darüber hinaus wird die Thematik auch aus einer anthropologischen sowie erziehungs- und moralphilosophischen, aber auch geschlechtsspezifischen Perspektive bearbeitet (vgl. z.B. Giesinger 2007; Ben-Porath 2003, 2010; Casale und Villa 2011; Mackenzie et al. 2014).

In diesem Beitrag wird von der These ausgegangen, dass die Verletzlichkeit des Kindes in seinem ihm unverfügbaren körperlichen ‚Ausgesetzt-Sein' und dem dadurch konstituierten zwischenmenschlichen ‚Angewiesen-Sein' auf die Achtung der anderen (vgl. Butler 2012a) eine wesentliche Bedingung von Teilhabe darstellt. Das Streben nach Anerkennung und Partizipation ist dabei einem Prozess der Infragestellung des Selbst unterworfen, der zugleich für die Wahrnehmung der Verletzlichkeit als Ressource für Achtsamkeit und Zuwendung sensibilisiert. In der Überbetonung der kindlichen Handlungsfähigkeit, Selbstwirksamkeit und Kompetenz einerseits sowie der Konstitution des Kindes in seinem Noch-nicht-Erwachsensein andererseits liegt die Gefahr des Abhandenkommens der Sensibilität gegenüber dem verletzlichen Subjekt und des Verlustes der Achtsamkeit für dieses begründet (vgl. Liebsch 2014, S. 106ff.). Folglich leitet sich aus der Verletzlichkeit des Kindes die Verantwortung der Fürsorge ab, gleichzeitig aber auch die Verpflichtung zur entwicklungsgemäßen Beteiligung der Kinder an den sie betreffenden Entscheidungen (vgl. Ben-Porath 2010, S. 85), was wiederum verantwortet werden muss und der Rechtfertigung bedarf.

Um das Wechselverhältnis von Teilhabe und Verletzlichkeit genauer bestimmen zu können, sollen in einem ersten Schritt zunächst die Verletzlichkeit als anthropologische Bedingung des Menschseins im Kontext von Prozessen der Anerkennung beschrieben und die Konsequenzen für die Ausgestaltung des generationalen Verhältnisses diskutiert werden. In einem zweiten Schritt folgt die theoretische Bestimmung des wechselseitigen Bedingungszusammenhangs zwischen Teilhabe und Verletzlichkeit.

2 Verletzlichkeit und Anerkennung im Bildungsprozess

Judith Butler hat die Verletzlichkeit des Menschen als unabweisliche physische, psychische und soziale Fragilität der körperlichen Verfasstheit des menschlichen Daseins beschrieben, die auf die „Disponiertheit" des Selbst außerhalb seiner Selbst zurückzuführen ist (Butler 2012a, S. 42; dies. 2011, S. 200; vgl. Heinze 2016, i.V.). Die körperliche Verfasstheit und die soziale Abhängigkeit bzw. das Angewiesen-Sein auf andere bestimmen den Menschen in seiner Verletzlichkeit und seinem ihm unverfügbaren Ausgesetzt-Sein (vgl. Butler 2012a, S. 42; dies. 2014, S. 47). Als „Vorbedingung für das ‚Menschliche'" gründet sich die Verletzlichkeit zudem in dem Streben nach Anerkennung und der Möglichkeit, diese zu verwehren, und weckt zugleich das Bedürfnis des Menschen nach Achtsamkeit und Zuwendung (Butler 2012a, S. 61; vgl. Anderson 2014, S. 140).

Dieser Wirkungszusammenhang lässt sich als Agens der Subjektbildung verstehen und offenbart die menschliche Verstrickung in ein Beziehungsgeflecht, das sich tendenziell der Reflexion sowie der kognitiven Erkenntnis entzieht (vgl. Butler 2014, S. 137; 2012a, S. 61). „Anerkennung zu fordern oder zu geben […] bedeutet, ein Werden für sich zu erfragen, eine Verwandlung einzuleiten, die Zukunft stets im Verhältnis zum Anderen zu erbitten. Es bedeutet auch, das eigene Sein und das Beharren im eigenen Sein im Kampf um Anerkennung aufs Spiel zu setzen" (Butler 2012a, S. 62; vgl. dies. 2014, S. 41). Dementsprechend verschiebt sich in der Dynamik dieser Relationierung das Verhältnis von Abhängigkeit und Verletzlichkeit und zeigt die Möglichkeiten des Ausgesetzt-Seins auf. Zum einen ist die eigene Existenz in dem wechselseitigen Aufeinander-angewiesen-Sein nicht ohne den Anderen zu denken – die Verletzlichkeit des Menschen erweist sich dabei als eine Quelle für Empathie und Fürsorge. Die Kehrseite dieser sozialen Abhängigkeit als „Bedingung elementarer Verletzbarkeit" ist die hierdurch gegebene Möglichkeit der Gewalt, die Butler als „Ausbeutung dieser primären Bindung" beschreibt, „in der wir als Körper aus uns herausgehen und füreinander da sind" (Butler 2012a, S. 44, 48; vgl. Heinze 2016, i.V.). In der Erfahrung seiner Gefährdung begibt sich der Mensch immer erneut auf die Suche nach dem eigenen Selbst im Wechselspiel von Anerkennung und Selbstvergewisserung und riskiert dabei die Infragestellung seiner selbst. Der Versuch, im Prozess der Anerkennung die Bestätigung seiner Identität zu erlangen, ist jedoch zum Scheitern verurteilt, da sich das Selbst im Prozess der Anerkennung verändert und dabei die „Fähigkeit" einbüßt, „zu dem zurückzukehren, was [... es] gewesen [ist]" (Butler 2014, S. 41). Zugleich eröffnet sich für den Menschen aber die Option, sich im Bedingungszusammenhang einer kulturell vermittelten Grammatik der Vulnerabilität mit der Erfahrung und Praxis der Verletzlichkeit auseinanderzusetzen und dabei prospektiv auf die Formung des eigenen Verletzlichkeitsverhältnisses Einfluss zu nehmen.

Die Widersprüchlichkeit und paradoxale Struktur dieses Prozesses im Kontext des Fragwürdig-Werdens selbstverständlicher Zuschreibungen von Identität und der damit verbundenen Erfahrung des Selbstverlustes wurde im Kontext der Aufklärung von Jean-Jacques Rousseau eindrücklich problematisiert. Rousseau formulierte die These, dass der Mensch mit der Übernahme der ihm nun selbst zukommenden Aufgabe, eine Übereinstimmung mit sich selbst zu erreichen, in einen Teufelskreis der Selbstentfremdung gerät: In dem Streben nach Anerkennung der eigenen Individualität gelangt er über sich selbst hinaus und verliert sich dabei, da das Selbst-Sein auf das Urteil der anderen beschränkt bleibt (vgl. Buck 1981, S. 123ff.; Todorov 1998, S. 24f.; Rousseau 1755/1998, S. 82f., 112). Die Suche nach einem „Rückweg aus der Entfremdung" zur Wiederherstellung der „zerstörten Identität" wird in dem sich an diesen Argumentationsgang anschließenden bildungstheoretischen Diskurs zu einem zentralen Motiv (Buck 1981, S. 126). Dabei bildete Rousseaus Konstruktion des Naturmenschen als ein mit sich selbst im Einklang stehender und deshalb auch glücklicher Wilder lediglich die Kontrastfolie seiner kulturkritischen Überlegungen – der Naturzustand als solcher war für ihn unwiederbringlich verloren, der Rückweg aus der Entfremdung schien versperrt (vgl. Buck 1981, S. 129; Rousseau 1755/1998, S. 23, 33, 68f.). An diesem Punkt wendet Rousseau das Problem und begründet mit der beschriebenen Mangelhaftigkeit des Menschen dessen Angewiesen-Sein auf den Anderen: Aus seiner Schwäche bzw. seiner Verletzlichkeit ergibt sich das menschliche Bedürfnis nach der Achtung anderer und nur durch Anerkennung kann dem Menschen sein Menschsein gelingen (vgl. Todorov 1998, S. 26f.).

Die Übereinstimmung mit sich selbst ist demnach als „Fiktion" zu verstehen (Mollenhauer 1983/2003, S. 158). Mit sich selbst identisch zu sein erweist sich als eine nicht erreichbare Illusion, vielmehr ist von einem „riskanten Entwurf" des Selbst auszugehen, der durch die laufende Verhältnisbestimmung zwischen dem Subjekt, seinem Selbstbild und dem Fremdbild der anderen, durch die Relationierung zwischen dem Wirklichen und dem Möglichen angepasst wird (ebd.). Identität erscheint hier in der Problemstruktur der „Irritation" (ebd., S. 170), die dem Individuum die Selbstgewissheit versagt und ihm vielmehr die eigene Verletzlichkeit offenbart (vgl. Buck 1981, S. 137). Durch die Erfahrung dieser Diskrepanz wird Bildung als Aufgabe erkennbar und annehmbar, wird das Subjekt in der Identitätsarbeit zur Selbsttätigkeit herausgefordert. Erst die ‚Begegnung' mit dem Anderen fordert zu einer Auseinandersetzung heraus, bei der im Rahmen von Alteritätserfahrungen Grenzüberschreitungen erfolgen, in denen der Mensch sich seiner Gefährdungen bewusst und zugleich der Möglichkeiten inne wird, damit umzugehen (vgl. Litt 1938/1997, S. 39; Schäfer 2009, S. 187f.).

Den Begriff der ‚Begegnung' hatte Theodor Litt bereits 1938 in der kritischen Auseinandersetzung mit der biologistischen, rassistischen Ideologie des Nationalsozialismus geprägt und damit den Prozess beschrieben, in dem der Mensch in seinem „ureigensten Selbst" von einem anderen als einem „Eigenbürtigem und sich selbst Gehörendem" „angerufen" wird (Litt 1938/1997, S. 38; vgl. Heinze 2001, S. 167ff.). „Was mir begegnet […], das kehrt mir ein Antlitz zu, das enträtselt sein will; es spricht mich an und heischt Antwort. Es ist eine nach *sinnvoller* Erfüllung verlangende Beziehung, die sich in ihm anspinnt" (Litt 1938/1997, S. 35, Hervorh. i.O.). Erst indem sich das Selbst auf das Andere einlässt, auf dessen Anspruch antwortet, ohne schon zu wissen, ob die Auseinandersetzung erfolgreich ist, tritt es in den Bildungsprozess ein. Obgleich dieser dem Prinzip der Ungewissheit unterworfen und auf Bedingungen und Voraussetzungen angewiesen ist, die erst im Vollzug hervorgebracht werden, kommt dem Menschen dabei durch die „Freiheit der Wahl" ein Gestaltungsspielraum zu (vgl. ebd., S. 39). Zwar könne sich der Mensch nicht willkürlich der ‚Begegnung' entziehen bzw. eine solche herbeiführen, er könne aber zwischen „auftauchenden Möglichkeiten der Begegnung" eine „Auswahl" treffen (ebd). Unhintergehbar bleibt jedoch die Erfahrung des

Andersseins und die damit verbundene Notwendigkeit der Selbstentfremdung als Voraussetzung von Bildung. Indem der Mensch in der Auseinandersetzung auf eine „in gewissem Sinn heteronom[e] und darum hinfällig[e] Ordnung" verwiesen wird, „an der allein er sich zu bilden vermag" (Adorno 1959/2006, S. 28f.), ist im Augenblick der Konstitution von Bildung mit ihren Bedingungen von Autonomie und Freiheit diese eigentlich schon nicht mehr existent. „In ihrem Ursprung ist ihr Zerfall teleologisch bereits gesetzt" (ebd., S. 29). Dem Menschen ist diese paradoxale Struktur zur Bearbeitung aufgegeben mit dem Ziel, sich in der stets riskanten und auch bedrohten Balance zwischen Freiheit und Bindung in seinem potenziellen Gefährdet-Sein zu bewähren. Bildung wäre dann als Reflexion der Erfahrung unaufhebbarer Alterität zu verstehen, in Form einer „kommunikativen Relationierung" zwischen dem Ich und dem Anderen (Straub 1999, S. 14; vgl. Schäfer 2009; Koller 2012, S. 168), allerdings unter dem „Vorrang der Frage", durch die das Verstehen von Möglichkeiten menschlichen Selbstverständnisses in seinen jeweiligen Begründungszusammenhängen eröffnet wird (vgl. Gadamer 1972, S. 344f.; Vasilache 2003, S. 98ff.; Rorty 1979/1987, S. 395).

Diese Problemstellung lässt sich im Anschluss an Butler mit ihren Überlegungen zu Emmanuel Lévinas' Struktur der Ansprache und der Darstellbarkeit des Menschlichen im „kritischen Bild" weiterdenken (Butler 2012b, S. 171f.). In der Auseinandersetzung mit der medialen Inszenierung des Krieges verweist Butler auf bildliche Darstellungsformen, in denen das Gefährdet-Sein des Lebens aufgehoben werde (vgl. 2012b, S. 170), da diese eine Übereinstimmung zwischen der Aussage des Bildes und der gezeigten Person vortäuschten – etwa als Personifizierung des Bösen oder des militärischen Triumphs (vgl. Adorno 1959/2006, S. 54). Für die Vermittlung des Menschlichen sei aber das Scheitern der Darstellung ausschlaggebend, das im kritischen Bild zugleich vor Augen geführt werden muss (vgl. Butler 2012b, S. 171f.), mit den Worten Butlers: „Die Wirklichkeit wird nicht von dem vermittelt, was im Bild dargestellt wird, sondern dadurch, dass die Darstellung, welche die Realität übermittelt, in Frage gestellt wird" (ebd., S. 173). Um dies zu erkennen, ist es notwendig, „jenes Prozesses habhaft zu werden", den Theodor W. Adorno in seiner „Theorie der Ästhetik" im Hinblick auf das Kunstwerk konturiert hat: „Indem Kritik aus Konfigurationen in den Kunstwerken deren Geist herausliest und die Momente miteinander und dem in ihnen erscheinenden Geist konfrontiert, geht sie über zu seiner Wahrheit jenseits der ästhetischen Konfiguration" (Adorno 1970/2014, S. 137). Werden menschliche Gefährdungen hingegen verschwiegen, so eröffnet sich die Möglichkeit einer „differenzlosen Identität" (Adorno 1959/2006, S. 61), durch die das Anderssein scheinbar in einem übergreifenden Gemeinsamen aufgelöst werden kann. Die Versuchung, sich dem Gefährdet-Sein zu entheben, sich des „Nicht-Identischen" zu entäußern (Adorno

1970/2014, S. 243), führt damit zu einer Transformation der Verletzlichkeit, die das Subjekt so hinterrücks wieder einholt.

3 Verletzlichkeit und Teilhabe im generationalen Verhältnis

„Die Bedingung elementarer Verletzbarkeit, des Angewiesenseins auf die Berührung der anderen, selbst wenn kein anderer da ist und wenn unserem Leben keine Unterstützung gewährt wird, steht für eine primäre Hilflosigkeit und Bedürftigkeit, um die sich jede Gesellschaft kümmern muß" (Butler 2012a, S. 48f.; vgl. Ben-Porath 2010, S. 81). Die unabweisbare wechselseitige Bestimmung von Anerkennung und Verletzlichkeit ist dabei eine wesentliche Bedingung der Sozialität des Menschen und eine Voraussetzung für die Entwicklung der Fähigkeit zur Teilhabe. Gleichzeitig ist es unabdingbar, die Formen der Verletzlichkeit weiter auszudifferenzieren und diese empirisch zu fundieren, sodass die Verletzlichkeit des Menschen gesellschaftlich wahrgenommen und die Entwicklung von Handlungsoptionen erreicht werden kann.

Einen solchen Vorschlag zur Unterscheidung der Anlässe und Stadien der Verletzlichkeit haben Catriona Mackenzie, Wendy Rogers und Susan Dodds (2014) vorgelegt. Sie unterscheiden drei Formen der Verletzlichkeit: Zum Ersten die „inhärente Verletzlichkeit" („inherent vulnerability"), die sich auf die Bedingungen des Menschseins bezieht und denen jedes Individuum ausgesetzt ist wie z.B. „Körperlichkeit", „Bedürfnisse", „Abhängigkeit von anderen", sowie die „gefühlsbedingte und soziale Natur" des Menschen (ebd., S. 7). Zweitens wird die Verletzlichkeit durch „situative" („situational vulnerability"), „personale, soziale, politische" und „ökonomische" Einflüsse bedingt. Beide Formen können sich in ihren Auswirkungen wechselseitig verstärken (ebd., S. 7f.).[1] Zum Dritten wird in diesem Ansatz die „pathogene Verletzlichkeit" („pathogenic vulnerability") beschrieben als Resultat solcher Situationen, in denen eine auf der Anerkennung der Verletzlichkeit basierende Reaktion, wie z.B. eine sozialpolitische Intervention, statt zu einer Verbesserung der Lage zu einer weiteren Zuspitzung der Effekte führt (ebd., S. 9). Die inhärente und die situative Verletzlichkeit können ferner dahingehend

---

1 Heinz Hengst und Helga Zeiher unterscheiden ebenso eine „inhärente" und eine „strukturelle" Verletzbarkeit (2000, S. 9): „‚Inhärent' verletzbar sind Kinder, weil sie körperlich schwach sind oder weil es ihnen an Wissen fehlt. Das macht sie vom Schutz Erwachsener abhängig. Kinder sind aber auch ‚strukturell' verletzbar, weil sie keine politische und ökonomische Macht haben und von Bürgerrechten ausgeschlossen sind." Vgl. zur inhärenten Verletzlichkeit auch Ben-Porath 2010, S. 71f.

unterschieden werden, inwieweit der Mensch für eine Verletzlichkeit disponiert ist bzw. inwieweit bestimmte Verletzungen bereits fortgeschritten sind („dispositional or occurent") (ebd., S. 8f.). Verletzlichkeit lässt sich mit dieser Klassifizierung als ein hochkomplexes Phänomen beschreiben, dessen verschiedene Formen und Stadien sich wechselseitig beeinflussen und deren Wirkungen sich kumulieren können.

In diesem Zusammenhang stellt sich die Frage nach der spezifischen Verletzlichkeit der Kinder, die häufig als paradigmatisches Beispiel für Personen dargestellt werden, die in ihrem Angewiesen-Sein auf Schutz und Fürsorge außerordentlich verletzlich sind (vgl. Dodds 2014, S. 184; Mackenzie et al. 2014, S. 14; Bluebond-Langner und Korbin 2007, S. 242; Ben-Porath 2003, S. 134; dies. 2010, S. 73). Generell ist davon auszugehen, dass es sich bei der Verletzlichkeit um eine universale Bedingung des Menschlichen handelt, die jedoch in ihrer Ausprägung in Abhängigkeit von dem jeweiligen Entwicklungsstand sowie den individuellen Lebensbedingungen der betreffenden Person differiert. Ein wesentlicher Bestimmungsfaktor ist der Grad der Abhängigkeit und die daraus resultierende Notwendigkeit der Hilfe und Unterstützung. Insofern ist die Verletzlichkeit als konstitutives Element des generationalen Verhältnisses zu betrachten, in welchem sie als kindliches Bedürfnis operationalisiert bzw. pädagogisiert wird (vgl. Heinze 2016, i.V.). Die Wahrnehmung und Anerkennung des einzelnen Menschen in seiner potenziellen Gefährdung ist dabei der diskursiven Konstitution und Reproduktion sozialer Ordnungen unterworfen (vgl. Beck und Schlichte 2014, S. 15).

Sich aus der Verletzlichkeit ergebende Herausforderungen werden in sozialen Moratorien bearbeitet, die als zeitlich begrenzter Aufschub für die Möglichkeit oder die Verpflichtung zur Mitwirkung in der Gesellschaft konzipiert sind und in denen mit der Konstitution des generationalen Verhältnisses zugleich die Grenzen des selbstverantwortlichen Handelns der Kinder definiert sowie die Voraussetzungen und Bedingungen für deren Überschreitung antizipiert werden (vgl. Zinnecker 2000, S. 37). Als „herrschende Muster des Aufwachsens" dienen die Moratorien der Vorbereitung auf die künftige Teilhabe an der Gesellschaft, indem die ältere Generation auf der Grundlage der stellvertretenden Deutung der Welt entsprechende Lernprozesse institutionalisiert (ebd.). Vor dem Hintergrund der potenziellen Gefährdung des Kindes werden pädagogische Moratorien als beherrschbare soziale Räume konstituiert, um die Lernanlässe entsprechend kontrollieren und die angestrebten Wirkungen mittels methodisierter Lernsettings auch erreichen zu können (vgl. Oelkers 1993, S. 639; Zirfas 1999, S. 107). Die Ausgestaltung der Moratorien hinsichtlich der Anbahnung sowie der Beschränkung von Teilhabemöglichkeiten wird wesentlich durch die gesellschaftliche Ausdeutung und Regulierung des wechselseitigen Verhältnisses von Abhängigkeit und Verletzlichkeit bestimmt und ist damit den Effekten von Machtstrukturen unterworfen. In ihren individuellen Ausprägungen verweist die Verletzlichkeit auf die Ungleichheit in der Gesellschaft und beschränkt das Ich in seinen Handlungsmöglichkeiten und somit auch in seinen Optionen, teilhaben zu können. Dabei wird die gesellschaftliche Achtsamkeit für die Ermöglichung von Teilhabe in Relation zu einer bestimmten Verletzlichkeit durch gesellschaftliche Normalitätskonstruktionen bedingt wie z.B. jener der Behinderung (vgl. Tervooren 2003). Die gesellschaftlichen Reaktionen auf die Verletzlichkeit können auf kontraproduktive Weise zur Beschränkung der Handlungsfähigkeit und zur Verschärfung der Verletzlichkeit führen, insbesondere dann, wenn bestimmte Gruppen in der Gesellschaft auf der Grundlage der Feststellung einer Gefährdungslage ohne die Möglichkeit der Partizipation durch spezifische Interventionsprogramme separiert und marginalisiert werden (vgl. Mackenzie 2014, S. 47, 37). Diese Perspektive auf Kinder kann nach Bühler-Niederberger als „separierender Blick" bezeichnet werden, als Institutionalisierung der „Logik des Verdachts" auf abweichende Entwicklungen (2010, S. 22; vgl. Bühler-Niederberger et al. 2010, S. 8).

Soll Teilhabe nicht auf ein funktionalisierendes, assimilierendes und aktionistisches Mitmachen-Dürfen reduziert werden, ist es notwendig, deren Voraussetzungen und Bedingungen zu klären. Eine genauere Bestimmung ist durch den Begriff der Gerechtigkeit möglich. Rainer Forst geht davon aus, dass eine Vorstellung von Gerechtigkeit, „die an die Wurzeln ungerechter Verhältnisse rührt", nur möglich ist, wenn es gelingt, die Begründung politischer oder sozialer Verhältnisse dem „*Prinzip der reziproken und allgemeinen Rechtfertigung*" zu unterwerfen (Forst 2005, S. 28, Hervorh. i.O.). Nach diesem Prinzip muss „jeder Anspruch auf Güter, Rechte oder Freiheiten wechselseitig und allgemein begründet werden [...], wobei nicht eine Seite ihre Gründe auf die andere einfach projizieren darf, sondern sich diskursiv rechtfertigen muss" (Forst 2011, S. 40). Gerechtigkeit wäre insofern als „relationale Größe" zu verstehen, indem sie „nach den *Verhältnissen zwischen* Menschen fragt und danach, was sie aus Gründen einander schulden" (Forst 2005, S. 27, Hervorh. i.O.): Sie zielt somit auf „die Beendigung von Beherrschung und ungerechtfertigter, willkürlicher Machtausübung" und konstituiert die Bürger als „Gleichberechtigte im politischen und gesellschaftlichen Leben" mit einem „grundlegenden Recht auf Rechtfertigung" (Forst 2011, S. 140).

Im Kontext der Verletzlichkeit stellt sich jedoch überdies die Frage, inwiefern die „Subjekte der Gerechtigkeit" über die Ressourcen verfügen, den Rechtfertigungsdiskurs zu führen. Gerade im pädagogischen Verhältnis wird die Notwendigkeit der Rechtfertigung der generationalen Differenz mit dem Verweis auf die Unmündigkeit der Zu-Erziehenden suspendiert und auf den Zeitpunkt verschoben, an dem die Mündigkeit erreicht sein soll. Nähere Bestimmungen des generationalen Verhältnisses auf der Grundlage von dichotom kontrastierten Lebensalterskonzepten unter Rekurs auf defizitorientierte Zuschreibungen in Form polar angelegter Kategorien wie z.b. Selbständigkeit-Unselbständigkeit, Unabhängigkeit-Abhängigkeit bzw. Autonomie-Heteronomie, Reife-Unreife verlieren die situativen Voraussetzungen, Bedingungen und Dynamiken der Verletzlichkeit aus dem Blick und können so zu einer Verschärfung im Sinne einer „pathogenen Verletzlichkeit" beitragen (vgl. Ben-Porath 2003, S. 131f.; Mackenzie 2014, 46f.; Prout 2005, S. 10f.)

Exemplarisch ist in diesem Zusammenhang auf das Konzept von Johannes Giesinger (2007) zu verweisen, der aus einer erziehungsphilosophischen Perspektive die potenzielle Gefährdung der Kinder durch die Verletzung in ihren Interessen, ihrer Selbstachtung sowie in ihren Bildungsaspirationen aufzeigt und damit einen instruktiven Ansatz vorlegt, der jedoch weiterentwickelt werden muss (vgl. Heinze 2016, i.V.). Insbesondere die im Anschluss an Tamar Schapiro (1999) formulierte These, dass Kinder in ihrer Autonomie nicht verletzt werden können, da sie noch nicht über ein „ausgereiftes Selbst" verfügen und sich in ihrem Tun deshalb auch nicht von diesem leiten lassen können (Giesinger 2007, S. 59f.), erweist sich als problematisches Argumentationsmuster. Zum einen kann die Frage nach der genauen Bestimmung einer „stabilen und kohärenten Identität" (ebd., S. 61) jenseits pragmatischer rechtlicher Festlegungen von Mündigkeit nicht ohne Weiteres beantwortet werden und ist außerdem bezüglich einer Theorie der Autonomie weiter zu fundieren (vgl. Drerup 2013, S. 310ff.). Zum anderen können dadurch paternalistische Handlungsformen gerechtfertigt werden, mit denen die Abhängigkeit des Kindes noch verstärkt wird. Giesinger gibt selbst diesen Hinweis, indem er aus seinem Argumentationsgang die später verneinte Frage ableitet, ob es tatsächlich unproblematisch wäre, Kindern als „noch-nicht-autonomen Wesen Schmerzen zuzufügen" mit der Begründung, dass dies nicht als Angriff auf ihr Selbst zu verstehen ist, da sie noch nicht über eine „ausgereifte, kohärente Identität verfügten" (Giesinger 2007, S. 62).

Das Insistieren auf dem kindlichen Mangel an autonomer Handlungsfähigkeit verkennt den Prozesscharakter der Identitätsentwicklung als lebenslange Herausforderung (vgl. Ben-Porath 2010, S. 76f.). Vor allem die Legitimation des Zwangs durch die zukünftige Aussicht auf Autonomie und Rationalität und die damit verbundene Beschränkung der kindlichen Entscheidungsmöglichkeiten verwehrt den Kindern eine eigenständige Entwicklung (vgl. Ben-Porath 2010, S. 83). In der Orientierung an dem übergreifenden Richtziel der Mündigkeit, mit dem der Abschluss des Erziehungsprozesses und die Grenze des Moratoriums markiert werden, gerät die Kindheit zu einer Passage auf dem Weg zum Erwachsensein – im Sinne einer vollständigen Ausbildung des Menschseins (vgl. Ben-Porath 2010,

S. 75). Jürgen Oelkers (2001, S. 264) hat die widersprüchliche Verwendung des Begriffs Mündigkeit als sicher zu erreichende, jedoch weitgehend unbestimmte „Zielmarkierung" problematisiert, da die Betroffenen in einem ‚autoritären' Gestus nicht an der Verhandlung dessen, was unter ‚Mündigkeit' zu verstehen ist, beteiligt würden, sodass diese Zielperspektive auf eine „Pathosformel" reduziert werde (vgl. Rieger-Ladich 2002).

Die demgegenüber entwickelte Alternative, Kinder als „soziale Akteure" zu verstehen, die aktiv handelnd ihr Leben und ihre Sozialbeziehungen (mit-)gestalten (vgl. James 2009, S. 40), kann nur dann als forschungsleitendes Konzept Geltung beanspruchen, wenn immer auch die sich in der Verletzlichkeit des Kindes gründenden Beschränkungen seiner Handlungsmöglichkeiten Berücksichtigung finden (vgl. Bluebond-Langner und Korbin 2007; James 2009, S. 42f.; Andresen et al. 2014). Die Zurückstellung der forschungsleitenden Perspektive der Verletzlichkeit zugunsten einer solchen der Handlungsfähigkeit bzw. „Agency" führt zu einer Verschleierung der Vulnerabilität des Kindes sowie der sich aus der wechselseitigen Bezogenheit von Handlungsfähigkeit und Verletzlichkeit ergebenden Gefährdungen (vgl. Ben-Porath 2003, S. 128; Tisdall und Punch 2012, S. 255f.). Diese Problematik zeigt sich z.b. bei der Untersuchung gewaltförmiger Sozialbeziehungen aus der Perspektive der Handlungsfähigkeit bzw. der „Agency" des Kindes (vgl. Eßer 2014, S. 240). Indem Vulnerabilität über das körperliche Ausgesetzt-Sein hinaus auf ein soziales Konstrukt, als „eine in sozialen Beziehungen hervorgebrachte kindliche Eigenschaft" (ebd.), reduziert wird, um daraus individuelle Handlungsfähigkeit zu generieren, gerät die wechselseitige Verschärfung von Abhängigkeit und Verletzlichkeit sowie die damit verbundene Erfahrung eines fortgesetzten Prozesses der Selbstentfremdung und Traumatisierung aus dem Blick (vgl. u.a. Strasser 2006). Dieser Effekt wird durch die „analytische" Integration der Ohnmacht in das Konzept der „Agency" noch intensiviert (so bei Eßer 2014, S. 240).[2] Ohnmacht als Unmöglichkeit zu handeln wird dadurch in ihr Gegenteil verkehrt, was insbesondere die Vergegenwärtigung von Situationen verdeutlicht, in denen Kinder gewaltsamen Einwirkungen preisgegeben werden (vgl. Heinze 2016, i.V.).

Jenseits der Betrachtung von Lebensaltern als Resultate wechselseitiger Konstitutionsprozesse sowie des Versuches, diese Perspektive durch die Generalisierung einer lebensaltersübergreifenden Handlungsmächtigkeit zu überschreiten, stellt sich zudem die Herausforderung, die jeweilige Lebenssituation des Kindes

---

2 „Es ergibt sich also aus einer spezifischen Akteursidentität, die innerhalb eines Netzwerks möglich ist, eine bestimmte Form von agency für dieses Kind – in die auch Ohnmacht analytisch mit eingeschlossen ist" (Eßer 2014, S. 240).

in ihrem komplexen Begründungszusammenhang zu erfassen. Auf der Grundlage einer differenzierten, prozessorientierten Analyse von Lebenssituationen in ihrem jeweiligen Bedingungsgefüge von Handlungsfähigkeit und Verletzlichkeit ist die Auflösung übergreifender Lebensalterskonzepte zugunsten eines Spektrums an Möglichkeiten im Kontext der menschlichen Entwicklung möglich (vgl. Ben-Porath 2010, S. 78, 80). Die Wahrnehmung der situativen Konstellationen menschlicher Verletzlichkeit eröffnet die Frage nach den Voraussetzungen einer entsprechenden Handlungsfähigkeit sowie nach den Möglichkeiten ihrer Vermittlung. Sigal R. Ben-Porath (vgl. 2010, S. 71f., 73, 85) leitet aus der spezifischen Verletzlichkeit der Kinder und der damit verbundenen Abhängigkeit ihres Wohls von der Fürsorge der Erwachsenen die moralische Verpflichtung ab, die Kinder in ihrer Entwicklung zu schützen und ihnen mit Respekt vor ihrer Handlungsfähigkeit zu begegnen. Aus der Sicht des von ihr vertretenen „strukturierten Paternalismus" bedeutet dies für die Konzeptionalisierung pädagogischer Moratorien, die Kinder zunehmend zu solchen Entscheidungen zu befähigen, die der eigenen Entwicklung förderlich sind und die perspektivisch gesellschaftliche Teilhabe ermöglichen (vgl. ebd., S. 72, 84ff.).[3] Unter Berücksichtigung ihrer Entwicklungsphase, jeweiliger Interessen und Bedürfnisse sind Kinder in allen Lebensbereichen an den sie betreffenden Entscheidungsprozessen so zu beteiligen, dass sie zugleich die Gelegenheit erhalten, die Interpretation ihrer Lebenslage aus der eigenen Perspektive heraus zu hinterfragen (vgl. ebd. 86f.). Solcherart beschaffene Partizipationsprozesse werden durch die Erfahrung unaufhebbarer Alterität bedingt und verweisen daher auf das Fraglich-Werden der (re-)präsentierten Lebensformen im generationalen Verhältnis (vgl. Mollenhauer 1983/2003, S. 77; Ricken 2009, S. 117). Unter dieser Perspektive kann Teilhabe nur dann angemessen gestaltet werden, wenn das Subjekt Handlungsmöglichkeiten im Kontext des eigenen Selbstverständnisses wahrnehmen (vgl. Mecheril 2010, S. 182f.) und die Erfahrungen von Alterität, Fremdheit sowie Zugehörigkeit reflektieren kann. Teilhabe wäre so im Modus der Bildung zu denken, die dem Menschen in der Auseinandersetzung mit dem Anspruch des Anderen die Wahrnehmung der eigenen Identität als ständig durch Konflikte und Krisen gefährdete „integrative Einheit ihrer Differenzen" ermöglicht (Straub 2012, S. 336) und so die Chance zur Überschreitung der eigenen (selbstreferenziellen) Perspektive sowie zur Erweiterung der Handlungsmöglichkeiten vor Augen führt.

---

3   Vgl. zur kritischen Diskussion des von Ben-Porath vertretenen „strukturierten Paternalismus" („Structured Paternalism") Drerup 2013, S. 553-563.

4　Fazit

Die Handlungsfähigkeit im Kontext von Teilhabeverhältnissen ist dem wechselseitigen Bestimmungszusammenhang von Anerkennung und Verletzlichkeit unterworfen, was insbesondere für die Situierung des Kindes in seinem sozialen Angewiesen-Sein und seinem Bedürfnis nach Anerkennung Beachtung finden muss. Zum einen darf seine Verletzlichkeit nicht als Anlass pauschaler Legitimation und sozialer Reproduktion bevormundender Abhängigkeitsverhältnisse dienen und zum anderen mit der Infragestellung der kindlichen Vulnerabilität als gesellschaftlich konstruierte Rechtfertigung eines protektiven Paternalismus und der demgegenüber vorausgesetzten Handlungsfähigkeit des Kindes nicht der komplexe Wirkungszusammenhang zwischen Verletzlichkeit und Handlungsmöglichkeit ausgeblendet werden. Wenn die Verletzlichkeit als grundsätzliches Disponiert-Sein des Kindes anzuerkennen ist, so ist es erforderlich, diesem Umstand bei der Ausgestaltung pädagogischer Moratorien Rechnung zu tragen, indem daraus Formen pädagogischen Handelns abzuleiten sind, die das Kind in seinen Selbstwirksamkeitserwartungen stärken. Das erfordert eine Praxis pädagogischen Handelns, bei der die Kinder entwicklungsgemäß an der Verfügung über die Erziehungs- und Bildungsziele beteiligt und Teilhabemöglichkeiten sequenziell und problemorientiert gestaltet werden. Entscheidend ist es in diesem Zusammenhang, die Kinder in dem Bewusstsein der eigenen Alterität sowie der reziproken Bedingtheit ihrer Verletzlichkeit an der Konzeptionalisierung der Partizipationsmöglichkeiten zu beteiligen und ihnen dabei die Möglichkeit einzuräumen, die Praxis und den Gegenstand der Teilhabe zu problematisieren.

Literatur

Adorno, T. W. (1959/2006). *Theorie der Halbbildung*. Frankfurt am Main: Suhrkamp.
Adorno, T. W. (1970/2014). Ästhetische Theorie. In: Rolf Tiedemann (Hrsg.), unter Mitw. von Gretel Adorno, Susan Buck-Morss und Klaus Schultz, *Theodor W. Adorno. Gesammelte Schriften in zwanzig Bänden*. Frankfurt am Main: Suhrkamp.
Anderson, J. (2014). Autonomy and Vulnerability Entwined. In: Catriona Mackenzie, Wendy Rogers, Susan Dodds (Hrsg.), *Vulnerability: New Essays in Ethics and Feminist Philosophy* (S. 134–161). Oxford u.a.: Oxford University Press.
Andresen, S., Koch, C., König, J. (2014). Kinder in vulnerablen Konstellationen. Zur Einleitung. In: Sabine Andresen, Claus Koch, Julia König (Hrsg.), *Vulnerable Kinder. Interdisziplinäre Annäherungen* (S. 7–19). Wiesbaden: Springer VS.
Beck, T. K., Schlichte, K. (2014). *Theorien der Gewalt zur Einführung*. Hamburg: Junius.
Ben-Porath, S. R. (2003). Autonomy and Vulnerability: On Just Relations Between Adults and Children. *Journal of Philosophy of Education 37*, 127–145.
Ben-Porath, S. R. (2010). *Tough Choices. Structured Paternalism and the Landscape of Choice*. Princeton, Oxford: Princeton University Press.
Bluebond-Langner, M., Korbin, J. E. (2007). Challenges and Opportunities in the Anthropology of Childhoods. An Introduction to „Children, Childhoods, and Childhood Studies". *American Anthropologist 109*, H. 2, 241–246.
Buck, G. (1981). *Hermeneutik und Bildung. Elemente einer verstehenden Bildungslehre*. München: Fink.
Bühler-Niederberger, D. (2010). Organisierte Sorge für Kinder, Eigenarten und Fallstricke – eine generationale Perspektive. In: Doris Bühler-Niederberger, Johanna Mierendorff & Andreas Lange (Hrsg.), *Kindheit zwischen fürsorglichem Zugriff und gesellschaftlicher Teilhabe* (S. 17–41). Wiesbaden: VS Verlag für Sozialwissenschaften.
Bühler-Niederberger, D., Mierendorff, J., Lange, A. (2010). Einleitung. In: Doris Bühler-Niederberger, Johanna Mierendorff & Andreas Lange (Hrsg.), *Kindheit zwischen fürsorglichem Zugriff und gesellschaftlicher Teilhabe* (S. 7-13). Wiesbaden: VS Verlag für Sozialwissenschaften.
Butler, J. (2011). „Confessing a passionate state ..." – Judith Butler im Interview. *feministische studien 29*, H. 2, 196–205.
Butler, J. (2012a). Gewalt, Trauer, Politik. In: Judith Butler: *Gefährdetes Leben. Politische Essays* (S. 36–68). 4. Aufl., Frankfurt am Main: Suhrkamp.
Butler, J. (2012b). Gefährdetes Leben. In: Judith Butler: *Gefährdetes Leben. Politische Essays* (S. 154–178). 4. Aufl., Frankfurt am Main: Suhrkamp.
Butler, J. (2014). *Kritik der ethischen Gewalt. Adorno Vorlesungen 2002*. 4., stark erw. Aufl. Frankfurt am Main: Suhrkamp.
Casale, R., Villa, P.-I. (Hrsg.) (2011). Verletzbarkeiten. *feministische studien 29*, H. 2.
Christensen, P. H. (2003). Kindheit und die kulturelle Konstitution verletzlicher Körper. In: Heinz Hengst, Helga Zeiher (Hrsg.), *Kinder – Körper – Identitäten. Theoretische und empirische Annäherungen an kulturelle Praxis und sozialen Wandel* (S. 115–136). Weinheim: Juventa.
Dodds, S. (2014). Dependence, Care, and Vulnerability. In: Catriona Mackenzie, Wendy Rogers, Susan Dodds (Hrsg.), *Vulnerability: New Essays in Ethics and Feminist Philosophy* (S. 181–203). Oxford u.a.: Oxford University Press.

Drerup, J. (2013). *Paternalismus, Perfektionismus und die Grenzen der Freiheit*. Paderborn: Schöningh.

Eisenhuth, F. (2015). *Strukturelle Diskriminierung von Kindern mit unsicherem Aufenthaltsstatus. Subjekte der Gerechtigkeit zwischen Fremd- und Selbstpositionierungen*. Wiesbaden: Springer VS.

Eßer, F. (2014). Agency Revisited. Relationale Perspektiven auf Kindheit und die Handlungsfähigkeit von Kindern. *Zeitschrift für Soziologie der Erziehung und Sozialisation 34*, H. 3, 233–246.

Forst, R. (2005). Die erste Frage der Gerechtigkeit. *Aus Politik und Zeitgeschichte 37*, H. 28–29, 24–31.

Forst, R. (2011). *Kritik der Rechtfertigungsverhältnisse. Perspektiven einer kritischen Theorie der Politik*. Frankfurt am Main: Suhrkamp.

Fritzsche, B. (2011). Die Relevanz der Kategorie Geschlecht bei schulischen Regulationen von Verletzbarkeit. *feministische studien 29*, H. 2, 280–292.

Gadamer, H.-G. (1972). *Wahrheit und Methode. Grundzüge einer philosophischen Hermeneutik*. 3., erw. Aufl., Tübingen: J. C. B. Mohr.

Geissler, E. E. (1973). *Erziehungsmittel*. 4., völlig neu bearb. Aufl. Bad Heilbrunn: Klinkhardt.

Giesinger, J. (2007). *Autonomie und Verletzlichkeit. Der moralische Status von Kindern und die Rechtfertigung von Erziehung*. Bielefeld: transcript.

Hafeneger, B. (2013). *Beschimpfen, bloßstellen, erniedrigen. Beschämung in der Pädagogik*. Frankfurt am Main: Brandes & Apsel.

Heinze, C. (2001). *Die Pädagogik an der Universität Leipzig in der Zeit des Nationalsozialismus 1933–1945*. Bad Heilbrunn: Klinkhardt.

Heinze, C. (2016). Die Pädagogisierung der Gewalt und die Verletzlichkeit des Kindes. In: Carsten Heinze, Egbert Witte & Markus Rieger-Ladich (Hrsg.), *„… was den Menschen antreibt". Studien zu Subjektbildung, Regierungspraktiken und Pädagogisierungsformen* (i.V.). Oberhausen: Athena.

Hengst, H., Zeiher, H. (2000). Unter Legitimationsdruck. Das Arbeitsverbot im Kindheitsprojekt der Moderne. In: Heinz Hengst, Helga Zeiher (Hrsg.), *Die Arbeit der Kinder. Kindheitskonzept und die Arbeitsteilung zwischen den Generationen* (S. 7–20). Weinheim: Juventa.

Hungerland, B., Kelle, H. (2014). Kinder als Akteure – Agency und Kindheit. Einführung in den Themenschwerpunkt. *Zeitschrift für Soziologie der Erziehung und Sozialisation 34*, H. 3, 227–232.

James, A. (2009). Agency. In: Jens Qvortrup, William A. Corsaro, Michael-Sebastian Honig, (Hrsg.), *The Palgrave Handbook of Childhood Studies* (S. 34–61). Houndmills: Palgrave Macmillan.

Koller, H.-Ch. (2012). Fremdheitserfahrungen als Herausforderung transformatorischer Bildungsprozesse. In: Sylke Bartmann, Oliver Immel (Hrsg.), *Das Vertraute und das Fremde. Differenzerfahrung und Fremdverstehen im Interkulturalitätsdiskurs* (S. 157–175). Bielefeld: transcript.

Krumm, V., Eckstein, K. (2002). Geht es Ihnen gut oder haben Sie noch Kinder in der Schule? Befunde aus einer Untersuchung über Lehrerverhalten, das Schüler und manche Eltern krank macht. *Salzburger Beiträge zur Erziehungswissenschaft 6*, H. 2, 21–39.

Krumm, V., Weiß, S. (2005). Was Lehrer Schülern antun. Ein Tabu in der Forschung über „Gewalt in der Schule". In: Hans-Ulrich Grunder (Hrsg.), „*Und nun endlich an die Arbeit!*" *Fremdbilder und Professionalisierung im Lehrerberuf* (S. 252–266). Baltmannsweiler: Schneider-Verlag Hohengehren.

Krumm, V., Weiß, S. (2006). Ungerechte Lehrer. Zu einem Defizit in der Forschung über Gewalt an Schulen. In: Wolfgang Melzer (Hrsg.), *Gewalt an Schulen. Analyse und Prävention* (S. 123–146). Gießen: Psychosozial-Verlag.

Liebsch, B. (2014). *Verletztes Leben. Studien zur Affirmation von Schmerz und Gewalt im gegenwärtigen Denken. Zwischen Hegel, Nietzsche, Bataille, Blanchot, Levinas, Ricœr und Butler.* Zug/Schweiz: Die Graue Edition.

Litt, T. (1938/1997). *Der deutsche Geist und das Christentum. Vom Wesen geschichtlicher Begegnung.* Nachdruck der 1938 im Leopold Klotz Verlag Leipzig erschienenen Ausgabe. Gemeinschaftsausgabe: Norderstedt: Anne-Fischer Verlag/ Leipzig: Leipziger Universitätsverlag.

Lüscher, K. (1999). Politik für Kinder – ein aktueller Zugang. Grundlagen, Befunde und Empfehlungen eines Gutachtens zum Thema „Kinder und ihre Kindheit in Deutschland". *Neue Sammlung 39,* H. 3, 381–397.

Mackenzie, C. (2014). The Importance of Relational Autonomy and Capabilities for an Ethics of Vulnerability. In: Catriona Mackenzie, Wendy Rogers, Susan Dodds (Hrsg.), *Vulnerability: New Essays in Ethics and Feminist Philosophy* (S. 34–59). Oxford u.a.: Oxford University Press.

Mackenzie, C., Rogers, W., Dodds, S. (2014). Introduction: What Is Vulnerability and Why Does It Matter for Moral Theory? In: Dies. (Hrsg.) *Vulnerability: New Essays in Ethics and Feminist Philosophy* (S.1–29). Oxford u.a.: Oxford University Press.

Mecheril, P. (2010). Anerkennung und Befragung von Zugehörigkeitsverhältnissen. Umriss einer migrationspädagogischen Orientierung. In: Paul Mecheril, Maria do Mar Castro Varela, İnci Dirim, Annita Kalpaka, Klaus Melter , *Migrationspädagogik* (S. 179–191). Weinheim, Basel: Beltz.

Mollenhauer, K. (1983/2003). *Vergessene Zusammenhänge. Über Kultur und Erziehung.* 6. Aufl., Weinheim, München: Juventa.

Oelkers, J. (1993). Erziehungsstaat und pädagogischer Raum. Die Funktion des idealen Ortes in der Theorie der Erziehung. *Zeitschrift für Pädagogik 39,* 631–648.

Oelkers, J. (2001). *Einführung in die Theorie der Erziehung.* Weinheim, Basel: Beltz.

Prengel, A. (2013). *Pädagogische Beziehungen zwischen Anerkennung, Verletzung und Ambivalenz.* Opladen u.a.: Budrich.

Prout, A. (2003). Kinder–Körper: Konstruktion, Agency und Hybridität. In: Heinz Hengst, Helga Zeiher (Hrsg.), *Kinder – Körper – Identitäten. Theoretische und empirische Annäherungen an kulturelle Praxis und sozialen Wandel* (S. 33–50). Weinheim, München: Juventa.

Prout, A. (2005). *The Future of Childhood. Towards the interdisciplinary study of children.* London, New York: Routledge Falmer.

Qvortrup, J. (2009). Childhood as a Structural Form. In: Jens Qvortrup, William A. Corsaro, Michael-Sebastian Honig (Hrsg.), *The Palgrave Handbook of Childhood Studies* (S. 21–33). Houndmills u.a.: Palgrave Macmillan.

Ricken, N. (2009). Zeigen und Anerkennen. Anmerkungen zur Form pädagogischen Handelns. In: Kathrin Berdelmann, Thomas Fuhr (Hrsg.), *Operative Pädagogik. Grundlegung, Anschlüsse, Diskussion* (S. 111–134). Paderborn u.a.: Schöningh.

Rieger-Ladich, M. (2002). *Mündigkeit als Pathosformel. Beobachtungen zur pädagogischen Semantik.* Konstanz: UVK Verlagsgesellschaft.

Rorty, R. (1979/1987). *Der Spiegel der Natur: Eine Kritik der Philosophie.* Frankfurt am Main: Suhrkamp.

Rousseau, J.-J. (1755/1998). *Abhandlung über den Ursprung und die Grundlagen der Ungleichheit unter den Menschen.* Stuttgart: Philipp Reclam jun.

Schäfer, A. (2009). Bildende Fremdheit. In: Lothar Wigger (Hrsg.), *Wie ist Bildung möglich?* (S. 185–200). Bad Heilbrunn: Klinkhardt.

Schapiro, T. (1999). What Is a Child? *Ethics 109*, H 4, 715–738.

Strasser, P. (2006). „In meinem Bauch zitterte alles" – Traumatisierung von Kindern durch Gewalt gegen die Mutter. In: Barbara Kavemann, Ulrike Kreyssig (Hrsg.), *Handbuch Kinder und häusliche Gewalt* (S. 53–67). Wiesbaden: VS Verlag für Sozialwissenschaften, GWV Fachverlage.

Straub, J. (1999). *Verstehen, Kritik, Anerkennung. Das Eigene und das Fremde in der Erkenntnisbildung interpretativer Wissenschaften.* Göttingen: Wallstein-Verlag.

Straub, J. (2012). Identität. In: Ralf Konersmann (Hrsg.), *Handbuch Kulturphilosophie* (S. 334–339). Stuttgart: J.B. Metzler'sche Verlagsbuchhandlung u. Carl Ernst Poeschel Verlag, Lizenzausgabe für die Wissenschaftliche Buchgesellschaft.

Tervooren, A. (2003). Der verletzliche Körper. Überlegungen zu einer Systematik der Disability Studies. In: Anne Waldschmidt (Hrsg.), *Kulturwissenschaftliche Perspektiven der Disability Studies.* Tagungsdokumentation (S. 37–48). Kassel: bifos e.V.

Tisdall, E. K. M., Punch, S. (2012). Not so ‚new'? Looking critically at childhood studies. *Children's Geographies 10*, H. 3, 249–264.

Todorov, T. (1998). *Abenteuer des Zusammenlebens. Versuch einer allgemeinen Anthropologie.* Frankfurt am Main: Fischer.

Vasilache, A. (2003). *Interkulturelles Verstehen nach Gadamer und Foucault.* Frankfurt am Main: Campus.

Zinnecker, J. (2000). Kindheit und Jugend als pädagogische Moratorien. Zur Zivilisationsgeschichte der jüngeren Generation im 20. Jahrhundert. In: Dietrich Benner, Heinz-Elmar Tenorth (Hrsg.), *Bildungsprozesse und Erziehungsverhältnisse im 20. Jahrhundert. Praktische Entwicklungen und Formen der Reflexion im historischen Kontext* (S. 36–68). Weinheim, Basel: Beltz Juventa.

Zirfas, J. (1999). Identität im Widerspruch. Die pädagogischen Räume Rousseaus. In: Eckart Liebau, Gisela Miller-Kipp, Christoph Wulf (Hrsg.), *Metamorphosen des Raums. Erziehungswissenschaftliche Forschungen zur Chronotopologie* (S. 105–125). Weinheim: Deutscher Studienverlag.

Teilhabe und Teilung

Ralf Mayer

> „*Meine Frage ist letztlich immer: ‚Was kann man wahrnehmen, was ermöglicht es, diese oder jene Sache zu sehen, was bewirkt, dass jenes Wort, dieser Satz Sinn bekommt, eine symbolische, zuweisende oder emanzipierende Bedeutung erlangt?'"* (MG, S. 55)

Teilhabe kennzeichnet gegenwärtig wohl wie kaum ein anderer Begriff einen normativen Maßstab im Zuge bildungs-, sozial- oder kulturpolitischer Programmatiken. Eine Orientierung an der Erhöhung von Teilhabechancen scheint dabei stets ein Schritt in die richtige Richtung zu sein. Wenn es um die Vorbeugung und Bekämpfung von Armut geht oder um eine Ausrichtung an Gerechtigkeitsprinzipien, wenn es um die emanzipatorische Forderung der Entwicklung individueller Potentiale oder um demokratische Mitgestaltung geht: Es gilt, Teilhabemöglichkeiten angesichts der Herausforderungen in verschiedenen gesellschaftlichen Bereichen zu steigern.

Dass eine solche Perspektive vielfältige Problemstellungen aufwirft, die den Teilhabebegriff selbst durchziehen, versucht dieser Beitrag zu thematisieren. Dies kann freilich auf unterschiedliche Weise geschehen. Während man z.B. mit Bourdieu die soziostrukturell greifenden Praktiken der Produktion und Reproduktion von Differenzen bzw. sozialer Ungleichheit untersuchen und entsprechend nach der Massivität und Veränderlichkeit von Positionierungs- und Partizipationsmöglichkeiten fragen kann (vgl. etwa Bourdieu 1987; Schultheiß und Schulz 2005), verfolge ich hier eine spezifische Lesart im Anschluss an Theoriefiguren Jacques Rancières[1]. Mit Rancière stellt sich die Frage nach Teilhabe im Kontext der Regulierungen, Distributionen und Besetzungen des sozialen Raums als Problem der

---

1 Eine weitere theoretische Alternative wäre es, mit dem systemtheoretischen Begriffspaar ‚Inklusion/Exklusion' zu analysieren, inwiefern die Bemühungen um Teilhabe selbst jeweils funktional und strukturell mit spezifischen Ausschlussmechanismen operieren (vgl. Luhmann 1995).

,Ordnungen oder Aufteilungen des Sinnlichen'. Diese konfrontieren unhintergehbar mit den hegemonialen Logiken und Antagonismen gesellschaftlicher Bedingungen, Verteilungsvorgänge und Ansprüche. ‚Teilhabe und Teilung' werden insofern als voneinander abhängige Begriffe entfaltet, die zum einen eine Differenz konstituieren, die sie letztlich nie überwinden können[2]. Zum anderen verweisen diese Begriffe auf die Möglichkeit, die ungleichen ‚Aufteilungen des Sinnlichen' zum Gegenstand unterschiedlicher Auseinandersetzungen werden zu lassen, die Rancière über den unausgesetzten Konflikt zwischen dem für ihn elementaren Gleichheitskonzept und gesellschaftlichen Ordnungsvorgängen entwickelt. Dabei wird deutlich, dass Teilhabe nicht einfach als Wertmaßstab oder demokratisches Ideal erscheint, das nur differenziert genug gefasst und angewandt werden muss, sondern als eines der Hauptprobleme und Herausforderungen der Moderne (vgl. Biesta 2009, S. 101; Menke 2004, S. 40).

Einleitend lässt sich in Bezug auf die politisch-ästhetischen Anschlussstellen Rancières mit Charles Bingham und Gert Biesta (2010, S. 81) pointieren, dass im pädagogischen Diskurs eine gleichsam quantitative wie normalisierende Vorstellung von Teilhabe dominiert: Stets geht es *zum ersten* darum, mehr Menschen (in demokratische Ordnungsgefüge) integrieren zu können. Dementsprechend gilt es pädagogisch, Individuen zu befähigen, demokratische Prozesse und Auseinandersetzungen mitzugestalten, mit den Bedingungen des Arbeits- und Warenmarktes zurecht zu kommen, sich in unterschiedlichen Diskursen beteiligen, urteilen, Gehör finden zu können usw.[3] Dabei greift *zum zweiten* eine gleichsam normalisie-

---

2   Da es mir um diese paradoxe systematische Figur bei Rancière geht, in Auseinandersetzung mit seiner Rezeption politischer, ästhetischer und pädagogischer Motive, verzichte ich nachfolgend auf eine Differenzierung der Begriffe Teilhabe, Partizipation, Integration und Inklusion.

3   Das Teilhabekonzept erscheint hier in drei Bereichen situiert, die auch in öffentlichen Debatten wichtige Bezugspunkte darstellen. Es artikuliert zunächst eine normative Figur, die eine elementare Referenz für demokratische Vorstellungen von Gemeinschaft bildet. Als ein solcher Wert schlägt sich Teilhabe von der Bildung politischer Ordnungen bis in spezifische Rechtsauffassungen (z.B. im Rahmen von Bürger- und Menschenrechten) nieder. Christoph Menke verweist diesbezüglich auf die Radikalität der demokratischen Lesart, insofern die soziale Position des Einzelnen, seine Recht und Pflichten, nicht (mehr) über unstrittige staatliche, natürliche oder göttliche Instanzen legitimiert werden können. Im Kontext moderner demokratischer Entwicklungen formuliert Teilhabe einen emanzipatorischen Anspruch, der für alle und jeweils individuell zugleich gelten soll. Die Begriffe *Gleichheit* und *Individualität* bilden entsprechend die basalen Referenzen für Partizipationsvorstellungen. Insofern jedoch das Individuelle als das „grundsätzlich Nicht-Gleiche" (Menke 2004, S. 13) gilt, greifen hinsichtlich der Frage nach demokratischen Kollektivierungsformen stets gegenläufige Bewegungen, die letzten Endes Spannungsverhältnisse bilden, die streng

rende Vorstellung der quasi als selbstverständlich (voraus-)gesetzten Konditionen, nach denen z.b. die demokratische Ordnung ‚funktioniert', in die es zu integrieren gilt: etwa die liberale oder deliberative Auffassung, das in politischen Auseinandersetzungen Rationalität, eine vernünftige, nutzenorientierte Argumentation und spezifische Kompetenzen als ‚Zugangsbedingungen' für eine adäquate Teilhabe gelten[4]. Teilhabe oder Inklusion erscheint für die Autoren (vgl. ebd., S. 82) in einer solchen pädagogischen Programmatik als ein Prozess, in dem diejenigen, die sich außerhalb der demokratischen Sphäre befinden – in dem Sinne, dass sie den als selbstverständlich betrachteten Funktions- und Teilnahmebedingungen noch nicht entsprechen –, in diese Sphäre gebracht werden. Und – wichtiger noch

genommen nicht harmonisierbar erscheinen. Denn das demokratische Gleichheitskonzept zielt zugleich auf die „Berücksichtigung von allen im gleichen Maß" wie auf die „Beteiligung eines jeden als verschiedenes Individuum." (ebd., S. 15) Gleichheit und Individualität bilden somit kein einfaches Gegensatzpaar. Die Durchsetzung von gleichen, für alle geltenden Rechten in demokratischen Ordnungen eröffnet gerade in Bezug auf individuelle Differenzen kritische Einsprüche. Der demokratische Prozess spaltet sich folglich in sich und ermöglicht stets neu Rückfragen an die jeweilige Aufteilung des sozialen Raums, des Involviert-, Integriert- und Unterworfenseins bestimmter Individuen. Ein zweiter basaler Bezugspunkt im Diskurs um Partizipation bildet die Ökonomie, die nicht nur für die Frage nach sozialpolitischen Maßnahmen zur Integration oder Reintegration in den Arbeitsmarkt oder zur Armutsbekämpfung in den Blick kommt. Die Frage nach gesellschaftlicher Partizipation und nach Ausschluss formiert sich elementar über Erfordernisse und Möglichkeiten der Teilhabe und Verteilung von Arbeit, Profit und Positionen unter Marktbedingungen. Ein dritter Komplex bezieht sich nicht einfach auf einen mehr oder weniger klar abgrenzbaren gesellschaftlichen Bereich. Sondern die Frage nach Partizipation zielt in dieser Perspektive auf Möglichkeiten der Teilnahme an spezifischen kulturellen Diskursen, im Sinne von Distinktionspraktiken oder Sprechweisen, da sich über diese soziostrukturell wirksame Positionierungen, Habitualisierungen oder auch ‚feine Unterschiede' in Haltungen und ästhetischen Urteilen herstellen, wie im Anschluss an die Forschungen Bourdieus (1987) vielfach ausgefächert wurde.

4   Als traditionelle pädagogische Adressaten nennen Bingham und Biesta beispielhaft Kinder, die gleichsam vorzubereiten und ‚fit zu machen' sind für einen emanzipierten Umgang mit den Anforderungen des demokratischen, ökonomischen und kulturellen Lebens. Die pädagogisch angeleitete Vorbereitung folgt dabei Logiken, die auch insofern normalisierend wirken, dass sie sich an Statuszuweisungen innerhalb der institutionalisierten demokratischen Ordnung ausrichten: So begründet etwa das demokratische Wahlsystem hinsichtlich der Unterscheidung zwischen Kindern und Erwachsenen in Bezug auf das Kriterium der Wahlberechtigung ungleiche Teilungs- und Positionierungsmechanismen, die den jeweiligen Status als politisches Subjekt strukturieren, dabei spezifische Eigenschaften, Kompetenzen und Legitimationen zu- oder absprechen und so den Horizont dessen begrenzen, was Partizipation und Emanzipation meinen darf (vgl. Bingham und Biesta 2010, S. 82ff.).

für den Einsatzpunkt der Kritik im Anschluss an Rancière ist *zum dritten*: Die Integrationsarbeit wird von denjenigen gefordert und angeleitet, die sich bereits in dieser Sphäre ‚sachkundiger, verständiger Beteiligung' befinden. Diese verfügen über die Bedingungen für Partizipation und Emanzipation und diejenigen, die dem Wunsch, dem Versprechen oder dem Erfordernis der Teilhabe folgen, müssen diesen Bestimmungen und Ansprüchen entsprechen[5]. Für Rancière greift hier das, was er „pädagogischer Mythos" (UL, S. 16) nennt. Die Bestimmung normalisierter Konditionen für Partizipation, über die letztlich das pädagogische Personal die Deutungshoheit hält, fasst er im ‚unwissenden Lehrmeister' als „strukturierende Fiktion der erklärenden Auffassung der Welt" (ebd.). Auf diese Weise teilen sich pädagogische Szenarien in Wissende und Helfende, in überlegte und überlegene Teilhabende *und* in Unwissende oder mindestens weniger fähige, zu belehrende Personen und Hilfebedürftige. Um diese Verteilung von Teilhabe aufrechterhalten zu können, bedarf der Wissende geradezu seines Gegenparts: des Unkundigen.

Um das Verhältnis von Teilhabe und Teilung nachfolgend etwas eingehender über politisch-ästhetische Theoriefiguren Rancières zu entfalten, wird in einem nächsten Schritt sein Einspruch gegen eine solche normalisierende Aufteilung des Sozialraums skizziert (1). Daran schließt die Beschäftigung mit Rancières Methode der Analyse und Infragestellung entsprechender Aufteilungen an: Denn er versucht, nicht von Ungleichheit und einer sich darüber profilierenden wissenden Position auszugehen, sondern mit in konkreten Artikulationen zu verifizierenden Präsuppositionen von Gleichheit einzusetzen (2). Der Beitrag schließt mit zwei Beispielen, die in ihren unterschiedlichen Kontextualisierungen als differente Weisen der Infragestellung einer konkreten ‚Aufteilung des Sinnlichen' lesbar werden: Einmal geht es um die demonstrative politische Inszenierung Jeanne Deroins in Bezug auf das Wahlrecht in Frankreich im 19. Jahrhundert (3). Den zweiten Gegenstand bildet Jean-Pierre und Luc Dardennes Film „Zwei Tage, eine Nacht" (4).

---

5   „Inclusion appears in this discussion as a process in which those who stand outside of the sphere of democracy are brought into this sphere and, more importantly, are brought into this sphere by those who are already on the 'inside' ... someone is setting the terms for inclusion and that it is for those who wish to be included to meet those terms." (Bingham und Biesta 2010, S. 81)

1 Rancières Kritik an Ungleichheit als erstem und letztem Prinzip der ‚Aufteilung des Sozialen'

Rancière wendet sich gegen eine pädagogisierte politische Sichtweise und Programmatik, in der sich letzten Endes gleichsam *von selbst versteht*, wo die Schwierigkeiten liegen – etwa: wer genau welches Problem in Bezug auf seine Teilhabemöglichkeiten hat; *und* wer autorisiert ist, spezifische Bedingungen für Teilhabe *als angemessen, als Wissen* zu formulieren und so die Situation Anderer zu beurteilen. In einer solchen Perspektive erscheint für Rancière nicht nur von vornherein entschieden, dass verschiedene privilegierte und untergeordnete Positionen die jeweiligen sozialen Zusammenhänge strukturieren. Ebenso gilt als gesichert – auch wenn sich vieles ändern kann –, dass sich die Aufteilung des sozialen Raums über Logiken vollzieht, die die ungleichen Verortungen in sozialen Kontexten reproduzieren: Stets scheint genau feststellbar zu sein, wer sich innerhalb oder außerhalb eines bestimmten (demokratischen, ökonomischen, diskursiven) Ordnungsgefüges befindet, wer auf welche Weise teilhat, wer den anerkannten Emanzipationsvorstellungen entspricht und wer nicht – und wie die dabei auftauchenden Probleme zu bearbeiten seien. Rancière meint damit nicht, das wir im einfachen Sinne mit Inklusions- und Exklusionsphänomen zu tun haben, sondern ihm geht es um die Gewinnung einer politisch-ästhetischen Kritik an einer *von vornherein* strukturierten spezifischen Verteilung von Positionen, die nicht zuletzt machtvolle Privilegierungen und ein Herrschaftswissen reproduzieren, über das eben manche verfügen und andere nicht (vgl. IS, S. 6ff.) Dies ist auch ein Punkt, der immer wieder als *Kritik von Rancière an Bourdieu* diskutiert wurde. Für Rancière impliziert die Dechiffrierung soziostrukturell greifender Praktiken der Reproduktion sozialer Unterschiede bei Bourdieu eine sich stets aufs Neue vollziehende Erklärung und Festschreibung von Beteiligungs(un)möglichkeiten und dominanten Distinktionspraktiken. Dass so produzierte Wissen um Habitualisierungen und soziale Ungleichheit gehe unvermeidlich mit deren Reproduktion einher (vgl. Pelletier 2009, S. 138). Denn: „Wer von Ungleichheit ausgeht", so Rancière (PA, S. 301) – wer sie also als Kategorie setzt, die von Beginn an den wissenschaftlichen Blick strukturiert –, „ist sicher, sie am Ende wiederzufinden."

Es geht hier nun nicht darum zu entscheiden, an welchen Stellen genau die Kritik an Bourdieu fehl geht (vgl. dazu Kastner und Sonderegger 2014a), sondern um sich darin reflektierende *systematische Theorieentscheidungen*. Denn die Einwände Rancières sind keine sozialwissenschaftlichen: *dass* der soziale Raum geteilt, geordnet, differenziert ist, stellt er nicht in Frage. Sein Einspruch erfolgt aus politisch-philosophischen Gründen, die maßgeblich mit dem Problem der Teilhabe und Emanzipation verwoben sind. Zugespitzt formuliert wendet sich

Rancière gegen eine *Verdopplung des pädagogischen Mythos auf der wissenschaftlichen Ebene*. Für Rancière darf Ungleichheit nicht der analytische Ausgangspunkt sein, denn eine solche, fundamental strukturierende Fiktion' führe zu Unterscheidungen, die sich gleichsam nicht mehr hinterfragen lassen und die damit behaupteten (Auf-)Teilungen an jedem analysierten Gegenstand letztlich bestätigen – wenn auch je anders und neu. Das entscheidende *politisch-emanzipatorische* Problem in dieser Perspektive ist die Gleichzeitigkeit *zum einen* der Unhintergehbarkeit von sozial ungleichen Ordnungen und *zum anderen* einem Standpunkt, der mit Blick auf diese ‚fundamental strukturierende Fiktion' Ungleichheit auf einen *Gegenstand des Wissens* reduziert. Denn gerade dadurch werde dieser Gegenstand, noch in den Überlegungen zum Abbau von sozialen Ungleichheiten, gemäß der eigenen analytischen Regeln je und je bestätigt (vgl. IS, S. 4). Der Wissende drohe zu vergessen, dass es sich um eine *analytische Fiktion* handelt und dass dieser nur ein begrenzter Sinnhorizont zukomme (vgl. AS, S. 91). Dies zeigt sich nicht zuletzt darin, dass sich der Wissende selbst in bevorzugenden und benachteiligenden (bürgerlichen) Strukturierungsmechanismen verortet: etwa in Form der Unterscheidung zwischen machtvollen, kenntnisreichen Standpunkten/Expertisen und unbedeutenden, ideologisch verzerrten Artikulationen (sozialer Situationen), zwischen intellektuellen, gelehrten Subjekten und unterschiedlichen akademischen Forschungsobjekten (vgl. Pelletier 2009, S. 138). Emanzipation kann hier, so Rancière, allein als Übernahme oder Identifizierung mit dem Herrschaftswissen verstanden werden, dessen Erklärung und Vermittlung letztlich nur von denen ausgehen kann, die qua Position über dieses Wissen verfügen.

Wie im Sammelband von Jens Kastner und Ruth Sonderegger (2014a) herausgearbeitet wird, folgt Rancières Kritik an Bourdieu letzten Endes der Logik seiner Kritik an Louis Althusser. Rancières wissenschaftliche Haltung scheint bereits in der ersten Hälfte der 1970er Jahre von einer Absetzbewegung gegenüber einem distanzierten intellektuell-akademischen Theorieverständnis charakterisiert, das er mit einer bestimmten strukturalistischen Lesart des Marxismus verbindet. Seine Kritik richtet sich insofern zunächst auf eine politische Ökonomie, die die sozialen Verhältnisse mit einer elitären Geste primär über feste Kategorien zu fassen sucht. Der Theoretiker behauptet sich auf diese Weise als derjenige, der „Einsicht in die Gesetze der Reproduktion der sozialen Welt hat" – eine Einsicht, „die den sozialen und politischen Akteuren selbst entzogen" (Niederberger 2004, S. 129) sei. Die Erkenntnis- und Wissensmöglichkeiten etwa der *arbeitenden Klasse* seien beschränkt, da sie „ideologischen Apparaten" unterworfen sind, die ihren Blick und ihre Vernunft auf die „Aufrechterhaltung und Legitimierung existierender Produktionsverhältnisse" (vgl. ebd., S. 130) einschwören[6]. Rancière wirft Althusser vor, dass seine Argumentation die Arbeiter tautologisch an ihrem sozialen Platz hält: Die Arbeiter seien „unterdrückt, weil sie nicht verstanden, und sie verstanden nicht, weil sie unterdrückt waren" (NP, S. 15). Er kritisiert hier, dass damit *erstens* die vielfältigen und uneinheitlichen politischen Auseinandersetzungen selbst aus dem Blick geraten. *Zum zweiten* inszeniere sich der ‚marxistische Theoretiker' über die Frage der „Verteilung des Wissens" (Kastner und Sonderegger 2014b, S. 13) als notwendiger und verstehender Anwalt des Proletariers. Dadurch werde nicht nur dem Arbeiter eine eigenständige Perspektive abgesprochen, sondern letztlich auch dem Wissenschaftler – denn dieser exerziere lediglich das leitende (politisch-ökonomische) Theoriesystem. Rancières Kritik gilt *drittens* dem sich darin spiegelnden Misstrauen gegenüber den heterogenen Begriffen und Praktiken, die die Selbst- und Weltverständnisse der Handelnden prägen. Die Artikulationen und Operationen von Subjekten im Kontext ihres vielschichtigen, privilegierten, benachteiligten usw. sozialen Ortes, haben für ihn „nichts mit einer Illusionsstruktur zu tun." (MG, S. 89) Soweit die Skizze der Kritik an Althusser.

Nun lässt sich auch mit Bourdieu sagen, dass die politisch-emanzipatorische Arbeit mit der „Infragestellung des ‚Gemeinsinns' beginnt, der ihm zufolge immer die Sichtweisen der Herrschenden übersetzt" (Nordmann 2014, S. 41). Die ‚Beherrschten' sind insofern dazu aufgefordert, noch ihren eigenen Denkrahmen infrage zu stellen, um Forderungen entwickeln zu können, die nicht einfach in der Logik des inkorporierten Common Sense aufgehen. Selbst wenn die Klassenverhältnisse damit in historisch umkämpfte und veränderbare Reproduktionsverhält-

---

6 Vergleichbare Problemata konstatiert Rancière eben auch bei Bourdieu: Wenn sich, wie Bourdieu zeigt, Wahrnehmungs-, Denk- und Handlungsschemata jeweils in Bezug auf ein bestimmtes (umkämpftes) soziales Feld bilden, lässt sich ‚Wissen' etwa von ‚ideologischen Positionen' unterscheiden, die sich dadurch auszeichnen, dass bestimmten sozialen Positionen der wissenschaftliche Blick auf die soziale Ungleichheit kaum zugänglich ist. So entzifferten Bourdieu und Passeron bspw. für die französische Gegenwartsgesellschaft der 1960er und 1970er die Funktion des französischen Bildungssystems im Zusammenhang der Legitimation und Konsolidierung bestehender sozialer Ungleichheiten. Das Bildungssystem organisiere ebenso eine Verteilung von Status und Privilegien wie einen Habitus, die bzw. der die bestehende Sozialstruktur der französischen Gegenwartsgesellschaft der 1960er und 1970er Jahre je und je perpetuiere. Dabei sei die Vorstellung egalitärer wie gerechter Ausgangs- bzw. Zugangschancen im Bildungssystem und ein daran gebundener ökonomischer wie sozialer Aufstieg nicht nur einfach illusionär, sondern die normativ-ideologische Rahmung erzeuge zudem bei weniger Privilegierten die Haltung, „dass ihr soziales Schicksal und ihr Bildungsschicksal auf ihrem Mangel an Fähigkeiten oder Verdienst beruhen" (Bourdieu und Passeron 1971, S. 228).

nisse eingebunden erscheinen, greift diese Perspektive angesichts der generellen Orientierung an Ungleichheit für Rancière noch zu kurz (vgl. Kastner und Sonderegger 2014b, S. 13). Zudem ist es exakt die Vorstellung, dass es eine mehr oder weniger einheitliche Kategorie der ‚Beherrschten' gebe, die die Differenz von Wissenschaft und Ideologie oder Privilegierten und Benachteiligten setzt und damit gleichsam verewigt. „Strukturell Benachteiligte haben Rancière zufolge nichts davon, wenn man ihnen aufs Auge drückt, wie vernichtend klein ihre Bildungs- und/ oder Aufstiegschancen sind" (ebd., S. 14). – *Nochmal*: Rancières Punkt in Bezug auf Teilhabe und Emanzipation ist auch hier nicht, dass die Verminderung sozialer Ungleichheit nicht zu begrüßen wäre[7]. Und ebenso befragt seine Perspektive exakt die Teilungen des Sozialen über die – durchaus in Nähe zu Bourdieu – die Denk-, Wahrnehmungs-, Handlungsschemata und Positionen der Individuen geordnet, gefordert und eingeschränkt erscheinen (vgl. MG, S. 52). *Allerdings* beabsichtigt er zu vermeiden, dass über die Festlegung auf soziale Logiken der Ungleichheit die unentschiedenen Einsätze in den Artikulations- und Partizipationsformen aus dem Blick geraten.

2 Die ‚Aufteilung des Sinnlichen' und Beanspruchungen von Gleichheit

Liest man Rancière hinsichtlich der hier interessierenden Bezüge etwas sorgsamer, fällt auf, dass er nicht von einer ‚*Aufteilung des Sozialen*' spricht, sondern von der ‚*Aufteilung des Sinnlichen*'. Dadurch lässt sich seine politisch-ästhetische Lesart schärfer fassen, in der sein Gleichheitsverständnis eine spezifische Stoßrichtung erhält: „Aufteilung des Sinnlichen nenne ich jenes System sinnlicher Evidenzen, das zugleich die Existenz eines Gemeinsamen aufzeigt wie auch die Unterteilungen, durch die innerhalb dieses Gemeinsamen die jeweiligen Orte und Anteile bestimmt werden. Eine Aufteilung des Sinnlichen legt sowohl ein Gemeinsames, das geteilt wird, fest als auch Teile, die exklusiv bleiben. Diese Verteilung der Anteile und Orte beruht auf einer Aufteilung der Räume, Zeiten und Tätigkeiten, die die Art und Weise bestimmt, wie ein Gemeinsames sich der Teilhabe öffnet, und wie die einen und die anderen daran teilhaben." (AS, S. 25f.)

---

7   Analog zu seiner Aussage, dass es eine „schlechtere und bessere Polizei" gebe (vgl. U, S. 42), gilt auch hier: Es macht einen Unterschied, in welcher Weise sich die Sozialstruktur in Bezug auf die Spielräume für Artikulations- und Handlungsmöglichkeiten hinsichtlich der Forderung nach Teilhabe charakterisieren lässt.

Rancières Perspektive versucht also mehrere Bezugspunkte miteinander zu verschränken und zu konfrontieren. Die ‚Aufteilung des Sinnlichen' bezieht sich weniger *strukturell* auf die jeweiligen Unterteilungen des sozialen Raums. Sie fragt eher *politisch-ästhetisch* zum einen nach der Verteilung von Körpern, Positionen, Plätzen oder Kompetenzzuschreibungen, über die sich im Kontext eines sinnlichen Regimes spezifische Teilhabemöglichkeiten öffnen und einschränken. Zum anderen fokussiert sie die darauf bezogenen Auseinandersetzungen bzw. Diskurse um Bedeutung und Sinn[8], Legitimität und Anerkennung. Diese Verteilung nimmt Rancière darüber in den Blick, dass über sie bestimmte Weisen, Teil zu haben und tätig zu werden, bestimmte Wahrnehmungs-, Erfahrungsmöglichkeiten und Weisen des Sprechens gemeinhin als ‚normal' oder nützlich erscheinen – und andere eben als nicht vernehmbar, wertlos, vergeblich, irrelevant o.ä. gelten. Die normativen Aufteilungen dieser Zuschreibungen wie auch der Ort und die Anerkennung von Positionen des Sprechens und Handelns identifiziert Rancière nun gerade nicht unmittelbar mit einem spezifischen Adressaten(kreis) – etwa ‚dem Arbeiter'. Der einnehmbare Platz greift für Rancière nicht gleichsam unabänderlich oder auf eine Vorstellung von Kollektivität und Gemeinsinn bezogen, die in direkter Weise auf das Sprechen, Fühlen und Handeln durchgreift. Sondern in einer solchen Figur der Teilung artikuliert sich zunächst die in der demokratischen Tradition verortete Frage nach den Regimen, die das ‚Gemeinsame' strukturieren wie zäsurieren. Der „Raum der ‚gemeinsamen Angelegenheiten'" (AS, S. 77) deutet insofern stets auf vielfältige und konfliktreiche Auseinandersetzungen um das, was die verschiedenen Weisen des Tuns und Sagens verbindet *und* was gerade die Teilungen ausmacht. In der Frage nach dem Gemeinsamen werden die Beanspruchungen von Norm, Recht, geteilten Sinnvorstellungen usw. hinsichtlich der Grenzziehungen thematisch, die das eine Leben vom anderen, die eine Partizipationsweise von der anderen trennen. Der Begriff der Teilhabe lässt sich insofern nicht sauber von dem der Teilung lösen, da wir uns stets in Prozessen der Ordnung, der Zuteilung und Auszeichnung von Körpern, Tätigkeiten und Sprecherpositionen bewegen. Dadurch können die Praktiken, die die ‚gemeinsamen Angelegenheiten' strukturieren, weder zu einem Abschluss kommen noch legitimieren oder bestätigen sie von vornherein eine Verteilung in arm und reich, Beherrschte und Herrschende, Arbeiter und Intellektuelle oder auch gerecht und ungerecht. Rancière verfolgt insofern

---

8   Für Rancière gewinnt ein Begriff wie ‚Sinn' seine inhaltliche Gestalt in den Konfrontationen zwischen den Ansprüchen in Bezug auf (machtvolle) ‚gemeinsam geteilte' Bedeutsamkeiten und den konkreten Auseinandersetzungen, in denen es etwa um den „Sinn [geht], den es zu verstehen gibt, und der, dessen es bedarf, um zu verstehen." (U, S. 38)

einen Anti-Essentialismus, der eine demokratische Politik genau mit dem *Streit* darum beginnen lässt, wer auf welche, mit Legitimität, Relevanz, Verständigkeit usw. ausgestattete Weise(n) gezählt wird, wessen bzw. welches Sprechen und Handeln Anerkennung findet und wessen Tätigkeit und Reden eben nicht oder anders – etwa als Lärm, als weniger von Belang, als der Reglementierung bedürftig usw. – gesehen und gehört wird (vgl. U, S. 21ff.41).

Hieran lässt sich nun seine spezifische radikaldemokratische Verwendung des Gleichheitsbegriffs nachvollziehen. Denn insofern keine Aufteilung des Sinnlichen schlicht als allgemein notwendig bestimmt werden kann (oder gar eine quasinatürliche Ordnung verkörpert), sind die jeweiligen Verteilungen der Körper, über die spezifische Positionen des Tätig-Werdens und der Artikulation zugewiesen und einnehmbar werden, stets hinsichtlich ihres kontingenten und konflikthaften Charakters zu betrachten (vgl. U, S. 38ff.). Dies denkt Rancière kategorisch: Wenn keine *grundsätzlich notwendige* Beziehung zwischen den Begründungsfiguren der Aufteilung des Sinnlichen *und* den konkreten Praktiken besteht, lassen sich die ungleichen Positionen *nicht von vornherein als notwendig ungleich* qualifizieren, sondern sie sind zunächst als *offen und ‚gleich-gültig'* zu denken. Die Kraft oder auch die Ohnmacht eines spezifischen Anteils im Kontext eines kollektiven Regimes liegt *allein* in seinem in konkreten Praktiken zum Ausdruck kommenden Verhältnis zu den jeweiligen hegemonialen Verteilungen selbst (vgl. U, S. 38ff.). Rancière verbindet insofern prinzipiell die Verteilungen von Körpern, Ansprüchen, Wissensprinzipien usw. mit dem Streit um die ‚gemeinsamen Angelegenheiten'. Und dieser Streit gliedert sich für ihn über den Bezug auf je und in Anschlag zu bringende Gleichheitsmotive.

‚Gleichheit' und ‚Gleich-gültigkeit' postulieren demzufolge weder eine Neutralisierung von Differenzen noch eine Blindheit gegenüber den ungleichen hegemonialen Orten und Anteilen. Ebenso wenig wären sie einfach als Beschreibung der Wirklichkeit zu verstehen. Eher öffnet Rancières Verständnis von Gleichheit den politisch-ästhetischen Artikulationsraum über eine normative (demokratische) Heuristik: Es geht ihm, so Ines Kleesattel (2014, S. 73), „"nicht darum ‚zu beweisen, dass alle ... gleich sind', sondern darum zu ‚sehen, was man mit dieser Annahme machen kann.'" Und ‚was man mit dieser Annahme machen kann' ist in jeweils konkreten Situationen, einen *Einspruch* in Bezug auf die ‚normalerweise' geltenden Teilhabemöglichkeiten, die Legitimierungsfiguren und Zuschreibungen zu artikulieren und damit einen Disput über die Existenz einer ‚gemeinsamen (politischen) Bühne' zu eröffnen (vgl. U, S. 38)[9]. Die Konfliktlinien entstehen somit in

---

9 So problematisiert Rancière im ‚unwissenden Lehrmeister', auf den sich Kleesattel im obigen Zitat bezieht, über das Motiv der „Gleichheit der Intelligenzen" (UL, S. 55)

einer spannungsreichen In-Verhältnis-Setzung (mindestens) zweier Logiken: der eines Gleichheitsmotivs und der einer ‚gemeinsam geteilten' normalisierenden Aufteilung des sozialen bzw. sinnlichen Raums. Gleichheit zielt in diesem Sinne nicht auf eine Identifizierungspraxis[10], sondern greift allein als relationale Figur: in der Artikulation einer als problematisch erfahrenen differentiellen Verweisungsstruktur im Fokus einer machtvollen Verteilung von Körpern, Plätzen und Anteilen. Da Gleichheit, Rancière folgend, demnach ebenfalls weder Einzelnen noch Kollektiven einfach zukommt, *gibt* es sie in der Konsequenz nur als konkrete aktive parteiische Artikulation, respektive als praktische ‚Ermächtigung' inmitten einer spezifischen Aufteilung von Zeiten, Räumen und Tätigkeiten (vgl. AS, S. 28).

Rancière versucht auch hier die *Einnahme einer wissenden Position zu vermeiden*. Selbst die Verifizierung von Gleichheit folgt nicht der Figur des Wissenden, der die objektiven (politischen, wirtschaftlichen etc.) Gründe für eine bestehende Aufteilung des Sinnlichen auslotet und darüber die Formen von Teilhabe und Teilung kanalisiert. Die Konfrontation mit dem Gleichheitsanspruch *erklärt nicht* die objektiven Kräfte, die etwa die Arbeiter an die Produktionsverhältnisse binden oder die Armen an ihr Elend. Ebenso wenig strukturiert sie deren Artikulationen und Weisen der Partizipation über ein entsprechendes Wissen (um politisch-ökonomische oder soziostrukturelle Figuren). Und insofern für Rancière keine Erklärung an die konkrete Praxis hinreicht, bringt exakt diese Lücke „zu Tage ..., was wirklich politisch ist: nicht das Wissen über die Gründe, die dieses oder jenes Leben hervorbringen, sondern die direkte Konfrontation eines Lebens mit dem, was es vermag." (AS, S. 99) Für Rancière ist nun entscheidend, *wie diese Kon-*

---

die Differenzierung unterschiedlicher Intelligenz(leistung)en, über die sich eine Hierarchisierung von ‚Wissenden' und ‚Unwissenden', von ‚verständigen Lehrenden' und ‚unverständigen, unaufgeklärten Lernenden' bilden kann, als Charakteristikum der pädagogischen Erzeugung von Ungleichheit (vgl. UL, S. 14ff.). Rancières Inanspruchnahme des Gleichheitsmotivs stützt sich dabei auf die in jeder pädagogischen Praxis vorauszusetzende Annahme, dass die Lernenden das Sprechen und Handeln der Lehrenden aufnehmen, für sich übertragen und verstehen können (vgl. UL, S. 53ff.). Insofern hat die/der Lernende Anteil an der gleichen Intelligenz, die er/sie in jeder konkreten Anstrengung einzubringen und zu verifizieren hat. Wie Rancière provokativ formuliert, zielt nur unter der allgemeinen Voraussetzung einer solchen Gleichheit ein pädagogisches Setting auf etwas anderes als ein blindes Dressur- oder Disziplinierungsverfahren (vgl. UL, S. 55).

10 So richtet sich Rancière ebenfalls gegen aktuelle Lesarten, die die heterogenen Praktiken der Subjekte – in Bereichen der Politik, der Kultur, auch der Arbeit – letztlich auf ökonomische Logiken und Notwendigkeiten, auf ein unabwendbares Primat kapitalistischer Wirtschaftsprinzipien, als Grundlage aller sinnhaften Orientierung und allen Handelns zurückführen (vgl. MG, S. 247ff.).

frontation und *was* in ihr zur Sprache gebracht wird. Sein Fokus richtet sich dabei auf die individuell oder auch kollektiv positionierten und pointierten Weisen des Sprechens und Tätig-Werdens selbst bzw. auf das, was darin vernehmbar werden kann und was exklusiv bleibt.

Diesbezüglich geht es ihm weniger um eine (akademische) Beurteilung der Argumente und Begründungsfiguren oder gar um Erfolgs-, Leidensgeschichten oder Wirkungsbehauptungen, sondern um *das Argumentierbare*: um die Bezugspunkte, die im Rahmen einer spezifischen „Situation der Sprechenden selbst" (U, S. 11) die Dynamik und Streitpunkte der Vorstellungen, des Redens oder Handelns ausmachen. Die *problematisierende Bewegung* reicht demnach von der Artikulation oder Inszenierung eines Dissenses bis zur Desidentifikationsarbeit: bis dahin, dass es der/dem Sprechenden nicht (mehr) möglich erscheint, sich mit dem (ihr/ihm) zugeteilten (normalen) Sinn und Ort zu identifizieren.

Ein Dissens wird für Rancière, nochmals anders formuliert, dann vernehmbar, wenn in einer konkreten Sprechsituation verschiedene Positionen und Bindungen – er spricht sogar von „Leben" oder „Welten", um die Massivität und Macht denkbarer Ordnungen zu unterstreichen –, wenn also verschiedene ‚Leben' oder ‚Welten' in einer Artikulation in Beziehung gesetzt, in ‚eine Welt' gebracht werden (vgl. SM, S. 483). Eine Sprechsituation oder ‚Welt' wird so in ihren Teilungen sichtbar, die sie durchziehen und in den Formen der Teilhabe, die so möglich und unmöglich, positiv und prekär, legitim und illegitim usw. erscheinen. Der Anspruch eines je spezifischen Gleichheitsmotivs stellt dabei die bestehende Aufteilung des Sinnlichen in Frage, indem es den *Abstand* und die *Unvereinbarkeiten* zwischen mehreren Anteilen (oder eben Welten) ausmisst und damit etwas sichtbar und sagbar werden lässt, was in einer (bisher) maßgebenden Verteilung unvernehmbar blieb. Genau in den Möglichkeiten und Fähigkeiten, einen solchen Abstand zu artikulieren, in einer Sprechsituation den Streit darüber zu eröffnen, wer auf welche Weise zur ‚Gemeinschaft' gezählt wird, wer auf welche Weise partizipieren kann und mit Ausschlüssen umgehen muss – und an der Veränderung dieses Abstandes zu arbeiten – liegt für Rancière die Möglichkeit emanzipatorischer Teilhabe (vgl. Nordmann 2014, S. 34ff.).

Die Gleichheitsmotive orientieren sich bei Rancière bspw. in seinem demokratietheoretischen Hauptwerk ‚Das Unvernehmen' an basalen Bezugspunkten, wie dem Begriff des ‚Demos', in dem es elementar um die Frage nach der Einrichtung der Gemeinschaft, nach einer ‚guten und gerechten Ordnung des Sozialen' geht (vgl. U, S. 19ff.). Ein weiteres Motiv bildet das, was nach Aristoteles den politischen Charakter des Menschen begründet. Dass uns nicht nur die Stimme (grch. ‚Phone') gegeben ist, um Schmerz und Annehmlichkeiten anzuzeigen, sondern dass uns *allen gleich* die Sprache – im Sinne des ‚Logos' – zukomme, mit der wir in konfliktreiche Auseinandersetzungen treten können: um die Gestaltung der gemeinsamen Angelegenheiten, in der um die Geltung der Gleichheit, die „beliebige sprechende Wesen" (U, S. 39) teilen, gestritten wird, und damit um Recht und Unrecht, um die Verteilung von Kompetenzen, Zuständigkeiten und Plätzen, bis hin zum Streit darum, was überhaupt als (volles, vernünftiges, legitimes) Sprechen, Handeln usw. anerkannt wird (vgl. U, S. 10, 14, 33ff.). In diesen nur vermeintlich einfachen Figuren liegt die ganze Kraft und das Spektrum der Konflikte in den Möglichkeiten und Fähigkeiten, dem *allgemeinen* Anspruch auf ‚Gleichheit' in einer *bestimmten* Sprechsituation Gewicht zu verleihen[11]: Der Begriff ‚Demos' vermag so etwa Privilegien, Freiräume und Zwänge, Disziplinierungs- und Ausschlussmechanismen, den Einfluss von Mehrheiten, die Unsichtbarkeit von Minoritäten usw. anzuzeigen. Der Verweis auf die uns allen zukommende Sprache öffnet die (paradoxe) Möglichkeit des kritischen Einspruchs hinsichtlich der Frage, welches Sprechen den ‚anerkannten Logos' inszenieren und nutzen kann, welches Reden als wenig bedeutsam, illusorisch oder etwa als Störung gilt oder auch: welche Worte dazu dienen, uns gefügig zu machen, ruhig zu halten[12].

3 Demos – Sprache – universelles Wahlrecht

Abschließen möchte ich mit *zwei Beispielen*, bei denen es um eine solche Infragestellung der Aufteilung des Sinnlichen geht, durch die der Abstand und die Unversöhnlichkeiten mehrerer ‚Welten' oder Anteile an Zeit, Raum, an Tätigkeiten und Sinnfeldern in Bezug auf einen gemeinsamen Anlass aus einer spezifischen Sprechsituation heraus erfahren und ausgedrückt werden.

Ich beziehe mich erstens auf eine politische Demonstration Jeanne Deroins Mitte des 19. Jh. in Frankreich, in der sie ein Verhältnis zwischen unterschiedlichen Auffassungen im politischen und rechtlichen Kontext herstellt, die zur damaligen Zeit streng genommen nicht miteinander vereinbar waren[13]. Deroin tritt „1849 bei einer Wahl zur gesetzgebenden Versammlung an", bei der sie eigent-

---

11 Darin liegt aber auch die Grenze, die durch keine Erklärung, kein Wissen, kein wohlmeinendes Für-den-Anderen-Sprechen, keine Gleichmacherei (z.B. im kollektivierenden Begriff der Klasse oder durch die Einordnung in eine Gruppe Betroffener) usw. ausgelöscht werden kann.

12 Die Beispiele Rancières kommen hier nicht zuletzt aus dem Bereich der Philosophie und Politik, der politischen Ökonomie und der (Hoch-)Schule, insbesondere wissenschaftlicher Expertise (vgl. etwa PA; UL).

13 Das Beispiel wie die Zitate in diesem und im nächsten Absatz sind, wenn nicht anders angegeben, folgender Quelle entnommen: U, S. 53f.

lich nicht antreten darf. Das Frauenwahlrecht in Frankreich wurde erst knapp 100 Jahre später eingeführt. Die politische Inszenierung Deroins drückt für Rancière dabei exakt den Abstand zwischen dem universellen Anspruch des Wahlrechts aus und dem Ausschluss ihres Geschlechts aus dieser Universalität. Deroin demonstriere dadurch, dass sie *als Frau* Teil des französischen Volkes ist – *und* als solche gleichzeitig ausgeschlossen bleibt: ausgeschlossen vom Wahlrecht, das dem Anspruch nach dem ganzen Volk – also allen gleich – zukomme. Für Rancière geht es hier weniger darum, die Verlogenheit des Systems zu beklagen oder die politische Reichweite dieser Aktion zu beurteilen[14], sondern um die Inszenierung dieser widersprüchlichen „Verteilung der gesellschaftlichen Körper" inmitten einer maßgeblichen Institution der öffentlichen Ordnung: In Deroins Sprecherposition werde der Gleichheitsanspruch des ‚allgemeinen Wahlrechts' vernehmbar, der nicht mit den geschlechtsspezifischen Figuren des Ein- und Ausschlusses in den damaligen republikanischen Regelungen konform geht[15].

Im Kontext dieser Artikulation spielen, so Rancière, mehrere Positionen in den Widerspruch von ‚Teilhabe und Teilung' hinein: Dabei gerät die Deklaration einer Gleichheit, „die keinen Unterschied zwischen den Geschlechtern kennt" in Konflikt mit sozialen Logiken, die öffentliche und private Räume, häusliche und familiäre, bürgerschaftliche, ökonomische und eben rechtliche Funktionen und Privilegien geschlechtsspezifisch verteilt und zu legitimieren sucht[16]. Dass in Deroins Demonstration etwas ‚gemeinhin Unvergleichbares' in ein Verhältnis gesetzt wur-

---

14 Es geht mir hier ebenso nicht darum, zu entscheiden, inwiefern man hier im strengen Sinne Rancières von einem politischen Akt reden kann – insofern dieser eine nachhaltige Unterbrechung eines hegemonialen Ordnungsgefüges zur Folge hat und daraufhin zu veränderten emanzipatorischen Teilhabemöglichkeiten führen kann, zu einer Verschiebung im Verhältnis von Recht und Unrecht, in der Aufteilung von Zugehörigkeiten und anerkennbaren Interessen (vgl. U, S. 145ff.). Der Frage, wie mit Rancière Bezüge und Differenzen zwischen einer ästhetischen und einer politischen Artikulation oder Logik genau zu fassen seien, wäre eine eigene Auseinandersetzung zu widmen (vgl. Sonderegger 2010, S. 35ff.). Ebenso vernachlässige ich hier eine dezidierte Verwendungsweise seines Politikbegriffs, nicht zuletzt in der differentiellen Abgrenzung zu seinem Verständnis von ‚Polizei' (vgl. U, S. 33ff.).

15 Dies entspricht Rancières Konzept des Unvernehmens: „Das Unvernehmen ist nicht der Konflikt zwischen dem, der weiß, und jenem, der schwarz sagt. Es ist der Konflikt zwischen dem, der ‚weiß' sagt, und jenem, der auch ‚weiß' sagt, aber der keineswegs dasselbe darunter versteht" (U, S. 9f.) – hier: zwischen dem, der ‚allgemeines Wahlrecht' sagt, und jenem, der auch ‚allgemeines Wahlrecht' sagt, aber keineswegs dasselbe darunter versteht.

16 Rancière betont allerdings, dass weitere nahe liegende Assoziationen eher irreführend seien. Deroin spiele hier nicht mit der Differenz von Öffentlichkeit und Privatem – etwa so, dass sie die Politizität eines spezifischen geschlechtsspezifischen Rollenver-

de, öffnet die Perspektive, die „Unvergleichbarkeit" einer sozial wirkmächtigen, ja institutionalisierten Rationalität und einer radikalen Gleichheitsvorstellung zu bestreiten und neu zu vermessen. Dadurch wird es möglich, das Verhältnis zwischen einem Teilhabeanspruch ohne Statusunterschied und den ungleichen Anteilen in Bezug auf verschiedene Streitpunkte geschlechtsspezifischer Ordnungen gleichsam alternativ zu justieren. Rancière denkt die politische Inszenierung Deroins zudem nicht einfach als unabhängigen individuellen Akt der Demonstration eines ‚Unrechts', das nach der damals geltenden Ordnung rechtens ist. Sondern er liest ihre Sprechsituation gleichsam als singuläre Schnittstelle, in der unterschiedliche Modi des Anteilnehmens, der Identifikation, des Ausschlusses und der Desidentifikation konstelliert und zur Kollision gebracht werden. Dieser Streit öffnet dadurch auch die Möglichkeit, dass Andere ihn aufnehmen, modifizieren und radikalisieren (vgl. U, S. 54). Dies ist bei Rancière allerdings keine Garantie für politische Veränderungen. Der Blick richtet sich für ihn eben in einer auf bestimmte Weise charakterisierten (historischen) Sprechsituation zunächst auf die Inszenierung des Nicht-Einverstanden-Seins selbst. In der Infragestellung der Einschlüsse und Ausschlüsse, die Deroin erfährt, demonstriert sie eine Unterbrechung des ‚normalen Ganges der Dinge' – und die Antizipation einer anderen politischen Ordnung, die mit den Grenzen der eigenen Möglichkeiten und Fähigkeiten konfrontiert.

4 „Zwei Tage, eine Nacht"

Auch das zweite Beispiel, der Film der Brüder Dardenne „Zwei Tage, eine Nacht", lässt sich als Auseinandersetzung mit der Möglichkeit einer Unterbrechung der ‚normalen Verteilung von Macht' lesen und als eindrückliche Konfrontation mit den Grenzen der eigenen Teilhabe, den Fähigkeiten und der Kraft, diese zu artikulieren[17].

Ich beginne in der gebotenen Kürze mit der Geschichte: In Seraing, eine belgische Stadt, die einst von der (Schwer-)Industrie in der Nähe (in Liège) profitierte, stellt der Arbeitgeber eines kleinen Solarunternehmens die Belegschaft vor eine Wahl: Wenn sie zustimmen, dass eine Mitarbeiterin – Sandra – entlassen wird, erhalten sie ihren jährlichen Bonus von 1000,- Euro; wenn sie dafür sind, dass Sandra bleiben soll, dann fällt die Bonuszahlung weg. Die wirtschaftliche Situ-

---

ständnisses unterstreiche: „Herd und … Haushalt sind nicht an sich politischer als die Straße, die Fabrik oder die Verwaltung." (U, S. 53)

17 Ich verzichte an der Stelle auf eine filmtheoretische Analyse und begrenze mich auf einige Motive der Narration und Dramaturgie.

ation des Unternehmens wird als Grund für diese Wahl angegeben: Angesichts der schlechten Auftragslage seien Restrukturierungen erforderlich. Sandra, die mit ihrem Freund (Manu) und ihren beiden Kindern zusammen lebt, wurde wohl ausgewählt, weil sie schon länger an depressiven Störungen leidet und deswegen gerade im Betrieb fehlt. Die Absicht des Unternehmens, sie zu entlassen, fällt dabei mit dem letzten Tag einer mehrwöchigen Krankheitsphase zusammen. Sandra erfährt völlig unvermittelt am Telefon davon, dass gegen sie abgestimmt wurde und ihre Stelle gestrichen werden soll. Nur zwei von 16 Kolleg_innen – Juliette und Robert, mit denen Sandra befreundet ist –, haben sich gegen die Prämie entschieden. Diese Nachricht löst bei ihr erneut depressive Symptome aus. Allerdings kann Juliette sie überreden, noch am gleichen Tag, einem Freitag, mit ihr zusammen zu ihrem Arbeitgeber zu gehen, um die Durchführung einer neuen Abstimmung zu bewirken. Denn die erste Wahl fand nicht geheim statt, sondern unter der Kontrolle des Vorarbeiters (Jean-Marc), der zudem Druck auf die Kolleg_innen ausgeübt hatte. Die zweite, diesmal geheime Abstimmung soll am darauf folgenden Montag stattfinden. Dazwischen liegt ein Wochenende, das Sandra zu nutzen versucht, um die (für eine einfache Mehrheit) nötige Anzahl ihrer Kolleg_innen umzustimmen.

Nun bietet der Film reichhaltige Anspielungen, um in unterschiedlichen Drehungen z.B. Bezüge zur Entwicklung neoliberaler Wirtschaftsordnungen, zu Solidaritätsformen und deren Wegbrechen zu entfalten (vgl. Seeßlen 2014). Dies soll an der Stelle weniger Thema sein und spielt im Film auch eher indirekt eine Rolle. Entsprechende Bezugnahmen werden zwar in einigen Szenen aufgerufen, aber sie bilden gerade nicht den alles erklärenden Hintergrund der Dramaturgie. Charakteristisch für die Spielfilme der Dardennes erscheint vielmehr, dass es meist um „erschreckend gewöhnliche Individuen in ihrer körperlich-praktischen Auseinandersetzung mit gesellschaftlich bedingten Ausschlüssen" (Sonderegger 2010, S. 58) gehe. Daher beschränke ich mich nachfolgend auf einige Überlegungen zur Inanspruchnahme eines Gleichheitsmotivs, über das ein Dissens und eine Teilung vernehmbar werden, welche die unterschiedlichen Sprechsituationen durchziehen. Dieses Gleichheitsmotiv lässt sich etwa so formulieren, dass Sandra ihre KollegInnen um die Anerkennung ihrer Position im Unternehmen bittet: Sie will weiterhin Teil des Personals sein: wie alle anderen. Denn nach der Botschaft, dass sie entlassen werden soll, scheint ihr der Boden unter den Füßen zu entgleiten. Mit dem Satz, „Ich existiere nicht", bringt sie exakt die Infragestellung ihrer Position, ihres Anteils im Unternehmen, der ihr in Bezug auf ihr Selbst- und Weltverhältnis bisher Sicherheit und Sinn verschafft hat, auf den Punkt. Im Sinne Rancières wäre es allerdings unzulässig, die resignierende Aussage Sandras und den Wunsch nach Arbeit schlicht zu identifizieren. Es geht hier gerade nicht um eine Art generalisierendes filmisches Plädoyer für die Notwendigkeit und den Wert, eine bezahlte

Beschäftigung zu verfolgen[18]. Die Berufung auf ein Gleichheitsmotiv inszeniert vielmehr eine unsichere Aufteilung: ein prekäres Verhältnis an der Grenze von Anstellung und Entlassung, das die Sprechsituation Sandras kennzeichnet.

Die konkrete Inanspruchnahme von Gleichheit wird demzufolge nicht einfach von Sandra – als unabhängiger, souveräner Person o.Ä. – gegenüber ihrem Arbeitgeber artikuliert. Sondern sie verdichtet sich und erhält ihre Dramatik über ihre abhängige, prekäre Position als Mitarbeiterin und mit Blick auf ihre Familien- und Krankheitssituation. In dieser Position ist es ihr möglich, spezifische Interessen und Probleme auszudrücken – und andere nicht: Sie verfügt nicht einfach über ihre Stelle oder über alternative Sinnkonzepte für ihre Lebensgestaltung. Wie alle im Unternehmen will sie, angesichts der Drohung mit Entlassung, ihren Arbeitsplatz nicht verlieren. Denn darüber, Teil der Belegschaft zu sein, werden die Möglichkeiten thematisiert, den Alltag gestalten zu können, d.h. nicht zuletzt etwas materielle Sicherheit zu erlangen[19]. Und an der zunächst simpel erscheinenden Frage, ob die Kolleg_innen diesen Anspruch mit ihr (noch) teilen – ob Sandra also mit diesem Anspruch von ihren ‚Noch-Kolleg_innen' gehört und anerkannt wird –, entspinnen sich im Film verschiedene komplexe Streitszenarien.

So sucht sie jede/n Mitarbeiter_in auf und konfrontiert diese nachdrücklich mit ihrer Situation, über die in der zweiten Abstimmung befunden werden soll. In den Gesprächen am Wochenende wird die Brisanz des vorgetragenen Anliegens gerade über die eindringliche Inszenierung der körperlichen Präsenz der Betroffenen und der/s jeweiligen Kolleg_in in unterschiedlichen Positionierungen arrangiert. So antwortet eine Kollegin auf die Bitte Sandras, dass sie am Montag für sie stimmen soll: „Würde ich ja gerne, aber wenn ich für Dich stimme, verliere ich meine Prämie. Ich kann mir nicht erlauben auf 1000,- Euro zu verzichten. Du nimmst es mir nicht übel, ja?" – Ein zweiter Kollege bricht in Tränen aus und erzählt, wie schuldbeladen er sich fühlt, seit er sich bei der ersten Wahl für die Prämie entschieden hat. Dass Sandra die ‚Frage nach dem Gemeinsamen' neu und rückhaltlos stellt, lässt ihn seine Entscheidung revidieren. Im Kontext dieses Anspruchs, mit dem Sandra ihre Kolleg_innen konfrontiert, inszenieren die Dardennes also die unterschiedlichsten Verhaltensweisen und Gefühlslagen. Die Reaktionen reichen von Freundschafts- und Solidaritätsbekundungen über Gleichgültigkeit, Scham- und Schuldgefühle bis hin zu dramatischen Konfliktszenarien. So bekunden Mitarbeiter_innen auch ihre Ablehnung und Aggression gegenüber Sandra, die es wagt, ihnen die jährliche Prämie, mit der sie fest in ihrem Haushaltsbudget rechnen,

---

18 Vgl. dazu für einen anderen Film der Dardenne-Brüder: ‚Rosetta' (Geene 2007).
19 Aus diesem Grund gehen einige von Sandras Kolleg_innen mehreren Beschäftigungen nach.

streitig machen zu wollen[20]. Im Verhalten zum Anspruch, nicht arbeitslos zu werden, spielen folglich die unterschiedlichsten Motive, Haltungen und Rationalitäten eine Rolle, die deutlich machen, dass das, was es heißt, zum Personal zu gehören, auf ganz verschiedene moralische, private, politische, ökonomische etc. Ambitionen, Verortungen und Konfrontationslinien anspielen kann. Letztlich scheitert sie mit ihrem Anliegen knapp.

Aber dadurch, dass die Kamera die konkreten Auseinandersetzungen zeigt, wird Sandra in dem, was in den unterschiedlichen Szenen sichtbar und sagbar wird, als Handelnde inszeniert. Sie streitet um das, was ihr in ihrer Position an Problematisierungen möglich ist, sie bringt ihr Nicht-Einverstanden-Sein zur Sprache – gerade im Kontext der Frage nach dem, was wir teilen. Sie muss in ihrer unsicheren Situation entsprechend mit Ablehnung, Gleichgültigkeit, Zuspruch, Unterstützung usw. umgehen (und geht niedergeschlagen oder auch in ihrer Absicht gefestigt aus den Gesprächen). Gegen Ende des Films bekommt Sandra trotz ihres Scheiterns in der Abstimmung unerwartet nochmals eine wirkmächtige Position durch den Arbeitgeber zugesprochen. Er zeigt sich beeindruckt von ihrer Initiative, möchte „die Wogen" in der Belegschaft „glätten" und bietet ihr an, sie weiter in der Firma zu beschäftigen. Statt ihr zu kündigen, soll einfach der Zeitvertrag eines Kollegen nicht verlängert werden. Nach dessen Ausscheiden in wenigen Monaten sei es möglich, Sandra wieder voll einzustellen. Da sie darin die gleiche unternehmerische Rationalisierungslogik erkennt wie in ihrem Fall und es sich überdies um einen Mitarbeiter handelt, der zuvor für Sandra gestimmt hatte, schlägt sie das Angebot aus. In den letzten Szenen verlässt sie das Firmengebäude, telefoniert mit ihrem Freund und äußert ihre Freude darüber, „sich gut geschlagen" zu haben.

Inwiefern man dementgegen kritisch behaupten kann, dass die Narrative des Films eher Muster des Sozialkitsches bedienen, die in spätkapitalistischen Produktionsverhältnissen die Realität harmonisierend und naiv verdoppeln (vgl. Sonderegger 2010, S. 39), hängt wohl nicht zuletzt davon ab, ob es gelingt, wie oben versucht, gerade die spannungsreichen Positionierungen und Relationen in der Aufteilung des Sinnlichen zu akzentuieren, die in verschiedenen Szenen sichtbar und sagbar werden. Die Fokussierung dessen, was in einer spezifischen Sprechsituation artikulierbar wird, öffnet mit Rancière gelesen, dementsprechend den Blick für unterschiedliche Rede- und Verhaltensweisen, die in ihren Konfrontationslinien die Möglichkeiten und Ordnungen von ‚Teilhabe und Teilung' in ihrer Kontingenz wie Härte vernehmbar zu machen suchen. Das Interesse richtet sich auch hier auf die Inszenierung des Nicht-Einverstanden-Seins selbst.

---

20 Ein Kollege antwortet empört: „Schämst Du Dich nicht herzukommen und uns zu beklauen?"

In der Artikulation des Abstandes, der die eine Form der Teilhabe von der anderen trennt, zeigen beide Beispiele die Unmöglichkeit an, diesen Abstand schlicht zu überwinden. Aber die Verifizierung von Gleichheit *gibt der Unmöglichkeit ein Maß* (vgl. NP, S. 11) und hält sie gleichsam offen, für eine andere Form der Teilhabe.

Literatur

Rancière, J.
AS (2006). *Die Aufteilung des Sinnlichen*. Berlin: b_books.
IS (2010). On Ignorant Schoolmasters. In: Charles Bingham, Gert Biesta, *Jacques Rancière. Emancipation, Truth, Education* (S. 1-24). London, New York: Continuum.
MG (2014). *Die Methode der Gleichheit*. Wien: Passagen.
NP (2013). *Die Nacht der Proletarier. Archive des Arbeitertraums*. Wien: Turia + Kant.
PA (2010). *Der Philosoph und seine Armen*. Wien: Passagen.
SM (2011). Wer ist das Subjekt der Menschenrechte? In: Christoph Menke, Francesca Raimondi (Hrsg.), *Die Revolution der Menschenrechte* (S. 474-490). Berlin: Suhrkamp.
U (2002). *Das Unvernehmen. Politik und Philosophie*. Frankfurt a.M.: Suhrkamp.
UL (2007). *Der unwissende Lehrmeister*. Wien: Passagen.
Biesta, G. (2009). Sporadic Democracy: Education, Democracy and the Question of Inclusion. In: Michael S. Katz, Susan Verducci, Gert Biesta (Hrsg.), *Education, Democracy and the Moral Life* (S. 101-112). New York: Springer.
Bingham, Ch., Biesta, G. (2010). *Jacques Rancière. Emancipation, Truth, Education*. London, New York: Continuum.
Bourdieu, P. (1987). *Die feinen Unterschiede. Kritik der gesellschaftlichen Urteilskraft*. Frankfurt am Main: Suhrkamp.
Bourdieu, P., Passeron, J.-C. (1971). *Die Illusion der Chancengleichheit. Untersuchungen zur Soziologie des Bildungswesens am Beispiel Frankreichs*. Stuttgart: Klett.
Geene, S. (2015). Subjekte in sinnvoll, sinnfrei und sinnlos verbrachter Zeit. URL: www.b-books.de/biopolitik/sg-subjekte.htm. Zugegriffen: 30. August 2015
Kastner, J., Sonderegger, R. (Hrsg.) (2014a). *Pierre Bourdieu und Jacques Rancière. Emanzipatorische Praxis denken*. Wien: Turia + Kant.
Kastner, J., Sonderegger, R. (2014b). Emanzipation von ihren Extremen her denken. Ein einleitendes Plädoyer für Bourdieu und/mit Rancière. In: Jens Kastner, Ruth Sonderegger (Hrsg.), *Pierre Bourdieu und Jacques Rancière. Emanzipatorische Praxis denken* (S. 7-30). Wien: Turia + Kant.
Kleesattel, I. (2014). Ästhetische Distanz. Kritik des unverständlichen Kunstwerks. In: Jens Kastner, Ruth Sonderegger (Hrsg.), *Pierre Bourdieu und Jacques Rancière. Emanzipatorische Praxis denken* (S. 63-93). Wien: Turia + Kant.
Luhmann, N. (1995). *Soziologische Aufklärung 6. Die Soziologie und der Mensch*. Opladen: Westdeutscher Verlag.
Menke, Ch. (2004). *Spiegelungen der Gleichheit*. Frankfurt am Main: Suhrkamp.
Niederberger, A. (2004). Aufteilung(en) unter Gleichen. Zur Theorie der demokratischen Konstitution der Welt bei Jacques Rancière. In: Oliver Flügel, Reinhard Heil, Andreas Hetzel (Hrsg.), *Die Rückkehr des Politischen. Demokratietheorien heute* (S. 129-145). Darmstadt: WBG.
Nordmann, Ch. (2014). Bourdieu und Rancière in Beziehung setzen, um die Emanzipation zu denken. In: Jens Kastner, Ruth Sonderegger (Hrsg.), *Pierre Bourdieu und Jacques Rancière. Emanzipatorische Praxis denken* (S. 31-50). Wien: Turia + Kant.
Pelletier, C. (2009). Emancipation, Equality and Education: Rancière's Critique of Bourdieu and the Question of Performativity. *Discourse: Studies in the Cultural Politics of Education 30*, H. 2, 137-150.

Schultheis, F., Schulz, K. (Hrsg.) (2005). *Gesellschaft mit begrenzter Haftung. Zumutungen und Leiden im deutschen Alltag.* Konstanz : UVK.
Seeßlen, G. (2014). Die Gesellschaft sind wir. *DIE ZEIT 43*, 54.
Sonderegger, R. (2010). Affirmative Kritik. Wie und warum Jacques Rancière Streit sammelt. In: Robnik Drehli, Thomas Hübel, Siegfried Mattl (Hrsg.), *Das Streit-Bild. Film, Geschichte und Politik bei Jacques Rancière* (S. 29-59). Wien: Turia + Kant

„Bildungsbiographien" als Norm und Leistung gesellschaftlicher Teilhabe

Biographietheoretische Perspektiven

Bettina Dausien

Die Frage von Bildung und Teilhabe wird häufig implizit oder explizit mit einem räumlichen Modell verbunden. Dies gilt für traditionelle wie für neoliberale Denkweisen, die sich an der Metapher des *Marktes* orientieren, der segmentiert sein kann und dessen Zugänge beschränkt oder geöffnet werden. Es gilt explizit für gesellschaftskritische Ansätze, die mit Bourdieus Theorem des *sozialen Raumes* arbeiten, der vertikal und horizontal strukturiert ist, in dem es „oben" und „unten" gibt und der in „Felder" und „Positionen" gegliedert ist, die hinsichtlich ihrer Abstände markiert werden können. Auch systemtheoretische Konzepte von *Inklusion/Exklusion* arbeiten mit der räumlich konnotierten Unterscheidung „innen"/ „außen". Schließlich weist auch das Theorem der *Intersektionalität* Züge eines räumlichen Verständnisses[1] von Macht und Ungleichheit auf, das im Bild sich überschneidender „Achsen der Ungleichheit" (Klinger et al. 2007) und „Ebenen" (vgl. Winker und Degele 2009) zum Ausdruck kommt.

Selbstverständlich sind diese Ansätze nicht blind gegenüber Zeitphänomenen. Sie nehmen an, dass Strukturen sich wandeln, Märkte sich ändern ebenso wie Zugangsregeln und Exklusionsmechanismen. Und natürlich ist überall da, wo es um

---

1   Crenshaw hatte bei der Einführung des Begriffs *Intersectionality* die Metapher eines Unfalls auf der Straßenkreuzung (*intersection*) gewählt, um das besondere „Verletzungsrisiko für Personen auf der Kreuzung" (Walgenbach 2014, S. 61) zu markieren, konkret das erhöhte Risiko für schwarze Frauen von rassistischer und sexistischer Diskriminierung betroffen zu werden. Erst in der Ausweitung und gesellschaftsanalytischen Weiterentwicklung des Begriffs hat sich die räumliche Vorstellung eines von Ungleichheitsachsen durchschnittenen Raumes und durch diese erzeugten hierarchischen Raumes verdichtet.

Fragen von *Bildung* geht, ohnehin eine Prozesskategorie angesprochen. Sie wird häufig mit der Raummetapher verbunden, die in Begriffen wie „Bildungsweg" oder „Bildungsgang", „Karriere" oder „Laufbahn im sozialen Raum" (Bourdieu 1990) zum Ausdruck kommt. *Wie* die Zeitdimension jedoch genauer zu denken ist, wird in Debatten um Bildung und Teilhabe häufig nicht näher expliziert. An dieser Stelle setzen die folgenden Überlegungen ein. Sie haben eher essayistischen Charakter. Es geht darum, ein Argument zu entfalten, nicht um den Bericht einer empirischen Studie.

Meine Ausgangsthese lautet, dass der Zusammenhang von Bildung und Teilhabe – Teilhabe am Bildungssystem ebenso wie gesellschaftliche Teilhabe durch Bildung – allein über die Analyse von Positionen im sozialen Raum und von institutionellen Öffnungs- und Schließungsmechanismen nicht hinreichend erfasst werden kann. Es ist vielmehr erforderlich, die komplexen sozialen Prozessstrukturen zu verstehen, in denen Teilhabe sich organisiert, und insbesondere die Zeitdimension der Biographie systematisch einzubeziehen. Die Frage von Teilhabe und Ausgrenzung wird (auch) im Zeitrahmen individueller Lebensgeschichten wirksam und zeigt sich u.a. als biographisierte Anforderung und Leistung. Kurz gesagt lautet die These, *dass Teilhabe (auch) eine zeitliche, genauer: eine biographisierte Norm und Leistung darstellt.*

Um diese These zu entwickeln, hole ich zunächst etwas aus und rekapituliere, wie „Zeit" in biographietheoretischer Sicht konzipiert wird (1). Im zweiten Schritt frage ich, welche Bedeutung diese Perspektive für die Analyse von Teilhabe hat (2). Anhand von illustrierenden Beispielen möchte ich zeigen, dass durch einen biographieanalytischen Ansatz Phänomene gesellschaftlicher Teilhabe „neu" in den Blick geraten bzw. in einem neuen Zusammenhang interpretiert werden können. Ich ende mit offenen Fragen für eine an Biographie interessierte Bildungsforschung (3).

1 Bildungszeiten: „Biographie" als temporale Konstruktion

„Die Zeit ist einer der grundlegenden Regulatoren des sozialen Lebens. Als Konstruktionsmittel für soziale Wirklichkeit ist sie – wie der Raum – derart fundamental und in ihrer Selbstverständlichkeit auf fast triviale Weise evident, dass es müßig scheinen könnte, über die Zeit als eine Kategorie erziehungswissenschaftlicher Analyse nachzudenken", schreibt Klaus Mollenhauer (1981, S. 68) vor mehr als 30 Jahren. Seitdem hat einiges Nachdenken über *Zeit,* insbesondere über „Bildung in der Lebenszeit" (Fatke und Merkens 2006) in der Erziehungswissenschaft stattgefunden. Ich möchte drei Befunde zeit- und biographietheoretischer Forschung kurz in Erinnerung rufen. Der *erste* Gedanke gilt der grundlegenden Einsicht in die Verzeitlichung von Vergesellschaftungsprozessen und kulturellen Identitätsformaten, die mit dem Konzept der Biographie verknüpft sind.

1.1 Der Lebenslauf als Institution und die Biographisierung der Lebensführung

Vor dreißig Jahren unterbreitete Martin Kohli (1985) eine These, die in der Folge recht einflussreich werden sollte: Die „Institutionalisierung des Lebenslaufs" – so Kohli – ist ein zentrales Moment der Organisationsstruktur und Funktionsweise moderner Gesellschaften. Gestützt auf historische, demographische und soziologische Argumente, die in einem modernisierungstheoretischen Rahmen zusammengeführt werden, postuliert er einen historischen Strukturwandel: Die Vergesellschaftung der Individuen – Mitgliedschaft und Teilhabe – vollzieht sich in modernen Gesellschaften nicht mehr wie in ständischen Gesellschaften über die kollektive und weitgehend unveränderliche Zugehörigkeit zu statischen Kategorien (Familie, Stand, Geschlecht), sondern durch ein zeitliches „Ablaufprogramm", das „an den Individuen als eigenständig konstituierten sozialen Einheiten ansetzt" (Kohli 1985, S. 3). Die Rationalisierung, Verzeitlichung und Individualisierung sozialer Inklusion betrifft freilich nicht nur *institutionelle* Abläufe, sondern auch den *individuellen* Verlauf menschlichen Lebens. Mehr noch, und das ist der eigentliche Clou der Analyse, der Ablauf des individuellen Lebens, der *Lebenslauf,* wird selbst eine Institution, die gesellschaftliche Prozesse ordnet und mit Sinn ausstattet. Damit werden für die Individuen historisch nie dagewesene Gestaltungsräume eröffnet, die freilich, wie der Prozess der Individualisierung insgesamt, durch den Doppelcharakter von Freisetzung und Zwang charakterisiert sind.[2]

Zwar ist die Institution Lebenslauf Kohli zufolge „um das *Erwerbssystem* herum organisiert" (ebd., S. 3), aber auch das Bildungssystem spielt dabei eine wichtige Rolle. Es strukturiert gewissermaßen die erste Phase des dreigeteilten Lebenslaufs, nämlich die „Vorbereitung" auf das um die Erwerbsarbeit organisierte „aktive Erwachsenenalter", die durch Erziehung und Bildung in Kindheit und Jugend stattfindet (vgl. ebd.). In einem längeren historischen Prozess bildet sich mit der Durchsetzung der allgemeinen Schulpflicht, der Einführung von Jahrgangs-

---

[2] Dieses Argument ist in den 1980er und 1990er Jahren intensiv und differenzierter diskutiert worden (vgl. besonders prominent Beck 1986 sowie Beck et al. 1996) als in vielen späteren Rezeptionen des Individualisierungstheorems.

klassen und Curricula sowie dem System aufeinander aufbauender Bildungsphasen von der Vorschule bis zur Hochschule eine für alle Gesellschaftsmitglieder verbindliche, ggf. mit Gewalt durchgesetzte, linicarisierte *Zeitstruktur* heraus, die Kindheit und Jugend bis zu einem Lebensalter von etwa 16 Jahren (und heute oft wesentlich länger) grundlegend formiert, ja definiert.[3]

Der Lebenslauf ist somit keine „anthropologische", sondern eine „gesellschaftlich auferlegte" Zeitstruktur (Mollenhauer 1981, S. 74). Diese tritt den Individuen in Gestalt kollektiver Normen, Vorbilder, Alltagsdiskurse und -routinen sowie institutioneller Regelungen gegenüber, die den Verlauf eines „guten" – erstrebenswerten oder mindestens akzeptablen, „normalen" – Lebens präformieren. Daniela Schiek (2012, S. 55) schreibt knapp: „Der Lebenslauf ist eine Zeitnorm, entlang derer produktive Lebensphasen sowie gesellschaftliche Kern- und Randlagen bestimmt werden."

Dieses Modell funktioniert allerdings nur, d.h. wird nur dann zu einer verbindlichen und über die Generationen hinweg relativ stabilen gesellschaftlichen Praxis, wenn und solange es von konkreten Subjekten angeeignet, als „eigenständige biographische Orientierung" (Kohli 1994, S. 232) ausgebildet und in Alltagspraxis übersetzt wird. Kohli bezieht sich hier auf eine Formulierung von Werner Fuchs und spricht von der „Biographisierung der Lebensführung" (Kohli 1985, S. 21). Individuen gestalten ihr Leben, so könnte man vielleicht sagen, aus einem mehr oder weniger ausgeprägten Gefühl der „Autorschaft" heraus, d.h. sie bilden ein Selbst-Welt-Verhältnis aus, das es ihnen erlaubt, sich – wenn auch nicht durchgängig und keineswegs immer erfolgreich – als Subjekt zu begreifen, das sein eigenes Leben mehr oder weniger (mit-)gestaltet und sich nicht fraglos den vorgegebenen Regeln und Normen einer kollektiven (z.B. religiös vorgegebenen) Lebensführung überlässt. Der „Übergang zu einer biographischen – d.h. vom Ich aus strukturierten und verzeitlichten – Selbst- und Weltauffassung [...] ist der Kern dessen, was gewöhnlich unter Individualisierung verstanden wird" (Kohli 1994, S. 220; vgl. auch Hahn 2000). Im Hinblick auf die gesellschaftliche Organisation spricht Kohli an anderer Stelle auch vom Prinzip der „*Biographizität* im Sinne eines Codes von personaler Entwicklung und Emergenz" (Kohli 1988, S. 37),[4] d.h. Individuen be-

---

3   Dass Einzelne – temporär oder dauerhaft – immer wieder aus diesem als „Entwicklung" oder „Bildung" bezeichneten System herausfallen bzw. von den damit verbundenen Bildungsansprüchen und Erwartungen ausgenommen werden, spricht nicht gegen diese These. Ausnahmen von der Schulpflicht oder besonder(nd)e Praktiken der Erziehung und Beschulung, die durch spezifische diagnostische Verfahren legitimiert werden, stützen vielmehr die Norm.

4   Den Begriff der „Biographizität" hat Peter Alheit (z.B. 1995) aufgegriffen und im Hinblick auf Bildungsprozesse systematisch weiterentwickelt (vgl. auch Alheit und

ginnen ihr Leben eigensinnig zu entwerfen und zu gestalten und können nur so zu einem handlungsfähigen Mitglied der Gesellschaft werden; andererseits wird die gesellschaftliche Ordnung damit auch abhängig von der biographischen Dynamik und Offenheit individuellen und kollektiven Handelns.

Die Herausbildung von *Biographie als Sozialform*, die hier anhand der drei Merkmale „Ich" als Handlungszentrum, biographische Langsicht und „Eigensinn" aus soziologischer Sicht beschrieben wird, findet eine Entsprechung im Aufkommen der bürgerlichen Idee der *Bildung* und des sich bildenden Subjekts im 18. Jahrhundert. Biographisches Denken ist von Beginn an eng mit der Pädagogik als moderner Wissenschaft verbunden. Die Abfolge der Lebensjahre und -phasen wird genutzt, um Bildungsprozesse und deren pädagogische Begleitung als zeitlich geordnete, einer inneren Logik folgende Entwicklung darzustellen. Rousseaus Emile ist hierfür ein Paradebeispiel, aber auch viele andere Belege ließen sich anführen bis hin zur aktuellen Debatte um Lebenslanges Lernen. Im Unterschied zur Soziologie, wo Biographisierung, wie eben gezeigt, als komplexer Prozess der Institutionalisierung einer historisch-spezifischen Sozialform analysiert wird, scheint „Biographie" in der Pädagogik bzw. Bildungswissenschaft bis heute allerdings eher als selbstverständliche, geradezu „naturwüchsig" angenommene Dimension von Bildung (mit)gedacht zu werden. Biographie, Lebenslauf, Lebensspanne und ähnliche Begriffe werden oft unterschiedslos verwendet, um den (zeitlichen) Rahmen von Bildungsprozessen zu markieren und ggf. in theoretische Analysen und pädagogische Handlungsansätze einzubeziehen. Oft wird Biographie aber auch nur als Synonym für „Individuum", „Subjekt" oder dessen „innere Entwicklung" verwendet.

Demgegenüber beharrt die soziologische Analyse systematisch auf der Doppelperspektive: Zeitlichkeit wird aus biographietheoretischer Perspektive als ein *zweiseitiges Verhältnis von „Institutionalisierung und Biographisierung"* begriffen. Gesellschaftliche Zeitmuster strukturieren biographisches Handeln, aber biographisches Handeln modifiziert und „produziert" auch umgekehrt je konkrete historische „Modelle", „Normalitäten" und Normen für Biographien.[5] Das analytische Potenzial dieses Postulats wird im Folgenden genutzt. Zunächst soll jedoch eine *zweite* Einsicht der Lebenslauf- und Biographieforschung festgehalten werden, die sich in der Kritik an Kohlis These ergeben hat.

Dausien 2000; Dausien 2011).

5 Biographien sind, in Anlehnung an Bourdieu formuliert, sowohl strukturierte als auch strukturierende Strukturen. Wenden wir diese Konzeption auf die Analyse von Bildungsprozessen an, so haben wir also stets in beide „Richtungen" dieses Verhältnisses zu fragen (s.u.).

1.2 Lebenslauf und Biographie als widersprüchliche Zeitgestalten und die Idee von Bildung als Leistung

Biographien bzw. die Biographisierungsleistung der Subjekte sind keine stringenten Ereignisabfolgen, eher kann man sie als „diffus teleologische" (vgl. Joas 1988, S. 423), komplexe und beweglich strukturierte *Geschichten* begreifen. Erfahrungen werden nicht aufsummiert, sondern in diskontinuierlichen, kontextrelativen Prozessen überarbeitet, neu strukturiert, verworfen und wieder aktualisiert. Ich erinnere hier an Theodor Schulzes phänomenologische Beschreibungen biographischer Lernprozesse, aber auch viele andere Beiträge der Biographieforschung heben den Aspekt der Zeitlichkeit in Biographien hervor.[6]

Und auch die Institution Lebenslauf ist eher diskontinuierlich und widersprüchlich als linear und gleichsinnig organisiert. Besonders deutlich wurde das in der geschlechterkritischen Forschung der 1980er und 1990er Jahre in Auseinandersetzung mit der Lebenslaufsoziologie herausgearbeitet. So hat etwa Helga Krüger vielfach kritisiert, dass die bei Kohli angelegte Linearität von Lebenslaufsequenzen im Konzept der „Normalbiographie" keineswegs eine universelle Norm moderner Gesellschaften darstellt, sondern je nach Geschlechterposition, Arbeitsmarkt und Berufsstruktur variiert. Sie formuliert die These einer „prozessualen Ungleichheit" und argumentiert, dass sich soziale Differenzen in der zeitlichen Dimension nicht einfach fortschreiben, sondern kumulieren, überlagern und verstärken können (vgl. Krüger 1995).

Argumente für die Komplexität und Widersprüchlichkeit sozialer Zeit finden sich im Übrigen in diversen theoretischen Ansätzen, etwa in Giddens' Theorie der Strukturierung, die drei grundlegende Zeitperspektiven, die unterschiedlichen Logiken folgen und miteinander auf widersprüchliche Weise interferieren, unterscheidet: die „*Durée* der Alltagserfahrung", die irreversible „Zeit der Lebensspanne" und die „*Longue durée* der Institutionen" (vgl. Giddens 1988, S. 88ff.); bei Elias (1988), der die Komplexität und Dynamik sozialer Geschehensabläufe herausarbeitet, die durch historisch-gesellschaftliche Deutungsrahmen konstruiert und wirksam werden; oder bei Mannheim (1964 [1928]), der im Anschluss an Pinder die „Gleichzeitigkeit des Ungleichzeitigen" betont und damit auf eine widersprüchliche Überlagerung zwischen biographischen und historischen Prozessstrukturen verweist.

Auch wenn diese Gedanken hier nicht genauer ausgeführt werden können, so ist es doch mehr als plausibel, dass ein biographietheoretischer Ansatz jener Komple-

---

6 Vgl. z.B. die Überlegungen zum Lernbegriff von Schulze (1993) sowie zur Zeitlichkeit von Biographie und Identität von Engelhardt (2011).

xität der Zeitdimension Rechnung tragen sollte. Die Analyse von Bildungsbiographien muss also unterschiedliche, miteinander verschränkte „Stränge" oder „Logiken" von Zeit berücksichtigen und systematisch damit rechnen, dass sich hieraus Widersprüche, Verwerfungen und nicht antizipierbare Strukturmuster ergeben.

Eine solche analytische Haltung macht unmittelbar sichtbar, wie verkürzt und desorientierend die Erwartungen und Phantasmen sind, die in aktuellen Bildungsdiskursen gehandelt werden. Das gilt vor allem für die Ideen eines zielgerichteten Immer-Weiter-Lernens und die Akkumulation von Zertifikaten, die im Zusammenhang mit der Politik des Lebenslangen Lernens aufgetaucht sind und mittlerweile tief in das Alltagsdenken, in pädagogische Forschung und Praxis und auch in die biographischen Perspektiven der jüngeren Generationen[7] eingedrungen sind.

Darüber hinaus wird deutlich, dass temporale Normen des Bildungssystems, etwa im Feld der Universität (Regelstudienzeit, curriculare Voraussetzungsketten u.a.), keineswegs mit den sozialen Zeitstrukturen anderer Subsysteme – Erwerbsarbeit, Familie – kompatibel sind. Werden sie dennoch angewendet, z.B. zur Evaluation und Messung von „Bildungserfolg", so hat dies ideologischen Charakter. Bildung wird durch derartige Normen und darauf bezogene Praktiken und Routinen unter der Hand zu einer *Leistung*, d.h. zu einer Arbeit („workload") in einer bestimmten Zeit und ggf. auch in einer bestimmten Abfolge. Dass zur gleichen Zeit womöglich andere „Leistungen" erbracht werden, vor allem aber dass die Parallelität unterschiedlicher sozialer Prozessabläufe nicht einfach arithmetisch addiert werden kann, sondern ganz eigene Probleme erzeugt, aber womöglich auch Qualitäten, wird dabei dethematisiert. Und auch alternative Konzepte von *Bildung*, z.B. die Idee, Zeit zu „verlieren" und sich ganz einer Sache „hinzugeben", oder die Vorstellung, bereits Gelerntes zu verwerfen, Leistungen infrage zu stellen, Prozesse unabgeschlossen und unvermessen „in der Schwebe" zuhalten, werden durch die lineare Leistungsnorm zum Schweigen gebracht und womöglich undenkbar. Für die Lebenspraxis der sich bildenden Subjekte bedeuten derartige Normierungen, dass Konflikte strukturell angelegt sind und ihre individuell-biographische Bearbeitung zur Daueraufgabe wird, ohne dass ein alternatives gesellschaftliches Deutungsmuster für diese Bearbeitung selbstverständlich bereitstünde. – Meine *dritte* Vorüberlegung knüpft an diese Frage an.

---

7   Ohne hier auf „harte" empirische Belege zurückgreifen zu können, denke ich doch, dass diese Einschätzung eine gewisse empirische Basis hat. In Gesprächen und unsystematischen Befragungen mit Studierenden habe ich den Eindruck gewonnen, dass die Idee, sich immer weiter qualifizieren zu müssen, weitgehend unhinterfragt als Faktum akzeptiert ist, auch wenn sie oft als belastend und verunsichernd erlebt wird.

1.3 Die These von der Auflösung der Normalbiographie und ihre pädagogischen Folgen

In der Individualisierungsdebatte galt es schon zum Zeitpunkt von Kohlis Publikation[8] als ausgemacht, dass die Normalbiographie an normativer Kraft verloren, ja, dass sie sich – im Zuge der Spätmoderne und/oder des neoliberalen Umbaus der Gesellschaft – „aufgelöst" hat (vgl. Beck 1986). Die Gestaltung der eigenen Lebenszeit und der Entwurf von Bildungswegen werden damit zu einer vermeintlich beliebig formbaren individuellen *Leistung,* die den Individuen als Aufgabe übertragen wird.

Diese Lesart finden wir im erziehungswissenschaftlichen Diskurs zuhauf, affirmativ wie in kritischer Reflexion. Und auch pädagogische Praxen reagieren auf derartige Zeitdiagnosen und tragen damit zu ihrer Verwirklichung bei. Beispiele dafür sind: Angebote der *Bildungsberatung,* die sich am Modell des/der „selbstorganisiert Lernenden" orientieren (vgl. Schlüter 2014; Dausien 2011); neue Konzepte der *Elementarpädagogik* wie die Portfolioarbeit, die darauf abzielen, so könnte man sagen, von Kindesbeinen an eine autobiographische Haltung einzuüben und den Grundstein für die Ausbildung eines „unternehmerischen Selbst" (Bröckling 2007; Pühl 2003) zu legen; Konzepte der pädagogisch begleiteten „*Lebensplanung" für junge Frauen und Männer* (vgl. z.B. Schwiter 2011; Micus-Loos und Plößer 2015), die ihre individuelle „Lösung" des Vereinbarkeitsproblems suchen; Verfahren der *Kompetenzbilanzierung* (z.B. Brandstetter und Kellner 2014); bis hin zum europäischen Programm „Aktives Altern", das gewissermaßen am anderen Ende des von Erwerbsarbeit bestimmten Lebens das Modell des autonomen, sich selbstverantwortlich um die eigene Lebensqualität bemühenden Subjekts propagiert.

Alle diese pädagogischen Programme basieren explizit oder implizit auf der beschriebenen Diagnose von der „Auflösung der Normalbiographie". Sie leiten daraus den geradezu natürlich erscheinenden Imperativ ab, dass die Individuen die gesteigerten Anforderungen mit einer erhöhten Bereitschaft zur Flexibilität und vor allem mit der individuellen Aneignung von Kompetenzen, d.h. mit *Lernen,* bewältigen können, ja müssen, wenn sie auf Dauer „mithalten" wollen.

An dieser Stelle soll diese Diskussion[9] nicht noch einmal aufgerollt werden, es geht vielmehr um eine Kritik ihrer Prämisse. Eine alternative Lesart könnte nämlich lauten, dass die „Normalbiographie" historisch gesehen nie oder allenfalls

---

8 Kohli (1985, 1988) spricht diese Frage in seiner Entwicklung der These selbst an.
9 Die angesprochene Entwicklung wird seit ca. zehn Jahren vor allem aus gouvernementalitätstheoretischer Perspektive kritisch diskutiert, wobei auch die besondere Rolle

für bestimmte, relativ umgrenzte soziale Gruppen empirische Realität gewesen ist. Die Normalbiographie ist, so die These, keine empirische Normalität, sondern eine *Norm*, an der die Individuen ihre Lebensführung orientieren. Als solche ist sie jedoch weder widerspruchsfrei noch unveränderlich. Sie entfaltet ihre Wirkung gerade dadurch, dass sie an vielen Stellen unscharf ist, unterschiedliche „Pfade" zulässt und sich wechselnden gesellschaftlichen Bedingungen anpasst. Die Rede von der Auflösung *der* Normalbiographie verkennt, dass diese keine starre, die Lebensführung determinierende Regel darstellt, sondern eher ein flexibles System aus Grenzen, die markieren, welche Modelle der Lebensführung gesellschaftlich *nicht* zulässig oder zumindest umstritten sind.[10] Innerhalb dieser Grenzen haben sich in den letzten Jahrzehnten die tatsächlich realisierten und auch die kulturell akzeptierten Modelle möglicher Lebensführung zwar erheblich vervielfältigt, die Norm selbst, nämlich der *Imperativ einer Biographisierung* ist hingegen keineswegs außer Kraft gesetzt, sondern hat sich, so meine These, erheblich *intensiviert*.[11] Nach diesen Vorüberlegungen ist nun zu fragen, was diese These für die Analyse gesellschaftlicher Teilhabe bedeutet.

2 Biographisierte Teilhabe – Argumente und Illustrationen

Zunächst erscheint es sinnvoll, die gewonnene analytische Unterscheidung von Institutionalisierung und Biographisierung beizubehalten. Wenn gesellschaftliche Mitgliedschaft und Teilhabe über diesen Modus geregelt werden, dann gilt dies auch unter Bedingungen seiner „Intensivierung".

---

     der Pädagogik bei der Herausbildung jener neuen Formen der „Selbstregierung" in den Blick gerät (vgl. z.B. Ricken und Rieger-Ladich 2004; Weber und Maurer 2006).

10   Daniela Schiek spricht davon, dass der „institutionalisierte Lebenslauf gesellschaftliche Ränder markiert" (Schiek 2012, S. 56) und zugleich ein „Schema der Wirklichkeitskonstruktion" (ebd.) zur Verfügung stellt, das erst in gesellschaftlichen Krisen, etwa der Integration über den Arbeitsmarkt, sichtbar und infrage gestellt wird.

11   Die ist umso bemerkenswerter, als das dem dreigeteilten Lebenslauf zugrunde liegende „Normalarbeitsverhältnis" tatsächlich für große Teile der Bevölkerung an Geltung verloren hat. Noch weitgehend ungeklärt ist, welche Bedeutung dies langfristig, auch in intergenerationaler Perspektive, für die subjektive Orientierung und Biographisierungspraxis hat.

2.1 Intensivierung und Digitalisierung des Lebenslaufs als Bedingung für Teilhabe

Die *Institutionalisierung* des Lebenslaufs orientiert sich also normativ und faktisch immer weniger an dem von Kohli postulierten „Drei-Phasen-Modell", sondern ist deutlich feiner sequenziert, flexibler und variantenreicher geworden. Dabei spielt das Bildungssystem eine wichtige Rolle als Strukturgeber und auch als „Möglichkeitsraum" für gesellschaftliche Teilhabe (neben der Erwerbsarbeit). Die aktuelle Norm könnte etwa folgendermaßen formuliert werden: Die „Halbwertzeit" von Qualifikationen ist gesunken, jeder muss sich darauf einstellen, im Laufe seines Erwerbslebens verschiedene Berufe auszuüben. Damit sind Anforderungen der Weiterbildung, Umschulung und des Wechsels von Berufs- oder Tätigkeitsfeldern, womöglich auch räumliche Mobilität verbunden. In der Umsetzung in konkrete Lebenspraxis entstehen neue empirische Lebensverläufe: Phasen von Erwerbsarbeit und Bildung wechseln sich innerhalb eines Lebenslaufs ab, häufig laufen sie auch parallel. Und dass Bildungserwartungen/-aktivitäten und ihre Zertifizierung nicht mit der Rentengrenze aufhören, dass sie also keineswegs nur mit Blick auf ihre Verwertung am Arbeitsmarkt gesellschaftlich erwartet werden, wurde bereits angedeutet. Im Übrigen nimmt auch das Phänomen der Erwerbsarbeit nach der Rentengrenze (wieder) an Bedeutung zu (vgl. Hagemann et al. 2015).

Politisch, institutionell und ideologisch wird dieses flexibilisierte und individualisierte Konzept vom Lebenslauf durch die europäische Strategie des *Lifelong Learning* als „Regierungs-Programm" abgestützt (vgl. Rothe 2011). Ein Effekt dieser neuen Norm und der sie begleitenden sozialen Praxis ist die Zunahme von Zertifikaten und „Evidenzen" für – auch informell erworbene – Kompetenzen und Wissen. Bildungszertifikate gelten dabei nicht nur als Nachweise einer singulär erbrachten Leistung, sie verifizieren vielmehr einen ganzen *Lebenslauf*, der sich diesem Programm aktiv unterworfen hat und bei erfolgreichem Durchlaufen die Platzierung in der Gesellschaft, zwar nicht garantiert, aber wesentlich konditioniert.

Der Erwerb von Zertifikaten reicht dafür allerdings nicht aus. Hinzu kommt der Faktor Zeit, genauer: Bildungsabschlüsse werden in Relation zu der dafür verbrauchten Lebenszeit gesetzt. Dies wird u.a. sichtbar an der machtvollen Idee, dass Bildung wie ein „Konto" funktioniert. „Credits" werden akkumuliert, Bildungszeiten werden gemessen und nach diversen Normvorgaben kalkuliert: So gibt es z.B. eine Art Lebenszeitkonto für staatlich unterstützte Bildungskarenz in einigen europäischen Ländern.[12] Die mit der Bologna-Reform eingeführten Studien-

---

12 Derartige Modelle wurden in den 1990er Jahren z.B. in Dänemark und Österreich eingeführt, sie ermöglichen es Arbeitnehmer_innen unter bestimmten Bedingungen für

strukturen basieren ebenfalls auf einem zeitlich strukturierten Leistungsmodell, nach dem ECTS und Module in bestimmten Regelstudienzeiten erworben werden müssen. Die Idee, die „Durchlaufzeit" von Bildung zu reglementieren, ja zu „optimieren", bestimmt nicht nur die Organisation der Hochschulen, sondern auch die Schulpolitik, wie die Maßnahme „G8", also die Verkürzung der gymnasialen Ausbildung um ein Jahr, belegt. Dass Preise und Stipendien nicht allein an die Qualität einer Leistung gebunden sind, sondern an bestimmte Erbringungszeiten, die auch nach ihrer Positionierung im Lebenslauf „gemessen" werden, ist ein Umstand, an den wir uns mittlerweile gewöhnt haben.

Die Beispiele zeigen, dass Lebenszeit – zugespitzt gesagt – zum Kapital wird, das nach Politiken und Mechanismen, die genauer zu untersuchen wären, in Bildung umgesetzt werden kann, ja muss. Hinzu kommen weitere Elemente der *Lifelong Learning*-Strategie wie die Lernergebnisorientierung, die Anerkennung von *prior learning* und die Messung und Bewertung informell erworbener Kompetenzen im Rahmen normierter Raster (Stichwort: Europäischer Qualifikationsrahmen).

Im Zusammenhang mit diesen Prozessen ist auch das Phänomen der „Digitalisierung von Bildung" zu sehen.[13] Dabei geht es nicht allein um die Nutzung digitaler Medien für die Gestaltung von Lernprozessen, die schon für sich genommen einen enormen Effekt auf die Formierung von Selbst- und Weltverhältnissen bei den lernenden Subjekten hat, sondern die umfassende Veränderung der Logik, mit der Lernen konzipiert und zunehmend auch *institutionell strukturiert* wird. Beispiele dafür sind etwa die Dokumentation, die Dauerevaluation und die verstärkte Sorge um die „Sichtbarkeit" von Bildungs*leistungen*, die nicht nur mithilfe digitaler Medien erfolgen, sondern sich in ihrer formalen, inhaltlichen und zeitlichen Ausgestaltung der Logik digitaler Programme anschmiegen.

Ein weiterer Effekt, der mit der Digitalisierung und Individualisierung von Bildung einhergeht, ist eine relative Entkoppelung zwischen den Bildungsinstitutionen und den sich bildenden Individuen. Sie wird bildungspolitisch als Öffnung und Ermöglichung von Teilhabe gefeiert: „Digitale Lehr- und Lernformate leisten einen Beitrag zur Öffnung eines weltweiten Zugangs zu Bildung", lautet die fünfte These eines Papers zur Hochschullehre, das vom Bertelsmann nahestehenden

---

eine bestimmte Zeit aus der Erwerbsarbeit auszusteigen, um eine persönliche Weiterbildung zu absolvieren oder Bildungsabschlüsse nachzuholen.

13 Das entsprechende Portal der Bertelsmann-Stiftung, eines der großen Player im bildungspolitischen Feld, eröffnet einen Blick in die schöne neue Welt des „personalized learning" (vgl. http://www.digitalisierung-bildung.de [Zugegriffen: 02. Juli 2016]); vgl. kritisch Klingovsky 2009.

Centrum für Hochschulentwicklung verfasst wurde (Bischof et al. 2013, S. 4). Welche (neuen) Formen von Teilhabe und Exklusion damit einhergehen, ist jedoch noch lange nicht ausgemacht.

All diese Momente zusammenfassend kann man sagen: Teilhabe an und durch Bildung wird zu einer individuell zu erbringenden Dauerleistung, nachgewiesen durch Zertifikate und Konten, die vordergründig selbstgestaltet und selbstverwaltet sind, zugleich aber auch als „Bringschuld" oder „Dokumentationspflicht" der individuellen Lernenden gelten, bei genauerem Hinsehen aber durch weitgehend anonyme, hinter digitalen Programmen verborgenen Instanzen fremdkontrolliert werden. Diese Prozesse sind, so die These, nicht nur „lebensbegleitend", sie stehen vielmehr in enger Wechselwirkung mit der Institutionalisierung des Lebenslaufs und strukturieren diesen mit.

Unter der Perspektive gesellschaftlicher Teilhabe ist hier eine Reihe kritischer Fragen zu notieren: *Welche Bedingungen aufseiten der Individuen ermöglichen bzw. verhindern die Teilnahme an diesen neuen Programmen und Formaten des Sich-Bildens? Wie sind diese sozialstrukturell verteilt? Welche Subjekte „spielen nicht mit"? Wer kann sich dem Diktat der „permanenten Bildungs-/Leistungsbereitschaft" entziehen (als Privileg)? Wer kann nicht mithalten (als Ausschluss)?*

Diese Fragen rufen nach weiterer Forschung und Diskussion. An dieser Stelle kann zunächst nur die eingangs formulierte These präzisiert werden: Vieles deutet darauf hin, dass wir es nicht nur mit einer *Intensivierung* lebenslaufbezogener Normen und Leistungen zu tun haben, sondern dass sich der *Modus von Teilhabe durch Bildung* wandelt. Was wir im Feld der Bildung und insbesondere der Weiterbildung beobachten, verweist darauf, dass nicht nur mehr und neuartige Bildungszertifikate erworben werden müssen, um Teilhabemöglichkeiten zu schaffen, sondern dass der entsprechend gestaltete Lebenslauf selbst zur „evidenzbasierten" Voraussetzung wird, um an gesellschaftlichen Teilsystemen (Arbeitsmarkt, Bildung, Konsum, Sozialleistungen) partizipieren zu können. Anders gesagt: *Individuen müssen die komplexe „Meta"-Leistung erbringen, ihre Bildungsaktivitäten im Rahmen eines Lebenslaufs zu verfolgen und in einem überprüfbaren Format in bestimmten Medien und Feldern oder „Netzen" nachzuweisen. Dieser „Lebenslauf" (oder genauer: evidenzbasierte Bildungsverlauf) belegt, dass sie ihren Bildungs-/Qualifikationsprozess fortlaufend verwalten, planen, überarbeiten und „selbstmotiviert" vorantreiben.*

Was bedeutet das nun auf der Seite der *Biographisierung*? Welche Selbstverhältnisse produziert der „intensivierte" Lebenslauf?

2.2 Widersprüchliche Formen der Biographisierung

Für die kritische Analyse von Biographisierungsprozessen lassen sich zweifellos unterschiedliche theoretische Bezüge und Forschungsperspektiven fruchtbar machen. Zwei möchte ich hier andeuten, zunächst die bereits ins Spiel gebrachte Assoziation zu *Michel Foucaults* Arbeiten. Was passiert mit „dermaßen regierten" Inhabern eines Lebenslaufs, könnte man in Anspielung auf seine berühmte Formulierung (Foucault 1992, S. 12) fragen, und wie bilden sie sich?

Gouvernementalitätstheoretische Diagnosen arbeiten plausibel die Spannung zwischen Fremd- und Selbststeuerung der neuen Bildungswelten heraus. *Lifelong Learning* erscheint als eine neue Form der Selbst-Führung (Foucault), die, wie schon erwähnt, in der Figur des „unternehmerischen Selbst" ihr Subjekt gefunden hat. Das neoliberale Modell des „selbstgesteuerten" oder „selbstorganisierten Lerners" wird als Paradebeispiel für Foucaults Thesen vielfach zitiert, scheint aber mittlerweile zu einem weitgehend unhinterfragten „Faktum" auch in weiten Teilen des erziehungswissenschaftlichen Diskurses geworden zu sein – was jene kritische Diagnose noch unterstreicht. So notwendig und überzeugend diskursanalytische Untersuchungen auch sind, sie lassen die Frage weitgehend offen, wie jene Seite der Biographisierung als empirische Praxis sozialer Subjekte sich tatsächlich gestaltet bzw. womöglich verändert hat (vgl. Schwiter 2011). Und sie überbetonen vermutlich jene „neuen" Subjektivierungspraxen.

Es erscheint deshalb sinnvoll, eine zweite theoretische Blickrichtung zu wählen, die weniger auf Diskurse als auf soziale Strukturen fokussiert. Im Anschluss an die Arbeiten *Pierre Bourdieus* durchgeführte Studien zu Bildungsmilieus und Habitusformationen weisen durchaus in eine gegenläufige Richtung. Im Kontrast zu den beschriebenen „individualisierten" Entwicklungen spät- oder postmoderner Gesellschaften zeigen sie, dass kollektive gesellschaftliche Trennlinien nach wie vor existieren und die Denk- und Handlungsformen biographischer Subjekte milieuspezifisch strukturieren. Unterschiedliche Habitusformationen lassen sich nicht nur im Hinblick auf Gesellschaftsbilder, sondern auch auf individuelle biographische Entwürfe und Bildungsvorstellungen rekonstruieren (vgl. Bremer et al. 2015). Befunde liegen für unterschiedliche Bildungskontexte, Schule, Hochschule und Weiterbildung, vor. Sie legen nahe, dass ein „klassischer" bildungsbürgerlicher Habitus nach wie vor erfolgreich ist, sowohl hinsichtlich der sozialen Platzierung als auch mit Blick auf Bildungsbeteiligung. Das bildungsinteressierte, eine „Bildungsbiographie" verfolgende Subjekt wird von der Schule bis zur Hochschule präferiert und strukturell belohnt. Welche biographischen Konzepte und biographisierenden Praxen Personen verwenden (oder auch nicht), die nicht den bildungsaffinen Milieus angehören, welche alternativen Varianten von Bildungsbiographien jenseits oder am Rand der institutionalisierten Bildungskulturen konstruiert werden, darüber wissen wir empirisch allerdings noch zu wenig.[14]

Die Bourdieu'sche Brille verführt im Übrigen in der Forschungspraxis nicht selten dazu, sich mit der Identifikation von Habitusformationen und Milieus zu begnügen und Teilhabe in jenen statischen Modellen zu diskutieren, die eingangs genannt wurden. Die zeitliche Dimension der Herausbildung und Veränderung von Habitusformationen (vgl. Herzberg 2004) oder Zugehörigkeiten (Schwendowius 2015) im Verlauf einer Biographie wird eher selten fokussiert. Das Potenzial biographieanalytischer Ansätze für Forschungen zum Thema Bildungsteilhabe, gerade in Kombination mit einer milieutheoretischen Analyse, ist m.E. noch nicht ausgeschöpft. Welche Möglichkeiten ein biographischer Zugang eröffnet, insbesondere für die Rekonstruktion möglicher Muster der *Biographisierung,* soll im Folgenden anhand einiger kursorischer Beobachtungen und Beispiele angedeutet werden.

(1) Erfahrungen von Teilhabe und Ausgrenzung „kumulieren" im Laufe des Lebens, sie lagern sich ab, hinterlassen Spuren, werden aufgeschichtet. Aber sie addieren sich nicht einfach auf, sondern formieren sich im Rahmen einer biographischen „Erfahrungsaufschichtung" (Schütze 1984). Diese wirkt – gewissermaßen als individuell-biographischer Habitus – daran mit, wie Subjekte in je neuen Situationen mit Grenzen (und Ausgrenzungen) umgehen; wie sie Übergänge gestalten und je neue Zugehörigkeiten und Teilhabe herstellen bzw. herzustellen versuchen; wo sie es nicht wagen, wo sie resignieren; wo sie Grenzen überschreiten, Teilhabe einfordern oder wo sie sich selbst „aus dem Feld nehmen", usf. In dieser biographischen Erfahrungsstruktur sind Momente der *Reproduktion* enthalten (z.B. durch die Ausbildung von Handlungsroutinen oder inkorporierten Haltungen, die zu Praktiken des Selbstausschlusses ebenso führen können wie zur Habitualisierung erfolgreicher Strategien), zugleich aber auch ein *Potenzial für Neues.* Mit der Offenheit und Kontextabhängigkeit je neuer Situationen ist immer ein Moment von Kontingenz gegeben, das sich dem rationalisierenden Zugriff des „sich selbst managenden Bildungssubjekts" entzieht und Überraschendes hervorbringt. In Verbindung mit den jeweils gebildeten biographischen Erfahrungen erwachsen daraus Momente von Unverfügbarkeit, Abweichung und womöglich Widerstand gegenüber gesellschaftlichen Zuschreibungen, Zugriffen und Normierungen, aber auch von Verletzbarkeit und Anfälligkeit vermeintlich stabiler biographischer Strukturen.

---

14 Einige Studien liegen vor z.B. zu Aufstiegsbiographien (Alheit und Schömer 2009), zu Bildungsbiographien im Migrationskontext (z.B. Schwendowius 2015) und zu transnationalen Biographien (z.B. Siouti 2013).

(2) Biographische Erzählungen über Bildungswege zeigen, dass Erfahrungen von Teilhabe und Ausgrenzung nicht dichotomisch organisiert sind. Sie überlagern sich, sind ineinander verschränkt. Sie können gleichzeitig vorkommen, in einer Situation, in einer Lebensgeschichte. Sie bringen sich womöglich wechselseitig hervor. In ihrer Studie zu Bildungsbiographien von Studierenden mit Migrationsgeschichte zeigt Dorothee Schwendowius eindrucksvoll, wie in Bildungsgeschichten, die eine erfolgreiche Teilhabe dokumentieren, *zugleich* Erfahrungen von Ausgrenzung und Verunmöglichung von Bildung enthalten sind. Der Umstand, es trotz diverser Erfahrungen mit institutioneller Diskriminierung in der Schule „geschafft" zu haben, ein Universitätsstudium zu beginnen und sich dort auch motiviert und eigensinnig einbringen zu können, schützt nicht vor gleichzeitig ablaufenden Diskriminierungs- und Exklusionserfahrungen. Diese Erfahrungen werden jedoch nicht „verrechnet" (nach „positiv/negativ"), sondern bilden das Material, aus dem die autobiographischen Subjekte (in Interaktion mit anderen) ihren je eigenen Bildungsentwurf und ihren eigenen „biographischen Sinn" konstruieren.

(3) Diese eigensinnigen Bildungsbiographien sind kein Abbild der äußeren Bildungslaufbahnen. Die Frage, wie sich die erlebte und erzählte Zeit auf die durch Zertifikate und Daten objektivierbare und vermessene Zeit bezieht, folgt keinem starren Schema, sondern ist in erster Linie eine je individuelle *Geschichte*. In den mir vorliegenden biographischen Interviews aus unterschiedlichen empirischen Projekten gibt es nur eine sehr geringe Anzahl an Personen, die *keine* solche Geschichte erzählen – unabhängig davon, aus welchen sozialen Milieus oder Lebenslagen die Erzählenden kommen. Das gilt selbst für Jugendliche, die prekäre und vielfach benachteiligte Bildungswege hinter sich haben (vgl. Dausien et al. 2016). Ähnliches bestätigt auch eine Studie von Daniela Schiek (2012), die Menschen in prekären Arbeitsverhältnissen interviewt hat. Sie argumentiert, dass auch und gerade in marginalisierten Lebenslagen die Konstruktion einer Biographie als aktive Strategie gegen den drohenden sozialen Ausschluss gesetzt werden kann.

Dieser Befund widerspricht Annahmen aus älteren Studien zu Arbeitslosigkeit, dass der Verlust einer objektiven Lebenslaufperspektive das Zeitgefühl gewissermaßen einfriert und biographische Pläne zugunsten von zeitnahen Alltagsplanungen aufgegeben werden,[15] womit auch die Gefahr wächst, das autobiographische Selbst zu verlieren. Die aktuellen Befunde könnten dagegen als Hinweis gelesen werden, dass die Ausbildung eines biographisch-reflexiven Selbstverhältnisses, die von Kohli behauptete Norm der Biographisierung, tatsächlich zu einer empiri-

---

15 Diese These wurde bereits in der klassischen Arbeitslosigkeitsstudie von Jahoda et al. (1975 [1933]) herausgearbeitet und gilt seitdem als wiederholt bestätigter sozialpsychologischer Befund.

schen „Normalität" geworden ist und eine eigenständige Form der Identitätskonstruktion bildet, die nicht mehr unmittelbar an das Erwerbssystem gekoppelt ist.[16] Allerdings gibt es deutliche Hinweise, dass trotz der Individualität biographischer Konstruktionen und durch sie hindurch sozialstrukturelle Unterschiede wirksam bleiben. Ich will das abschließend an zwei Beispielen illustrieren:

In einem Projekt, in dem (überwiegend weibliche) Jugendliche bzw. junge Erwachsene mit prekären Bildungswegen interviewt wurden,[17] zeigte sich, wie stark die biographische Selbstsicht und die bildungsbiographische Perspektive der Interviewpartner_innen durch institutionelle Anforderungen und Regelungen strukturiert werden. Diese werden von den Subjekten in das Selbstbild übernommen, aber weitgehend als außerhalb ihrer Handlungsmacht liegend erlebt und dargestellt. Insbesondere Jugendliche, die jahrelang in der Schleife des sogenannten Übergangssystems zwischen Pflichtschule und Arbeitsmarkt verbracht haben (oder zum Zeitpunkt des Interviews noch verbringen), erzählen ihre Geschichte als Abfolge institutionalisierter Stationen (Schulen, Ausbildungsplätzen, Maßnahmen, Kursen, FSJ, Praktika usw.), die sie erfolgreich oder erfolglos absolviert, gewechselt, abgebrochen, neu begonnen haben. Sie erfüllen das „Programm", einen mit erreichten oder angestrebten Bildungszertifikaten ausgestatteten Lebenslauf zu konstruieren, und präsentieren sich als durchaus „bildungsbeflissen". Man kann sogar sagen, sie vertrauen – für eine gewisse Zeit und mit großen Unsicherheiten – darauf, dass der Besuch solcher Maßnahmen am Ende zu einer Teilhabe am Arbeitsmarkt und am gesellschaftlichen Leben, zum Aufbau einer eigenen Existenz führt.

So erzählt eine Interviewpartnerin beispielsweise die Geschichte, wie sie nach Jahren im Übergangssystem mit Mitte 20 endlich einen Ausbildungsplatz als Altenpflegehelferin erreicht, als subjektiven Erfolg. Mit der Geschichte, wie sie sich selbst diesen Ausbildungsplatz „erkämpft" hat, gelingt es ihr sogar, diesen Erfolg als *eigene Leistung* zu konstruieren und somit ein Stück eigensinnige biographische Handlungsperspektive aufzubauen und zu behaupten – auch gegen die objektiv geringen Chancen, über die Ausbildung ihre soziale Position nachhaltig zu verbessern.

---

16 Das bedeutet wiederum nicht, dass Biographisierung immer und überall gelingt. So zeigen die Interviews aus dem Projekt von Rosenthal et al. (2006), dass Jugendliche in besonders schwierigen Lebenslagen und mit einer Verkettung ungünstiger biographischer Erfahrungen tatsächlich die Fähigkeit verlieren können, ihre eigene Biographie zu konstruieren – freilich auch, dass es mit geeigneter Unterstützung gelingen kann, sie wiederzuerlangen.

17 Dabei handelte es sich um eine Auftragsstudie einer Kommune, deren Ergebnisse nicht publiziert wurden. Erfahrungen aus dem Projekt sind jedoch in einem Artikel von Dausien et al. (2016) verarbeitet.

Diese bleiben, objektiv betrachtet, gering. Denn während die Protagonistin das institutionelle Programm der Maßnahmen und Zertifikate erfüllt, wird ihre biographische Zeit gewissermaßen gedehnt und verbraucht. Gemessen an der Bildung/Zeit-Norm „verliert" sie Zeit. Sie ist „zu spät" und hat trotz der prinzipiellen Durchlässigkeit des Bildungssystems wenig Möglichkeiten, die verlorene Zeit aufzuholen – im Vergleich zu anderen Jugendlichen mit vergleichbaren biographischen Startbedingungen und erst recht gegenüber anderen mit privilegierten Bildungsbedingungen.

An diesem Fallbeispiel wird sichtbar, wie Ungleichheiten und Exklusionsrisiken auf der biographischen Zeitachse kumulieren, wie eine prozessuale Ungleichheit entsteht. Sie setzt sich für viele Jugendliche auch nach Absolvieren der Ausbildung fort, da die weiteren biographischen Gestaltungsmöglichkeiten angesichts des niedrigen Qualifikationsniveaus und der „Maßnahmengeschichte", die nicht selten ohne Abschluss endet oder mit einer Qualifikation, die am Arbeitsmarkt kaum verwertbar ist, von heteronomen Bedingungen abhängig bleiben. Pointiert zusammengefasst: Das Befolgen des biographischen Curriculums führt zwar zu einem vermeintlich voranschreitenden Bildungsgang und zu (Pseudo-) Zertifikaten. Diese sind aber in vielen Fällen weitgehend wertlos.

Nicht wertlos ist indes die *biographische Arbeit* der Subjekte in dieser Lebensphase. Die Demonstration von „Bildungswillen" und die Konstruktion eines eigenmotivierten, zielstrebigen Verfolgens eines (Aus-)Bildungsprojekts schaffen die Voraussetzung, um überhaupt weiterhin am System teilhaben, ein eigenes biographisches Projekt und damit sich selbst als handlungsfähiges Subjekt entwerfen und im sozialen Umfeld positionieren zu können. Doch diese Form der Biographisierung bleibt prekär. Sie blendet die Abhängigkeit des biographischen Projekts von den heteronomen Bedingungen weitgehend aus ebenso wie die Begrenztheit der Möglichkeiten, innerhalb derer sich die biographischen Planungs- und Handlungsmöglichkeiten bewegen. Und die Anstrengung, dem „angebotenen" Bildungspfad zu folgen, ihn gar mit Eigensinn auszustatten, verhindert zudem, dass gleichzeitig alternative Formen der Biographisierung entwickelt werden können. Der Ausweg, den einige unserer Interviewpartner_innen nach einer gewissen Zeit gewählt haben, ist der *Ausstieg aus Bildung* und der Wechsel in eine prekäre (ungelernte, schlecht bezahlte, unsichere) Erwerbsarbeit, die Teilhabe – am Rand – sichern soll.[18]

---

18 Schiek (2012) findet in ihrem Material noch weitere Strategien des „Drinnen-Bleibens", z.B. die der Konversion ins akademische/künstlerische Milieu oder das Ehrenamt.

Zugespitzt kann man sagen: Zwar erfüllen die Jugendlichen die Norm und demonstrieren „Bildungswillen", die gesellschaftlich erwartete Leistung einer Biographisierung im Sinne einer relativ autonomen „selbstgesteuerten" Biographie können sie dadurch jedoch kaum erreichen. Um ein längerfristig tragfähiges biographisches Handlungspotenzial aufzubauen, bedürfte es *institutioneller* Bedingungen und *sozialer Möglichkeitsräume* (d.h. auch Bildungsräume), die den biographischen Eigensinn der Jugendlichen (an-)erkennen, fördern und im Hinblick auf relevante biographische „Platzierungsstrategien" unterstützen.

Das Beispiel verdeutlicht das Offensichtliche: dass das Befolgen der Norm, Kompetenzen weiterzuentwickeln, Zertifikate zu erwerben und einen „Lebenslauf" zu konstruieren, Teilhabe keineswegs sichert. Es verweist zugleich auf einen vielfach verdeckten Zusammenhang: Die gesellschaftliche Anforderung, eine subjektive Sinnstruktur der eigenen Lebensplanung auszubilden, die in (Aus-)Bildungsinstitutionen an die Individuen herangetragen wird, entspricht nicht nur dem bildungsbiographischen Habitus der Mittelschichten, sondern setzt zudem auch stillschweigend sozialstrukturell ungleich verteilte soziale und materielle Bedingungen voraus, die „autonomes" Handeln und Planen überhaupt erst erlauben.

Das Beispiel soll nun, kürzer und noch skizzenhafter, durch ein zweites kontrastiert werden. Denken wir an die Universität und die Karrieren junger Wissenschaftler_innen in der Promotionsphase. Auch sie werden mit widersprüchlichen Biographisierungsanforderungen konfrontiert: Einerseits verlangt der universitäre Arbeitsmarkt Strategien, die auf einen möglichst „lückenlosen", erfolgreichen „CV" zielen. Andererseits wird im akademischen Feld nach wie vor ein *akademischer Habitus* erwartet, der mit einem hohen Maß an selbstmotivierter Bildungsaspiration und dem Entwurf einer Wissenschaftsbiographie einhergeht (verbunden mit Wahl eines eigenen Themas, Kreativitätserwartungen usw.). Hier scheint das bildungsbürgerliche Konzept von Biographie seinen passenden, ja geradezu „natürlichen" Ort zu haben. Doch auch hier kommt es zu Verwerfungen.

Zum einen ist zu berücksichtigen, dass in einigen Fächern wie der Erziehungs- und Bildungswissenschaft, der Anteil an Studierenden und jungen Wissenschaftler_innen relativ hoch ist, denen das akademische Feld fremd ist und die keineswegs selbstverständlich einen Lernhabitus der gebildeten Mittelschichten in die Universität „mitbringen". Für sie besteht ein ähnliches Risiko wie für die Jugendlichen im Übergangssystem: nämlich den institutionalisierten und formalisierten Leistungsanforderungen zu vertrauen, d.h. „Credits" und Zertifikate in den dafür vorgesehenen Zeitschienen zu erwerben, ohne die verborgenen „eigentlichen" Bildungserwartungen zu (er-)kennen, sich strategisch darauf einstellen oder sie gar erfüllen zu können.

Zum anderen mehren sich m.E. Anzeichen, dass auch der „klassische" Bildungshabitus im Feld der Universität dysfunktional zu werden scheint und sich mit den neuen Normen reibt. Im Akkumulationsmodell digitalisierter, d.h. in kleine, abprüfbare Einheiten zerlegter Bildung, das in den Bachelor- und Masterstudiengängen im deutschsprachigen Raum[19] weitgehend umgesetzt ist und das zunehmend auch für die Promotionsphase gilt, wird Lebenszeit „komprimiert" und unter zeitlich eng getaktete Leistungserwartungen gestellt. Biographisierungsprozesse, die im „klassischen" bürgerlichen Modus der Bildungsbiographie (oder in modernisierten Varianten) zur Ausbildung von Sinn, Wissen und Kompetenzen führen, könnten unter der Bedingung intensivierter Biographisierung kontraproduktiv werden. Umwege, Prozesse des Suchens und Scheiterns, die Fähigkeit, „Zeit zu verlieren" und sich auf offene, nicht entscheidbare und nicht bewertbare Prozesse einzulassen, gehören zweifellos zum Wesen von Bildung – keineswegs nur, aber doch ganz deutlich auch im akademischen Feld. Durch die Veränderung von Institutionalisierungsprozessen und Biographisierungsanforderungen in den Hochschulen gerieten Studierende – und eben auch solche, die gewissermaßen den „passenden" Habitus für das akademische Feld mitbringen – in einen Konflikt. Nicht wenige entscheiden sich vor diesem Hintergrund gegen eine akademische Karriere oder für den Ausstieg nach der Promotion. Untergräbt der biographische Vergesellschaftungsmodus hier seine eigenen Sinnressourcen?

Beide Beispiele, das der Jugendlichen im Übergangssystem und das der jungen „Nachwuchs"-Wissenschaftler_innen, die eben nicht fraglos nachwachsen, verweisen auf die Widersprüchlichkeit der Biographisierungsnorm, auf Konflikte, Verwerfungen und die Brüchigkeit zwischen Institutionalisierung und Biographisierung – und damit auf neue „riskante" Hintergrundstrukturen für die biographisierende Teilhabe an Bildung und Gesellschaft.

---

19 Ich kann an dieser Stelle nicht auf Differenzen der Studienkulturen im internationalen Vergleich eingehen, möchte aber mindestens die Denkmöglichkeit offen lassen, dass das Bologna-System nicht per se, sondern erst im Zusammenspiel mit den jeweiligen Studien- und Hochschulkulturen wirksam geworden ist, auf die es gewissermaßen „aufgesetzt" bzw. in denen es umgesetzt wurde.

3 Offene Fragen für eine biographieorientierte Bildungsforschung

Wie angekündigt, bleiben meine Überlegungen zum Zusammenhang von Biographie und gesellschaftlicher Teilhabe kursorisch. Ziel war die Erläuterung der zentralen These, dass gesellschaftliche Teilhabe an und durch Bildung systematisch unter einer temporalen Perspektive zu betrachten ist und dass dafür die theoretische Unterscheidung von Biographie und Lebenslauf einen analytischen Gewinn darstellt. Eine biographieanalytische Perspektive kann m.E. insbesondere fruchtbar gemacht werden, um widersprüchliche Phänomene und Verwerfungen, die sich angesichts intensivierter Biographisierungsnormen und subjektiver Leistungen zeigen, empirisch zu untersuchen und theoretisch zu deuten. Ich will abschließend einige Fragen bzw. Themen formulieren, die eine weitere Ausarbeitung dieser Perspektive anleiten können.

- Welche Effekte im Hinblick auf gesellschaftliche Teilhabe produziert das „intensivierte" Modell des *Lifelong Learning*-Lebenslaufs bzw. der Biographisierung von Bildung über die gesamte Lebensspanne? Inwiefern werden durch diese Prozessualisierung *alte* soziale Ungleichheiten reproduziert? Welche *neuen* Trennungen, Teilhabemöglichkeiten und Ausschlüsse entstehen dabei?
- Welche Formen und Praktiken der Biographisierung, welche Selbstverhältnisse werden „gebraucht", wenn institutionalisierte Formate von Bildung zunehmend „digitalisiert" und auf Dauer gestellte Leistungen des „Selfmonitoring" erwartet werden?
- Wie passt das bislang weitgehend erfolgreiche bildungsbürgerliche Biographiekonzept mit den neuen Konzepten und Politiken der „Selbst-Führung", aber auch mit parallel dazu auftauchenden neuen Formen von „Außensteuerung" zusammen? Welche alternativen Formen der Biographisierung lassen sich empirisch rekonstruieren? Wie sind sie sozialstrukturell verortet?
- Welche Widerstandspotenziale gegen (die neue) Bildung entwickeln sich und wohin führen sie?
- Welche Rolle spielen dabei das Bildungssystem und professionelle pädagogische Praxen? Welche Potenziale und welche Risiken liegen besonders in „biographisierenden" Angeboten der Bildungs- und Beratungspraxis?

Was ist das Fazit dieser Überlegungen? Gewiss kein einheitliches Bild, sondern eher widersprüchliche Diagnosen: In der *intensivierten Biographisierung* liegen einerseits steigende Gestaltungsfreiheiten und Möglichkeiten für biographischen „Eigensinn" und Teilhabe, andererseits gibt es Anzeichen dafür, dass die Etablierung eines individuell zu verantwortenden lebenslangen „Bildungssinns" als Norm und Anforderung auch als neues Ausschlusskriterium fungiert. Diese Prozesse kritisch zu reflektieren und genauer empirisch zu erforschen, ist eine aktuelle Aufgabe. Dabei erscheint es mir wichtig, dass die biographieorientierte Bildungsforschung nicht nur Diskurse und empirische Verhältnisse nachvollzieht, sondern sich zugleich selbstkritisch befragt, inwiefern sie selbst an diesen Diskursen mitschreibt und Normen – etwa Selbststeuerung, Biographisierung und Individualisierung – unreflektiert verstärkt.

Literatur

Alheit, P. (1995). „Biographizität" als Lernpotential. Konzeptionelle Überlegungen zum biographischen Ansatz in der Erwachsenenbildung. In: Heinz-Hermann Krüger, Winfried Marotzki (Hrsg.), *Erziehungswissenschaftliche Biographieforschung* (S. 276-307). Opladen: Leske + Budrich.

Alheit, P., Dausien, B. (2000). Die biographische Konstruktion der Wirklichkeit. Überlegungen zur Biographizität des Sozialen. In: Erika M. Hoerning (Hrsg.), *Biographische Sozialisation* (S. 257-284). Stuttgart: Lucius und Lucius.

Alheit, P., Schömer, F. (2009). *Der Aufsteiger. Autobiographische Zeugnisse zu einem Prototypen der Moderne von 1800 bis heute*. Frankfurt am Main, New York: Campus.

Beck, U. (1986). *Risikogesellschaft. Auf dem Weg in eine andere Moderne*. Frankfurt am Main: Suhrkamp.

Beck, U., Giddens, A., Lash, S. (1996). *Reflexive Modernisierung. Eine Kontroverse*. Frankfurt am Main: Suhrkamp.

Bischof, L., Friedrich, J.-D., Müller, U., Müller-Eiselt, R., Stuckrad, T. von (2013). Die schlafende Revolution. Zehn Thesen zur Digitalisierung der Hochschullehre. Gütersloh: Centrum für Hochschulentwicklung. http://www.che.de/downloads/Im_Blickpunkt_Thesen_zur_Digitalisierung_der_Hochschullehre.pdf; Zugegriffen: 02. Juli 2016.

Bourdieu, P. (1990). Die biographische Illusion. *BIOS. Zeitschrift für Biographieforschung und Oral History 3*, H. 1, 75-81.

Brandstetter, G., Kellner, W. (2014). Die Kompetenz+Beratung. Ein Leitfaden. Wien: öibf (Österreichisches Institut für Berufsbildungsforschung). http://erwachsenenbildung.at/downloads/service/DieKompetenzBeratung.EinLeitfaden.pdf; Zugegriffen: 02. Juli 2016.

Bremer, H., Faulstich, P., Teiwes-Kügler, Ch., Vehse, J. (2015). *Gesellschaftsbild und Weiterbildung. Auswirkungen von Bildungsmoratorien auf Habitus, Lernen und Gesellschaftsvorstellungen*. Baden-Baden: Nomos.

Bröckling, U. (2007). *Das unternehmerische Selbst. Soziologie einer Subjektivierungsform*. Frankfurt am Main: Suhrkamp.

Dausien, B. (2011). „Biographisches Lernen" und „Biographizität". Überlegungen zu einer pädagogischen Idee und Praxis in der Erwachsenenbildung. *Hessische Blätter für Volksbildung 61*, H. 2, 110-125.

Dausien, B., Rothe, D., Schwendowius, D. (2016). Teilhabe und Ausgrenzung in Bildungsprozessen. Einführung in die theoretische und methodologische Perspektive der Biographieforschung. In: Bettina Dausien, Daniela Rothe, Dorothee Schendowius (Hrsg.), *Bildungswege. Biographien zwischen Teilhabe und Ausgrenzung*. Frankfurt am Main, New York: Campus (im Erscheinen).

Elias, N. (1988). *Über die Zeit. Arbeiten zur Wissenssoziologie II*. Frankfurt am Main: Suhrkamp.

Engelhardt, M. von (2011). Narration, Biographie, Identität. Möglichkeiten und Grenzen des lebensgeschichtlichen Erzählens. In: Olaf Hartung, Ivo Steininger, Thorsten Fuchs (Hrsg.), *Lernen und Erzählen interdisziplinär* (S. 39-60). Wiesbaden: VS Verlag für Sozialwissenschaften.

Fatke, R., Merkens, H. (Hrsg.) (2006). *Bildung über die Lebenszeit*. Wiesbaden: VS Verlag für Sozialwissenschaften.

Foucault, M. (1992). *Was ist Kritik?* Berlin: Merve.

Giddens, A. (1988). *Die Konstitution der Gesellschaft. Grundzüge einer Theorie der Strukturierung.* Frankfurt am Main, New York: Campus.

Hagemann, S., Hokema, A., Scherger, S. (2015). Erwerbstätigkeit jenseits der Rentengrenze. Erfahrung und Deutung erwerbsbezogener Handlungsspielräume im Alter. *IBIOS. Zeitschrift für Biographieforschung und Oral History 28* (2015, im Erscheinen).

Hahn, A. (2000). Biographie und Lebenslauf. In: Alois Hahn: Konstruktionen des Selbst, der Welt und der Geschichte (S. 97-115). Frankfurt am Main: Suhrkamp.

Herzberg, H. (2004). *Biographie und Lernhabitus. Eine Studie im Rostocker Werftarbeitermilieu.* Frankfurt am Main, New York: Campus.

Jahoda, M., Lazarsfeld, P. F., Zeisel, H. (1975) [1933]. *Die Arbeitslosen von Marienthal. Ein soziographischer Versuch über die Wirkungen langandauernder Arbeitslosigkeit.* Frankfurt am Main: Suhrkamp.

Joas, H. (1988). Symbolischer Interaktionismus. Von der Philosophie des Pragmatismus zu einer soziologischen Forschungstradition. *Kölner Zeitschrift für Soziologie und Sozialpsychologie 40*, H. 2, 417-446.

Klinger, C., Knapp, G.-A., Sauer, B. (Hrsg.) (2007). *Achsen der Ungleichheit. Zum Verhältnis von Klasse, Geschlecht und Ethnizität.* Frankfurt am Main, New York: Campus.

Klingovsky, U. (2009). *Schöne Neue Lernkultur. Transformationen der Macht in der Weiterbildung. Eine gouvernementalitätstheoretische Analyse.* Bielefeld: transcript.

Kohli, M. (1985). Die Institutionalisierung des Lebenslaufs. Historische Befunde und theoretische Argumente. *Kölner Zeitschrift für Soziologie und Sozialpsychologie 37*, H. 1, 1-29.

Kohli, M. (1988). Normalbiographie und Individualität. Zur institutionellen Dynamik des gegenwärtigen Lebenslaufregimes. In: Hanns-Georg Brose, Bruno Hildenbrand (Hrsg.), *Vom Ende des Individuums zur Individualität ohne Ende* (S. 33-53). Opladen: Leske + Budrich.

Kohli, M. (1994). Institutionalisierung und Individualisierung der Erwerbsbiographie. In: Ulrich Beck, Elisabeth Beck-Gernsheim (Hrsg.), *Riskante Freiheiten. Individualisierung in modernen Gesellschaften* (S. 219-243). Frankfurt am Main: Suhrkamp.

Krüger, H. (1995). Prozessuale Ungleichheit. Geschlecht und Institutionenverknüpfungen im Lebenslauf. In: Peter A. Berger, Peter Sopp (Hrsg.), *Sozialstruktur und Lebenslauf* (S. 133-153). Opladen: Leske + Budrich.

Mannheim, K. (1964) [1928]. Das Problem der Generationen. In: Karl Mannheim, *Wissenssoziologie. Auswahl aus dem Werk* (S. 509-565). Neuwied, Berlin: Luchterhand.

Micus-Loos, Ch., Plößer, M. (2015). *Des eigenen Glückes Schmied_in!? Geschlechterreflektierende Perspektiven auf berufliche Orientierungen und Lebensplanungen von Jugendlichen.* Wiesbaden: VS Verlag für Sozialwissenschaften.

Mollenhauer, K. (1981). Die Zeit in Erziehungs- und Bildungsprozessen. *Die Deutsche Schule 73*, H. 2, 68-78.

Pühl, K. (2003). Der Bericht der Hartz-Kommission und die ‚Unternehmerin ihrer selbst': Geschlechterverhältnisse, Gouvernementalität und Neoliberalismus. In: Marianne Pieper, Encarnación Gutiérrez Rodríguez (Hrsg.), *Gouvernementalität. Ein sozialwissenschaftliches Konzept in Anschluss an Foucault* (S. 111-135). Frankfurt am Main, New York: Campus.

Ricken, N., Rieger-Ladich, M. (Hrsg.) (2004). *Michel Foucault – Pädagogische Lektüren.* Wiesbaden: VS Verlag für Sozialwissenschaften.

Rosenthal, G., Köttig, M., Witte, N., Blezinger, A. (2006). *Biographisch-narrative Gespräche mit Jugendlichen. Chancen für das Selbst- und Fremdverstehen*. Opladen: Barbara Budrich.

Rothe, D. (2011). *Lebenslanges Lernen als Programm. Eine diskursive Formation in der Erwachsenenbildung*. Frankfurt am Main, New York: Campus.

Schiek, D. (2012). Über das gute Leben. Zur Erosion der Normalbiografie am Beispiel von Prekarität. *BIOS. Zeitschrift für Biografieforschung, Oral History und Lebensverlaufsanalysen 25*, H. 1, 50-68.

Schlüter, A. (2014). Von der Transparenz der Weiterbildung zur lebensbegleitenden Übergangsberatung – zum Funktionswandel von Weiterbildungsberatung. In: Heide von Felden, Ortfried Schäffter, Hildegard Schicke (Hrsg.), Denken in Übergängen. Weiterbildung in transitorischen Lebenslagen (S. 253-266). Wiesbaden: Springer VS.

Schulze, T. (1993). Lebenslauf und Lebensgeschichte. Zwei unterschiedliche Sichtweisen und Gestaltungsprinzipien biographischer Prozesse. In: Dieter Baacke, Theodor Schulze (Hrsg.), Aus Geschichten lernen. Zur Einübung pädagogischen Verstehens (S. 174-226). Weinheim, München: Juventa.

Schütze, F. (1984). Kognitive Figuren des autobiographischen Stegreiferzählens. In: Martin Kohli, Günther Robert (Hrsg.), *Biographie und soziale Wirklichkeit. Neue Beiträge und Forschungsperspektiven* (S. 78-117). Stuttgart: Metzler.

Schwendowius, D. (2015). *Bildung und Zugehörigkeit in der Migrationsgesellschaft. Biographien von Studierenden des Lehramts und der Pädagogik*. Bielefeld: transcript.

Schwiter, K. (2011). *Lebensentwürfe. Junge Erwachsene im Spannungsfeld zwischen Individualität und Geschlechternormen*. Frankfurt am Main, New York: Campus.

Siouti, I. (2013). *Transnationale Biographien. Eine biographieanalytische Studie über Transmigrationsprozesse bei der Nachfolgegeneration griechischer Arbeitsmigranten*. Bielefeld: transcript.

Walgenbach, K. (2014). *Heterogenität – Intersektionalität – Diversity in der Erziehungswissenschaft*. Opladen, Toronto: Babara Budrich/UTB.

Weber, S., Maurer, S. (Hrsg.) (2006). *Gouvernementalität und Erziehungswissenschaft. Wissen – Macht – Transformation*. Wiesbaden: VS Verlag für Sozialwissenschaften.

Winker, G., Degele, N. (2009). *Intersektionalität. Zur Analyse sozialer Ungleichheit*. Bielefeld: transcript.

Inklusion im Widerstreit

Eine kritische Analyse des Inklusionsbegriffs im Kontext antagonistischer erziehungsphilosophischer Mindsets

Martin Harant

Der Diskurs über Inklusion reißt nicht ab. Das gesetzliche Inkrafttreten des Übereinkommens der Vereinten Nationen über die Rechte von Menschen mit Behinderungen 2009 in Deutschland führt derzeit zu Handlungsbedarf, der sich in zahlreichen schulgesetzlichen Veränderungen manifestiert.

Doch auf welcher Grundlage lässt sich handeln? Was bedeutet Inklusion? Mit Lüders kann man konstatieren, es sei „schon erstaunlich [...], dass in modernen liberalen Gesellschaften ein Begriff eine derartige Karriere machen [sic!], dessen Wortstamm (lat. includo, inclusio) vor allem auf Einschließung/ Einsperrung verweist" (Lüders 2014, S. 45, Anm. 13). Mit Foucault denkt man unwillkürlich an Einschließungsmilieus wie das Gefängnis und die Schule. In der deutschen Schuldebatte hingegen geht es vorrangig um die Teilhabe von Menschen mit Behinderungen am allgemeinen Schulwesen.

Die Inklusionsperspektive, sichtet man Verlautbarungen und theoretische Beiträge, ist jedoch weiter und grundsätzlicher gefasst als entlang der Differenzlinie *ability/disability*. Es gehe grundsätzlich, so Bretländer (2012, S. 276), um die gesellschaftliche „*Veränderung der Zugangs- und Teilnahmestrukturen*". Andreas Hinz fordert im Hinblick auf das Bildungswesen „einen uneingeschränkten Zugang und die unbedingte Zugehörigkeit zu allgemeinen Kindergärten und Schulen", um „den individuellen Bedürfnissen aller zu entsprechen". Nur so werde „jeder Mensch als selbstverständliches Mitglied *der Gemeinschaft* [Hervorhebung M.H.] anerkannt" (Hinz 2006, S. 98).

Im Inklusionsindex nach Booth rangiert, wie auch Dammer ausführt, das Merkmal Gemeinschaft als Inklusionsmerkmal an oberster Stelle (Booth 2010, S. 69; vgl. dazu Dammer 2011, S. 22).

Im Raum stehen somit die Vermittlung von individuellen Bedürfnissen aller auf der einen Seite und die Verwirklichung von Gemeinschaft aller auf der anderen. Inklusion betreffe *jeden* Menschen. Das Deutsche Institut für Menschenrechte stellt 2014 entsprechend den menschenrechtlich begründeten inklusiven Anspruch gegen Ausschluss fest (Institut für Menschenrechte 2014).

Inklusion ist Menschenrecht. *Gemeinsamer* Unterricht ist inklusiv. *Gemeinsamer* Unterricht ist Menschenrecht und entspricht den individuellen Bedürfnissen *aller*. Als Menschenrecht muss *gemeinsamer* Unterricht *aller nicht* begründet werden.

Wenn man diesen Schein von Syllogismus etwas pausbäckig findet, ist es gerechtfertigt, der Sache verstehensorientiert auf den Grund zu gehen, auch wenn es – das sei zunächst unterstellt – am menschenrechtlich formulierten *telos* des Inklusiven nichts zu begründen gibt, wenn im Hintergrund Gedanken einer gerechten Gesellschaftsordnung stehen. Unter anderem folgende Fragen lassen sich stellen: Warum geht es Teilen der Inklusionscommunity vorrangig um Vergemeinschaftung? Diese Begrifflichkeit wird seit den Anfängen soziologischen Denkens als ein konservativ-romantisierendes Gegenkonzept zu Gesellschaft verstanden, die wiederum als neuzeitliche Errungenschaft, individuell-partikulare Bedürfnisse befriedigen zu können, verstanden wird.[1] Was bedeutet, ‚Inklusion ist Menschenrecht', wenn angesichts solcher und anderer Fragestellungen die Vermutung im Raum steht, der Begriff der Inklusion sei, so Bernhard, ein „Hehlwort, das nicht aufklärt, sondern verschleiert, das nicht erhellt, sondern vernebelt" (Bernhard 2012, S. 342)?

Es ist für spätmoderne Kontexte banal festzustellen, dass Begriffsbestimmungen nicht nur Phänomenbestände erhellen, sondern immer auch verdecken und es wäre vermessen, hier so etwas wie eine Überblicksperspektive einnehmen zu können, um für Aufklärung im Sinne einer ‚wissenschaftlichen Weltanschauung' sozusagen vom ‚Feldherrenhügel' aus sorgen zu können. Begriffliche Klärungen dieser Art geraten vermutlich nicht zu Unrecht unter Verdacht, unausgesprochenen und möglicherweise uneingestandenen Interessenskonfigurationen weltanschaulicher Art geschuldet zu sein. Eine „neutrale", standpunktlose Perspektive ist unmöglich und bleibt eine bloße Behauptung. Vielmehr liegt jeder Perspektive eine Denkform zugrunde, die im Folgenden als *Mindset* bezeichnet werden soll. Wenn im Folgenden der Versuch unternommen werden soll, den Inklusionsgedanken auf verschiedene und antagonistische Mindsets zu beziehen und aus ihnen heraus zu konturieren, so ist die Konfiguration dieser Sets eine typologisierende Setzung

---

[1] Vgl. K.-H. Dammer (2011, S. 22) unter Verweis auf das von Tönnies' 1887 erschienene Werk: Gemeinschaft und Gesellschaft (1972).

und natürlich perspektivisch². Sie erfolgt gleichwohl nicht willkürlich, sondern orientiert sich an erziehungsphilosophisch ausgewiesenen Denkhorizonten, die mittlerweile Generationen von (zumindest US-amerikanischen) Studierenden und Lehrenden präsentiert wurden, nämlich in den seit 1976 in neun Auflagen erschienenen *Philosophical Foundations of Education* (Ozmon 2012). Folgt man der Lesart dieses Lehrbuchklassikers, so ist die Inklusionsperspektive als „*inclusion of the voices of Others*" (ebd., S. 332) dem ‚challenge of postmodernism' geschuldet, wie ihn Giroux in seiner Studie *Postmodernism As Border Pedagogy* (Giroux 1991), eine Art Grundlagenmanifest, ausformuliert hat.

Im Folgenden soll der aus Ozmons Sicht zentrale Beitrag für inklusives Denken in den Blick genommen werden und zwar dergestalt, dass der *challenge of postmodernism* von denjenigen Mindsets umrahmt wird, von denen er sich explizit abgrenzt, namentlich einem *realistisch-objektivistischen* und einem *idealistisch-transzendentalen*. Diese Mindsets werden von Ozmon als ebenfalls bis in die Gegenwart hinein wirkmächtige Denkhorizonte im Bereich des Pädagogischen (und darüber hinaus im allgemeinen Denken und Handeln) gefasst. Es soll aus diesem Grunde im Folgenden ferner darum gehen zu prüfen, wie sich der Gedanke der Inklusion aus diesen Denkhorizonten heraus fassen lässt, um durch diese Perspektiven sozusagen den *challenge* der postmodernen Denkart seinerseits herauszufordern und einen Beitrag zur begrifflichen Urteilsbildung zu leisten.³

---

2   Die Konzentration auf den Aspekt möglicher Mindsets zur Begriffsbestimmung stellt die gleichermaßen nötige soziologische Analyse des pädagogisch-programmatischen Inklusionsdiskurses im Folgenden zurück. Vgl. zur Fokussierung auf die Problematik einer „soziologischen Abstinenz" im pädagogischen Inklusionsdiskurs Dammer 2011 sowie Cramer und Harant 2014.

3   Der verstärkte Fokus auf US-amerikanische Diskursfelder ist von daher naheliegend, da der Inklusionsgedanke, folgt man Lee (2010), in der liberalen Bürgerrechtsbewegung in den USA aufkam, die das Recht ‚Behinderter' auf allgemeine Bildung gerichtlich erwirkte (vgl. Lee 2010). Er war von Beginn an mit dem allgemeinen Argument verknüpft, dass es dem gesellschaftlich-ökonomischen Fortschritt abträglich sei, wenn sich eine Gruppe (wie die ‚white male anglo-saxon protestants') ungebührlich Vorteile auf Kosten anderer verschaffte.

1 Inklusion aus dem Horizont eines realistisch-objektivistischen Mindsets

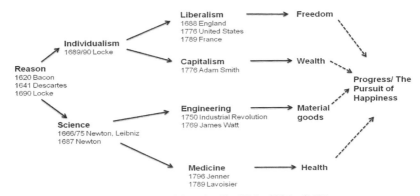

Abbildung 1 The enlightenment Vision (Quelle: Hicks 2004a, S. 71)

Steven Hicks, der in seiner Publikation *Explaining Postmodernism* (2004b) eine Fundamentalkritik sowohl an sogenannten postmodernen als auch an idealistisch-transzendentalen Denkformen im Gefolge Kants formuliert (die er einander zuordnet), versteht sein in erziehungsphilosophischer Absicht affirmativ vorgetragenes realistisch-objektivistisches Mindset als zeitgenössische Explikation dessen, was er als fortgeführte *enlightenment vision* fasst: In diesem Mindset stellt ‚reason' zum einen ein die Sinnenwelt erfassendes und ordnendes Vermögen dar, das als *science* bezeichnet wird. Zum anderen wird damit ein Vermögen gefasst, Eigeninteressen (also (auch soziale) Bedürfnisse) rational erfassen und folgeträchtige Entscheidungen zur Befriedigung derselben treffen zu können. Hier spricht Hicks von *individualism*. Die so gefasste *reason* bildet im realistisch-objektivistischen Mindset insgesamt das zentrierende Moment gesellschaftlicher Handlungssphären wie Ökonomie und Technik. Der ‚Visionscharakter' kommt darin zum Ausdruck, dass die die gesellschaftlichen Handlungssphären zentrierende Vernunft eine *teleologische* Struktur aufweist, wenn die *enlightenment vision* insgesamt in einem individuellen und gesellschaftlichen *pursuit of happiness* (die Befriedigung der Bedürfnisse aller) mündet. Für spätmodern geschulte Augen ist freilich interessant, was auf dieser Folie *nicht* abgebildet ist, offensichtlich keinen Beitrag zum *pursuit of happiness* zu leisten vermag oder diesen gar vereitelt.

Die prominente Plazierung *Bacons* in der *enlightenment vision* des Erziehungsphilosophen Hicks unterstreicht die epistemologische Grundierung dieser „Vision" durch den modernen Realismus:

Die von Bacon formulierte Forderung, den denkenden Geist von mannigfaltigen „idola" zu befreien (Bacon 1620), wirkt in der individualistisch und gleichsam positivistisch konnotierten „Vision" nach: So wird beispielsweise keine gesellschaftskohäsive Sphäre des Affektiv-Geselligen wie des Ästhetischen oder Religiösen ausgewiesen. Bereits Bacon wendete sich im Hinblick auf Rationalitätsstrukturen gegen jegliche Form eines Apriorismus wie etwa ein transzendentales Ich oder die Idee einer gruppenrelationalen Imprägniertheit von erfassender Vernunft und weist sie als *idola*, als Götzenbilder, aus. Zwei dieser *idola* seien kurz erwähnt: Bacon nennt in den Aphorismen 41 bis 44 (Bacon 1620) unter anderem

- die *idola tribus* (wonach wir geneigt sind, das für wahr und richtig zu halten, was die Gruppe, der Stamm, die Herde, die Schulbildung, der wir uns verpflichtet fühlen, für wahr erachtet). Gemeint ist der verzerrende *Gruppengeist oder Gruppenfokus*;

sowie

- die *idola theatri* womit er auf Religionen, Weltanschauungen und Philosophien abzielt. Die Objektivationen des als irrational verstandenen Gruppengeistes, halten uns, so kann man Bacon interpretieren, davon ab, die Welt *objektiv* betrachten zu können.

Die Vorstellung, objektiv betrachten zu können, wirkt im Horizont der Spätmoderne wie ein verwegenes Ansinnen. Die von Hicks (2004b) in *Explaining Postmodernism* programmatisch vorgetragene Kritik an postmodernem Denken aus der Perspektive einer fortgeführten *enlightenment vision* wird jedoch dessen unbeschadet artikuliert. Sie geht noch im 21. Jahrhundert mit der objektivistischen Axiomatik einer *primacy of existence* einher, wie sie von der schillernd polarisierenden Novellistin und Denkerin einer libertär-objektivistischen Philosophie Ayn Rand ausgearbeitet wurde, deren ethische und erkenntnistheoretische Positionen Hicks an anderer Stelle systematisiert vorgetragen hat (Rand 1982, Hicks 2001). Auf Rands Denken wird bis zum heutigen Tage in politphilosophischer Absicht in gesellschaftlichen Handlungspraxen wie Politik und Ökonomie, zumindest in den USA, Bezug genommen.

Rand bekräftigt, mehr oder weniger zeitgleich zu den konträren Positionen von Foucault und Derrida das Axiom, dass alle Dinge sind, was sie sind, "that they possess a specific nature, an *identity*" (Rand 1982, S. 24), und dass das Bewusstsein das Vermögen sei, dasjenige, was ist, zu ergreifen. In einer Zeit, in der in den USA ein solches Mindset hervorgebracht wird, das einen diskursiv-konstruktivistischen Relativismus kultiviert, liest man bei Rand, dass das „Vernünftige" die Passung von konzeptionellem Wissen und der sinnlich fassbaren Realität darstelle: „Man gains knowledge of reality by looking outward" (ebd.). Die Fokussierung auf das Gruppenspezifische von Diskursformationen wird dahingehend zurückgewiesen, als Erkennen und Handeln nur unvertretbar und individuell vollzogen werden könnten, ohne korrumpiert zu werden. Gemeint ist die aufklärerische Vorstellung nicht gewillt zu sein, den vermeintlichen Verblendungen durch den „tribus" oder das „theatrum" Tribut zu zollen. Axiomatisch wird bis heute zurückgewiesen, dass Wissen in erster Linie eine sozial-pragmatische Konstruktion darstelle, das adaptiv zu gruppenspezifischen (Mehrheits-)Interessen hervorgebracht wird. Mit dieser Zurückweisung geht auf der handlungs*praktischen* Ebene einher, dass bei Rand und anderen ‚Selbstbezogenheit' und ‚Egoismus' als alleinige vernünftige Handlungsmaximen gelten und gegen jegliche Formen altruistischer Handlungsmaximen, die als amoralisch verstanden werden (Hicks 2001), positioniert werden:

> „That is to say that one's own life and happiness are one's highest values, and that one does not exist as a servant or slave to the interests of others. Nor do others exist as servants or slaves to one's own interests. Each person's own life and happiness is his ultimate end. Self interest rightly understood also entails *self-responsibility*: one's life is one's own, and so is the responsibility for sustaining and enhancing it" (ebd.).

Als problematisch-altruistisches Verhaltenssetting wird dabei vor allem ein gruppenfokussierter „collectivism" verstanden, der es erzwinge, die Interessen eines fremden Selbst über die eigenen zu stellen. Solche Tendenzen irrationaler Selbstaufgabe macht Rand unter anderem in der progressiven Erziehungsphilosophie Deweys aus und lehnt sie entsprechend ab (Rand 1993, S. 207). Als irrational abgelehnt werden in diesem Mindset ferner „regulative Ideen", anhand derer der soziale *pursuit of happiness* auch im Bildungswesen bemessen und ausgerichtet werden könnte. Prominent wäre hier etwa an die Marx'sche Steigerungsformel: „Jeder nach seinen Fähigkeiten, jedem nach seinen Bedürfnissen!" (Marx 1962, S. 21) zu denken. Die Bedürfnisse, so die Idee des modernespezifischen Objektivismus, können nicht aus einer Überblicksperspektive gewonnen werden, weil diese, auch und gerade wenn sie kollektiv-staatlich organisiert wäre, partikular bliebe.[4]

---

4   Interessant (aber im Gefolge marxistischen Denkens freilich schlüssig) ist an dieser Stelle, dass dies der sozialistische Bildungsphilosoph Heinz Joachim Heydorn nicht anders sieht: So fasst Heydorn den Staat „als Räson der Herrschaft" (Heydorn 1980, S. 10), „er ist seiner Idee nach die Sichtbarkeit des Ganzen, aber nur nach der Idee. Real ist er die Partikularität der Herrschaft, und damit die Aufspaltung der Menschheit, die er als Totum bereits über sich anzeigt." (ebd., S. 11).

In Anlehnung an Rousseaus in *Emile* entfalteten Naturbegriff (Rousseau 1971, S. 10f., S. 280f.) ließe sich formulieren: Aus diesem Mindset heraus erscheint es *contra naturam*, wenn erstens aus der Selbstbestimmung im Horizont von Anderen Fremdbestimmung und Anpassung im Horizont von Anderen wird. Hier würde das Moment der Bestimmung des Selbst bei denjenigen überdehnt, bei denen es vom eigenen Selbst auf dasjenige Anderer übergriffe. Bei letzteren wiederum bliebe es unterbestimmt, weil das Selbst seine Bestimmung von anderswoher als vom eigenen Selbst empfinge. Das von Rand wie bereits von Rousseau problematisierte Herr-Knecht-Verhältnis wäre die Folge (vgl. Rousseau 1971, S. 22). Zweitens erscheint es aus diesem Mindset heraus ‚gegen die Natur' zu sein, wenn aus der Anpassung an das Eigensein der Dinge eine Bestimmung der Dinge gemäß der von Einzelnen oder Gruppen reglementierten bzw. regulierten Wunschvorstellungen wird. Wie bei Rousseau erscheinen bei Rand die ‚Dinge' als Objektwelt in einem letzten Sinne dem bestimmenden Zugriff von Menschen durch den zugrunde gelegten Naturbegriff entzogen (vgl. Rousseau 1971, S. 10f.). Als quasi neoaristotelische Reminiszenz kommt dem Begriff der Natur bei Rand (nicht anders als noch bei Rousseau) zum einen die Funktion einer Grenze zu, auf die der Mensch im Rahmen der Dingbemächtigung, etwa im Rahmen des technisch bearbeitenden Zugriffs, stößt. Zum anderen hat der Naturbegriff die Funktion einer Chiffre. Diese steht für jene der Objektwelt inhärente Regelförmigkeit, die sich Menschen im Rahmen des technischen Zugriffs auf dieselbe bei ihrer Bearbeitung zunutze machen. Rand unterstreicht diese beiden für das realistisch-objektivistische Mindset zentralen Gedanken mit dem Verweis auf Bacons berühmtes Dictum aus dem *Novum Organum*: „Nature, to be commanded, must be obeyed" (Rand 1982, S. 25). Unnatürlich, weil *irrational* wäre es an dieser Stelle aus Rands Perspektive, die Objektwelt als in einem letzten Sinne durch eine willkürlich institutionalisierte und rechtlich kodifizierte partikulare Gruppensitte bestimmbar gedacht zu verstehen. Die Gefahr einer solchen (aus ihrer Sicht korrumpierenden) Denkart sieht Rand im Bildungswesen gegeben.

Rand konkretisiert ihren Gedanken im Hinblick auf das, was sie die „‚discussion' method of teaching" (Rand 1993, S. 210) nennt: Sie korrumpiere, so Rand, die Psycho-Epistemologie Heranwachsender, weil sie als antirationale Indoktrination ein mystisch-altruistisch-kollektivistisches Mindset implementiere (ebd.), dem gemäß *reality* alles sein könne, wozu sie der kollektive Diskurs bestimme; „full-fledged little collectivists" (ebd., S. 211), die verlernten, begründet eigene Entscheidungen zu treffen und ihren eigenen Beobachtungen zu trauen, seien die Folge solcher Bildungssettings.

An dieser Stelle lässt sich formulieren, wie der Inklusionsgedanke im Sinne des individuellen und gesamtgesellschaftlichen *pursuit of happiness* im Gefolge dieses Mindsets zu bestimmen wäre (und, das sei hier unterstellt, wo es zirkuliert, auch wird): Zunächst eine negative Bestimmung: Der Inklusionsgedanke schließt aus realistisch-objektivistischer Perspektive die diskursive Aushandlung und Anpassung von Geltungsansprüchen epistemologischer Art („was wirklich ist") im Hinblick auf die Objektwelt aus. Wirklich ist auch im 21. Jahrhundert die (letztlich ontologisch unterstellte) *adaequatio rei ad intellectum*. Durch Erfahrung bewährtes Wissen wird ausschließlich durch die sinnliche Erfahrung im Rahmen der Bearbeitung der Objektwelt relativiert, nicht durch öffentliche Aushandlungsprozesse. Das ist der Bereich der *Objektivität*. Die Ebene des Meinens (klassisch: *doxa*) und mit ihr verbundene Bestimmungen des Selbst sind hingegen Privatsache und somit als Bereich der *Subjektivität* der individuellen Beliebigkeit anheimgestellt. Nach Rand führt die von ihr ausgemachte korrumpierende Denkart im Bildungswesen jedoch dazu, dass an die Stelle von Objektivität Subjektivität (im Sinne von irrational-willkürlichen Bestimmungen) und an die Stelle von Subjektivität Objektivität (im Sinne von Zwang bzw. ‚äußerer' Bestimmtheit) tritt. Dem gegenüber gilt im Gefolge Rands: Es steht jeder und jedem frei, sich *ohne äußeren Zwang* im Horizont des Meinens zu vergemeinschaften. Der realistisch-objektivistische Inklusionsgedanke schließt jedoch für nach Eudämonie strebende Einzelmenschen eine *verpflichtende Vergemeinschaftung* (realgeschichtlich und ideell), ein Apriori-Bekenntnis zu einer Großgruppe wie einem partikulare Sitte kodifizierenden Staat oder zu einer Volks- bzw. fiktiven Welt*gemeinschaft* um seiner selbst willen aus. Weil jegliche *apriori*-Behauptung kollektiver Interessen stets mit erzwungener Selbstaufgabe und somit einem Verlust an legitimer Subjektivität verbunden bleibt, basiert der gesellschaftliche *pursuit of happiness*, also das Inklusive, ausschließlich auf dem unreglementierten Verfolgen rationaler Selbstinteressen. *Eine Einheits*schule für alle, deren Besuch gar für alle verpflichtend wäre, kann aus dieser Perspektive nicht inklusiv sein, weil sie de facto zu einer verordneten Aufgabe und damit Exklusion mannigfaltiger rational begründbarer Eigeninteressen und Bedürfnisse führte (beispielsweise dem auf dem Leistungsmotiv basierendem Interesse nach Elitebildung).

Der skizzierte radikale Individualismus und die demonstrative Artikulation eines ontologischen Positivismus stellen, wie bereits angedeutet, eine Dauerprovokation für Epistemologie und Handlungsreflexion dar. Als irritierendes Moment kann dabei insbesondere die grundierende These wahrgenommen werden, dass erkennendes Vernehmen tatsächlich bar jeglicher vorausgesetzten Vermittlungsleistung symbolisierend und organisierend Handelnder gedacht werden könne[5] und

---

5 Dass sich Vernunft als symbolisierendes und organisierendes Zusammenhandeln aller realisiert, ist nicht per se einem pragmatistischen Wahrheitsrelativismus geschuldet.

die gesellschaftliche Realisationsgestalt rationalen Handelns in der radikalen Verfolgung von Einzelinteressen im Sinne reiner Marktlogik und damit in kompetitiven Kontexten reüssieren soll. Fraglich ist insbesondere, ob dieses Denken und das daran orientierte gesamtgesellschaftliche Handeln tatsächlich das größte Glück für die größte Zahl von Interaktanten hervorzubringen und damit die hier implizierte Exklusionsvorstellung (also die irrational-machtförmige Behinderung Einzelner am Verfolgen *ihrer* rational begründeten Eigeninteressen) zu verhindern vermag. Profunde Kritiken einer neoliberalen Gouvernementalität machen vielmehr die gesellschaftliche Wirkmächtigkeit dieses Mindsets für andauernde Exklusionserfahrungen weiter Teile der Gesellschaft verantwortlich (vgl. Bröckling et al. 2000).

2 Inklusion aus dem Horizont eines postmodernen Mindsets

Das spätmoderne Mindset, das sich selbst die Bezeichnung „postmodern" gibt und zumindest seinem Selbstverständnis gemäß der Moderne nachfolgt, hat die Skepsis an dieser Vorstellung deutlich herausgearbeitet und Widerstand angemeldet. Als ein postmodernes Manifest in erziehungsphilosophischer Absicht kann an dieser Stelle die kurze Abhandlung von Henry Giroux *Border Pedagogy as Postmodern Resistance* gelten. Auch wenn der Text vor allem auf „race" und „ethnicity" fokussiert und nicht auf den erst später prominent gewordenen Inklusionsbegriff, wird der implizite Inklusionsgedanke deutlich, der auch als Kritik der eben explizierten *enlightenment vision* verstanden werden kann:

> „Within the discourse of modernity, the Other not only sometimes ceases to be a historical agent, but is often defined within totalizing and universalistic theories that create a transcendental rational white, male, Eurocentric subject that both occupies the centers of power while simultaneously appearing to exist outside time and space. Read against this Eurocentric transcendental subject, the Other is shown to lack any redeeming community traditions, collective voice, or historical weight and is reduced to the imagery of the colonizer" (Giroux 1991, S. 220). "Postmodernism radicalizes the emancipatory possibilities of teaching and learning as part of a wider struggle for democratic life and critical citizenship. It does this by refusing forms of knowledge and pedagogy wrapped in the legitimizing discourse of the sacred and the priestly; its rejecting universal reason as a foundation of human affairs; claiming that all narratives are partial; and performing a critical reading on all scientific, cultural, and social texts as historical and political constructions" (Giroux 1991, S. 245f.).

Eine nicht sozialkonstruktivistisch fundierte Fassung dieses Denkens findet sich beispielsweise in Schleiermachers Ethik (Schleiermacher 1990).

Im Folgenden soll zunächst der Blick darauf gerichtet werden, wie sich das postmoderne Mindset auf die *enlightenment vision* genau beziehen lässt:

Zentraler Ausgangspunkt Giroux' stellt die Dekonstruktion des *discourse* der Moderne und damit die Zurückweisung des Geltungsanspruchs von Vernunft bzw. der Abstraktionsfigur eines transzendentalen, von allen Gruppenkontexten losgelösten Ichs dar: Vernunft totalisiere unbotmäßig, indem sie abstrahierend verschleiere. Das transzendentale Ich, das Vernunftprodukt, maskiere sein gruppenspezifisches Narrativ („white male Eurocentric"). Es okkupiere das Zentrum der Macht, um die anderen ungesichtet um sich herum anordnen zu können und den anderen die gruppenspezifische Stimme, das Eigengewicht, zu entziehen. Der eurozentrische Vernunftdiskurs verschleiere damit die eigentliche Dynamik des Geschehens, das letztlich ein ‚power struggle' darstelle. Er *exkludiert*.[6]

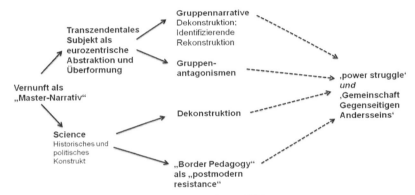

Abbildung 2 The Postmodern Vision nach Giroux 1991

Wie sieht der „struggle for democratic life" konkret aus? Im Unterschied zur *enlightenment vision* fällt zunächst die Dekonstruktion von „Reason" als gruppenspezifisches (Master-)Narrativ ins Auge: „a border pedagogy of postmodern re-

---

[6] Explizit kritisiert Giroux die cartesianischen „notions of the primacy of the subject" sowie die damit zusammenhängenden „Baconian ideas" als „scientific racist logic"(Giroux 1991, S. 221). Eine kritische Analyse von politisch forcierten Inklusionsbestrebungen liefern aus dieser Perspektive beispielsweise für den australischen Kontext Graham und Slee (2008). Zur kritischen Gegenüberstellung von *Enlightenment Vision* und *Postmodern Vision* vgl. die Online-Ausführungen S. Hicks: http://www.stephenhicks.org/2010/07/21/post-modernisms-themes. Zugegriffen am 16. März 2015.

sistance needs ... to perform ideological surgery on master-narratives based on white, patriarchal, and class-specific interests" (Giroux 1991, S. 249).

Bei der Dekonstruktion gruppenspezifischer Narrative bleibt es jedoch nicht, „postmodern resistance needs to do more" (ebd.). Was ist genau das *Mehr?* Es ist die identifizierende *Rekonstruktion* gruppenspezifischer Narrative im Rahmen des „wider struggle for democratic life", was das postmoderne Mindset Girouxs in den Fokus rückt:

> "For those, designated as Others need to both reclaim and remake their histories, voices, and visions as part of a wider struggle to change those material and social relations" (Giroux 1991, S. 251).

Was bedeuten diese Aussagen für das postmoderne Inklusionsverständnis? Zunächst kann man konstatieren: Das postmoderne Inklusionsverständnis lässt sich als Reaktion auf die ausgebliebene Verheißung der Moderne mit ihrem bürgerlich-liberalen Metanarrativ des Inklusiven verstehen, also auf das nicht eingelöste Versprechen der bürgerlichen Gesellschaft, die Möglichkeit eines *pursuit of happiness* tatsächlich für alle hervorbringen und gewährleisten zu können. An die Stelle des gesamtgesellschaftlichen Fortschrittspathos rückt die Sensibilität für realgesellschaftliche Ausgrenzung, Marginalisierung und *power struggle*. An die Stelle des ökonomischen Fokus gegenüber dem Anderen rückt die *compassion*: Den speziellen Bedürfnissen der Anderen gegenüber kann *keine* neutrale Haltung eingenommen werden.

Überblendet man die *enlightenment vision* mit der „postmodern resistance" wird jedoch deutlich: Der Widerstand spielt sich *innerhalb modernespezifischer gesellschaftlicher Rahmenbedingungen* ab, er ist eine Reaktion, eine punktuelle Antithese aber keine veränderte gesellschaftliche Wirklichkeit. Das kann er auch nicht sein. Eine gesamtgesellschaftliche Vernunft ist nicht intendiert, universale Geltungsansprüche werden als Partikularinteresse dechiffriert und zurückgewiesen. *Innerhalb* des Mindsets gilt: Der Widerstand bleibt *struggle* von Einzelgruppen bzw. für Einzelgruppen, mit Widersprüchlichkeit ist bleibend zu rechnen, z.B. mit dem Widerspruch der Hervorhebung von Differenz und Neutralisierung derselben (Rekonstruktion und Dekonstruktion von Gruppenkontexten). Lehrenden wird von Giroux, anders als von Lernenden beispielsweise, zugemutet, sich von den Konstruktionen ihrer „own voices, histories, and ideologies" zu distanzieren und diese zu problematisieren, um sich für das Anders-Sein zu sensibilisieren (Giroux 1991, S. 253). Die Forderung, dass alle, also auch die Lernenden, in gleicher Weise ihre eigenen Stimmen, Geschichten und Ideologien (im Sinne von Mindsets) zu neutralisieren hätten, hätte in der Tat auch das zur Konsequenz, wovon sich dieses Mindset dezidiert abgrenzt: die Abstraktion von „objective or transhistorical claims" (ebd., S. 252), die vermeintlich transzendentalen und damit enträumlichten sowie entzeitlichten Subjekten zugeschrieben werden könnten. Solche abstrakten Subjekte hätten schließlich auch keine eigene Stimme, keine Möglichkeit der Versprachlichung erfahrener gruppenspezifischer Benachteiligung und realgesellschaftlicher Exklusion bzw. Behinderung mehr. Die Denkfigur des transzendentalen Subjekts blendete ferner Konkurrenzverhältnisse zwischen Einzelnen und Gruppen im *power struggle* aus, weil transzendentale Subjekte *qua definitione* keine partikularen Zwecke verfolgen.

In Vermittlung mit den modernespezifischen gesellschaftlichen Rahmenbedingungen tut sich im Horizont partikularer Zweckverfolgung ein weiterer Antagonismus auf: Dass sie realgesellschaftlich (auch und gerade gruppenspezifisch als *power struggle*) nicht aufgehoben ist, wird im postmodernen Mindset klar beschrieben. Was in diesem Mindset nach Giroux unterbestimmt bleibt, ist die Tatsache, dass sie zur Konfusion zweier sich widersprechender Anerkennungslogiken zwischen Selbst und Anderen führt: Der Anerkennungsfokus der *postmodern resistance* ist unbeschadet des *struggle* die Verwirklichung der *Gemeinschaft gegenseitigen Andersseins*. Sie blendet damit ein entscheidendes Moment des *struggle* aus, nämlich das Marktförmige. Der Anerkennungsfokus der modernen bürgerlichen Gesellschaft bleibt jedoch die wettbewerbsbasierte bzw. auf- und abwertende Anerkennung von Lebensäußerungen wie Produktion, auch in schulischen Leistungskontexten.

Dieser dem Mindset inhärente und realgesellschaftlich wirksame Widerstreit lässt sich am Beispiel eines baden-württembergischen Jungen mit Trisomie 21 verdeutlichen, dessen Eltern sich, laut Presseangaben, dafür stark machten, ihm die dauerhafte Aufnahme auf ein Gymnasium zu ermöglichen, auch wenn in diesem speziellen Fall das Kind aller Voraussicht nach das Schulziel nicht wird erreichen können. Die vorgebrachte Argumentationsfigur lautet, dass es dem Jungen ermöglicht werden solle, mit seinen Grundschulfreunden zusammenzubleiben und er die Klasse bereichern könnte (Hecking 2014).

Es lässt sich zeigen, dass sich das gesellschaftliche Zusammenhandeln, das die derzeitigen Veränderungen der schulpolitischen Rahmenbedingungen in Deutschland hervorruft, tatsächlich im Verständnishorizont des postmodernen Mindsets Girouxs interpretieren lässt, das auch dezidiert als Inklusionshorizont von Ozmon (2012, S. 332) ausgewiesen wird: Ab dem Schuljahr 2015/16 wird besagter Schüler prinzipiell das baden-württembergische Gymnasium besuchen können. Die rechtlichen Änderungen zur inklusiven Beschulung sind seit dem 24.2.2015 zur Anhörung durch den Ministerrat freigegeben.

Im Gefolge der vorherigen Ausführungen lässt sich diese Situation wie folgt interpretieren:

- Der gymnasiale Aspirant aus dem geschilderten Fallbeispiel *soll* gemäß der Anerkennungslogik der *Gemeinschaft gegenseitigen Andersseins* dauerhaft inkludiert werden. Diese Anerkennungslogik steht quer zur wettbewerbsbasierten Anerkennung basierend auf der leistungsorientierten Erfüllung formulierter gymnasialer Bildungsstandards, wie sie die weiterhin vorherrschende Struktur der Gymnasialklasse bestimmt. Der Gruppenfokus wird sichtbar gemacht. Das Kind soll *als* Kind *mit Trisomie 21* inkludiert werden. Wenn das Kind inkludiert wird, *weil* es als *solches* Kind keine Ausgrenzung erfahren soll („es ist *normal*, verschieden zu sein"), wird die Differenz *über* den genannten Gruppenfokus vollzogen und zwar vermittelt durch *compassion* mit der „Gruppe" von Kindern mit Trisomie 21 und (das sei hier unterstellt) den dieser „Gruppe" zugeschriebenen Bedürfnissen (Gemeinschaftsbedürfnis).
- Angenommen im Schuljahr 2015/16 würde eine leistungsschwache Mitschülerin des inkludierten Kindes aus der Klasse ‚abgeschult', was die Rechtslage gleichzeitig, zumindest in Baden-Württemberg, weiterhin vorsieht: Für diese Person griffe entsprechend die bürgerliche Anerkennungslogik, wie sie Hegel in seiner *Grundlegung der Philosophie des Rechts* für die bürgerliche Gesellschaft im Sinne einer Wirtschaftsbürgergesellschaft als konstitutiv herausgearbeitet hat (Hegel 1970, S. 339ff.; vgl. Harant 2013, S. 147ff.)[7]: Nach dieser ist die Anerkennung über Arbeit in kompetitiven Kontexten vermittelt und wird gerade nicht (wie nach Hegel am ehesten noch in der familialen Praxis oder in der formalen Rechtspraxis) voraussetzungslos gewährt. Im konkreten Fall würde das Produkt der leistungsschwachen Schülerin (also ihre Schulleistung) im Horizont von anderen bzw. bezogen auf Bildungsstandards, abgewertet und nicht anerkannt. Die Abschulung lässt sich seinerseits als *power struggle* lesen, bei dem diesmal die institutionalisierte Macht des Schulischen auf der Grundlage einer funktionalen Marktlogik Anerkennung entzieht.

---

7   In Anlehnung an Dietrich Benner ließe sich in diesem Zusammenhang vom Antagonismus voraussetzungsloser Anerkennung (hier als ethische Praxis gefasst) und bedingter, über Arbeit vermittelter Anerkennung im Rahmen der bürgerlichen Gesellschaft im Sinne Hegels (hier als ökonomische Praxis gefasst) als „Errungenschaft und Preis der Moderne" zugleich sprechen (Benner 1995, S. 157). So erscheint die menschliche Gesamtpraxis bei Benner als der Zusammenhang nicht ineinander überführbarer und nicht ausschließlich aus einer gesellschaftlichen Partiallogik (z.B. der ethischen) heraus bestimmbarer differenter Handlungspraxen (Benner 1995, S. 157f.).

- Der Einwand, das Gymnasium sei *qua definitione* keine inklusive Schule, folgte aus postmoderner Sichtweise einer totalisierend-verallgemeinernden Vernunft und wäre einer apriorischen Setzung geschuldet, die von prinzipiell gleichen transzendentalen Subjekten ausgeht. Diese Setzung abstrahiert jedoch von konkreten Menschen und ihren speziellen Bedürfnissen (z.b. freundeskreisbedingte Affiliationsbedürfnisse). Sie abstrahiert ferner von besonderen Benachteiligungen bei gesellschaftlichen Teilhabeprozessen. Die Aufnahme des Kindes mit Trisomie 21, das den gymnasial-curricularen Anforderungen nicht wird genügen müssen, könnte darüber hinaus als ein Punktsieg im *power struggle* für Inklusion verstanden werden, was es aus dieser Sicht vermutlich bereits rechtfertigt, die hier obwaltenden Spannungen in Kauf zu nehmen.

Zusammenfassend lässt sich sagen: Im Fallbeispiel des in das Gymnasium zu inkludierenden Kindes wird argumentativ oft auf eine voraussetzungslose Anerkennung zurückgegriffen. Wie aber gezeigt wurde, ist die voraussetzungslose Anerkennung bedeutend weniger voraussetzungslos als gemeinhin angenommen wird. Die präsentierte Gruppenkonfiguration bzw. -zuschreibung ist in diesem Fall darüber hinaus der Anordnung einer politisch-normierenden Diskursformation geschuldet, die von einem selbst unsichtbar bleibenden (normalisierenden) Zentrum ihren Ausgang nimmt: „Inclusion can thus be theorised as a discoursive strategy in a political game that constructs not simply position (modes of interiority/exteriority) but the play by which borders and limits are conceived" (Graham und Slay 2008, S. 283). Die Idee der Gemeinschaft gegenseitigen Andersseins bliebe im Inklusions*vollzug* abstrakt.

3 Inklusion aus dem Horizont eines idealistisch-transzendentalen Mindsets

Das Stichwort Abstraktion verweist auf das dritte Mindset. Es kann als eine negative Synthese aus den ersten beiden verstanden werden: Bei aller Differenz von modernem Realismus/Objektivismus und Postmodernismus besteht eine Gemeinsamkeit: Beide Positionen grenzen sich deutlich von der Idee eines transzendentalen Subjekts ab und denken antiidealistisch.

Im Folgenden soll der Überlegung nachgegangen werden, wie der Inklusionsgedanke aus einem idealistisch bzw. transzendental geprägten Mindset heraus zu fassen wäre.

Zunächst lässt sich konstatieren, dass sich die oben formulierten Grenzziehungen der erörterten Mindsets verschieben: Das erkennende und handelnde Ich hat im idealistisch-transzendentalen Mindset sowohl einen individuellen als auch einen kollektiven Fokus. Es unterläuft nämlich mit Gedanken einer individuellen Allgemeinheit die Trennlinie zwischen dem libertär gedachten Fokus auf Verfolgung rationaler Eigeninteressen und dem von Giroux entwickelten Gegenentwurf einer wechselseitig anerkennenden Vergemeinschaftung. Deutlich wird die Differenz zu beiden Perspektiven beispielsweise an der dritten Formulierung des kategorischen Imperativs Kants, der sogenannten Menschheitsformel, die die idealistischen Bildungstheorien der neuzeitlichen Pädagogik wesentlich beeinflusste:

> „Handle so, dass du die Menschheit sowohl in deiner Person, als in der Person eines jeden anderen jederzeit zugleich als Zweck, niemals bloß als Mittel brauchst." (Kant 1999, S. 429).

Was ist das Spezifikum dieser Formel? Das Spezifikum besteht darin, dass wechselseitige Anerkennung von zwecksetzenden Wesen postuliert wird und zwar so, dass partikulare Zwecksetzungen Einzelner wechselseitige Anerkennung aller nicht desavouiert. Die Formel wehrt also solche menschlichen Bestimmungen ab, die für andere zu gänzlicher Fremdbestimmung führten. Die Formel mutet ihnen jedoch realiter die Partikularität gesellschaftlicher Tatsächlichkeit und das Moment *relativer* Anerkennung (also das Ökonomische) zu. Diese transzendentalidealistische Überlegung hat in pädagogischen Kontexten vor allem den Gedanken der unbestimmten Bildsamkeit Herbarts beeinflusst, wonach die Bildsamkeit des Menschen als Übergang von der *Un*bestimmtheit zur Festigkeit gedacht ist:

In klarer Differenz zu vorneuzeitlichen Gesellschaften kann der Mensch in diesem Denken nicht mehr in einem gänzlichen Sinne als durch die Tatsächlichkeit einer vorgegebenen bzw. positiven Gesellschaftsstruktur, Gesellschaftsgruppe und -ideologie bestimmt gedacht werden. Er ist ein Wesen, das „seine Bestimmung allererst denkend und handelnd hervorbringen muss" (Benner 1995, S. 165). Eine Fremdbestimmung, die den Gedanken der unbestimmten Bildsamkeit unterliefe und damit die „Menschheit" in der Person eines jeden, stellte für Bildungskontexte beispielsweise die anpassungsorientierte Einsozialisierung in ein bestimmtes Mindset, oder die Einschwörung auf die unbedingte Geltung einer gesellschaftlich hervorgebrachten Bestimmtheit von Schule dar.

Abbildung 3

Inklusion ließe sich gemäß diesem dritten Mindset als konstitutives und regulatives Prinzip pädagogischen Denkens und Handelns verstehen (vgl. Cramer und Harant 2014, S. 643ff). Der Satz ‚Inklusion ist Menschenrecht' wäre dann gleichzusetzen mit der Menschheitsformel und der Forderung nach einer solchen Erziehungspraxis, die die unbestimmte Bildsamkeit des Menschen anerkennt und entsprechende pädagogische Prinzipien zur Beurteilung der menschlichen Gesamtpraxis formuliert. Eine sozialtechnologisch basierte Steuerung gesellschaftlicher Inklusion wäre *apriori* ausgeschlossen. Dem Menschen bliebe bei solchen Steuerungen, um eine Formulierung Benners aufzugreifen, nur die „affirmative Freiheit" (Benner 1994, S. 207), dass er sich fremdbestimmt in seinem „*Willen* den gesellschaftlichen Normen unterwerfe" (ebd.). Das hieße hier z.b. konkret, welche Art der Beschulung er als die der Bestimmung seines Menschseins gemäße zu betrachten habe. Das geht jedoch nicht: Gemäß dem Inklusionsprinzip nach dem dritten Mindset müsste ich als Sehbehinderte beispielsweise die Möglichkeit haben, es meinem Menschsein gemäß betrachten zu können, eine Förderklasse für Blinde *oder* eine Klasse für alle zu besuchen. Für eine Hochbegabte gälte analoges. Damit tut sich die Frage auf: Kann oder muss man gar eine *bestimmte* Gesamtpraxis der Beschulung fordern?

Aus idealistisch-transzendentaler Perspektive wäre eine solche Ableitung aus dem Inklusionsprinzip heraus abwegig: *Transzendentale* Prinzipien, die die Bedingung der Möglichkeit für etwas formulieren, „dienen qua definitione zur Beurteilung jeder *möglichen* Praxis, sie sind aber *nicht selbst schon* Praxis" (Cramer und Harant 2014, S. 646). Allgemein beurteilen lässt sich allenfalls, ob eine *gegebene* Handlungspraxis dem Prinzip widerspricht. Eine bestimmte (Gesamt-)Praxis kategorisch einzufordern wäre hingegen stets den Partikularinteressen Einzelner bzw. von Gruppen geschuldet (vgl. ebd). Als ein solches Gruppeninteresse könnte z.B. ein prinzipielles Vergemeinschaftungs- bzw. Affiliationsinteresse beurteilt werden. Würde es kategorisch erhoben werden, wären andere Partikularinteressen (z.b. Besonderungsinteressen bzw. Austausch zur Befriedigung partikularer Bedürfnisse, wie z.b. zur Befriedigung eines gemeinsamen Leistungsmotivs oder die besondere Fokussierung auf geistige bzw. körperliche Eigentümlichkeiten in Bildungskontexten) immer schon übergangen.

Auf das oben beschriebenen Fallbeispiel angewandt bedeutet das: Der Junge, der nach Aussagen der Eltern das Schulziel (Klassenziel?) nicht wird erreichen können, hätte nach dieser Denkart wie jede und jeder das Recht, eine Gymnasialklasse zu besuchen und das seinem Menschsein gemäß zu betrachten. Allerdings führte seine Teilnahme nicht immer schon zur Abschaffung des Reglements einer Gymnasialklasse, weil es dem Inklusionsprinzip widerspreche und besondere. Auch die vermeintlich allgemeine Schule bliebe als Realisat immer partikular: Sie wäre ortsgebunden und damit bereits räumlich ein exkludierendes Einschlussmilieu. Sie wäre darüber hinaus zeitgebunden und stellte auf diese Weise immer schon eine besondernde, da zeitgeistbehaftete Schule dar.

Der idealistisch-transzendentale Bildsamkeitsgedanke bleibt, wie sich verdeutlicht, intellektualisiert und blendet die material-organische Ebene, und damit eine zentrale Ebene von Bedürftigkeit tendenziell aus. Die bereits bei Comenius gefasste Vorstellung des *omnes-omnia-omnino* (Comenius 1991, S. 12), die universale Bildsamkeitszuschreibung, erfährt jedoch am Phänomen der Behinderung, wie Tenorth formuliert, ihr „experimentum crucis" (Tenorth 2013, S. 23), nämlich überall dort, wo die Aufforderung zur Selbsttätigkeit angesichts beschädigter Bildsamkeit nicht greift. Möglicherweise exkludiert die universalisierende Formel realiter ebenso wie ihr intellektualisiertes postmodernes Erbe: Der derzeit inklusives Denken beherrschende De- bzw. vielmehr Rekategorisierungsdiskurs, es sei die Gesellschaft, die behindere, führt analog zum idealistisch-transzendentalen Mindset zu einer rein begrifflichen Aufhebung der Problemstellung für die betroffenen Einzelnen. Verschiebt man Behinderungsproblematiken nämlich nur begrifflich auf die „gesellschaftliche Umgebung" (Hinz und Niehoff 2008, S. 109; vgl. Eberwein 2000), die behindere, geht „ein individueller Rechtsanspruch auf sonderpädagogische Förderung verloren" (vgl. Ahrbeck 2014, S. 12). Des Weiteren besteht, folgt man Ahrbeck, die Gefahr einer „Trivialisierung der Theoriebildung" (ebd.) sowie der pädagogischen Förderpraxis (ebd.).

4 Fazit

Die Betrachtung der Inklusionsthematik aus drei unterschiedlichen Mindsets ergab, dass die Bestimmung des Inklusiven nicht selbstevident erfolgen kann. Sie vollzieht sich *im* Horizont von Mindsets, aller Voraussicht nach in weiteren und tritt realiter hybrid verfasst mit inneren Widersprüchen auf den Plan. Der Inklusionsgedanke kann, so der Zwischenstand, mehr aus einem modernespezifischen Individualfokus bestimmt werden und wird dann im Sinne der gegenseitigen Anerkennung rationaler Erkenntnisstrukturen und freiem Wahlverhalten gefasst. Als *telos* ist er eine Chiffre für den gesamtgesellschaftlichen *pursuit of happiness* der *enlightenment vision*. Er steht aus dieser Sicht *quer* zu einer als prärational zurückgewiesenen umfassenden Vergemeinschaftungsforderung. Im Rahmen des dargestellten postmodernen Mindsets im Gefolge Girouxs hingegen findet eine Dekonstruktion rationaler Geltungsansprüche statt, die als gruppenspezifische Metanarrative gefasst werden. Dem Gruppenspezifischen wird sowohl affirmativ als auch relativierend begegnet. Diesem postmodernen Mindset liegt implizit das *telos* einer umfänglichen Vergemeinschaftung als Bildungsziel im Sinne einer Gemeinschaft gegenseitigen Andersseins zugrunde. Gemeinschaft gegenseitigen Andersseins dient, das sei hier angemerkt, beispielsweise in theologischen Denkfiguren als Attribut des göttlichen Wesens (vgl. Jüngel 2000, S. 214). Es stellt aller Wahrscheinlichkeit nach realgesellschaftlich ein ambitioniertes Ziel dar, vermutlich lässt es sich auch, wie eingangs erwähnt, als romantisierendes Gegenkonzept zu Gesellschaft verstehen und bildet dann die Negativfolie zu den enttäuschten Erwartungen der *enlightenment vision*.

Das dritte Mindset greift – im Unterschied zu den ersten beiden Mindsets – transzendentale Denkfiguren auf und fasst den Inklusionsgedanken als regulatives Prinzip zur Beurteilung von Handlungspraxen in Analogie zum kategorischen Imperativ Kants und in Anlehnung an den Begriff der unbestimmten Bildsamkeit, wie er von Herbart formuliert wurde. Das gemeinschaftliche Moment wird, anders als im ersten Mindset, nicht zurückgewiesen, anders als im zweiten Mindset jedoch nicht programmatisch in einer bestimmten Form (wie z.B. der apodiktischen Forderung nach einer Schule für alle) postuliert. Das gemeinschaftliche Moment wird hier als Anerkennung einer universal gültigen, inklusiven Denkfigur gefasst und damit abstrakt.

Was Inklusion letztlich bedeutet, ist noch nicht zu Ende gedacht. Der Inklusionshorizont lässt sich nicht in ein einzelnes Mindset einschließen, auch und vor allem nicht in ein *vor*herrschendes. Ein wesentlicher Beitrag zur schärferen *inhaltlichen* Konturierung des Inklusionsbegriffs in bildungspolitischen Debatten bestünde darin, im Vorfeld das jeweils leitende Vorverständnis zu klären und dann im Diskurs auch offenzulegen. Mit Widersprüchen ist bleibend zu rechnen.

Literatur

Adorno, T. W. (1970). *Negative Dialektik. Jargon der Eigentlichkeit.* Frankfurt: Suhrkamp.
Ahrbeck, B. (2014). Schulische Inklusion – Möglichkeiten, Dilemmata und Widersprüche. *Soziale Passagen.* doi:10.1007/s12592-014-0154-x
Bacon, F. (1620). Novum Organum. Liber Primus. http://www.thelatinlibrary.com/bacon/bacon.liber1.shtml. Zugegriffen: 14. März 2015.
Benner, D. (1994). *Studien zur Theorie der Erziehungswissenschaft. Band 1.* Weinheim: Juventa.
Benner, D. (1995). *Studien zur Theorie der Erziehungswissenschaft, Band. 2.* Weinheim: Juventa.
Bernhard, A. (2012). Inklusion – Ein importiertes erziehungswissenschaftliches Zauberwort und seine Tücken. *Behindertenpädagogik 51 (4)*, 342-351.
Booth, T. (2010). Ein internationaler Blick auf inklusive Bildung: Werte für alle? In: A. Hinz, I. Körner, U. Niehoff (Hrsg.), *Von der Integration zur Inklusion. Grundlagen – Perspektiven – Praxis* (S. 53-73.). Marburg: Lebenshilfe-Verlag.
Bretländer, B. (2012). Integration oder Inklusion? Herausforderungen für Kinder- und Jugendhilfe. *Jugendhilfe 50 (5)*, 274-281.
Bröckling, U., Krasmann, S. und Lemke, T. (Hrsg.) (2000). Gouvernementalität der Gegenwart. Frankfurt: Suhrkamp.
Comenius, J.A. (1991). *Pampaedia. Allerziehung.* Sankt Augustin: academia Richarz.
Cramer, C., Harant, M. (2014). Inklusion – Interdisziplinäre Kritik und Perspektiven von Begriff und Gegenstand. *Zeitschrift für Erziehungswissenschaft.* doi:10.1007/s11618-014-0584-4.
Cramer, C., Harant, M. (2015). Inklusion und Bildungswesen. Eine bildungs- und professionstheoretische Analyse. In: I. Nord (Hrsg.), *Inklusion im Studium der Evangelischen Theologie.* Leipzig: Evangelische Verlagsanstalt. Im Erscheinen.
Dammer, K.-H. (2011). All inclusive? oder: Dabei sein ist alles? *Pädagogische Korrespondenz 43*, 5-30.
Deutsches Institut für Menschenrechte (2014). Online-Handbuch Inklusion als Menschenrecht. http://inklusion-als-menschenrecht.de. Zugegriffen: 15. August 2014.
Eberwein, H. (2000). Verzicht auf Kategoriensysteme in der Integrationspädagogik, in: F. Albrecht, A. Hinz und V. Moser (Hrsg.), *Perspektiven der Sonderpädagogik* (S. 95-106). Berlin: Luchterhand.
Giroux, H. A. (1991). Postmodernism as Border Pedagogy. Redefining the Boundaries of Race and Ethnicity. In: H. A. Giroux (Hrsg.), *Postmodernism, Feminism, and Cultural Politics. Redrawing Educational Boundaries* (S. 217-256). Albany: State University of New York Press.
Graham, L. und Slee, R. (2008). An Illusory Interiority: Interrogating the discourse/s of inclusion. *Educational Philosophy and Theory.* doi:10.1111/j.1469-5812.2007.00331.x
Harant, M. (2013). *Schultheorien und Deutscher Idealismus. Eine weltanschauungstypologisch-hermeneutische Analyse.* Paderborn: Ferdinand Schöningh.
Hecking, C. (2014). Junge aus Baden-Württemberg. Darf Henri auf's Gymnasium? http://www.spiegel.de/schulspiegel/inklusion-kind-mit-down-syndrom-soll-aufs-gymnasium-a-965875.html. Zugegriffen: 14. März 2015.
Hegel, G.W.F. (1970). *Grundlinien der Philosophie des Rechts oder Naturrecht und Staatswissenschaft im Grundrisse.* Frankfurt a.M.: Reclam.

Heydorn, H. J. (1980). *Ungleichheit für alle. Zur Neufassung des Bildungsbegriffs. Bildungstheoretische Schriften, Band 3.* Frankfurt a.M.: Athenäum.

Hicks, S. (2001). Ayn Alissa Rand (1905-1982). Internet Encyclopedia of Philosophy. http://www.iep.utm.edu/rand/. Zugegriffen: 14. März 2015.

Hicks, S. (2004a). Philosophical Foundations of Education. http://www.stephenhicks.org/wp-content/uploads/2009/08/hicks-educ-605-booklet-8-5-9-09.pdf. Zugegriffen: 14.März 2014

Hicks, S. (2004b). *Explaining Postmodernism: Skepticism and Socialism from Rousseau to Foucault.* Tempe: Scholargy Publishing.

Hinz, A. (2006). Inklusion. In G. Antor und U. Bleidick (Hrsg.), *Handlexikon der Behindertenpädagogik* (S. 97–99). 2. Aufl.. Stuttgart: Kohlhammer.

Hinz, A., Niehoff, U. (2008). Bürger sein. Zur gesellschaftlichen Position von Menschen, die als geistig behindert bezeichnet werden. *Geistige Behinderung 47 (2)*, 107–117.

Jüngel, E. (2000). *Indikative der Gnade, Imperative der Freiheit. Theologische Erörterungen IV.* Tübingen: Mohr Siebeck.

Kant, I. (1999). *Grundlegung zur Metaphysik der Sitten.* Hamburg: Reclam.

Lee, J.-H. (2010). *Inklusion – Eine kritische Auseinandersetzung mit dem Konzept von Andreas Hinz im Hinblick auf Bildung und Erziehung von Menschen mit Behinderungen.* Oberhausen: Athena.

Lüders, C. (2014). „Irgendeinen Begriff braucht es ja ..." Das Ringen um Inklusion in der Kinder- und Jugendhilfe. *Soziale Passagen.* doi:10.1007/s12592-014-0164-8

Marx, K. (1962). Randglossen zum Programm der deutschen Arbeiterpartei. In: Institut für Marxismus-Leninismus beim ZK d. SED, *Karl Marx Friedrich Engel. Werke. Band 19* (S. 15-32). Berlin: Dietz.

Ozmon, H. (2012). Philosophical Foundations of Education. New Jersey: Prentice Hall.

Rand, A. (1982). *Philosophy, who needs it?* New York: Penguin.

Rand, A. (1993). The Comprachicos. In: A. Rand: *The New Left: The Anti-Industrial Revolution. Revised Edition* (S. 187-239). New York: Plume.

Rousseau, J.-J. (1971). *Emile oder Über die Erziehung.* Paderborn: Ferdinand Schöningh.

Schleiermacher, F.D.E. (1990). *Ethik (1812/13): Mit späteren Fassungen der Einleitung, Güterlehre und Pflichtenlehre.* Auf der Grundlage der Ausgabe von Otto Braun herausgegeben und eingeleitet von Hans-Joachim Birkner. Hamburg: Meiner.

Tenorth, H.-E. (2013). Inklusion im Spannungsfeld von Universalisierung und Individualisierung. In: K.-E. Ackermann (Hrsg.), *Geistigbehindertenpädagogik!?* (S. 17-42), Oberhausen: Athena.

Tönnies, F. (1972). *Gemeinschaft und Gesellschaft. Grundbegriffe der reinen Soziologie.* Darmstadt: WBG.

Gesellschaftstheoretische Perspektiven

Europäische Wissenspolitik der Bildung

Edgar Forster

Als Stephen Gorard 2001 das Buch *Quantitative methods in educational research. The role of numbers made easy* publizierte, verfolgte er damit einen praktischen Zweck: „I am engaged professionally in capability-building within the educational research community. I see this book as an important part of that process" (ebd., S. xvi). Er reagierte damit auf eine sich verändernde Forschungskultur: „As the climate in educational research changes in favour of evidence-based policy and practice, with a growing interest in large-scale experimental trials and the more general use of official data already collected for another purpose" (ebd., S. 1). Gorards Beitrag zu *capability-building* hat auch eine zweite Seite: Sein Buch und seine anderen Texte können auch als ein wissenspolitisches Statement gelesen werden, denn sie produzieren und repräsentieren den *climate change* zu *evidence-informed politics research* in der Erziehungswissenschaft. In dem von der OECD publizierten Report *Evidence in Education* (CERI 2007), einem Schlüsseldokument der europäischen Wissenspolitik, formulieren Cook und Gorard (2007, S. 33ff.) Kriterien für Evidenz. Cook kommt am Ende seiner Thesen über die Vorzüge von *randomised control experiments* zu einer ernüchternden Einschätzung über den Wissensfortschritt in der Erziehungswissenschaft: „In conclusion, the argument is that learning ‚what works' is crucial in educational policy-making, and that it is especially a problem today. This is because we have failed over the last 30 years to accumulate a secure body of knowledge about effective educational practices" (ebd., S. 38).

Debatten über erziehungswissenschaftliche Forschungskulturen thematisieren das Feld der Wissenspolitik. Erziehungswissenschaftliche Forschungen zur Wissenspolitik haben die sich überlappenden ökonomischen, sozialen, kulturellen, institutionellen und epistemologischen Bedingungen sowie Praktiken der Generierung, Zirkulation und Anwendung von erziehungswissenschaftlichem Wissen zu ihrem Gegenstand. Insofern diese Bedingungen nicht natürlich gegeben sind, sondern hergestellt und gestaltet werden, ist von Wissenspolitik die Rede. Der Begriff ‚Politik' verweist hier auf eine Auffassung des Politischen, die sowohl politische Praktiken und ihre Akteure (ontische Ebene) als auch grundlegende, konfligierende Fragen über die Gestaltung einer Gesellschaft (ontologische Ebene) umfasst und die epistemologische Dimension der Wissensproduktion einschließt (vgl. Mouffe 2007). Demnach werden die Generierung und Zirkulation von Wissen als machtvolle Praktiken und als Teil des gesellschaftlichen Machtgefüges begriffen und analysiert. Zur Wissenspolitik der Erziehungswissenschaft gehören unter anderem diese Fragen: Was gilt als erziehungswissenschaftliches Wissen? Welches Wissen produziert erziehungswissenschaftliche Forschung und welches Wissen soll sie aus welchen Gründen produzieren? Welche Konsequenzen haben wissenspolitische Entscheidungen für die Forschungspraxis, für die pädagogische Praxis, für politische Akteure und für die Entwicklung der Disziplin Erziehungswissenschaft? Eine spezifische Form der europäischen Wissenspolitik, die ich „partizipative Wissenspolitik" nennen möchte und als Teil einer europäischen *Governance*-Strategie verstehe, ist Gegenstand dieses Beitrags.

Im *ersten Kapitel* werde ich die Grundzüge von *governance* und Partizipation skizzieren. Das Programm *Lebenslanges Lernen* und das Instrument der *Offenen Methode der Koordinierung* sind Beispiele für diese Form von *governance*. Ich werde sie im *zweiten Kapitel* darstellen. Im *dritten Kapitel* mache ich einige Vorschläge, wie man Wissenspolitik analysieren kann. Sie gehen mit der Annahme einher, dass die gegenwärtige Transformation von politischen Steuerungs-, Integrations- und Herrschaftsmodi die Formen und Funktionen von Partizipation, Wissen und Politik verändert. Behauptet wird, dass Partizipation als eine hegemoniale Strategie der Inklusion begriffen werden muss, die durch Benchmarks und Indikatoren Entscheidungsketten, Pfadabhängigkeiten und Anpassungsdruck ‚erzwingt' und die konflikthafte Grundstruktur von Gesellschaft neutralisiert. Von Deutungsmustern, denen zufolge technokratische Sachpolitik die Diskussion gesellschaftlicher Grundfragen überflüssig macht und Expertinnen und Experten an die Stelle von Politikerinnen und Politikern treten, sollte sich wissenschaftliche Analyse nicht verführen lassen. Daran wird im abschließenden *vierten Kapitel* erinnert.

1 Governance und Partizipation

Ich werde Wissenspolitik als integralen Bestandteil einer politischen Strategie betrachten, die ihren hegemonialen Anspruch dadurch einzulösen versucht, dass sie Politik als eine umfassende Steuerung betrachtet, die nicht nur von klassischen politischen Akteuren, sondern auch von „Staatsapparaten" wie wissenschaftlichen Einrichtungen und Bildungsanstalten und durch Subjektivierungsweisen hervorgebracht und vollzogen wird. Ich knüpfe deshalb in dieser Studie kritisch an Forschungstraditionen an, die sich mit *educational governance* beschäftigen (vgl. Forster 2014, Thompson 2014, Martens und Niemann 2010, Amos 2009, Benz et al. 2007, Martens et al. 2007, Keiner 2005, Maag Merki et al. 2014, Radtke 2003).

Der Begriff ‚partizipative *Governance*' nimmt Anleihen an partizipativen Demokratietheorien, die die Beteiligung von zivilgesellschaftlichen Gruppen an Entscheidungsprozessen als einen wichtigen Bestandteil von Demokratien hervorheben. Bei Heike Walk (vgl. 2008) rücken emanzipatorische Partizipationsansätze und input-orientierte Fragestellungen in den Mittelpunkt der Diskussion, weil sie davon ausgeht, dass Steuerungseffektivität vor allem dadurch erreicht werden kann, „dass die Gesellschaft für Probleme sensibilisiert, Solidarität befördert und Verantwortungsbewusstsein sowie Folgebereitschaft für politische Entscheidungen geschaffen werden" (ebd., S. 17). Mit dieser Idee von Partizipation wird auch die Auffassung zurückgewiesen, dass der politische Wille von Bürgerinnen und Bürgern dem politischen Willens- und Entscheidungsprozess nur vorgelagert sei und allein durch den Filter politischer Repräsentation Eingang in politische Entscheidungen finden soll. Walk (vgl. ebd., S. 118) kritisiert die Instrumentalisierung des politischen Gedankens der Partizipation für die Akzeptanz und Optimierung von politischer Steuerung. Dadurch bleiben Entscheidungsstrukturen unangetastet und die politische Relevanz von Protestgruppen und Gegenbewegungen ist marginal. Ihre Forderung zielt darauf ab, die Sphäre des Politischen auszudehnen und die Unterscheidung zwischen den Sphären des Politischen und Vor-Politischen aufzuheben.

Man kann ihre Kritik als Antwort auf eine Verschiebung in der politischen Diskussion über Partizipation interpretieren: Aus der politischen Forderung nach Mitbestimmung wird ein Instrument zur Legitimierung der regierenden Politik. Die Forderung nach Partizipation ist Ausdruck eines Kampfes um Macht und Herrschaft. Ein solcher Partizipationsdiskurs ist in einem herrschaftskritischen Sinn ‚negativ': Er wendet sich gegen politische Entscheidungsträger, gegen die Beschneidung von Rechten, gegen intransparente Entscheidungen und solche, die über die Köpfe der Betroffenen hinweg getroffen werden. Diese Kritik realisiert sich in zwei, politisch weit auseinanderliegenden Formen: Die erste Form der Kritik zielt auf eine Umkehrung von Machtverhältnissen. Der Gedanke der Partizipation ist eng mit der Durchsetzung partialer Interessen verknüpft, aber nicht notwendig mit der Einrichtung demokratischer Entscheidungsstrukturen. Die zweite Form der Kritik begreift Partizipation als herrschaftskritischer Ausdruck demokratischer Politik. Nur in dieser Form verknüpft sich Partizipation mit der demokratischen Einrichtung von Gesellschaft, die mit einer Ausweitung der Sphäre des Politischen einhergeht.

Im Kontext der gegenwärtigen Transformation politischer Steuerungs-, Integrations- und Herrschaftsordnungen wird Partizipation zu einer Diskussion über die politische Legitimation und damit zu einer Diskussion von politischen Entscheidungsträgern über die Art und Weise, wie sie politische Entscheidungen durchsetzen und Herrschaft absichern. Nach Joachim Blatter (2007, S. 267) sind angesichts „vielfältiger Differenzierungen und Grenzverwischungen innerhalb des politisch-administrativen und zwischen dem politischen und dem gesellschaftlichen System" klassische Formen und Prozesse der politischen Legitimierung nicht mehr adäquat oder ausreichend, „um bei der Bevölkerung Akzeptanz sowie Folge- und Mitwirkungsbereitschaft zu garantieren" (ebd.). Er identifiziert zwei für meine Analyse wichtige Transformationen: Erstens verschieben sich die Grenzen zwischen Gesellschaft und Politik. Anders als politische Forderungen nach direkter Demokratie zielen Modelle einer assoziativen Demokratie darauf ab, Verbände, Vereinigungen und Bewegungen in politische Prozesse einzubinden, um Mechanismen der politischen Selbststeuerung zu verbessern und politische Legitimation zu erhöhen. Zweitens werden die Grenzen zwischen politischer Repräsentation und Präsentation porös. Dadurch gewinnt der kommunikative Prozess, der in eine politische Entscheidung mündet, an Bedeutung. Er wird zu einem Bestandteil der Entscheidung und von dieser nicht mehr eindeutig unterscheidbar. Die im Rahmen von europäischen Governance-Strategien entwickelte, auf Partizipation abzielende *Offene Methode der Koordinierung* ist dafür ein Beispiel, denn sie drängt ihre Mitglieder durch wissenschaftliche Evidenz, aber auch durch kommunikative Prozesse des *blaming and shaming* zu permanenten politischen Entscheidungen in ‚kleinen Schritten', an deren Ende eine Entscheidung gefällt wird, die durch die vorhergehenden Schritte eine starke Determination erfährt.

Ulrich Brand (vgl. 2004) zufolge realisiert sich durch *governance* eine Ordnungspolitik des „nachhaltigen Neoliberalismus", der durch ein erhebliches Demokratiedefizit charakterisiert sei, weil sie asymmetrische Machtverhältnisse ausblende. Auch Claus Offe (vgl. 2008, S. 73) sieht in *Governance*-Ansätzen eine Form der Entpolitisierung, weil politische Konflikte nicht in die Analyse einbezogen werden. Dabei wird zunehmend auf eine „Politik der Signale" (ebd.) gesetzt: auf Empfehlungen und Informationen mit starken Verhaltensappellen, auf Warnungen, Missbilligungen, aber auch auf Ermutigungen, Vorbilder und *Best practice*-Modelle, auf Appelle an Klugheit und Verantwortung sowie andere weiche Formen der politischen Kommunikation. Politische Signale richten sich nicht primär an Kollektivakteure, sondern an Bürgerinnen und Bürger direkt. „Dabei besteht kein Zweifel, dass der Gebrauch, den politische Akteure von solchen Signalen machen, durchaus manipulative, entpolitisierende, diskriminierende, paternalistisch bevormundende und populistische Qualitäten haben kann" (ebd., S. 74).

Die Kritik von Offe und Brand wird nicht abgeschwächt, aber ins rechte Licht gerückt, wenn ich hinzufüge, dass unter dem Titel *governance* nationalstaatliche Regierungen und europäische politische Institutionen nicht nur Steuerungsformen realisieren, sondern auch ihre eigene Politik vermarkten. Ihr Selbstverständnis von Steuerung und Politik jenseits des Politischen und damit jenseits der konflikthaften Grundstruktur von und zwischen Gesellschaften sind *imaginaries* mit stark normativen Zügen, die an realen gesellschaftlichen Konflikten zerbrechen. Europäische *Governance*-Strategien sind auch interne Befriedungsstrategien und politische Herrschaftstechniken der Europäischen Kommission, die sich mit nationalstaatlichen Regierungen arrangieren müssen. Ergänzt werden solche *imaginaries* durch das Selbstbild Europas als einer *normative power*. Der Begriff stammt von Ian Manners (vgl. 2002), um zu zeigen, dass die Europäische Union in der Welt neben einer zivilen und militärischen Macht auch eine normative Macht ausübt. Man könnte darunter die Themenführerschaft und die Vorherrschaft über Diskussionen verstehen, kurz, eine Form von symbolischer Macht. Wenn man die geopolitische Dimension der *Governance*-Diskussion berücksichtigt, wird man besser verstehen können, dass die hier diskutierten politischen Instrumente eine Form von *normative power* repräsentieren, die dem Selbstbild Europas als einer ‚westlichen Zivilisation' entsprechen. Ich werde auf eine dieser Strategien im Folgenden genauer eingehen, nämlich auf die europäische Wissenspolitik der Bildung.

2 Wissenspolitik in der Europäischen Union

In den *Governance*-Modellen der Europäischen Kommission kommt dem Wissen als Grundlage der Steuerung eine zentrale Funktion zu. Wissenspolitik beschäftigt sich mit der Generierung und Anwendung von Wissen. Sie schließt politische Praktiken ein, die definieren, was unter Wissen verstanden wird, und ihre Akteure regeln, wer Einfluss auf Wissenspolitik nehmen soll. Eine bedeutende Funktion erziehungswissenschaftlicher Wissenspolitik ist ihre Integration in Strategien von *educational governance*, das heißt, in Prozesse der politischen Willensbildung, Entscheidungsfindung, der Koordination, Kooperation und Partizipation sowie der

Integration unterschiedlicher Akteure in Steuerungsprozesse. Wissen ist nicht nur als Form der politischen Legitimation ein wichtiger Bestandteil von *governance*, sondern *Governance*-Prozesse stellen selbst Formen der Generierung von Wissen dar, die durch ihren partizipativen Charakter eine starke Form der Handlungsverpflichtung erzeugen. Diese Politik wirkt sich auf die Formierung der nationalen erziehungswissenschaftlichen Forschungslandschaften aus und verändert ihr Selbstverständnis.

Ich lege dem Begriff der Wissenspolitik einen wissensgeschichtlichen Begriff des Wissens zugrunde und greife auf Philipp Sarasins (2011) Konzept des Wissens zurück. Er versteht darunter ein „Konglomerat aus semiotischen Strukturen, Prozessen und Diskursen, ein Gewusel jedenfalls" (ebd., S. 163). Die Wissensgeschichte untersucht die „gesellschaftliche Produktion und Zirkulation von Wissen" (ebd., S. 164). Zirkulation heißt, dass das Wissen „auf ,Anstöße' aus anderen Wissensfeldern aus unterschiedlichen sozialen Räumen reagiert, an anderen Orten wieder aufgegriffen und dabei umgeformt wird" (ebd.). Die Produktion und Zirkulation von Wissen hängen eng miteinander zusammen, denn die beständige Zirkulation führt zu Umformungen, das heißt neuen Produktionen. Die Wissensgeschichte untersucht die Funktionen, die das Wissen bei der Formierung eines Feldes hat. Dementsprechend soll es um Ordnungen, Systematisierungen, Repräsentationsformen, Medialität und Akteure sowie um Genealogien des Wissens gehen (ebd., S. 167). Die Konstruktion von Zusammenhängen, Ordnungen, Sprachen und Repräsentationen formt die Wahrnehmung der Welt, in der wir leben, und die Rationalitätslogik, nach der wir sie begreifen.

2.1 Partizipative Wissenspolitik in der Europäischen Union: *Die Offene Methode der Koordinierung (OMK)*

Ich möchte nun am Beispiel der *Offenen Methode der Koordinierung* zeigen, welches Verständnis von partizipativer Wissenspolitik der Steuerung durch Institutionen der Europäischen Union zugrunde liegt. Sie gehört zu den Instrumenten, die der Europäische Rat von Lissabon im März 2000 beschlossen und die die Europäische Kommission in das Weißbuch *Europäisches Regieren* (AblEG Nr. C 287 v. 12.10.2001) aufgenommen hat, aber ihre ersten Anwendungen gehen auf die 1990er Jahre zurück. Die *Offene Methode der Koordinierung* bietet Verfahrensmöglichkeiten, um eine Konvergenz von Politiken zu erreichen, die in die nationale Zuständigkeit fallen, aber nach Ansicht der Kommission im nationalen Rahmen allein nicht mehr gelöst werden können. Sie steht neben den beiden Integrationsmethoden der supranationalen Rechtsetzung und der zwischenstaatlichen

Zusammenarbeit der Regierungen und wird auch als weiches Koordinierungs- und Steuerungsinstrument bezeichnet, als ein *soft law*, weil zwar die Mitwirkung der Mitgliedstaaten verbindlich ist, nicht aber die Einhaltung der Leitlinien. Die europäische Politik reagiert damit auf Legitimationsprobleme[1], indem sie für „mehr Offenheit sowie für eine größere Verantwortung und Rechenschaftspflicht aller Beteiligten" (AblEG Nr. C 287 v. 12.10.2001) plädiert.

Zwei Orientierungen sind für die *Offene Methode der Koordinierung* charakteristisch: (1.) Zu den fünf Grundsätzen des „guten Regierens" zählen Offenheit, Verantwortlichkeit, Effektivität, Kohärenz und Partizipation: „Wie gut, sachgemäß und wirksam die Politik der Union ist, hängt davon ab, inwieweit die Akteure in den Politikgestaltungsprozess [...] einbezogen werden. Verstärkte Teilhabe bewirkt größeres Vertrauen in das Endergebnis und die Politik der Institutionen" (AblEG Nr. C 287/7-8).

(2.) Politische Legitimation soll durch ein zweites Element gestärkt werden, nämlich durch ein „Vertrauen in Expertenwissen" (AblEG Nr. C 287/15): „Wissenschaftler und sonstige Sachverständige spielen eine immer wichtigere Rolle bei der Vorbereitung und Überwachung von Entscheidungen. In vielen Bereichen [...] verlassen sich die Institutionen auf Expertenwissen, um auf die Union zukommende Probleme und Ungewissheiten rechtzeitig zu erkennen, Entscheidungen zu treffen und die Öffentlichkeit über Gefahren klar und einfach zu informieren" (AblEG Nr. C 287/16).

Zu den Anwendungsbereichen der *Offenen Methode der Koordinierung* zählen neben den wirtschaftspolitischen Abstimmungsprozessen die Beschäftigungs- und Sozialpolitik, die Bildungs- und Forschungspolitik sowie die Umwelt-, Gesundheits- und Jugendpolitik. Diese Methode kennt keine Rechtsakte und damit auch keine Kontrolle durch den Europäischen Gerichtshof. Ihr Ziel besteht allein in der Koordinierung. Sie zielt nicht darauf ab, dass die Mitgliedstaaten ihre Souveränität aufgeben. Im Gegenteil, das Subsidiaritätsprinzip wird respektiert. Freiwillige Kooperation soll zur Effizienz von Politikentscheidungen beitragen. Das ist möglich, weil gemeinsame Ziele und Orientierungen über Leitlinien festgelegt werden, die auf nationaler Ebene innerhalb einer vereinbarten Frist umgesetzt werden sollen. Zu den Instrumenten der *Offenen Methode der Koordinierung* zählen gegenseitiges Lernen, statistische Vergleiche, Leitlinien, Richtwerte (Benchmarks) und Empfehlungen. Jeder Mitgliedsstaat berichtet über Fortschritte. Die regelmäßige

---

1 „Die europäischen Politiker sind mit einer paradoxen Situation konfrontiert. Zum einen erwarten die Europäer von ihnen die Lösung der grundlegenden Probleme unserer Gesellschaft, zum anderen misstrauen sie zunehmend der Politik und den Institutionen, oder wenden sich ganz einfach desinteressiert davon ab" (AblEG Nr. C 287/1).

Überprüfung und Bewertung der Ergebnisse ist von großer Bedeutung. Zwar können Mitgliedstaaten nicht belangt werden, wenn sie Standards und Ziele nicht erfüllen, aber es wird öffentlich Bilanz gezogen, sodass die Stärken und Schwächen eines Mitgliedstaates in bestimmten Politikfeldern sichtbar werden, die wiederum zu wechselseitigen Lernprozessen anregen sollen.

Ungeachtet der Zielsetzung der Europäischen Union unterscheidet Benz (vgl. 2009, S. 161) zwei Varianten der *Offenen Koordinierungsmethode*: ein kooperatives und ein kompetitives *benchmarking*. Koordinierung besteht in der Praxis vielfach in einem Erfahrungsaustausch auf der Basis von gemeinsamen Zielen und Referenzgrößen, aber sie könne dazu benutzt werden, um einen Leistungswettbewerb zwischen Mitgliedsstaaten zu initiieren oder voranzutreiben. Die Europäische Kommission habe die Option eines kompetitiven Verfahrens der Koordinierung „jedenfalls nicht ausgeschlossen" (ebd.).

Straßheim (2011) beurteilt die *Offene Methode der Koordinierung* nach ihrem Potential und ihren Formen der Inklusion durch Koordination und Kooperation. Auf der einen Seite stehen Vertreterinnen und Vertreter jener Position, die in der *Offenen Methode der Koordinierung* den Versuch sehen, auf die Legitimationskrise zu reagieren, ohne die Politik substantiell zu verändern. Es gehe nicht in erster Linie um eine verbesserte Problemlösungsfähigkeit, sondern um eine „Legitimation ohne großen Schaden" (zit. nach ebd., S. 5). Auf der anderen Seite steht die Einschätzung, dass die *Offene Methode der Koordinierung* für einen Wandel der Demokratie in Richtung Postdemokratie steht: Sie diffundiert politische Verantwortung, schwächt rechtsverbindliche Instrumente und damit parlamentarische Kontrolle. Hinter verschlossenen Türen findet, wie Crouch (2008, S. 10) sagt, Politik in einem vorpolitischen Raum statt. Die *Offene Methode der Koordinierung* unterstützt diese Politik, indem sie dazu beiträgt, die Europäische Union in ein technokratisches Netzwerk von Expertinnen und Experten zu verwandeln. Dadurch entsteht ein „einzigartiger europäischer Binnenmarkt für grenzüberschreitende *Policy*- und Verwaltungsinformationen" (Bach, zit. nach Straßheim 2011, S. 6), an dem auch Organisationen wie die OECD mitwirken. Der zwanglose Zwang in solchen Verfahren wird über eine „kognitive Hegemonie" von Expertinnen- und Expertenwissen hergestellt: Es bilden sich „generalisierte und unhinterfragte Erwartungen hinsichtlich dessen, was als politisch relevantes und anerkanntes Wissen gilt" (ebd., S. 7). Evidenzbasierte Indikatorensysteme und Benchmarks bilden die Grundlage für die Koordination und Kooperation, aber auch für die Disziplinierung von Mitgliedsstaaten. Bei den Beteiligten entsteht Handlungsdruck, den Prozess ab einem bestimmten Punkt nicht mehr zu stören und die Ergebnisse umzusetzen. Kompetitive nationale Leistungsvergleiche können Anpassungsprozesse zusätzlich verstärken (vgl. Preunkert 2009, S. 43).

2.2 Wissenspolitische Bildungsstrategien: Das Beispiel „Lebenslanges Lernen"

Die europäische Bildungspolitik gehört zu jenen Feldern, die im Fokus der *Offenen Methode der Koordinierung* stehen (vgl. Europäische Kommission 2002, S. 10). Der Europäische Rat von Lissabon hat das Thema „Bildung und Ausbildung für das Leben und Arbeiten in Wissensgesellschaften" als eines der Hauptarbeitsfelder für die Modernisierung der europäischen Gesellschaft identifiziert. Im Zeitraum von 2000 bis 2010 wurde im Rahmen der Lissabon-Strategie die *Offene Methode der Koordinierung* für den Bildungsbereich entwickelt. Die Ergebnisse führten zum *Arbeitsprogramm 2010* (Europäische Kommission 2002). Ihm folgte das derzeit gültige Programm *ET 2020* (Rat der Europäischen Union 2009). Ich werde nun Schritt für Schritt die formalen Grundzüge dieser Arbeitsprogramme rekonstruieren, um die wissenspolitische Mikrologik sichtbar zu machen. Es handelt sich um einen kleinen Ausschnitt aus Protokollen europäischer politischer Institutionen und ihnen angeschlossener Forschungsabteilungen und statistischer Büros. Um die volle Dimension der europäischen Wissenspolitik ermessen zu können, müsste man in weiteren Schritten zeigen, wie auf der Ebene der einzelnen Nationalstaaten die Maßnahmen umgesetzt werden.[2]

Der Europäische Rat (2000) begründet seine Initiative für das erste Arbeitsprogramm folgendermaßen: „Die Europäische Union ist mit einem Quantensprung konfrontiert, der aus der Globalisierung und den Herausforderungen einer neuen wissensbasierten Wirtschaft resultiert. [...] Deshalb muss die Union ein klares strategisches Ziel setzen und sich auf ein ambitioniertes Programm für den Aufbau von Wissensinfrastrukturen, die Förderung von Innovation und Wirtschaftsreform und die Modernisierung der Sozialschutz- und Bildungssysteme einigen." Im strategischen Papier werden allgemeine politische Ziele formuliert[3] und die Anwendung des „neuen, offenen Koordinierungsverfahrens" wird angeregt. Der bis heute andauernde Prozess der Umsetzung der strategischen Ziele des Europäischen

---

[2] Vgl. z.B. die europäische Umsetzung des strategischen Rahmens *Bildung und Ausbildung 2020 („ET 2020")* in Deutschland (BMBF 2011). Wissenspolitisch aufschlussreicher als solche *reports* sind Protokolle, in denen nationalstaatliche Akteure bis in einzelne Formulierungen hinein ihre politischen Positionen darstellen und gegenüber konkurrierenden Darstellungen nach innen (d.h. im nationalstaatlichen Kontext) und gegenüber europäischen *Governance*-Agenturen verteidigen (vgl. z.B. VÖV 2001).

[3] Unter anderem sollen die „Humankapitalinvestitionen pro Kopf" gesteigert, Schulen zu Mehrzweck-Lernzentren weiterentwickelt, Mobilität gefördert und ein gemeinsames europäisches Muster für Lebensläufe entwickelt werden, um erworbene Kenntnisse besser beurteilen zu können.

Rates kann man etwas verkürzt als Prozess der Konkretisierung, Präzisierung, Umarbeitung charakterisieren (vgl. Odendahl 2011, S. 377ff.). Das Arbeitsprogramm 2010 entsteht auf der Basis von Zielvorgaben des Europäischen Rates von Lissabon und enthält drei strategische Ziele mit 13 Teilzielen (vgl. Europäische Kommission 2002, S. 12ff.). Die Konkretisierung und Ausformulierung wird im Folgenden am ersten strategischen Ziel des Arbeitsprogramms 2010 illustriert. Dieses Ziel definiert den „europäischen Wissensraum" (vgl. Europäische Kommission 2002, S. 13ff.) und lautet: „Erhöhung der Qualität und Wirksamkeit der Systeme der allgemeinen und beruflichen Bildung in der EU". Es wird durch fünf Teilziele realisiert:

- Teilziel 1.1: Verbesserung der allgemeinen und beruflichen Bildung von Lehrkräften und Ausbildern;
- Teilziel 1.2: Entwicklung der Grundfertigkeiten für die Wissensgesellschaft;
- Teilziel 1.3: Zugang zu den Informations- und Kommunikationstechnologien (IKT) für alle;
- Teilziel 1.4: Förderung des Interesses an wissenschaftlichen und technischen Studien;
- Teilziel 1.5: Bestmögliche Nutzung der Ressourcen.

In jedem Teilziel werden „Kernaufgaben" sowie „Instrumente zur Förderung und Überwachung der Fortschritte" festgelegt. Sie umfassen quantitative Verfahren, sprich die Erstellung von Indikatoren, und qualitative Verfahren, zu denen der Erfahrungsaustausch durch die *Offene Methode der Koordinierung* zählt. In der weiteren zeitlichen Folge bleiben die großen Ziele unverändert, während die Benchmarks immer wieder korrigiert und die Indikatoren reduziert werden. 2007 formuliert die Europäische Kommission (2007) einen kohärenten Rahmen „für Indikatoren und Benchmarks zur Beobachtung der Fortschritte bei der Erreichung der Lissabon-Ziele im Bereich der allgemeinen und beruflichen Bildung". Der Rat der EU-Bildungsminister hat sich schließlich auf 16 Indikatoren geeinigt (vgl. Abl-EU 2007).

Im Nachfolgeprogramm *ET 2020* für den Zeitraum 2010 bis 2020 wurden neue strategische Ziele vereinbart: die Verwirklichung von lebenslangem Lernen und Mobilität; die Verbesserung der Qualität und Effizienz der allgemeinen und beruflichen Bildung; die Förderung der Gerechtigkeit, des sozialen Zusammenhalts und des aktiven Bürgersinns; und die Förderung von Innovation und Kreativität – einschließlich unternehmerischen Denkens – auf allen Ebenen der allgemeinen und beruflichen Bildung (vgl. Rat der Europäischen Union 2009). Die Indikatoren bleiben gleich, aber die Benchmarks für 2020 wurden verändert und strenger gefasst. Neue Benchmarks für die Bereiche Mobilität, Beschäftigungsfähigkeit und Fremdsprachenerwerb werden von der Kommission ausgearbeitet und dem Rat vorgeschlagen. Die *Offene Methode der Koordinierung* bleibt als politisches Instrument mit Veränderungen bestehen: Deutlichere Unterteilungen und kleinere Schritte sowie Diversifizierungen sind vorgesehen. Der Zeitraum bis 2020 soll in verschiedene Phasen unterteilt werden und für jeden Zyklus definiert der Rat prioritäre Bereiche für die europäische Zusammenarbeit. Der Prozess und die Zusammenarbeit werden, resümiert Odendahl (2011, S. 387), „engmaschiger".

3 Elemente der Wissenspolitik

Im nächsten Schritt soll es darum gehen, den hier in aller Kürze dargestellten Korpus der europäischen Wissenspolitik im Bildungsbereich zu analysieren. Mit *Governance*-Analysen gehe ich davon aus, dass die Wissenspolitik europäischer Programme wie *ET 2020* und andere nicht auf der Ebene der institutionellen Politik begriffen werden kann. Sie realisiert sich vielmehr durch eine komplexe bürokratisch-wissenschaftliche Praxis, deren Struktur, Dynamik und Elemente untersucht werden sollen.

3.1 Wuchernde rhizomatische Gebilde

Die Struktur und Dynamik der Praxis der Wissenspolitik lässt sich näherungsweise als ein wucherndes rhizomatisches Gebilde fassen. Das kann man nicht ausschließlich, aber auch mit der politischen Struktur Europas erklären, das sich aus Nationalstaaten zusammensetzt, die auf Souveränität pochen und mit den europäischen politischen Institutionen um Macht und Einflussnahme ringen. Sie entwickeln in der politischen Auseinandersetzung komplexe *Governance*-Strategien. Es gibt aber weder *die* europäische Wissenspolitik noch *den* zentralen Akteur, sondern es gibt viele unterschiedliche Netzwerke und Akteurskonstellationen auf unterschiedlichen ökonomischen und technischen Feldern sowie im Bildungsbereich, die zu einer europäischen Wissenspolitik beitragen. Die hier vorgestellten Arbeitsprogramme bilden nur einen kleinen Ausschnitt aus den laufenden Aktivitäten und aufgrund ihrer wuchernden Dynamik können selbst diese hier nur rudimentär dargestellt werden. Es gehört zu den typischen Merkmalen für neuere *Governance*-Formen, dass zu den Akteuren nicht nur politisch legitimierte Institutionen zählen, sondern auch Verwaltungseinheiten, wissenschaftliche Abteilungen von internationalen Organisationen, (nationale) Interessenvertretungen, wissenschaftliche Institute und viele mehr.[4]

Ich werde darauf zurückkommen, weshalb es mir angemessen erscheint, die Dynamik der Wissenspolitik als Wucherung zu beschreiben und den Begriffen „Nachahmung" und „Ansteckung", wie sie von Gabriel Tarde (vgl. 2009) verwendet werden, eine besondere Bedeutung zu geben. Die Praxis der Wissenspolitik mag nach der Auffassung der klassischen Politikforschung von einem Programm oder einer Leitidee ausgehen. Die Erzählungen über die aktuelle Wissenspolitik der Bildung in Europa beginnen dann mit dem Aufruf des Europäischen Rates von Lissabon, die europäischen Systeme der allgemeinen und beruflichen Bildung zu modernisieren. Es gibt in der Folge immer wieder politische Aufrufe, aber wie könnte man entscheiden, ob der Lissaboner Aufruf eine Initiative darstellt? Ist er nicht vielmehr das Glied in einer langen Kette von Ereignissen von ganz unterschiedlichem Format? Von politischen Äußerungen, der Produktion immer neuer Statistiken, von wissenschaftlichen und administrativen Netzwerktreffen? Erzwingt nicht eine Initiative die nächste, ein Papier ein neues Dokument, eine politische Äußerung einen Workshop oder einen Forschungsauftrag? Und kann man tatsächlich von der Umsetzung eines politischen Willens sprechen, von einer Praxis, die diesen politischen Willen repräsentiert? Müsste man nicht auch davon sprechen, dass diese Praxis sehr viele neue Aktivitäten erzeugt, die nur äußerlich, das heißt, um Legitimation zu erheischen, *etwas* repräsentieren, währenddessen sie einer eigenen Logik folgen, die darin besteht, dass diese Praxis einer Dynamik entspringt, die auf Ähnlichkeit und Wiederholung gründet und nicht auf eine zentrale Norm zurückgeführt werden kann? Veränderungen werden durch diese Wiederholungen und Zirkulationen hervorgebracht, so dass wir der Beschreibung von Deleuze (1992, S. 31) mehr Gewicht geben sollten, dass wir es mit „Verkettungen sozialer Ereignisse zu einem Strom" zu tun haben. Odendahls Diagnose, dass die Entwicklung von *Governance*-Strukturen immer engmaschiger wird, ist Ausdruck der Vervielfältigung von Verbindungen. Diese Feststellung bezieht sich nicht auf die symbolische Dimension von Diskursen, die Bedeutungsüberschuss produzieren, obwohl auch ein solcher produziert wird, aber die Vervielfältigung ist zuerst eine materielle Vervielfältigung, und ein politisches Dokument repräsentiert diese Vervielfältigung und ist eine solche. Ein Beispiel dafür sind die

---

4   Bedeutende erziehungswissenschaftliche Einrichtungen sind unter anderem das der OECD angeschlossene *Centre for Educational Research and Innovation (CERI)*, das *Eurydice-Netzwerk* oder das *Centre for Research on Education and Lifelong Learning (CRELL)* der Europäischen Kommission. Letzteres hat eine wichtige Funktion im Monitoring der Umsetzung von „ET 2020".

Europäische Wissenspolitik der Bildung

„Schlussfolgerungen des Rates vom 25. Mai 2007 betreffend einen kohärenten Rahmen von Indikatoren und Benchmarks zur Beobachtung der Fortschritte im Hinblick auf die Lissabonner Ziele im Bereich der allgemeinen und beruflichen Bildung" (AblEU 2007). Ein Drittel des Gesamtdokuments besteht ausschließlich aus Verweisen auf andere politische Dokumente (siehe Abb. 1).

21.12.2007	DE	Amtsblatt der Europäischen Union	C 311/13

Schlussfolgerungen des Rates vom 25. Mai 2007 betreffend einen kohärenten Rahmen von Indikatoren und Benchmarks zur Beobachtung der Fortschritte im Hinblick auf die Lissabonner Ziele im Bereich der allgemeinen und beruflichen Bildung

(2007/C 311/10)

DER RAT DER EUROPÄISCHEN UNION —

UNTER VERWEIS AUF:

1. den Aufruf des Europäischen Rates (Lissabon) im Frühjahr 2000, die europäischen Systeme der allgemeinen und beruflichen Bildung zu modernisieren, um den Anforderungen einer wissensbasierten Wirtschaft und den wachsenden sozio-ökonomischen und demografischen Herausforderungen, denen die Union in einer globalisierten Welt gegenübersteht, gerecht zu werden ([1]);

2. die Schlussfolgerungen des Europäischen Rates (Barcelona) vom März 2002, in denen das übergeordnete Ziel der Ausbau der europäischen Systeme der allgemeinen und beruflichen Bildung „zu einer weltweiten Qualitätsreferenz" bis 2010 angeführt wurde und in denen mit Blick darauf gemeinsame Ziele zur Verbesserung dieser Systeme gebilligt wurden ([2]);

3. das detaillierte Arbeitsprogramm zur Umsetzung dieser gemeinsamen Ziele — das Arbeitsprogramm „Allgemeine und berufliche Bildung 2010" —, das eine indikative Liste von Indikatoren zur Messung der Fortschritte bei der Umsetzung der dreizehn konkreten Ziele im Wege der offenen Koordinierung enthielt;

4. die Schlussfolgerungen des Rates vom 5. Mai 2003, in denen eine Liste europäischer Durchschnittsbezugswerte für allgemeine und berufliche Bildung (Benchmarks) festgelegt wurde, die neben anderen Instrumenten für die Beobachtung der

sowie über die soziale und wirtschaftliche Situation der Studenten in den teilnehmenden Ländern gefordert wurden, damit künftige Bestandsaufnahmen hierauf aufbauen können ([5]);

7. die Schlussfolgerungen des Rates vom 24. Mai 2005, in denen die Kommission ersucht wird, dem Rat über die Fortschritte Bericht zu erstatten, „die bei der Schaffung eines kohärenten Rahmens von Indikatoren und Benchmarks für die Umsetzung der Lissabonner Ziele der beruflichen Bildung und beruflichen Bildung erzielt wurden" ([6]);

8. die Schlussfolgerungen des Rates vom 19. Mai 2006, in denen die Kommission ersucht wird, dem Rat über den Sachstand bezüglich der Entwicklung eines kohärenten Indikators für Sprachenkompetenz Bericht zu erstatten ([7]);

9. die Schlussfolgerungen des Rates vom 13. November 2006, in denen die Kommission aufgefordert wird, „der Entwicklung des Aspekts der beruflichen Bildung innerhalb des kohärenten Rahmens von Indikatoren und Benchmarks Aufmerksamkeit" zu „widmen";

10. die Kernbotschaften des Rates im Bereich allgemeine und berufliche Bildung der Frühjahrstagung 2007 des Europäischen Rates, in denen betont wird, dass „die wissenschaftlichen Grundlagen der Bildungspolitik und der bildungspolitischen Praktiken ausgebaut werden" müssen und dass „es gilt, eine Kultur der Evaluierung zu entwickeln und die weitere Forschung zu fördern" ([8]);

11. die Mitteilung der Kommission vom 22. Februar 2007 mit

Abbildung 1 Auszug des Dokuments „Schlussfolgerungen des Rates vom 25. Mai 2007"

Bereits der Rechtsakt „Mitteilung der Kommmission" vom 21. Feb. 2007 „Ein kohärenter Indikator- und Benchmark-Rahmen zur Beobachtung der Fortschritte bei der Entwicklung der Lissabon-Ziele im Bereich der allgemeinen und beruflichen Bildung" (KOM(2007) 61) verweist auf 14 mit dieser Materie verbundene Rechtsakte.

Nichts spricht dagegen, die Figur des Netzwerks als die typische Form anzusehen, nach der diese Praxis organisiert ist, wenn man dem Begriff des Netzwerks Latours (2011, S. 797) Kernaussage zugrunde legt, die er in einer Erläuterung zur *actor-network-theory* gibt. Von einem Netzwerk könne man sprechen, „whenever action is to be redistributed". Das lässt sich an dem hier vorstellten Prozess veranschaulichen: Die Annahme, dass gehandelt wird, um ein Ziel zu erreichen, muss durch die Auffassung ersetzt werden, dass wir es mit einem Typus von Handlungen zu tun haben, die in Form von Kettenreaktionen fortwährend neue Aktivitäten generieren: Workshops, Berichte, die Kreation neuer Statistiken, die Rede eines Parlamentariers, die Einrichtung eines Instituts, eine Zeitungsmeldung, ein Expertinnen- und Expertenhearing, eine parlamentarische Debatte usw. Latour (ebd., S. 799) beschreibt die Auswirkung dieser Impulse und Verkettungen als eine Transformation „from a matter of fact to a matter of concern. If we still want to use the term ‚network revolution', it is in that sense, I believe, that it can be said to be a revolution and clearly a political one". Der Ausdruck Wissenspolitik ist gerechtfertigt, weil er eine Transformation bezeichnet, die aus einer Information oder einem Wissen etwas macht, das man als Produktion eines Interesses bezeichnen muss. Wissenspolitik *ist* dieser Prozess der Erzeugung und ständigen Umformung dieses rhizomatischen Gebildes.

3.2   Wissenspolitik als Praxis

Alles kann zu einem Element dieser wuchernden Praxis werden und in Bezug auf die Produktion eines solchen Interesses kann man einer bestimmten Sorte von Elementen keine größere Bedeutung einräumen als einer anderen. Die Entwicklung einer neuen *software* für Datenerfassung kann bedeutsamer sein als die Rede eines Kommissionspräsidenten (und wird es vermutlich auch sein). Ebenso bedeutend wie ein Dokument ist seine Kodifizierung, aber Kodifizierungen bilden nicht den Anfangspunkt eines Prozesses, sondern eine Station in einem Prozess, der nicht auf *einen* Ausgangspunkt reduziert werden kann. Es genügt also nicht, symbolische politische Handlungen und formale politische Entscheidungen zu untersuchen, sondern die alltäglichen Praktiken in Teamsitzungen oder Aushandlungsprozesse und Steuerungsmechanismen, die durch die *Offene Methode der Koordinierung* geschaffen werden. Alle diese Elemente bilden ein *imaginary*, das das europäische politische Zentrum über sich selbst produziert: das Bild einer auf wissenschaftlichen Evidenzen basierten, vernunftgesteuerten, deliberativen, demokratisch legitimierten Politik. Die *Offene Methode der Koordinierung* repräsentiert wie kein anderes Instrument dieses *imaginary* und sie funktioniert deswegen, weil sie dieses *imaginary* als politisches Druckmittel einsetzt, um Entscheidungen zu erzwingen. Aus diesem Grund spielen die Informationsbeschaffung und Wissensproduktion in der europäischen Politik eine derart bedeutende Rolle, dass sich die Europäische Kommission damit befasst.

Ich komme auf die Indikatoren und Benchmarks für die allgemeine und berufliche Bildung zurück: Die „Mitteilung der Kommission" darüber enthält genaue Angaben über die einzelnen Datenquellen (vgl. Europäische Kommission 2007). Es würde hier den Rahmen bei weitem sprengen, den Aufbau und die Akteurskonstellationen des *European Statistical System* darzustellen.[5] Die Homogenisierung der Informationsgewinnung in Europa ist eine zentrale Voraussetzung für die Entwicklung von Indikatoren und Benchmarks. Daten von Eurostat, der UNESCO und der OECD („UOE-Erhebung") werden durch zahlreiche andere Befragungen ergänzt.[6] Diese Erhebungen und weitere Statistiken zielen zum einen auf die bessere internationale und regionale Vergleichbarkeit und zum anderen auf die Entwicklung von Registersystemen und/oder „Langzeit-/Panel-/Kohortenerhebungen, um auch langfristig Informationen für die Ebene der Bildungseinrichtungen bzw. Schüler/Studierenden zu erhalten" (Europäische Kommission 2007, S. 12). Zudem greift die Europäische Kommission auf andere Daten zurück und bereitet etwa für die *International Civics and Citizenship Education Study (ICCS)* ein eigenes europäisches Modul vor. Ähnliche Kooperationen gibt es mit der OECD im Bereich der beruflichen Entwicklung von Lehrkräften und Ausbildern (ebd., S. 13). Zu diesem Wissenskorpus gehören ferner regelmäßige Monitorings und Evaluationen, die die Umsetzung der Lissabon-Ziele überwachen und neue Impulse liefern.

Woraus setzt sich Wissenspolitik zusammen? Was sind ihre Elemente? Erstens, umfassende Datenbanken und Statistiken auf allen gesellschaftlichen Ebenen. Die systematische Berücksichtigung von kompetitiven Elementen ist ein Spezifikum neoliberaler Politik und für die europäische Wissenspolitik entscheidend. Zweitens, Verfahren zur Durchsetzung dieser Politik, und drittens ein *imaginary*, das Energien für die Durchsetzung dieser Politik freisetzt und bündelt.

---

5   Zu den Aufgaben des *European Statistical System* vgl. http://ec.europa.eu/eurostat/web/ess/latest-news.

6   Hierzu zählen zum Beispiel fünfjährliche Erhebungen über die betriebliche Weiterbildung (CVTS) und Erwachsenenbildung (AES) oder Haushaltsbefragungen, die Informationen über Lernmuster Erwachsener liefern (vgl. Europäische Kommission 2007, S. 11).

3.3 Abwesenheiten

Wissenspolitik ist eine Weise der Welterzeugung. Was mich während der Recherche und beim Schreiben beunruhigt hat, ist eine gewisse Sogwirkung, die diese Praxis ausübt, weil sie einen Zwang entfaltet, indem sie an unsere – wissenschaftliche – Vernunft appelliert. Gleichzeitig reguliert diese Vernunft auch noch die – wissenschaftlich immer legitime – Kritik, die im Verfahren absorbiert und neutralisiert wird.

Mein Unbehagen rührt daher, dass diese Form der wissenspolitischen Welterzeugung auch ihre Kehrseite produziert. Boaventura de Sousa Santos bezeichnet sie in seiner *sociology of absences* die Produktion des Nicht-Existenten und behauptet: „in most relevant cases, what is seen as not existing has been actively produced as non-existent; that is to say, it has been made absent by being suppressed, discredited, disqualified, marginalized, in sum, by being outside epistemological and social monocultures, such as the monoculture of knowledge, social classification, conceptions of time, dominant scales and productivity. They comprise a gigantic mode of production of silences, unpronounceabilities and absences, mostly in the south" (Dale und Robertson 2004, S. 158f.). Um der Produktion des Nicht-Existenten nachzugehen, muss man die modernen Archive ethnographisch lesen und von „archives-as-source" zu „archives-as-subject" übergehen, wie Ann Laura Stoler (2002, S. 93) für *colonial archives* vorschlägt. Man muss zweitens eine Kritik der Inhalte mit einer Kritik der Kategorisierungen verbinden und so die Konstruktionsprinzipien des Archivs freilegen, die das politische Unbewusste bilden (vgl. Jameson 1981). Ich gehe dieser Produktion des Nicht-Existenten in aller Kürze nach, indem ich drei Formen des Nicht-Existenten hervorhebe: erstens, die Produktion von Alternativen; zweitens, die Produktion von Bildungsforschung in der Tradition von *Humanities;* und drittens die Produktion einer Geopolitik des Wissens.

(1.) Partizipative europäische Wissenspolitik der Bildung erzeugt das Bild von Alternativlosigkeit in der Form eines Zwangs, den man gelegentlich mit Pfadabhängigkeit erklärt hat. Das Konzept Pfadabhängigkeit sollte das beharrliche Fortleben von ineffizienten Technologien, Ökonomien und politischen Systemen erklären. Kontingente und möglicherweise auch unscheinbare Entscheidungen in der Vergangenheit determinieren bis zu einem gewissen Grad die Zukunft und verengen den Entscheidungsspielraum oder machen ihn überhaupt zunichte. Man spricht deswegen von einem „Verriegelungseffekt" oder einem „Lock-in". In den Sozialwissenschaften dient das Konzept dazu, institutionellen Wandel oder Beharrung zu erklären (vgl. Werle 2007). Das Konzept wurde immer wieder kritisiert, unter anderem aufgrund des ihm impliziten Konservatismus (vgl. z.B. Beyer

2005). Unter machttheoretischen Gesichtspunkten scheint mir vor allem der Begriff der Determinierung problematisch, der den Handlungszwang von Akteuren erklären soll. Kausallogik und Determiniertheit sind aber keine naturalistischen Prozessabläufe, sondern dahinter verbirgt sich eine machtvolle politische Strategie der Inklusion, deren Naturförmigkeit politisch hergestellt wird.

Die Alternativlosigkeit der Pfadlogik ist *de facto* eine Politik der Verengung von Spielräumen, indem die Alternativkosten hochgeschraubt werden. Ökonomisch müsste man von der Macht des symbolischen Kapitals sprechen, und zwar in dem Sinne, dass das *sequencing* in Form von fortgesetzten (kleinen) Entscheidungen in der Logik der Akkumulation von Kapital entziffert werden müsste. Bourdieu (1992, S. 49) hat die Einführung des Kapitalbegriffs in soziologische Analysen damit begründet, dass die gesellschaftliche Welt akkumulierte Geschichte sei und deshalb nicht auf eine Aneinanderreihung von kurzlebigen und mechanischen Gleichgewichtszuständen reduziert werden könne. Jede alternative Entscheidung vernichtet demzufolge das zuvor angehäufte Kapital, denn die zuvor getroffenen Entscheidungen, die wie alle Entscheidungen mit Investitionen in künftige Entwicklungen verbunden sind, verlieren an Wert. Die Wahrnehmung der Irreversibilität von eingeschlagenen Wegen geht nicht auf eine wie immer vermutete Determiniertheit zurück, sondern gründet auf ökonomischen Überlegungen, die den Schutz des akkumulierten (ökonomischen, kulturellen und sozialen) Kapitals zur Grundlage von ‚vernünftigen' politischen Entscheidungen machen.

(2.) Partizipative europäische Wissenspolitik der Bildung stützt und zementiert das Bild von „Sachzwängen" durch *Scientification:* ‚Moderne' Politik sei, um es kurz zu machen, wissenschaftliche Welterzeugung. Auf dieser Basis arbeitet die *Offene Methode der Koordinierung* und viele *Governance*-Prozesse im Bildungsbereich. Ich habe an anderer Stelle gezeigt, dass in den Prozess der Verwissenschaftlichung eine Reihe von Vorentscheidungen darüber einfließen, welches Wissen produziert werden soll, welche *benchmarks* und Indikatoren gewählt werden usw., die im Resultat unsichtbar sind. Evidenz ist der Begriff für die Produktion des nicht-existenten Wissens (vgl. Forster 2014, 2015; vgl. auch Adorno 1966, S. 211).

Die Akteure von *evidence informed policy research* sind nicht die Erziehungswissenschaften in der Tradition der *Humanities,* sondern politiknahe Forschungseinrichtungen und *brokerage agencies* (vgl. CERI 2007). Der strukturelle (organisatorische, curriculare, ökonomische) Umbau der Forschung über Erziehung und Bildung ist augenscheinlich, aber worin besteht der Unterschied zwischen diesen beiden Forschungskulturen? *Humanities* stehen idealtypisch für eine Forschungskultur, die an die Tradition der historischen Epistemologie anschließt, indem sie in ihrer Wissensproduktion systematisch die historischen und geopolitischen Bedingungen sowie die Instrumente und Verfahren berücksichtigt, unter und mit denen Dinge zu Objekten des Wissens gemacht werden (vgl. Rheinberger 2007, S. 11). Wissenschaftliche Denkformen und Objektkonstruktionen sind Teil der Welterzeugung und ohne einen breiteren Lebenszusammenhang, von dem die Praktiken der Wissensgenerierung ein Teil sind, nicht zu begreifen. Die Behauptung von Bachelard, dass Fakten verdinglichte Theoreme sind, nimmt (Rheinberger 2005, S. 105) auf, um zu zeigen, dass ein Faktum als etwas in der Welt Vorhandenes seine Existenz einem „materiell-diskursiven Kreislauf" verdankt, „teils Ding, teils Theorem". Es wäre völlig falsch, daraus den Schluss zu ziehen, dass alles nur sozial konstruiert und deswegen beliebig sei. Der Umstand, dass es eine Wechselwirkung zwischen Dingen, Objekten des Wissens und Verfahren der Herstellung von Wissensobjekten gibt, die nicht von der geopolitischen Geschichte ablösbar sind, in dem die Wissensproduktion stattfindet, müsste dazu führen, dass man den komplexen, relationalen Prozess der Generierung von Wissen in den „ganz konkreten und sehr spezifischen Erscheinungen, eben genau den regionalen Phänomenen, in denen und durch die sich die Begriffe artikulierten und ausdrückten" (ebd., S. 106), studiert.[7] Rheinberger (2006) nennt dies die „Epistemologie des Konkreten" im Gegensatz zu einer Epistemologie, die allgemeine und zeitlose Normen wissenschaftlicher Erkenntnisgewinnung proklamiert. Noch einmal kommt Rheinberger auf Bachelard zurück, um den praktischen Grenzfall seiner Epistemologie deutlich zu machen: Jedes Problem benötigt seine eigene Philosophie. *Humanities* weisen deswegen jede Form arbeitsteiliger Wissensproduktion zurück und präferieren transdisziplinäre, geopolitisch pluriversale Kooperationen.

(3.) Der Wissensbegriff der *Humanities* schließt auch eine geopolitische Regionalisierung ein. Die europäische Politik produziert als etwas Nicht-Existentes die geopolitische Dimension. Die Lissabonstrategie besagt im Kern, dass die EU durch die Investition in Bildung zur Entwicklung von Humanressourcen bis 2010 „zum wettbewerbsfähigsten und dynamischsten wissensbasierten Wirtschaftsraum der Welt" gemacht werden soll. Ungeachtet der Tatsache, dass die europäische Politik ihr selbstgestecktes Ziel nicht erreicht hat, reproduziert sie durch ihre geopolitischen hegemonialen Ansprüche auf Bildung und Wissen alte koloniale Muster internationaler Arbeitsteilung. *Humanities* müssten in ihrer Epistemologie dieses Erbe kritisch aufnehmen, wie Mignolo (2003, S. 116) vorschlägt: „At this point, the humanities cease to be the "humanities" of the European tradition and its colonial legacies. They become something else, a space of ‚border thinking' and

---

7 Alles geschehe „durch Vermittlung, Übersetzung und Netze, aber dieser Ort in der Mitte existiert nicht, dafür ist kein Platz vorgesehen. Hier liegt das Ungedachte, das Unbewusste der Modernen" (Latour 1995, S. 54).

political transformation in which the Western contribution to universal knowledge is only one, as important as any other, but regional, not itself universal."

4 Die Unmöglichkeit der Schließung

Damit Wissenspolitik nach dem Modell von Pfadabhängigkeit kontrollierbar ist, muss sie sich von ihrer eigenen Geschichte befreien und bei einem Nullpunkt beginnen, denn die historische Reflexion unterminiert die Grundlage, auf der der europäische Bildungspfad aufbaut. Historisch ist eine solche Bereinigung keineswegs ungewöhnlich, wie Stephen Toulmin (1994, S. 281) in seiner Geschichte der Moderne zeigt. „Bis jetzt dürfte klar sein, dass man die Hoffnung auf Gewissheit und Klarheit in der Theorie mit der Unmöglichkeit, in der Praxis Ungewissheit und Vieldeutigkeit zu vermeiden, zu einem Ausgleich bringen muss. Doch die herkömmliche Sicht der Moderne […] übernahm auch den Glauben der Rationalisten, der moderne, rationale Umgang mit Problemen bestehe darin, den ererbten Wirrwarr von Traditionen wegzufegen, reinen Tisch zu machen und wieder am Nullpunkt anzufangen." Was wir in diesem Prozess der europäischen Bildungspolitik beobachten können, erinnert an den Begriff der Rationalität der europäischen Moderne. Er beruht auf drei Säulen: Gewissheit, Systemcharakter und *tabula rasa*. Toulmin weist nach, dass die Forderung nach einem Nullpunkt unerfüllbar ist. Es gibt keinen Nullpunkt. „Der Glaube, man könne durch Abschneiden der ererbten Ideen unserer Kulturen ‚reinen Tisch machen' und neu anfangen, ist ebenso illusionär wie die Hoffnung auf ein umfassendes theoretisches System, das uns eine zeitlose Gewissheit und Kohärenz liefern könnte" (ebd., S. 286).

Die Einsicht in die Unmöglichkeit, ein System zu schließen und das Denken stillzustellen, verweist selbst noch auf die Hybris eines europäischen Denkens, das ihre Grenzen negiert und sich das Phantasma der Universalität eingeschrieben hat. Was Toulmin beschreibt, gehört selbst noch einer Tradition der Wissenspolitik an, die dem kolonialen Denken entspringt und in der europäischen Wissenspolitik ihren zeitgemäßen Ausdruck findet. Wenn man danach fragt, wie eine solche Unmöglichkeit zu denken sei, dann befinden wir uns im Horizont jenes Wissens und jener Epistemologie, die es zu kritisieren gilt. Eine mögliche Antwort auf dieses Problem gibt Adorno in der *Negativen Dialektik*. Das störende Element ist das „Hinzukommende", etwas, das hinzukommt und dem Tun eine Wende gibt. Es sei nur praktisch herstellbar und verweise auf uneingelöste Möglichkeiten. Das „Hinzukommende" wird im Kapitel *Freiheit* eingeführt, um die „fortschreitende Verwissenschaftlichung" (Adorno 1966, S. 214) und Pfadlogik zu kritisieren: „Die Entscheidungen des Subjekts schnurren nicht an der Kausalkette ab, ein Ruck erfolgt" (ebd., S. 226), andere Motivationsreihen werden hinzugefügt oder ihre Richtung wird verändert. Im Menschen habe sich gegen diese Reflexe etwas objektiviert. Dieses Etwas bezeichnet Adorno (ebd., S. 216) als der Wille. Vielleicht würde man heute dafür den Begriff des Begehrens reservieren, um darauf aufmerksam zu machen, dass dieses Aufklaffen zwischen Bedürfnis und Artikulation einen Bezug zum Körperlichen hat, das sich der völligen Verfügbarkeit entzieht. Deswegen betont Adorno die Spontaneität des Hinzutretenden. Es ist das „jäh Herausspringende". Es verschafft sich Raum und lässt gegen alle Wissenspolitik nicht vergessen, was einmal sein könnte.

Literatur

Primärquellen

Amtsblatt der Europäischen Gemeinschaften (AblEG) (2001). Europäisches Regieren – Ein Weißbuch. Kommission (Mitteilungen), Nr. C287 vom 12.10.2001. http://eur-lex.europa.eu/legal-content/DE/TXT/PDF/?uri=CELEX:52001DC0428&rid=1. Zugegriffen: 23. Januar 2016.

Amtsblatt der Europäischen Union (AblEU) (2007). Schlussfolgerungen des Rates vom 25. Mai 2007 betreffend einen kohärenten Rahmen von Indikatoren und Benchmarks zur Beobachtung der Fortschritte im Hinblick auf die Lissabonner Ziele im Bereich der allgemeinen und beruflichen Bildung, Nr. 2007/C 311/10 vom 21.12.2007. http://eur-lex.europa.eu/legal-content/DE/TXT/PDF/?uri=CELEX:52007XG1221%2802%29&from=DE. Zugegriffen: 23. Januar 2016.

BMBF (Bundesministerium für Bildung und Forschung) (2011). *Monitor EU-Bildungspolitik. Europäische Umsetzung des Strategischen Rahmens Bildung und Ausbildung 2020 („ET 2020")*, Nr. 1 vom 12. Mai 2011.

Europäische Kommission (2002). Allgemeine und berufliche Bildung in Europa: Unterschiedliche Systeme, gemeinsame Ziele für 2010. Luxemburg: Amt für amtliche Veröffentlichungen der Europäischen Gemeinschaften. https://www.bmbf.gv.at/schulen/euint/eubildung_abb2010/ET_Broschdef_8187.pdf?4dzi3h. Zugegriffen: 23 Januar 2016.

Europäische Kommission (2007). Ein kohärenter Indikator- und Benchmark-Rahmen zur Beobachtung der Fortschritte bei der Erreichung der Lissabon-Ziele im Bereich der allgemeinen und beruflichen Bildung. Mitteilung der Kommission vom 21. Februar 2007, KOM(2007) 61. http://eur-lex.europa.eu/legal-content/DE/TXT/HTML/?uri=URISERV:c11099&from=DE. Zugegriffen: 23 Januar 2016.

Europäischer Rat (2000). Lissabon. Schlussfolgerungen des Vorsitzes, 23. und 24.05.2000. http://www.europarl.europa.eu/summits/lis1_de.htm. Zugegriffen: 23 Januar 2016.

Rat der Europäischen Union (2009). Schlussfolgerungen des Rates zu einem strategischen Rahmen für die europäische Zusammenarbeit auf dem Gebiet der allgemeinen und beruflichen Bildung („ET 2020"), Amtsblatt C 119 vom 28.05.2009. http://eur-lex.europa.eu/legal-content/DE/TXT/?uri=URISERV%3Aef0016. Zugegriffen: 23 Januar 2016.

VÖV (Verband Österreichischer Volkshochschulen) (2001). *Stellungnahme zum Memorandum über Lebenslanges Lernen der Europäischen Kommission (vom Juni 2001)*. Wien.

Sekundärliteratur

Adorno, T. W. (1966). *Negative Dialektik*. Frankfurt a.M.: Suhrkamp.

Amos, S. K. (2009). ‚Bildung' in der Spätmoderne. Zur Intersektion von Educational Governance und Gouvernementalität. *Tertium Comparationis – Journal für International und Interkulturell Vergleichende Erziehungswissenschaft 15*, Nr. 2, 81-107.

Benz, A. (2009). *Politik in Mehrebenensystemen*. Wiesbaden: VS Verlag für Sozialwissenschaften.

Benz, A., Lütz, S., Schimank, U., Simonis, G. (Hrsg.) (2007). *Handbuch Governance. Theoretische Grundlagen und empirische Anwendungsfelder*. Wiesbaden: VS Verlag für Sozialwissenschaften.

Beyer, J. (2005). Pfadabhängigkeit ist nicht gleich Pfadabhängigkeit! Wider den impliziten Konservatismus eines gängigen Konzepts. *Zeitschrift für Soziologie 34*, 5-21.
Blatter, J. (2007). Demokratie und Legitimation. In Arthur Benz, Susanne Lütz, Uwe Schimank, Georg Simonis (Hrsg.), *Handbuch Governance. Theoretische Grundlagen und empirische Anwendungsfelder* (S. 271-284). Wiesbaden: VS Verlag für Sozialwissenschaften.
Bourdieu, P. (1992). Ökonomisches Kapital – Kulturelles Kapital – Soziales Kapital. In Pierre Bourdieu, *Die verborgenen Mechanismen der Macht. Schriften zu Politik & Kultur 1* (S. 49-79). Hamburg: VSA.
Brand, U. (2004). Governance. In Ulrich Bröckling, Susanne Krasmann, Thomas Lemke (Hrsg.), *Glossar der Gegenwart* (S. 111-117). Frankfur a.M.: Suhrkamp.
CERI (Centre for Educational Research and Innovation) (Hrsg.) (2007). Evidence in Education. Linking Research and Policy. Paris: OECD Publishing.
Cook, T., Gorard, S. (2007). What Counts and What Should Count as Evidence. *CERI 2007*, 33-49.
Crouch, C. (2008). *Postdemokratie*. Frankfurt a.M.: Suhrkamp.
Dale, R., Robertson, S. (2004). Interview with Boaventura de Sousa Santos. *Globalisation, Societies and Education 2, H. 2*, 147-160.
Deleuze, G. (1992/1968). *Differenz und Wiederholung*. München: Fink.
Forster, E. (2014). Kritik der Evidenz. Das Beispiel evidence-informed policy research der OECD. *Zeitschrift für Pädagogik 60, H. 6*, 868-885.
Forster, E. (2015). Zur Kritik partizipativer Wissenspolitik. *Erziehungswissenschaft 50*, 65-73.
Gorard, S. (2007). *Quantitative methods in educational research. The role of numbers made easy (2nd ed.)*. London u.a.: Continuum.
Jameson, F. (1983). *The political unconscious. Narrative as a socially symbolic act*. London u.a.: Routledge.
Keiner, E. (2005). Zur Konstruktion erziehungswissenschaftlicher Forschung aus der Perspektive der OECD. *Zeitschrift für Erziehungswissenschaft 5, Beiheft 4*, 13-23.
Latour, B. (1995). *Wir sind nie modern gewesen. Versuch einer symmetrischen Anthropologie*. Berlin: Akademie Verlag
Latour, B. (2011). Networks, Societies, Spheres: Reflections of an Actor-Network Theorist. *International Journal of Communication 5*, 796-810
Maag Merki, K., Langer, R., Altrichter, H. (Hrsg.) (2014). Educational Governance als Forschungsperspektive. Strategien – Methoden – Ansätze. Wiesbaden. Springer VS.
Manners, I. (2002). Normative Power Europe: A Contradiction in Terms? *Journal of Common Market Studies, 40, H. 2*, 235-58.
Martens, K., Niemann, D. (2010). *Governance by Comparison – How Ratings & Rankings Impact National Policy-making in Education*. TranState Working Papers No. 139. Bremen.
Martens, K., Rusconi, A., Leuze, K. (Hrsg.) (2007). *New Arenas of Education Governance. The Impact of International Organizations and Markets on Educational Policy Making*. New York: Palgrave Macmillan.
Mignolo, W. (2002). The Geopolitics of knowledge and the colonial difference. *The South Atlantic Quarterly 101*, H 1, 57-96.

Mignolo, W. (2003). Globalization and the Geopolitics of Knowledge: The Role of the Humanities in the Corporate University. *Nepantla – Views from South 4*, H 1, 97-119.
Mignolo, W. (2012). *Local histories / Global designs. Coloniality, subaltern knowledge, and border thinking.* Princeton, Oxford: Princeton University Press
Mouffe, Ch. (2007). *Über das Politische. Wider die kosmopolitische Illusion.* Frankfurt a.M.: Suhrkamp.
Odendahl, K. (2011). Die Europäisierung des Bildungswesens durch die offene Methode der Koordinierung. In: Kerstin Odendahl (Hrsg.), *Europäische (Bildungs-)Union?* (S. 373-396). Wien: Neuer Wissenschaftlicher Verlag.
Offe, C. (2008). Governance. „Empty signifier" oder sozialwissenschaftliches Forschungsprogramm? In: Gunnar F. Schuppert, Michael Zürn (Hrsg.), Governance in einer sich wandelnden Welt. *Politische Vierteljahresschrift, Sonderheft 41*, 61-76.
Preunkert, J. (2009). *Chancen für ein soziales Europa? Die Offene Methode der Koordinierung als neue Regulierungsform.* Wiesbaden: VS Verlag.
Radtke, F.-O. (2003). Die Erziehungswissenschaft der OECD. Aussichten auf die neue Performanz-Kultur. *Erziehungswissenschaft – Mitteilungen der Deutschen Gesellschaft für Erziehungswissenschaft (DGFE) 14*, H. 27, 109-136.
Sarasin, P. (2011). Was ist Wissensgeschichte? *Internationales Archiv für Sozialgeschichte der deutschen Literatur (IASL) 36*, H. 1, 159-172.
Stoler, A. L. (2002). Colonial Archives and the Arts of Governance. *Archival Science 2*, 87-109.
Straßheim, H. (2011). *Die Offene Methode der Koordinierung im Prozess der europäischen Integration: Vier Szenarien. Discussion Paper Series des Lehrbereichs Politische Soziologie und Sozialpolitik, DP Nr. 1.* Humboldt-Universität zu Berlin: Institut für Sozialwissenschaften.
Tarde, G. (2009). *Die Gesetze der Nachahmung.* Frankfurt a.M.: Suhrkamp.
Thompson, Ch. (2014). Autorisierung durch Evidenzorientierung. Zur Rhetorik der Evidenz als Versprechen gelingender pädagogischer Praxis. In: Alfred A. Schäfer (Hrsg.), *Hegemonie und autorisierende Verführung* (S. 93-111). Paderborn: Schöningh.
Toulmin, S. (1994). *Kosmopolis. Die unerkannten Aufgaben der Moderne.* Frankfurt a.M.: Suhrkamp.
Walk, H. (2008). *Partizipative Governance. Beteiligungsformen und Beteiligungsrechte im Mehrebenensystem der Klimapolitik.* Wiesbaden: VS Verlag für Sozialwissenschaften.
Werle, R. (2007). Pfadabhängigkeit. In: Arthur Benz, Susanne Lütz, Uwe Schimank, Georg Simonis (Hrsg.), *Handbuch Governance. Theoretische Grundlagen und empirische Anwendungsfelder* (S. 119-131). Wiesbaden: VS Verlag für Sozialwissenschaften.

Bildung als Kunst, sich zu entziehen

Vom Verweigern, Desertieren, Abfallen und Aussteigen

Christian Grabau

1 Vorbemerkung

Während in der Regel die (wichtige) Frage gestellt wird, wie über Bildung soziale und politische Teilhabe ermöglicht oder befördert werden kann, soll an dieser Stelle ein anderer Ausgangspunkt gewählt werden: Angenommen wird erstens, dass Bildung auch bedeuten kann, Teilhabe aufs Spiel zu setzen, sie aufzugeben oder sogar auszuschlagen. Bildungsprozesse setzen in dem hier vorgeschlagenen Verständnis mit einem Problematischwerden der Selbst- und Weltverhältnisse, einem Unbehagen an der eigenen Verstrickung mit der Welt ein. Zweitens wird dem Verdacht nachgegangen, dass die politische Dimension von Bildung nicht so sehr in der Ermöglichung von sozialer Teilhabe liegt, sondern in Versuchen, Abstand zu den eingespielten sozialen Mechanismen zu gewinnen und den sich mit ihnen verbundenen Zumutungen zu entziehen. Damit wird ein Gedanke aufgegriffen, den Sönke Ahrens und Michael Wimmer (2014, S. 181) in ihrer Analyse des Partizipationsdiskurses geäußert haben. Anstatt zu unterstellen, dass Teilhabe etwas sei, das erlernt werden müsse, wäre es „nicht weniger plausibel […], mit der Teilhabe zu beginnen, der Zugehörigkeit zur Totalität, zur Herkunftsgruppe, zu den Höhlenbewohnern, von denen man sich schon bei Platon erst separieren muss, um die Welt als eine geteilte Welt und sich selbst in ihr begreifen und dann auch handeln zu können. Und wie neuere Diskussionen um das Politische nahe legen, setzen nicht nur Bildungsprozesse, sondern auch die Philosophie und die Möglichkeit von Gerechtigkeit wie auch der Politik einen Bruch mit der Partizipation an der Totalität voraus […], eine Trennung von ursprünglichen Bindungen und Lösung aus unreflektierten Verhaftungen."

Auch im Folgenden wird Platons Höhlengleichnis als Ausgangspunkt gewählt, um so jene Momente des Bruchs, der „Trennung von ursprünglichen Bindungen und Lösung aus unreflektierten Verhaftungen" in den Fokus zu rücken, die, in den Worten Hannah Arendts (2016, S. 72), die „Tragödie" der auf den Weg der Bildung Gezwungenen ausmachen: Die Welt, die sie verlassen haben, bietet ihnen kein Zuhause mehr, das Gewohnte ist unbewohnbar geworden. Der Bruch mit dem Vertrauten, der Bildung in dieser Perspektive auszeichnet, wurde in unterschiedlicher Weise gefasst. Drei Deutungsperspektiven sollen an dieser Stelle aufgegriffen werden: Sowohl Peter Sloterdijk (2009) als auch Alain Badiou (2013) lesen den Aufstieg des von den Fesseln Befreiten als heroisch-militanten Akt, der darauf abzielt, sich von der Welt, wie sie ist, loszusagen, um aus sich selbst ein besseres Selbst (Sloterdijk) zu machen oder in eine bessere Welt aufzubrechen (Badiou). Käte Meyer-Drawe (2008) hat demgegenüber eine Interpretation des Höhlengleichnisses aus phänomenologischer Perspektive vorgelegt. Bildung erscheint hier als „wohlbegründete[] Orientierungsschwäche" (Meyer-Drawe 2015, S. 122), durch die die Welt und das Verhältnis zu ihr ein Stück weit ihrer Selbstverständlichkeit beraubt werden. Bildung eröffnet einen Zwischenraum, in dem das ehemals Vertraute fremd wird, während neue Orientierungen noch nicht zur Verfügung stehen. Sie gebietet Einhalt, entzieht sich dem Imperativ des Handelns und unterbricht die Kontinuitäten des routinierten Tun-und-Machens. Mit dem Zaudern, das Joseph Vogl eingehend analysiert hat, teilt sie „eine Vorliebe fürs Ausweichen und Vermeiden, eine Vorliebe für Verzweigungen, für Labyrinthe und nicht-lineare Zeit" (Vogl 2007, S. 134). Bildung unterliegt, in dieser Perspektive, nicht vollständig der Initiative des Subjekts, sondern sie kennzeichnet eine „energische Inaktivität" (ebd., S. 29). In diesem Sinne bezeichnet Bildung weder das routinierte Mitmachen noch das souveräne „Abstandhalten zum Getriebe der Welt" (Seel 2002, S. 274), sondern eher eine prekäre Kunst, sich zu entziehen, der Versuch, eine Bresche zu schlagen, die es erlaubt, Möglichkeiten jenseits eingespielter Alternativen zu (er-)finden.

Hierin könnte nun auch ihre genuin politische Dimension liegen. In der politischen Theorie gewinnt angesichts des allgegenwärtigen Rufs nach Engagement, Eigeninitiative, Kreativität und Flexibilität die *option exit*, also die Kunst, sich zu entziehen, an Strahlkraft (vgl. Rebentisch 2014). Der Diskurs über das Politische ist bevölkert von Figuren, die zögern und zaudern, ausweichen oder desertieren. Drei von ihnen sollen hier in der Absicht aufgegriffen werden, die politische Dimension jener „wohlbegründeten Orientierungsschwäche" auszumessen. Die prominenteste und zugleich seltsamste Figur des Entzugs dürfte wohl Bartleby sein. Der Schreiber aus Herman Melvilles gleichnamiger Erzählung erschüttert mit seiner sanften Formel „Ich möchte lieber nicht" die Welt eines gutmütigen und kaum aus der Ruhe zu bringenden Anwalts. Die Formel, die mal als ultimative Verweigerung, mal als messianische Geste, mal als Ausblick auf eine neue Brüderlichkeit gedeutet wurde, bringt die Ordnung der Dinge durcheinander. Ganz anders verhält es sich, auf den ersten Blick, mit dem Motiv des Exodus: Hier kehrt man kollektiv einer Welt den Rücken, um andernorts eine neue zu gründen. Die Erzählung liefert damit eine neue Idee „für die Formierung eines politischen Subjekts, die ohne Pyramiden, Pharao und Versklavung auskommt" (Hetzel 2015, S. 246). Eine Flucht in die Ästhetisierung des Alltags unternehmen hingegen die von Jacques Rancière ins Spiel gebrachten Figuren, die davon träumen, sich von sich selbst und ihrem vorbestimmten Schicksal zu befreien. Die Verkitschung des eigenen Lebens bezahlt Emma Bovary mit dem Tod, während die lesenden und dichtenden Arbeiterinnen und Arbeiter aus „Die Nacht der Proletarier" harmlose Tagträumer und „Traumtänzer" (Meyer-Drawe 2012, S. 40) zu sein *scheinen*, die dem ästhetischen Schein erliegen und so ihre eigene Ausbeutung perpetuieren. Der „Traumtänzer" ist wie die anderen Figuren des Verweigerns, Desertierens, Abfallens und Aussteigens nicht frei von Ambivalenzen und Widersprüchen. Womöglich sind sie aber gerade deshalb geeignet, das Verhältnis von Bildung, Teilhabe und Politik aus einer anderen Perspektive zu beleuchten.[1]

Während also in einem ersten Schritt drei Lektüren des Höhlengleichnisses aufgegriffen werden, um Bildung schließlich als „wohlbegründete Orientierungsschwäche" zu fassen, wird in einem zweiten versucht, die politische Dimension dieser Kunst, sich zu entziehen, in den Blickpunkt zu rücken.

2 Bildung als „wohlbegründete Orientierungsschwäche"

2.1 Die Tragödie der Gebildeten

In einem Gespräch mit Hellmut Becker über die „Erziehung zur Mündigkeit" kommt Theodor W. Adorno (1971), angesprochen auf die Anziehungskraft der populären Kultur, auf die Notwendigkeit zu sprechen, diese „den jungen Menschen" abspenstig zu machen. Mündigkeit vertrage sich nicht mit der leidenschaftliche Hingabe an „Schnulzen" und „Schlager". „Ich würde eine solche Erziehung

---

[1] „Der Begriff des Politischen" schreibt Thomas Bedorf (2011, S. 51) „steht einerseits quer zu den sektorialen Einordnungen in Kultur, Wissenschaft, Kunst und Politik. Der Begriff dient vielmehr dazu, diese Unterscheidungen zu unterlaufen und zu zeigen, dass ihnen bereits Entscheidungen und Grenzziehungen vorangehen, die man politisch nennen kann. Sie politisch zu nennen, stellt viele unhinterfragte Ordnungen zur Disposition."

des Madigmachens außerordentlich advozieren" (ebd., S. 146). Wem etwas madig gemacht wird, der oder die empfindet Ekel und wendet sich ab. Er oder sie kann das, was ihm oder ihr bisher als wert- und geschmackvoll erschien, nicht mehr genießen. Dass Mündigkeit oder Bildung etwas damit zu tun haben könnten, sich vor dem, was populär ist und gemeinhin als selbstverständlich gilt, zu ekeln und es auszuschlagen, findet sich – einige Jahrzehnte später – bei Peter Bieri (2007) wieder. Seine Antwort auf die Frage „Wie wäre es, gebildet zu sein?" schließt mit folgenden Sätzen: „Überhaupt ist der Gebildete einer, der vor bestimmten Dingen Ekel empfindet: vor der Verlogenheit von Werbung und Wahlkampf; vor Phrasen, Klischees und allen Formen der Unaufrichtigkeit; vor den Euphemismen und der zynischen Informationspolitik des Militärs; vor allen Formen der Wichtigtuerei und des Mitläufertums, wie man sie auch in den Zeitungen des Bürgertums findet, die sich für den Ort der Bildung halten. Der Gebildete sieht jede Kleinigkeit als Beispiel für ein großes Übel, will keine Beschwichtigungen hören, und seine Heftigkeit steigert sich bei jedem Versuch der Verharmlosung. Ein wahrhaft Gebildeter scheut sich auch nicht vor Donquichotterien und davor, für lächerlich gehalten zu werden." Wer gebildet ist, grenzt sich selbst aus, macht sich lächerlich, rennt gegen Windmühlen an.

Als mindestens „lächerlich", wenn nicht gefährlich, gilt auch der gewaltsam entfesselte, auf den Weg aus der Höhle ins Licht gezwungene und unter Schmerzen zurückgekehrte Gebildete in Platons Höhlengleichnis. Er kann diejenigen, die zurückgeblieben sind, nur bedauern, ihre „Ehrungen und Anerkennungen" (Platon 2005, S. 516c) bedeuten ihm nichts. Er wäre wohl bereit, suggeriert Sokrates, „eher alles Mögliche zu ertragen, als jene Ansichten zu vertreten und auf solche Weise zu leben" (ebd., S. 516d), und Glaukon stimmt ihm zu: „So denke ich auch. Er wird eher alles über sich ergehen lassen, als auf diese Weise zu leben" (ebd., S. 516e). Rudolf Rehn kommentiert diese Passage folgendermaßen: „Die Werteskala der Befreiten und Emporgeführten, ihre Sicht auf das Leben hat sich verändert, die durch die παιδεία bewirkte Umkehr war also erfolgreich" (ebd., S. 174, Anmerkung 15).

Teilhabe an dem beschwerlichen Weg der Bildung setzt voraus, der Teilhabe an der Höhlen-Welt zu entsagen. Wer die Idee des Guten zu begehren trachtet, muss lernen, das ehemals Vertraute und Selbstverständliche gering zu schätzen. Deshalb braucht es zwei Umwendungen: die Bewegung weg von den Schatten aus der Höhle heraus, der ein Programm der Gegen-Gewöhnung folgt; sodann, wenn die Augen das Licht ertragen können, die Rückkehr des Gebildeten in „seine erste Behausung" (ebd., S. 516c), in der die vom Flimmern beunruhigten Augen wiederum eine Zeit brauchen, mit den veränderten Lichtverhältnissen zurecht zu kommen, um sich „in der Erkenntnis jener Schattenbilder erneut mit denen [zu] messen [...], die immer gefangen waren" (ebd., S. 517a). Diese aber werden ihn nicht verstehen und ihm sogar nach seinem Leben trachten. So kommt es, dass „der Höhepunkt im Leben des Philosophen" (Arendt 2016, S. 71) – der Moment, im dem sich ihm ein neuer Blick eröffnet – zugleich den Beginn seiner „Tragödie" (ebd., S. 72) markiert: „Da er", schreibt Hannah Arendt (ebd., S. 72), „immer noch ein sterblicher Mensch ist, gehört er nicht wirklich hierher und kann nicht [außerhalb der Höhle] bleiben; er muss in die Höhle zurück, die seine irdische Heimat ist, doch kann er sich dort nicht mehr zu Hause fühlen."

2.2 Heldenleben

Die ihm madig gemachte Welt der Schatten und Meinungen bleibt dem Gebildeten fremd, was ihn bei Platon gerade zum Regieren disponiert. Dem tragen zwei andere Deutungen Rechnung. Mit einem Gespür für Drastik haben jüngst Peter Sloterdijk und Alain Badiou auf je eigene Weise das Höhlengleichnis weitergesponnen und umgedichtet. Sloterdijk, das hat André Schütte gezeigt, erkennt bei Platon das Programm einer Sezession von der allgegenwärtigen Mittelmäßigkeit der Welt. „Worum es den entschiedensten Sezessionisten zu tun ist, meint nicht bloß einen faszinierenden Rückzug aus einer nicht mehr zur Teilhabe einladenden Wirklichkeit, sondern eine vollständige Umwendung – eine Abwendung vom vordergründig Gegebenen, die mit der Hinwendung zum Besseren, zum Wahren und höherstufigen Wirklichkeit identisch wäre." (Sloterdijk 2009, S. 468, zit. n. Schütte 2015, S. 302) Die „Sezession" setzt immer eine „Rezession" voraus, „einen (ebenso äußerlich wie innerlich vollziehbaren) Akt der Distanzierung von der unmittelbar-gewöhnlichen Lebenswelt" (Schütte 2015, S. 272). Insofern wird die *eine* Welt in zwei *gespalten*, in die „der Weggehenden und die der Bleibenden" (Sloterdijk 2009, S. 343, zit. n. ebd., S. 308).

Eine solche Rezession erhält bei Badiou den Namen „Subtraktion" (als Bündel von Operationen, die eine Singularität, die sich jeder Benennung oder Beschreibung entzieht, zur Geltung bringen). Die Sezession als „vollständige Umwendung" nennt er Konversion. Anders als Sloterdijk zielen sie nicht so sehr auf einzelne Fähige, sondern auf Beliebige, es geht aber hier wie dort darum, einen Unterschied *einzuführen*, der erst erlaubt, grundlegend verschiedene Orientierungen des Denkens, Empfindens und Handelns zur Wahl zu stellen (und nicht mehr der Scheinwahl zwischen unterschiedlichen Produkten, sich kaum unterscheidenden Parteien usw.).

Badious (2013) Neudichtung der Politeia verlegt die Geschehnisse von der Höhle in „den riesigen Zuschauerraum eines Kinos" (ebd., S. 240), in dem die Menschen nicht anders können, als das Geschehen auf der Leinwand, die lauter falsche Alternativen präsentiert, gebannt zu verfolgen. Diejenigen, deren Ketten gelöst und die gezwungen wurden, aufzustehen und sich umzuwenden, werden nun auch dazu genötigt, in die Höhle zurückzukehren, auch wenn sie „bestimmt keine Lust mehr verspüren, sich in die schmutzigen Angelegenheiten der Menschen einzumischen" (ebd., S. 244). Dieser Punkt ist für Badiou entscheidend. Dass sie scheitern und sich lächerlich machen, mag sein, aber nichtsdestoweniger müssen die „Ausbrecher" unablässig daran arbeiten, das in jedem Menschen angelegte Erkenntnisvermögen richtig zu orientieren. Diese Neuorientierung des Denkens würde erfordern, dass man „das subjektive Auge von den unfreien Visionen, die ihm die Produkte des Weltmarktes bieten, abwenden würde, als da sind: schillernde Verpackungen von trockenem Keks, aufblasbare Puppen, die nackte Frauen imitieren, totalverchromte Autos, Computer für debile Multikonversationen, von allem also, was dieses Auge auf Gemeinheit und Bedeutungslosigkeit fixiert, und man es, nach vollzogener chirurgischer Ablation, auf die Wahrheiten, die es endlich sehen soll, ausrichten und unverzüglich das ganze Individuum dazu anstacheln würde, sich dem sie orientierenden Subjekt zu inkorporieren – dann würde man bemerken, dass dasselbe Auge bei denselben Individuen, von denen du sprichst, diese Wahrheiten mit derselben Klarheit sehen kann, die es heute noch für das Nichts der schlechten Dinge verschwendet, und dass man mithin das Recht hat, bei ausnahmslos allen Individuen ein gleiches und positives Vermögen anzunehmen" (ebd., S. 247). Diese Ausbrecher als „Pioniere der kommunistischen Idee" (Ebd.) müssen also dafür Sorge tragen – und zur Not zu dieser Aufgabe genötigt werden –, „dass sich die breiten Massen jenem Wissen zuwenden, das wir für fundamental erklärt haben, dem, das die Visionen des Wahren orientiert. Auf dass alle Welt, freiwillig oder gezwungen, die Höhle verlasse! Auf dass der Aufstieg zum besonnten Gipfel der aller sei!" (ebd., S. 248) Alle zu Philosophen zu machen, die sich an der Idee (die von dieser Welt ist) und nicht an der glitzernden Warenwelt orientieren, die sich an das Denken halten und nicht an die animalischen Begierden, die am kollektiven Wachen und nicht am idiotisch-vereinzelten Schlaf teilhaben, ist, weil alle prinzipiell dazu in der Lage sind, die „genaueste Gerechtigkeit" (ebd., S. 249): Vorbereitung auf das „wahre Leben" (ebd., S. 251), Teilhabe an einer anders möglichen Welt.

Die Lehre ist einfach wie bestechend: Wer an der Möglichkeit eines Anders- oder Besserwerdens festhalten will, muss ein Problem haben mit der Welt, wie sie ist, und mit dem Teil seines Selbst, das immer und unhintergehbar an dieser Teil hat. Die Befreiten müssen dann ihrerseits zu Befreiern werden, zu Helden der Idee, die wohl kein Wissen übertragen, aber den Höhlenbewohnern ihre Welt madig machen und zu einer leidenschaftlichen Hingabe an das „wahre Leben" anspornen – die also die Jugend verführen, indem sie ihnen das Glück des Bruchs mit der Welt der Schatten vor Augen führen. Sloterdijk und Badiou kommen darin überein, dass es eine Welt gibt, die erst durch die Operationen der Rezession und

Sezession bzw. Subtraktion und Konversion gespalten wird. Das ist der gewaltsame Akt[2], der einen Unterschied in die Welt einführt, der zur Entscheidung zwingt: gehen oder bleiben. Der auf den Weg der Bildung Gebrachte ist ein Militanter des elitär-individuellen (Sloterdijk) oder egalitär-kollektiven Abfallens (Badiou) von der Mittelmäßigkeit (Sloterdijk) oder der atonischen, spannungs- und ereignislosen Welt der Schatten (Badiou).

2.3 Orientierungsverluste

Auch Badious Umdichtung des Höhlengleichnisses betont also das solitäre, avantgardistische Moment des Bildungsweges (er spricht andernorts von einer „proletarische[n] Aristokratie", Badiou 2015b, S. 221), das die Welt in zwei teilt und so – nunmehr aber *alle* – zur Entscheidung zwingt: zwischen einem falschen, anästhesierten und einem wahren, leidenschaftlichen Leben.

Käte Meyer-Drawe (2008) knüpft in ihrer Lektüre des Höhlengleichnisses ebenfalls an das Fremdwerden der ehemals vertrauten Welt an, wobei sie aber die nicht so sehr auf die Entzweiung der Welt, sondern auf die Selbstentzweiung der Subjekte abzielt. Gegenüber einem Blick auf Bildung, der vor allem Wechselwirkungen, Proportionierlichkeit, Harmonie und Entfaltungsmöglichkeiten sieht, lenkt das Höhlengleichnis die Aufmerksamkeit auf die gewaltsamen, schmerz- und konflikthaften Momente, die Bildungsprozessen zu eigen sind. Bildung erscheint aus dieser Perspektive weniger als eine harmonische Entfaltung, sondern als ein Kampf, ein Ringen mit sich selbst und der eigenen Verwicklung in die fraglich gewordene Welt – mit der Teilhabe an ihr. „Auf dem Spiel stehen die Geborgenheit im Vertrauten und der Einklang mit sich selbst. Gefordert wird eine Blendung, welche das wahre Sehen allererst öffnet. Der Weg ist steinig. Der Lohn lässt auf sich warten. Es ist vielmehr so, dass selbst die allmähliche Gewöhnung an das Sonnenlicht noch nicht reicht, um das wahre, unveränderliche Sein denken zu können. Der Rückweg in die Höhle ist notwendig, um die letzte Macht des Scheinwissens zu brechen. Doch dieser Weg bedeutet keine Heimkehr, sondern endet in einer eigentümlichen Fremde, in der zunächst nichts wahrgenommen wird" (ebd., S. 50). Dabei bedrohen nicht nur die immer noch den Trugbildern Ergebenen das neue Leben des Gebildeten, sondern auch die Sehnsucht nach jener Geborgenheit, die es zugleich erlaubt, mit sich „im Einklang" zu sein. Bildung bleibt ein Kampf nicht nur mit den Höhlenmächten, sondern mit sich selbst: mit solchen Gewohn-

---

2 Der bei Badiou allerdings von einem Ereignis abhängig ist. Zum Ansatz Badious vgl. jüngst Badiou (2015a).

heiten und Leidenschaften, die der neuen Orientierung, die immer an die Orientierungslosigkeit grenzt, entgegenstehen, mit den Begierden, die einen wieder an die Höhle und ihre Lichtspiele zu ketten drohen. „Das Ereignis der Entfesselung verweist darauf, dass ein Bruch mit dem sorgenfreien Dahinleben in der Geborgenheit selbstverständlicher Meinungen und wiederkehrender Sinneswahrnehmungen notwendig ist, um den Weg zur Idee des Guten beschreiten zu können. Die Höhle bedeutet Bewegungslosigkeit, Schattenhaftigkeit, im Leben die Existenz des Hades vorwegzunehmen" (ebd., S. 49).

Bildung heißt hingegen Bewegung (vgl. ebd., S. 51). Um sich in Bewegung zu setzen, muss man von dem, was man gerade macht, ablassen. Aufbrechen zu können setzt Unterbrechungen voraus.[3] Eine Schwierigkeit ist, dass der Aufbrechende kein Ziel vor Augen hat, zu dem der Weg der Bildung führen könnte. Es ist kein Ort in Sicht ist, der zum Einkehren und Bleiben einladen würde. Die Welt ist fraglich geworden und sie hält keinen Ausgang bereit. Das macht den Aufbruch zu einem Wagnis, das wohl durch eine „Erziehung des Madigmachens"[4] angestachelt werden kann, aber ohne eine neue Orientierung auskommen muss. Bildung „bleibt in einem gehaltvollen Verständnis Element der Unsicherheit, einer wohlbegründeten Orientierungsschwäche, einer hilflosen Normativität, einer skeptischen Lebensweise, eines schamlosen Argwohns gegen alles, das sich von selbst versteht, und gegen jeden, der bei sich selbst zu sein meint" (Meyer-Drawe 2015, S. 122).

In Meyer-Drawes Lektüre rückt die tragische oder heroisch forcierte Spaltung der Welt in den Hintergrund zugunsten der Frage, was Bildung als Erfahrung ausmacht. Bildung bedeutet nicht, einen festen Platz in der Welt zu finden. Sie versetzt vielmehr in Unruhe, verursacht ein Unbehagen an der eigenen Verwicklung in die Welt. Damit verändern sich aber noch einmal die politischen Implikationen von Bildung: Die Tragödie der Gebildeten, ihr offensiver Abfall von den eingespielten Routinen oder – vor allem – ihr Verlust an Orientierung können eine Unruhe im Gesellschaftskörper erzeugen. Die gleichsam „natürliche" Standardeinstellung wird mit anderen, konfligierenden Sichtweisen auf die gemeinsame Welt konfrontiert, die es nicht erlauben, einfach so weiter zu machen. Aus dieser Perspektive liegt die politische Dimension von Bildung nicht so sehr in der Beförderung von gesellschaftlicher Teilhabe und sozialem Ausgleich (vgl. Meyer-Drawe 2015,

---

3   Im Höhlengleichnis bleibt nun im Dunklen, was dazu führt, dass der Einzelne entfesselt und auf den Weg der Bildung gezwungen wird. Dies spricht dafür, darauf hat Egbert Witte (2015) hingewiesen, dass Bildung mit etwas beginnt, über das wir nicht verfügen.

4   Die Rolle des Sokrates lässt sich so lesen: „Sokrates versetzt als Ansporn in Bewegung. Er hilft, unter Schmerzen Neues hervorzubringen" (Meyer-Drawe 2008, S. 47).

S. 128), sondern in diesem „Unruhigwerden" der zuvor noch als selbstverständlich angenommen gemeinsamen Welt, die jetzt ihre „Risse und Schründe" (Adorno) offenbart. Sie ist, eine Unterscheidung aus der gegenwärtigen Diskussion in der politischen Philosophie aufgreifend, nicht nur auf Seiten der die öffentlichen Angelegenheiten verwaltenden, soziale Synthesis herstellenden *Politik* zu verorten, sondern zugleich ein Fragment des die Politik störenden und unterbrechenden *Politischen*.

Denn mit dieser Differenz von Politik und Politischen geht eine andere Sichtweise darauf einher, was politische Subjektivität und politisches Handeln bedeuten. Das politische Subjekt und der politische Akt kennzeichnet dann nicht die kompetente Mitwirkung an den öffentlichen Angelegenheiten, sondern die Fähigkeit, eben diese aus dem Tritt zu bringen und so die – ansonsten verdrängte – Frage nach ihrem Anders-möglich-sein aufzuwerfen. Dabei kommt dem Sich-Entziehen eine Schlüsselstellung zu, weshalb es sich, um die politische Dimension des Entzugs – dieser „wohlbegründeten Orientierungsschwäche" – genauer auszuloten, lohnt, mit einer literarischen Figur zu beginnen, die wie keine zweite das Denken des Politischen stimuliert hat: Bartleby.

3 Politische Figuren des Entzugs

3.1 Bartleby, der Schreiber

Bartleby wird in Herman Melvilles gleichnamiger Erzählung als Kopist eingestellt. Die Leser wissen wie der Anwalt, der ihn einstellt, nichts über ihn. Er arbeitet still, aber eifrig, bis er eines Tages auf die Anweisung, etwas zu erledigen, „I would prefer not to" antwortet. Er wird diese Formel im Laufe der Geschichte oft wiederholen, in verschiedenen Variationen. Was den Notar aber vor allem verstört, ist, dass Bartleby bleibt. Die Formel ist keine Kündigung. Sie ist auch nicht der Prolog zu Forderungen, die der Kopist stellt. Bartleby bleibt einfach. Er wiederholt die Formel und er bleibt. Er isst, er trinkt, er wohnt sogar in der Anwaltskanzlei. Auch als der Notar umzieht, verlässt er die Räume nicht. So sehr sich der Notar auch bemüht, etwas über Bartleby herauszubekommen – viel ist es nicht. Bartleby scheint keine Geschichte zu haben.

Die zeitgenössische politische Theorie hat die Erzählung immer wieder aufgegriffen – und in ganz unterschiedlicher Weise gedeutet.[5] Zuweilen wird sie, wie

---

5 Rebentisch spricht von einem „Bartleby Hype der frühen 00er Jahre" (Rebentisch 2009, S. 104).

im „Empire" (Hardt und Negri 2002) oder von dem französischen AutorInnenkollektiv Tiquun (2012, S. 147), als Geschichte einer totalen Verweigerung gedeutet, die sich in ihrer Unnachgiebigkeit nicht in die Rückkopplungsschleife der Macht einfügen lässt, und noch *Occupy Wall Street* sah in Bartleby einen der ihren. Allerdings gibt es zu denken, dass der Anwalt, der Bartleby einstellt, alles andere als eine dämonische Personifikation von Herrschaft und Kapital ist. Er, der die Geschichte Bartlebys aus der Ich-Perspektive erzählt, beschreibt sich selbst als einen Menschen, der nur selten die Fassung verliert. Sein Ehrgeiz hält sich in Grenzen, das Gericht kennt er kaum von innen. Es würde ihm nicht in den Sinn kommen, spektakuläre Fälle anzunehmen, die ihn in das Rampenlicht der Öffentlichkeit stellen würden. Seine Zeit verbringt er weit lieber damit, „in der kühlen Stille einer behaglichen Zufluchtsstätte, recht einträglich Geschäfte mit den Wertpapieren und Pfandbriefen und Besitzurkunden reicher Leute" (Melville 2004, S. 10) zu machen. Die Marotten seiner beiden Abschreiber Turkey und Nippes sowie seines Laufburschen Ginger Nut erträgt er stoisch, nur selten sieht er sich bemüßigt, sie zu ermahnen, zumal dies „unziemliche Erwiderungen" hervorrufen könnte, die den Frieden, der dem Anwalt heilig ist, stören würden. Weil durch eine Gegebenheit nun aber doch etwas mehr Arbeit anzufallen droht, sieht sich der Anwalt genötigt, einen weiteren Schreiber einzustellen. „Auf meine Anzeige hin stand eines Morgens ein regloser junger Mann auf der Schwelle meiner Kanzlei, denn es war Sommer, und die Tür stand offen. Ich sehe die Gestalt noch vor mir – farblos ordentlich, mitleiderregend anständig, rettungslos verlassen! Es war Bartleby" (ebd., S. 21).

Die Erzählung stellt den Anwalt weniger als ruchlosen Ausbeuter dar denn als gutmütigen Vater, der sich Bartlebys annimmt. Das macht es der Leserin, dem Leser schwer, in Bartleby einen Militanten zu sehen, der „sich in eine lange Tradition der Arbeitsverweigerung" (Hardt und Negri 2002, S. 215) einfügt. Aber gerade dies macht die Gewalt seiner Formel aus. Sie verwüstet nicht die Finanzindustrie, sondern die kleine, beschauliche Welt eines harmlosen Anwalts, der weder ein noch aus weiß. So untergräbt die Formel, das ist die Deutung Gilles Deleuzes (1994, S. 46), die „Vaterfunktion" also solche, das heißt die Voraussetzungen, auf denen die gelungene Kommunikation und Reproduktion beruhen. „Eben dessen wird der Anwalt mit Schrecken gewahr: All seine Hoffnungen, Bartleby zur Vernunft zurückzuführen, brechen zusammen, weil sie auf einer *Logik der Voraussetzungen* beruhen, der gemäß ein Arbeitgeber ‚erwartet', daß ihm Folge geleistet wird, oder ein wohlwollender Freund, gehört zu werden, während Bartleby eine neue Logik erfunden hat, eine Logik der *Präferenz*, die zur Aushöhlung der Voraussetzungen ausreicht" (ebd., S. 20f.). „Ich möchte lieber nicht" ist ein Ausdruck, der sich „der sprachlichen Form entzieht, den Vater seiner mustergültigen Sprechweise beraubt und ebenso dem Sohn seine Möglichkeit nimmt, zu reproduzieren oder zu kopieren" (ebd., S. 30). Bartleby wird bei Deleuze, diesmal in den Worten Rancières, zu einem „Christus-Bruder, der uns vom Gesetz des Vaters befreit" (Rancière 2010, S. 232). Die Formel ist unerbittlich, sie „wirkt verheerend und verwüstend, und läßt nichts übrig" (Deleuze 1994, S. 12). Sie lässt weder das gelten, auf das sie sich bezieht, noch erschließt sie eine Alternative. Das einzige, wofür sie einsteht, ist ein „Nichts an Willen" (ebd., 14), also, nunmehr in der Terminologie Giorgio Agambens, „reine Potenz", die in der Schwebe zwischen den Alternativen von Bejahung und Verneinung verharrt.

Es ist dieses In-der-Schwebe-Bleiben, das Bartleby für Agamben (1998) zu einem Experiment macht. Bartleby prüft die Möglichkeit, in der reinen Potenzialität zu verharren, sich nicht festzulegen und nicht festlegen zu lassen, und diese Prüfung ist „die äußerste Prüfung, in der eine Kreatur sich aufs Spiel setzen kann" (ebd., S. 45). Bartleby experimentiert mit der *conditio humana*, um den Menschen als „Möglichkeitswesen" (Agamben 2001, S. 14) zu verifizieren. Indem Bartleby weder verneint noch bejaht, erscheint ein „Lichtspalt des Möglichen" (Agamben 1998, S. 42), der gewahr werden lässt, dass der Mensch das, was er kann, auch unterlassen kann. Das gilt, wie Bartleby zeigt, auch für die Fähigkeit, eine Wahl zu treffen – und gerade das macht seine Freiheit aus, denn „[o]hne die Möglichkeit der Unterlassung würde es sich nicht um ein Vermögen, sondern um bloße Kausalität handeln" (Busch 2012, S. 61). Insofern verstümmeln die Aufforderungen, aktiv zu werden, produktiv zu sein, zu partizipieren oder teilzuhaben, den Menschen und seine Möglichkeiten. „Agamben wird nicht müde herauszustreichen, dass die heutigen Machtformen den Menschen weniger von seinen Möglichkeiten als vielmehr von seinen Unmöglichkeiten entfernen, da alles als machbar dargestellt wird. Das ‚Nicht-tun-können' wird verstellt und damit die Freiheit zur Unterlassung. […] Die heutige Machtform erzeugt Unfreiheit gerade in dem Zwang zur Verwirklichung eigener Möglichkeiten. Demgegenüber erscheint die Untätigkeit als die ‚höchste … Figur des Lebens', als die eigentliche menschliche, ethische und politische Praxis." (Busch 2012, S. 64)[6]

Bartlebys „Ruhmesformel" (Deleuze 1994, S. 7), die „unabgeschlossen läßt, was sie zurückweist" (ebd., S. 8), erlaubt es auch, sich dem anzunähern, was, wie oben angedeutet, in der gegenwärtigen politischen Philosophie *das* Politische ge-

---

6 Bartleby als anthropologisches und ethisches Experiment verweist dann für Agamben (2001, S. 78) auch auf die Möglichkeit eines politischen Aktes, der nicht mehr auf der nationalen, ethnischen oder kulturellen Identität basiert, sondern alleine auf der gemeinsamen bedingungslosen Zugehörigkeit zur Menschheit selbst und dem, wozu sie fähig ist.

nannt wird und gegenüber der Politik im Sinne der rechtlich geregelten und institutionalisierten Verwaltung gemeinsamer Angelegenheiten abgegrenzt wird. Wie Bartlebys Formel bezeichnet das Politische kein inhaltlich gebundenes Programm, sondern eine *Unterbrechung* oder *Aussetzung* der Politik, die die unhintergehbare Kontingenz einer vorfindlichen Ordnung verifiziert. Sie ist das, „was die Routinen der Politik stört und aus dem Gleis bringt" (Bedorf 2011, S. 46), und kann so zugleich, wie Oliver Marchart (2013, S. 11) formuliert, „als ein Symptom [einer] ultimativen Abgründigkeit des Sozialen verstanden werden". Handeln ist politisches Handeln, wenn es diese Abgründigkeit offenlegt. Deshalb ist es, aus dieser Perspektive, auch unerheblich, dass Bartleby keine inhaltlichen Forderungen erhebt und sein Chef keinen konkreten Anlass zur Rebellion bietet. Was zählt ist, dass Bartleby die Möglichkeit, sich einer Ordnung und ihren Voraussetzungen zu entziehen, verifiziert. Die auf diese Weise entblößte Ordnung steht einfach still. Die Bitten und Aufforderungen des Anwalts können nicht zurückgenommen, sie können nicht abgemildert, verschärft, nicht variiert werden. Sie können nicht wiederholt werden, was möglich wäre, wenn sie auf Schweigen träfen. „Mit der Weigerung gegenüber seinem Herrn verneint Bartleby nicht das Prädikat, er bejaht vielmehr ein Nicht-Prädikat, indem er nicht sagt, daß er *etwas nicht tun will*, sondern dass er *vorzieht (wünscht), etwas nicht zu tun*. Auf diesem Weg gelangen wir von einer Politik des ‚Widerstands' oder des ‚Protests', die sich parasitär auf das aufpfropft, was sie negiert, zu einer Politik, die einen neuen Raum aufschließt, der außerhalb der hegemonialen Position *und* deren Negation liegt." (Žižek 2006, S. 433) Die „Bartleby-Politik", das Politische seiner Formel, besteht demnach darin, die Routinen einer Ordnung auszusetzen. „Der eigentliche politische Akt (die Intervention)", so schreibt Slavoj Žižek (2001, S. 273), „ist nicht einfach etwas, was innerhalb des Rahmens der existierenden Verhältnisse gut funktioniert, sondern etwas, was *gerade den Rahmen verändert, der festlegt, wie die Dinge funktionieren*."

3.2 Exodus-Politik

Das der Politik gegenübergestellte Politische ist eine Beobachtungs- und mithin Problematisierungskategorie, die es erlauben soll, die Möglichkeit einer ereignishaften Transformation des Sozialen, einer fundamentalen Überschreitung des Bestehenden offen zu halten – und zwar einer Transformation, die weder geschichtlichen noch sozialen Notwendigkeiten gehorcht. „Die Differenz dient also zunächst zu nichts anderem als dazu, beobachtbar zu machen, dass es jenseits der medial aufbereiteten Tagespolitik mit den bekannten Akteuren Bewegungen, Ereignisse und Protagonisten geben kann, die nicht apolitisch sind, sondern die Politik selbst zu beunruhigen vermögen" (Bedorf 2011, S. 46).

Hiervon zeugen auch die verschiedenen Versuche, sich den Exodus als eine solche Figur der Überschreitung zu erschließen. Während Bartleby seine Formel im „Herzen der Bestie" wiederholt, erzählt das Buch Exodus von einer *kollektiven* Flucht. Die aus Ägypten ausziehenden Israeliten haben ein Ziel vor Augen und Hoffnung im Herzen. Sie brechen auf diese Weise mit einer mythischen Zeitkonzeption, aber auch mit einem typischen Schema des Bildungsromans, der den Helden auf die Reise schickt, damit dieser gestärkt und sich seiner selbst gewiss nach Hause zurückkehren kann, um dort die ihm zugedachte Rolle auszufüllen. Das ist zumindest der Ausgangspunkt für Michael Walzers (1995) Interpretation der biblischen Erzählung als politischer Akt. Der Exodus „ist ein Marsch auf ein Ziel zu, ein moralischer Fortschritt, eine tiefgreifende Verwandlung. Die Männer und Frauen, die Kanaan erreichen, sind, im buchstäblichen und übertragenen Sinne, nicht mehr dieselben Männer und Frauen, die Ägypten verließen" (ebd., S. 21). Die Hoffnung, die Gott stiftet, und der Zorn, den das Leiden unter der ägyptischen Herschafft hervorruft, erlauben es auszuziehen, um neue Formen des Zusammenlebens zu erfinden, in denen weder „Unterdrückung" noch moralische „Verderbtheit" einen Platz haben. Deshalb ist auch, sagt Walzer, der Gang durch die Wüste notwendig. Er lehrt, gerade durch die beständige Gefahr der Konterrevolution, des Murrens[7], das die neue Gemeinschaft fähig ist, jede Herausforderung zu überwinden.

Dass diese Konstituierung mit einer scharfen Abgrenzung nach außen und einer rigiden Sanktionierung von abweichendem, illoyalem Verhalten im Inneren einhergehen könnte (vgl. Sloterdijk 2013), ist ein naheliegender Verdacht, der nicht nur von der Exodus-Erzählung selbst genährt wird, sondern von der Geschichte des „Volkes" als politisches Subjekt immer wieder belegt wurde. Deshalb spielt das „Volk" als religiös oder ethnisch homogene Gemeinschaft in aktuellen Varianten der Exodus-Politik keine Rolle. Worauf es den Interpretinnen und Interpreten vor allem ankommt, ist die produktive, konstituierende Kraft der gemeinsamen Flucht, die nicht nur ein Gefühl des gemeinsam geteilten Schicksals erzeugt, sondern die

---

7   Die Erzählung zeichnet sich somit nach Paolo Virno (2010, S. 89) durch einen gewissen anthropologischen Realismus aus, gerade weil sie „dem Bösen" Raum gibt, dem Murren, das aber überwunden wird, ohne einen Souverän einzusetzen. So „setzt sie sich von der Annahme ab, dass dieses Sich-Entziehen die natürliche Sanftheit der Menschennatur zum Grunde hat. Der Exodus stellt eine Widerlegung der Position Carl Schmitts dar: eine nicht mehr staatlich organisierte Republik unterhält eine äußerst enge und durch nichts verhüllte Beziehung zur angeborenen Destruktivität unserer Art."

auch, in Anbetracht der die Existenz bedrohenden Herausforderungen eines Gangs durch die Wüste, dazu zwingt, neue Formen der Organisation zu erproben. Entscheidend ist dann nicht das Erreichen des Ziels, sondern die Zwischen-Zeit, in der alles in der Schwebe ist, in der die alten Gesetze ausgesetzt sind und sich neue noch nicht verfestigt haben. „Nichts", schreibt Paolo Virno (2010, S. 54), der neben Hardt und Negri als *der* Theoretiker des *general intellect* und der *multitudo* gelten kann, „ist weniger passiv als die Flucht. Der *exit* verändert die Bedingungen, unter denen eine Auseinandersetzung stattfindet, anstatt sie als unbeweglichen Horizont vorauszusetzen; er verwandelt den Zusammenhang, in dem ein Problem aufgetreten ist, anstatt ihm in der Wahl zwischen zwei vorgegebenen Alternativen entgegenzutreten. Kurz: Der *exit* besteht in einer unbefangenen Erfindung, die die Spielregeln ändert und den Kompass des Gegners zum Rotieren bringt." [8]

Isabell Lorey (2011) hat den wiederholten Auszug der Plebejer aus Rom als eine Form der Exodus-Politik gedeutet, die nicht dazu dient, das „Haus der Knechtschaft" ein für allemal zu verlassen; es gehe darum, sich der Herrschaft zeitweilig zu entziehen, eine „Bresche in die bestehende Herrschaftsordnung" (ebd., S. 299) zu schlagen, um sich als politisches Subjekt zu konstituieren und, auf diese Weise gestärkt, als ernstzunehmender politischer Faktor zurückzukehren. „Im Prozess des Entziehens und Abfallens entsteht eine konstituierende Macht, werden neue Möglichkeiten der Veränderung gefunden, neue bisher nicht vorstellbare Instrumente der Intervention und Umkehr" (ebd., S. 299). Es geht also stets darum, sich einer vorgegebenen Alternative zu entziehen, sich nicht einzulassen auf die Wahl zwischen Affirmation und einer Verweigerung, die intakt lässt, was sie verneint. Die Flucht erlaubt es, eine „Bresche" zu schlagen, eine Lücke zwischen Bejahung und Verneinung, um neue Möglichkeiten zu erfinden[9] (so im Exodus) oder für Ereignisse empfänglich zu bleiben (dafür steht die „reine Potentialität" Bartlebys).

---

8   Virno denkt hierbei vor allem an jene amerikanischen Arbeiterinnen und Arbeiter, die im 19. Jahrhundert massenweise den Fabriken entflohen sind, um im Westen ihr Glück zu versuchen und – vor allem – ihr eigener Herr zu werden.

9   Siehe dazu Virno (2010, S. 89): „Anstatt sich dem Pharao zu unterwerfen oder sich gegen seine Herrschaft aufzulehnen hat das jüdische Volk das Prinzip des *tertium datur* zur Anwendung gebracht und ergreift eine weitere, bislang verkannte Gelegenheit: das ‚Haus der Sklaverei und der ungerechten Arbeit' zu verlassen. Man zieht in ein Niemandsland und erkundet neue Formend der Selbstregierung."

3.3 Traumtänzer

Die Philosophie des Politischen versucht, das deuten diese zwei immer wieder aufgerufenen Figuren des Entzugs an, den Blick zu verschieben: von der Ermöglichung sozialer Synthesis, vom Konsens und dem Mitwirken aller zu den Augenblicken der eruptiven, unvorhergesehenen Unterbrechung, des Bruchs und der Störung, die Lücken des Möglichen aufreißen. Wenn es um die Frage geht, inwiefern diese Verschiebung des Blicks eine wiederum spezifische politische Facette von Bildung erfassen könnte, sind nun vor allem die Arbeiten Jacques Rancières[10] interessant, weil sie nach solchen „demokratischen Erfahrungen" fahnden, die Menschen dazu treibt, ein Unbehagen an ihrer sozialen Identität zu empfinden und sich von dem Platz, der für sie vorgesehen ist, abzuwenden. Wesentlich ist hierbei, ironischerweise, die ästhetische Illusion, der Rückzug in die „winterliche[ ] Nacht", von dem Heinz-Joachim Heydorn (1995, S. 55) in „Über den Widerspruch von Bildung und Herrschaft" berichtet. Was für Heydorn höchstens das Überwintern der Idee von Bildung in stürmischen Zeiten bedeuten konnte, wird bei Rancière zu einem Stachel, der nicht nur die Einzelnen, sondern auch die Gesellschaft in Unruhe versetzt. Was Rancière damit meint, lässt sich gut anhand seiner Lektüre von Gustave Flauberts „Madame Bovary" erläutern, dieser Geschichte einer kindischen und dem Kitsch erlegenen Bauerntochter.

Warum musste Emma Bovary, die Bauerntochter, sterben? In der Beantwortung dieser Frage sieht Jacques Rancière (2011) einen Schlüssel nicht nur für die Spannung, die die Literatur der Moderne durchzieht, sondern auch für die Eigentümlichkeiten einer „Demokratie des Buchstabens" (Rancière 2014, S. 59). Flauberts Literatur kennzeichnet einen demokratischen Stil, der die Hierarchien, die die aristotelische Poetik aufstellte, suspendiert. Was Literatur zur Literatur macht, ist alleine die Sprache, ein Stil, der jedes Sujet und jedes Subjekt gleich behandelt. Das macht ihre ästhetische, „molekulare" (wie Rancière in Anlehnung an Deleuze formuliert) Gleichheit aus. Eine Bauerntochter darf die Heldin einer Geschichte sein, die sich nicht an ein bestimmtes Publikum richtet, sondern gleichgültig gegenüber ihren Leserinnen und Lesern ist. Das birgt aber eine Gefahr: eine falsche Aneignung der Literatur, der Wörter und Buchstaben, ein „vulgäres" Lesen, das die Ordnung der Klassen, Berufe, Tätigkeiten und Geschlechter bedroht. Emma ist eine leidenschaftliche Leserin, die das, was sie liest, selbst leben will. Die Bücher stiften Sehnsucht nach einem anderen Leben und machen Emma das ihr vorbestimmte madig. Indem er sie „hinrichtete", versuchte Flaubert die Geister, die er zum Leben erweckte, wieder zu bannen. Sein Roman ist ein päda-

---
10 Siehe hierzu auch den Beitrag von Ralf Mayer in diesem Band.

gogisches Programm, das das „richtige" Lesen lehrt, indem es die Unterscheidung von Kunst und Leben anmahnt. „In gewisser Weise ist Emma Bovary die Heldin einer bestimmten ästhetischen Demokratie. Sie möchte Kunst in ihr Leben bringen, sowohl in ihr Gefühlsleben als auch in die Ausstattung ihrer Wohnung. Der Roman ist als ständige Polemik gegen diesen Willen der Bauerntochter, Kunst ins Leben zu bringen, aufgebaut. Es stellt dieser ‚Kunst im Leben' (Ästhetisierung des Alltags, wird man später sagen) eine Kunst entgegen, die es im Buch und nur im Buch gibt" (Ebd., S. 63). Die soziale Sprengkraft einer Schrift, die nicht mehr an einen bestimmten Zweck gebunden ist und von jedem Mann und jeder Frau angeeignet werden kann, findet Rancière bei den Arbeiterdichterinnen und -dichtern wieder, die er in „Die Nacht der Proletarier" zu Wort kommen lässt, bei jenen Arbeiterinnen und Arbeitern also, die sich um 1830, im Nachklang der Pariser Julirevolution, die Nacht eroberten, um zu lesen, zu dichten, zu denken und zu diskutieren. Wie Emma Bovary haben sie sich dafür entschieden, dass sie nicht dazu bestimmt sind, nur ihre Muskelkraft zu verausgaben. Deshalb nehmen sie sich die Nacht, um zu leben, als wären sie keine Arbeiter, um zu lesen, was Arbeiter „eigentlich" nicht lesen, um sich zu kleiden, wie sich Arbeiter „eigentlich" nicht kleiden, um wertzuschätzen, was Arbeiter „eigentlich" nicht wertschätzen können. Das, was sie lesen, verführt sie zu einem anderen Leben, stiftet sie an, weiter zu lesen und zu lernen. Sie wissen um ihre Ausbeutung und darum, was sie eigentlich nicht können sollten, aber sie ignorieren beides. Sie wollen auch in „das Königreich der Schatten und des Scheins, das denen vorbehalten ist, die es sich leisten können, nicht zu schlafen" (Gauny, zit. n. Rancière 2013, S. 35). Sie möchten an den (aus der Perspektive der Arbeiterbewegung nur) „künstlichen" Leidenschaften und Schwärmereien des Bürgertums teilhaben.[11] Sie sind „Traumtänzer", die von ihren Kolleginnen und Kollegen ebenso belächelt werden wie von ihren Herren.

---

11 „Es gibt so edles und viel besungenes Unglück, das im Himmel der Imaginationen wie ein apokalyptischer Stern erstrahlt, dessen Flammen uns unsere bürgerlichen Schmerzen vergessen machen, die, verloren in den Schluchten der Welt, nur noch als trügerische Spitzen erscheinen. Childe Harold, Obermann, René, gesteht uns freimütig das Parfum eurer Ängste. Antwortet: Wart ihr nicht glücklich in eurer schönen Melancholie? Denn wir wissen durch das Genie eurer Klagen und das Ausmaß ihrer Strahlen, dass sie eure Seelen glorifizierte. Eure gefeierten Leiden trugen in sich einen mysteriösen Lohn, der die Eitelkeit der Klagen noch untermauerte. Erhabene Unglückliche! Ihr kanntet nicht den Schmerz aller Schmerzen, den vulgären Schmerz des gefangenen Löwen und des Plebejers, der den schrecklichen Stunden der Werkstatt ausgeliefert ist. Dieses Strafmittel, das den Geist und den Körper durch Langeweile und den Wahnsinn seiner langen Arbeit zermürbt. Ach, alter Dante, du bist nicht durch die wirkliche Hölle gereist, durch die Hölle ohne Poesie ... Lebe wohl" (Gauny zit. n. Rancière 2013, 36).

Für die marxistischen Intellektuellen sind sie unbrauchbar oder sogar Verräter, und die späteren Soziologen und kritischen Theoretiker werden von Ideologie, Illusion oder Verblendung sprechen. Auch für Rancière sind die Arbeiterdichterinnen und -dichter Ausnahmen, aber solche, die zeigen, wozu jeder Arbeiter, jede Arbeiterin fähig ist. Der Parkettleger, von dem der Schreinerdichter Louis-Gabriel Gauny schreibt, arbeitet in Häusern, die nicht die seinen sind und die er nie bewohnen wird. Die Arbeit ist hart, und trotzdem gibt es jene Momente, in denen die Augen, die sehen, sich von den Händen, die arbeiten, ablösen. Der Blick schweift, erfasst die Schönheit der Häuser, Gärten und Landschaften. „Er [der Parkettleger] glaubt sich bei sich, solange er das Zimmer, in dem er parkettiert, noch nicht fertiggestellt hat, und liebt seine Ordnung; wenn das Fenster sich auf einen Garten öffnet oder einen pittoresken Horizont beherrscht, hält er einen Moment inne und schwebt in Gedanken in die weite Perspektive, und genießt sie so besser als die Besitzer der benachbarten Wohnungen" (Gauny zit. n. Rancière 2013, S. 103). Der Parkettleger weiß, „dass er am Ende seiner ‚freien' Laufbahn weder ein Schloss noch eine Hütte besitzen wird, nicht einmal die Gedankenpaläste, die sein Elend schmücken" (Rancière 2013, S. 103). Er weiß also um seine Illusion. Diese Illusion ist nicht einfach eine, die in die freiwillige Knechtschaft führt, die der reibungslosen Ausbeutung in die Hände spielt. „Die Bewegung, die sich hier abzeichnet, ist eine Spirale, die in der Ähnlichkeit der Kreise, in denen die gleiche Energie sich zum Nutzen des Feindes verbrennt, einen effektiven Aufstieg zu einer anderen Art der sozialen Existenz realisiert. Weil eine andere Gesellschaft nicht die destruktive Konfrontation mit dem Meister oder der bürgerlichen Klasse voraussetzt [also den Klassenkampf im traditionellen Sinne[12], Anm. v. C.G.], sondern die Schaffung einer anderen Menschheit, weil die Heilung des Übels über die einzigartige Askese der Rebellion und ihre apostolische Verbreitung verläuft, ist die Illusion der Befreiung nicht das Unwissen, das die Herrschaft reproduziert, sondern der gewundene Weg, auf dem der Kreis die Reproduktion beinahe berührt, jedoch mit einem bereits entscheidenden Abstand" (ebd., S. 104). Rancières Arbeit richtet sich in diesem Sinne gegen die marxistische wie soziologische Entzauberungsgeste, die in den Träumen der Arbeiterinnen und Arbeiter die bürgerliche Ideologie am Werk sah, von der man sie befreien musste. Die Texte dieser Tagträumer zeigen hingegen, so schreibt Rancière, „dass die Arbeiter es niemals nötig gehabt hatten,

---

12 Die neue Welt soll nicht ihren Geburtsfehler im Ressentiment haben. „Es liegt also kein Paradox darin, dass der Weg der Befreiung zunächst der ist, auf dem sich der aufständische Sklave vom Hass auf den Meister befreit. Knechtschaft und Hass sind zwei Charakteristika derselben Welt, zwei Manifestationen derselben Krankheit" (Rancière 2013, S. 104).

dass man ihnen die Geheimnisse der Herrschaft erklärte, denn ihr Problem war ein ganz anderes. Es ging darum, sich intellektuell und materiell den Formen zu entziehen, durch die diese sich in ihren Körper einschrieb, ihnen Gesten, Wahrnehmungsweisen, Haltungen und eine Sprache aufzwang" (ebd., S. 15). Die buchstäbliche Nacht des proletarischen Subjekts markiert deshalb die Zeit, in der man sich seiner proletarischen Identität ein Stück weit entledigen konnte, indem man Teil des Universums wurde, das die „erhabenen Unglücklichen" Obermann, René und Werther bewohnten, die es sich leisten konnten, ihren Schwärmereien zu verfallen.

Was interessiert Rancière an diesen Traumtänzern? Der Traumtänzer, schreibt Meyer-Drawe (2012, S. 40), ist ein Mensch, „der seine Ellenbogen nicht gebraucht, um seinen Weg zu bahnen, sondern eher, um seinen träumenden Kopf zu stützen, versonnen lächelnd, ohne Aggression. [...] Er ist verloren in seinen *Gedanken*, in einer Art ‚Jenseits des Alltags'." Deshalb ist das „spöttische Gelächter [...] ihr ständiger Wegbegleiter" (ebd., S. 43). Traumtänzer werden belächelt, weil sie sich dem Kitsch hingeben. Zuweilen erzeugen sie auch Ressentiments, weil sie sich den Anrufungen, mitzumachen und mitzuwirken, aktiv und produktiv zu sein, entziehen – weil sie nicht zu fassen sind. „Die Seele lässt sich eher treiben, ist zügellos im Sinne des Wortes. Keine vorgeschriebene Ordnung legt sie fest. In kein Register lässt sie sich eintragen" (ebd., S. 41). Traumtänzer machen sich „verdächtig, weil diese sich nicht der Realität und ihren Ansprüchen stellen" (ebd., S. 47). Das Gelächter und der Verdacht, den sie erzeugen, bezeugen zugleich ihre politische Sprengkraft. Denn die „Idylle muss [...] nicht notwendigerweise über Realitäten hinwegtäuschen. Sie kann durchaus subversiv sein und in Erinnerung halten, dass die Dinge, so wie sie sind, nicht zu sein brauchen." (Ebd.) Wenn Rancière den träumenden, flanierenden und dichtenden Arbeiterinnen und Arbeitern Raum gibt, dann geht ihm es genau hierum: in Erinnerung zu halten, „dass Proletarier als Wesen behandelt werden müssen, denen mehrere Leben zustehen würden" (Rancière 2013, S. 9). Ihm sind diese, zuweilen wohl bewusst romantisierten Geschichten ein Instrument – er spricht von „Gegenmythen" (ebd., S. 17) –, um die Vorstellung in Frage zu stellen, dass nur ungleich verteiltes Wissen emanzipiert, nur die den sozial Privilegierten eigene Fähigkeit zur Reflexion zu einem kritischen Selbst- und Weltverhältnis befähigt. In Rancières Geschichten ist es der über die Landschaft schweifende oder sich ins Buch versenkende Blick, der die Arbeiterinnen und Arbeiter fortreißt. Diese „Erfahrung der Sinnesstörung" (Rancière 2014, S. 199) eröffnet Lücken des Möglichen und entfacht das Begehren, etwas anderes zu sein als Arbeiter.

4 Schluss

Als „Gegenmythen" könnten diese Geschichten von Traumtänzern und anderen politische Figuren des Verweigerns, Desertierens, Abfallens und Aussteigens womöglich auch im pädagogischen Diskurs fungieren. *Erstens* lenken sie die Aufmerksamkeit nicht auf die Identität, sondern auf das Begehren, sich ihr zu entziehen. Sie heben dabei die politische Dimension dieses Begehrens, auszusteigen, zu fliehen oder zu widerstehen, hervor und weisen so darauf hin, dass das Politische gerade nicht die Aushandlung und Durchsetzung von Interessen oder auf das bloße Mitmachenkönnen beschränkt ist. Dadurch geraten, *zweitens*, sowohl kollektive als auch gescheiterte, stillgestellte oder in der Illusion feststeckende, aber gerade dadurch „exzessive" Transformationsprozesse in den Blick, die die Ordnung der Dinge aus dem Tritt bringen und so ihre Fragilität und Bodenlosigkeit offenlegen. Dass solche Bewegungen des Entzugs und die Gesten des Bruchs nicht auf den Feldherrenhügel führen, dass sie Erfahrungen darstellen, die nicht einfach in souveräne Distanznahme und Reflexionsfähigkeit umgemünzt werden können, verweist *schließlich* darauf, dass wir nicht nur „epistemtische Subjekte […], sondern Träumende, Spielende, Sehende, Begehrende" (Meyer-Drawe 2012, S. 38) sind. Für Rancières Traumtänzer ist nicht entscheidend, dass sie „eine Kenntnis der Situation […] erlangen, sondern ‚Leidenschaften', die dieser Situation unangepasst sind" (Rancière 2009, S. 76). Orientierungsverluste, die Risse im Gefüge offenbaren und neue Möglichkeiten aufschließen, sind dann nicht in demselben Maße mit dem Privileg verschwistert – auch das, was andere Kitsch nennen, kann Begehren entzünden und Unruhe entfachen.

Wenn Bildung in diesem Sinne als Kunst, sich zu entziehen, gedeutet wird, soll damit nicht ihre Bedeutung für die Teilhabe am gesellschaftlichen Leben heruntergespielt werden. Auch wurde die Frage nach den Voraussetzungen der Möglichkeit, sich zu entziehen, an dieser Stelle ausgeklammert, um ihre politische Dimension zu betonen. Gezeigt werden sollte auf diese Weise, dass es sich lohnen kann, auch gegenüber Bewegungen des Verweigerns, Zögerns, Zauderns, Widerstehens, Fliehens, Abfallens oder Aussteigens aufmerksam zu sein. Denn oft genug sind sie es, die die „Landschaften des Möglichen" (Rancière 2014, S. 28) neu gestalten.

Literatur

Adorno, T. W. (1971). Erziehung zur Mündigkeit. In: Gerd Kadelbach (Hrsg.), *Theodor W. Adorno: Erziehung zur Mündigkeit. Vorträge und Gespräche mit Hellmut Becker 1959 bis 1969* (S. 133-147). Frankfurt a.M.: Suhrkamp 1971.

Agamben, G. (1998). *Bartleby oder die Kontingenz gefolgt von Die absolute Immanenz*. Aus dem Italienischen von Maria Zinfert und Andreas Hiepko. Berlin: Merve.

Agamben, G. (2001). *Mittel ohne Zweck. Noten zur Politik*. Aus dem Italienischen von Sabine Schulz. Zürich u.a.: diaphanes.

Ahrens, S., Wimmer, M. (2014). Das Demokratieversprechen des Partizipationsdiskurses. Die Gleichsetzung von Demokratie und Partizipation. In: Alfred Schäfer (Hrsg.), *Hegemonie und autorisierende Verführung* (S. 175-199). Paderborn: Schöningh.

Arendt, H. (2016). *Sokrates. Apologie der Pluralität*. Berlin: Matthes und Seitz.

Badiou, A. (2012). Das Ereignis denken. In: Alain Badiou, Slavoj Žižek (2012): Philosophie und Aktualität. *Ein Streitgespräch* (S. 15-49). Herausgegeben von Peter Engelmann. 2., durchgesehene Auflage. Wien: Passagen. Badiou, A. (2013). *Platons ‚Staat'*. Aus dem Französischen von Heinz Jatho. Zürich u.a.: diaphanes.

Badiou, A. (2015a). *Bedingungen und Unendlichkeit. Ein Gespräch mit Gernot Kamecke*. Aus dem Französischen von Gernot Kamecke. Berlin: Merve.

Badiou, A. (2015b). *Das Abenteuer der französischen Philosophie seit den 1960er Jahren*. Aus dem Französischen von Paul Maercker. Wien: Passagen.

Bedorf, T. (2011). Die politische Differenz und die Kontingenz der Ordnung. *Etica & Politica / Ethics & Politics 13*, H. 1, 46-56.

Bieri, P. (2007). Wie wäre es, gebildet zu sein? http://www.hwr-berlin.de/fileadmin/downloads_internet/publikationen/Birie_Gebildet_sein.pdf. Zugegriffen: 17. Januar 2016.

Bünger, C. (2013). *Die offene Frage der Mündigkeit. Studien zur Politizität der Bildung*. Paderborn: Schöningh.

Busch, K. (2012). *Passivität (Kleiner Stimmungs-Atlas in Einzelbänden. Bd.6)*. Hamburg: Textem-Verlag.

Deleuze, G. (1994). *Bartleby oder die Formel*. Berlin: Merve.

Hardt, M., Negri, A. (2002). *Empire. Die neue Weltordnung*. Aus dem Englischen von Thomas Atzert und Andreas Wirthensohn. Frankfurt a.M.: Campus.

Heydorn, H.-J. (1995). Über den Widerspruch von Bildung und Herrschaft. In: Irmgard Heydorn, Hartmut Kappner, Gernot Koneffke und Edgar Weick (Hrsg.), *Heinz-Joachim Heydorn: Werke in neun Bänden. Bd. 3*. Liechtenstein: Topos Verlag.

Hetzel, A. (2015). Das Durchbrechen des Zirkels der Angst. Für eine post-souveräne Exodus-Politik. In: Rebekka A. Klein, Dominik Finkelde (Hrsg.), *Souveränität und Subversion. Figurationen des Politisch-Imaginären* (S. 242-261). Freiburg.: Karl Alber.

Lorey, I. (2011). *Figuren des Immunen. Elemente einer politischen Theorie*. Zürich: diaphanes.

Machart, O. (2013). *Das unmögliche Objekt. Eine postfundamentalistische Theorie der Gesellschaft*. Berlin: Suhrkamp.

Melville, H. (2004). *Bartleby, der Schreiber. Eine Geschichte aus der Wall Street*. Aus dem Englischen übersetzt und mit Erläuterungen versehen von Jürgen Krug. Frankfurt a.M.: Insel.

Meyer-Drawe, K. (2008). Höhlenqualen. Bildungstheoretische Provokationen durch Sokrates und Platon. In: Rudolf Rehn, Christina Schües (Hrsg.), *Bildungsphilosophie. Grundlagen, Methoden, Perspektiven* (S. 36-51). Freiburg: Karl Alber.

Meyer-Drawe, K. (2012). Feuer und Flamme. Von der Liebe zum Wissen. In: Siegfried Däschler-Seiler (Hrsg.), *Hermeneutik, Ästhetik, Anthropologie. Beiträge zur philosophischen Pädagogik* (S. 35-50). Baltmannsweiler: Schneider Verlag Hohengehren.

Meyer-Drawe, K. (2015). Lernen und Bildung als Erfahrung. Zur Rolle der Herkunft in Subjektivationsvollzügen. In: Eveline Christof, Erich Ribolits (Hrsg.), *Bildung und Macht. Eine kritische Bestandsaufnahme* (S. 115-132). Wien: Löcker.

Platon (2005). *Das Höhlengleichnis. Das Siebte Buch der Politeia. Griechisch – Deutsch.* Übersetzt, erläutert und herausgegeben von Rudolf Rehn. Mit einer Einleitung von Burkhard Mojsisch. Mainz: DVB.

Rancière, J. (2009). *Der emanzipierte Zuschauer.* Wien: Passagen.

Rancière, J. (2010). *Das Fleisch der Worte. Politik(en) der Schrift.* Aus dem Französischen von Marc Blankenburg und Christina Hünsche. Zürich: diaphanes.

Rancière, J. (2011). *Die Politik der Literatur.* Aus dem Französischen von Richard Steurer. 2. überarbeitete Auflage. Wien: Passagen.

Rancière, J. (2013). *Die Nacht der Proletarier. Archive des Arbeitertraums.* Aus dem Französischen von Brita Pohl. Wien u.a.: Turia und Kant.

Rancière, J. (2014). *Die Erfindung des Möglichen. Interviews 2006-2009.* Aus dem Französischen von Richard Steurer-Boulard. Wien: Passagen.

Rebentisch, J. (2009). Zur Unterscheidung von Politik und Politischem. In: Hendrik Blumenrath, Katja Rothe, Sven Werkmeister, Michaela Wünsch, Barbara Wurm (Hrsg.), *Techniken der Übereinkunft. Zur Medialität des Politischen* (S. 99-112). Berlin: Kadmos.

Rebentisch, J. (2014). Option exit. Kleine politische Landkarte des Entzugs. *Westend. Neue Zeitschrift für Sozialforschung 11*, H. 1, 109-121.

Seel, M. (2002). *Sich bestimmen lassen. Studien zur praktischen und zur theoretischen Philosophie.* Frankfurt a.M.: Suhrkamp.

Schütte, A. (2015). *Bildung und Vertikalspannung. Welt- und Selbstverhältnisse in anthropotechnischer Hinsicht.* Weilerswist: Velbrück.

Sloterdijk, P. (2009). *Du mußt dein Leben ändern. Über Anthropotechnik.* Frankfurt a.M.: Suhrkamp.

Sloterdijk, P. (2013). *Im Schatten des Sinai. Fußnote über Ursprünge und Wandlungen totaler Mitgliedschaft.* Berlin: Suhrkamp.

Tiqqun (2012). *Anleitung zum Bürgerkrieg.* Aus dem Französischen von Renée Verdan. Hamburg: Laika.

Vogl, J. (2007). *Über das Zaudern.* Zürich: diaphanes.

Virno, P. (2010). *Exodus.* Wien u.a.: Turia und Kant.

Walzer, M. (1995). *Exodus und Revolution.* Aus dem Amerikanischen von Bernd Rullkötter. Frankfurt a.M.: Fischer.

Witte, E. (2015). Höhlen-Mythos und Geburts-Metapher. Die Philosophie Blumenbergs und der erziehungswissenschaftliche Diskurs. In: Frank Ragutt, Tim Zumhof (Hrsg.): *Hans Blumenberg: Pädagogische Lektüren* (S. 49-69). Wiesbaden: Springer VS.

Žižek, S. (2001). *Die Tücke des Subjekts.* Aus dem Englischen von Eva Gilmer, Hans Hildebrandt, Andreas Hofbauer und Anne von der Heiden. Frankfurt a.M.: Suhrkamp.

Žižek, S. (2006). *Parallaxe.* Aus dem Englischen von Frank Born. Frankfurt a.M.: Suhrkamp.

Partizipationskapitalismus

Bildungsphilosophische Überlegungen zum gesellschaftlichen Widerspruch von Bildung und Teilhabe

Daniel Burghardt

> *Der Spezialist mit Einheitsbewußtsein soll herauskommen.*
> *Wird er krank, muß er zum Psychiater.*
> (Heinz-Joachim Heydorn)

Einleitung

Die Ausgangslage der zu verhandelnden Begriffe scheint eindeutig: Bildung und Teilhabe setzen einander voraus. Während Bildung seit Humboldt die innere Selbstvervollkommnung über die offene und unbestimmte Wechselwirkung von Selbst-, Sozial- und Weltverhältnissen anvisiert, und – indem sie damit immer auch einen Dienst an der Gesellschaft leistet–, ist Teilhabe das Vermittlungsprinzip zwischen den Individuen und den allgemeinen, sozialen oder politischen Institutionen. Den Kern von Bildung und Teilhabe bildet das Wechselspiel bzw. die Interaktion. Einmal wird das Ganze im Einzelnen repräsentiert, ein anderes Mal hat das Einzelne am Ganzen teil.

In den einschlägigen pädagogischen Schriften wird der Begriff der Teilhabe mit den Titeln Beteiligung, Mitbestimmung, Mitgesamttätigkeit (Schleiermacher), Öffentlichkeit, Selbstverwaltung, Partizipation, Teilnahme und Zusammenarbeit bezeichnet. Es wäre im Einzelnen zu klären, ob mit diesen semantischen Differenzen auch theoretische oder pragmatische Differenzen einhergehen (vgl. Burghardt und Zirfas 2012). Bildung ist immer auch Bildung zur Teilhabe: Nicht umsonst ist Mitbestimmungsfähigkeit, neben der Selbstbestimmungs- und Solidarisierungsfähigkeit in der Bildungstheorie Klafkis eines der drei Grundziele von Bildung. Teilhabe ist ein systematisches Erfordernis für Bildungsprozesse. Insofern die Gesellschaft die notwendige Organisationseinheit ist, in und anhand derer Bildungs- und Teilhabe- oder (moderner) Partizipationserfahrungen ablaufen, sind Bildung und Partizipation politische Grundbegriffe, die zur Gestaltung einer Demokratie – zumal einer repräsentativen – unabdingbar sind.

Es erstaunt daher nicht, dass diese beiden Begriffe mit durchweg positiven Konnotationen wie Wissen, Kultiviertheit, Befähigung oder Engagement, politischer Legitimation und Inklusion einhergehen, während die Negationen (Bildungsferne und Nichtpartizipation) als negativ besetzte Konzepte mit Ignoranz, Missachtung, Desintegration oder Exklusion in Verbindung gebracht werden.

Bildungstheoretisch, so meine These, kulminieren die negativen Bildungs- und Teilhabefolgen im Begriff der Ungleichheit. Das Verhältnis von Ungleichheit, Bildung und Teilhabe soll im Folgenden anhand einer Relektüre Heinz-Joachim Heydorns (1969) untersucht werden, dessen Polemik gegen die Bildungsreform seiner Zeit unter dem Titel *Ungleichheit für alle* firmierte, um Aktualitäten und Kontinuitäten in der Problemlage und Diskussion aufzuzeigen.[1]

1 Erinnerung: Vom Sputnik-Schock zum PISA-Schock

Es dürfte als Gemeinplatz gelten, dass der *ungleiche* Zugang zu Bildung auch die *ungleichen* gesellschaftlichen Teilhabemöglichkeiten bedingt. Gegen die erste Dimension, den ungleichen Bildungszugang, richten sich seit den sozial-liberalen Bildungsreformansätzen der 1960er Jahre bis hin zur Ganztagsschuldebatte im Zuge der Veröffentlichung der Ergebnisse der ersten Pisa-Studie Ende 2001 fast alle Schul- und Bildungsreformdiskussionen. Das Reformvokabular bringt dabei Bildung als Garant sozialer Gerechtigkeit und gesellschaftlicher Teilhabe in Anschlag. Damals wie heute wird als empirisches Ergebnis der Reform eine gesamtgesellschaftlich ausgewogenere Teilhabe erhofft.

Insbesondere Heydorn tat sich als großer Kritiker der bundesdeutschen Bildungsreform in den 1960er und 70er Jahren hervor.[2] Dass dies nicht aus einem linken Konservatismus heraus geschah, wie Heydorn von mancher Seite unterstellt wurde, sondern vielmehr aus einer genuin bildungstheoretischen, ja wohl auch bildungsidealistischen Perspektive, wird noch zu klären sein.

Im historischen Kontext des ersten erfolgreichen Versuchs der Sowjetunion einen Satelliten (Sputnik 1) ins All zu bringen – heute bekannt unter „Sputnikschock" – und dem Abflauen des sogenannten Wirtschaftswunders in der Bundesrepublik wurde eine in dieser Intensität neue Debatte um die Konkurrenzfähigkeit

---

[1] Für kritische Anregungen und Hinweise danke ich Johannes Bretting, Thomas Höhne und Dominik Sauerer.

[2] Daneben formulierten außerdem Offe, Bourdieu und Passeron zentrale Kritiken an einem notwendigerweise selektiv wirkenden Bildungssystem (vgl. Bourdieu und Passeron 1971; Offe 1975).

und Effizienz westlicher Bildungs- und Wissenschaftsstandorte geführt. Damit gingen politische Forderungen nach aktiveren, demokratischeren und teilhabegerechteren Bildungsinstitutionen einher. Der Handlungsdruck kulminierte in der 1962 von Roth ausgerufenen *realistischen Wende* in der pädagogischen Forschung, dem 1964 von Picht in seiner berühmt gewordenen Artikelserie beschriebene Zustand der *deutschen Bildungskatastrophe*, sowie in dem erstmals 1957 von Schelsky hervorgehobenen empirischen Zusammenhang der Rolle des Bildungssystems und den sozialen Teilhabechancen und dem 1965 von Dahrendorf proklamierten Bürgerrecht auf Bildung. Wenn Picht davon spricht, dass „der bisherige wirtschaftliche Aufschwung […] ein rasches Ende nehmen [werde], wenn uns die qualifizierten Nachwuchskräfte fehlen, ohne die im technischen Zeitalter kein Produktionssystem etwas leisten kann" (Picht 1964, S. 17), argumentiert er streng ökonomisch. Dahrendorf verbindet dagegen in Anknüpfung an die Verfassungsnormen der Französischen Revolution zugleich ökonomisches Leistungsethos und Partizipationsidee: Dieses Recht ist „notwendig gleiches Bürgerrecht" (Dahrendorf 1965, S. 26); es beinhaltet nämlich „ein Recht (jedes Menschen) auf eine *intensive Grundausbildung*, die ihn befähigt, von seinen staatsbürgerlichen Rechten und Pflichten wirksamen Gebrauch zu machen [und] ein Recht auf eine seiner Leistungsfähigkeit entsprechende *weiterführende Ausbildung*" (ebd., S. 23).

Mit der Ölkrise im Jahr 1973 fand der Traum von der Ausschöpfung bislang unentdeckter Bildungsreserven[3] allmählich sein Ende und das Gespenst des Bildungsproletariats begann im Bildungsdiskurs umherzuspuken.

Eine zentrale institutionelle Reformüberlegung zur Bekämpfung sozialer Ungleichheit durch Ermöglichung besserer Chancengleichheit war die Idee der Gesamtschule, die für viele kritische BildungstheoretikerInnen damals wie heute eine Art institutionellen Königsweg zu einem Mehr an gesellschaftlicher Teilhabe bildete und bildet. Bereits während der Verwaltung durch den *Alliierten Kontrollrat* zwischen 1945 bis 1949 wurde dieses Modell von den Amerikanern als demokratisches Schulmodell anvisiert, da davon ausgegangen wurde, dass eine

---

3   Hierzu konstatieren Brake und Büchner (2012): „Bemerkenswert an der sog. Bildungsexpansionsphase ist der Umgang mit dem Schlagwort ‚Ausschöpfung der Begabungsreserven'. Nur das ökonomisch begründete Bedarfsargument (‚Wir brauchen mehr höher qualifizierte Arbeitskräfte, um im internationalen Wettbewerb zu bestehen') war überzeugend genug, um eine Lockerung der Überauslese nach dem vierten Grundschuljahr und damit die Erhöhung der Abiturquote durchzusetzen. Der Zynismus, der in diesem Argumentationszusammenhang steckt, besteht darin, dass der Anspruch auf bestmögliche Teilhabe nur bei Bedarf zu gelten scheint. Ist ein solcher Bedarf ökonomisch nicht begründbar, kann man das Recht auf Teilhabe zumindest partiell außer Kraft setzen" (Brake und Büchner 2012, S. 34).

lange gemeinsame schulische Sozialisation auch demokratische Erfahrungsräume eröffne. Das Bemühen um ein einheitliches Schulsystem spiegelt sich in einer ganzen Reihe von Gesetzesinitiativen bis Ende 1948 wider und wurde erst 1955 im sog. *Düsseldorfer Abkommen* der Kultusminister der westdeutschen Bundesländer endgültig beendet(vgl. Kuhlmann 1969). Starken Gegenwind erhielten die Überlegungen von Pädagogen wie Weniger, Nohl oder auch Vertretern einer „*Arbeitsgemeinschaft deutscher Professoren*" in Chicago um den Historiker Hans Rothfels (vgl. Keim 2000). Vordergründig ging es dabei um den Erhalt des humanistischen Gymnasiums, dahinter stand jedoch nicht zuletzt die Befürchtung, „dass Änderungen des Schulsystems auch Änderungen des sozialen Gefüge der Bevölkerung nach sich ziehen würden" (Kuhlmann 1969, S. 41). Wesentlicher Unterschied der Nachkriegs-Gesamtschulentwürfe zu denen der 1970er Jahre war die späte Selektion in verschiedene Zweige und das Fehlen von fachspezifischen Leistungskursen, wie sie für die Gesamtschulidee der ausgehenden 1960er Jahre charakteristisch wurden.

Nach dem zweiten großen Schock, dem „PISA-Schock" im Jahr 2000, herrscht inzwischen ein bildungspolitischer Konsens darüber, dass ein exklusives und teilhabeungerechtes Bildungssystem immer auch einen kaum zu überschätzenden Standortnachteil darstellt. In diesem Zusammenhang wurde das Konzept „Gesamtschule" wieder verstärkt diskutiert. PISA zeigt bezogen auf die Debatte zweierlei: Gesamtschul-Befürworter heben v.a. auf den eklatanten Zusammenhang der schulischen Leistung und der sozialen Herkunft ab[4], Gegner verweisen auf das (noch) schlechtere Abschneiden von Gesamtschulen bei dem Test und befürchten negative Synergieeffekte durch die stärkere „Vermischung" sozialer Klassen.

Ungeachtet der Tatsache, dass die Gesamtschuldiskussion inzwischen fast wieder gänzlich verstummt ist, haben beide Debatten damals wie heute gemeinsam, dass sich die Idee der Gesamtschule zwar gegen das Ausleseverfahren der klassischen Schulen richtet der Gedanke des sozialen Aufstiegs durch Bildung jedoch unumwunden befürwortet wird, ohne zu konkretisieren, was dieser „Aufstieg" genau bedeuten solle und ob dieser Aufstieg im Kapitalismus nicht notwendig den Abstieg anderer bedeutet. Von der ursprünglichen Intention, eine das dreigliedrige Schulsystem ersetzende Schulform zu bilden, hat man sich inzwischen fast gänzlich verabschiedet. Ob das Konzept der sog. *Einheitsschule*, die der ursprünglichen

---

4   Hier muss betont werden, dass die Gesamtschule in der Phase der 1970er Jahre den Ansprüchen einer besseren individuellen Förderung, größerer Chancengleichheit und einer höheren Quote qualifizierter SchulabgängerInnen nachweislich besser entsprach als das dreigliedrige System (vgl. Fend 1982).

Gesamtschulidee am nächsten kommt, jemals einen hohen Stellenwert in der Diskussion erhält, bleibt bislang offen.

2 Bildungskritik: Reformkapitalismus

In den letzten Kapiteln seines 1970 erschienen Hauptwerks *Über den Widerspruch von Bildung und Herrschaft* wendet sich Heydorn gegen zwei pädagogische Positionen: nämlich gegen VertreterInnen einer realistischen Wende in der Pädagogik und zugleich gegen deren KritikerInnen die zwar im Namen der Emanzipation antreten, jedoch ebenfalls den geschichtsverändernden Auftrag von Bildung verstellen würden. Nach Merkens (2002) möchte Heydorn so die ideologische Funktion der Bildungsreformdebatten entlarven, in der Bildung zu einem „omnipotenten Stellrad gesellschaftlicher Partizipation erklärt wird" (ebd., S. 527). In dieser Ansicht nimmt er v.a. die damalige Diskussion um die Gesamtschule unter die Lupe. Seine Kritik gewinnt er durch Lektüre der Empfehlungen des Deutschen Bildungsrates[5] und der Sichtung wissenschaftlicher Publikationen und Tagungsberichte zur Bildungsreform sowie anhand bildungstheoretischer Überlegungen.

Der Diskurs zur Gesamtschule wird von Heydorn unter dem Label des „Reformkapitalismus" (vgl. Heydorn 2004a, S. 247; Heydorn 2004b, S. 100) zusammengefasst. Mit Bezug auf das korrigierte und aus seinem humanistischen Kontext gelöste Modell der amerikanischen „Wettbewerbs-Gesamtschule" (Heydorn 2004a, S. 265), welches – trotz der Ursprünge des Gedankens in der Aufklärung und dort v.a. bei Comenius – als Vorbild für die deutsche fungierte, zeigt Heydorn die Entwicklung von Formationsprozessen auf. Zusammenfassend können drei Bezugspunkte hervorgehoben werden:

Die Reform besitzt *erstens* eine polit-ökonomische Funktion. Bei Heydorn heißt es: „Unter dem Gebot dieser Notwendigkeit werden ihre bestimmten Kategorien entwickelt, Einübung, Anpassung, Kooperation, um den gewaltigen Ausbruch der Produktivkraft im grenzenlosen Wirtschaftsraum zu bewältigen, weiterzutreiben, die nationale Homogenität dabei sicherzustellen" (ebd., S. 248). Die Konkurrenzlage verlangt eine größere Teilhabe um noch weitere unausgeschöpfte Bildungsreserven zu erschließen und ist auf die Mitwirkung möglichst aller gesellschaftlichen Gruppen angewiesen. Hinter der oberflächlichen Partizipation steht also eine tiefenwirksame Selektion. Integration und Differenzierung bilden einen Zusammenhang um einen höchst flexiblen Marktanschluss zu gewährleisten.

---

5   „Das Dokument spiegelt die Auffassung der entscheidenden westdeutschen Gesellschaftsgruppen wider und ist durch sie gedeckt" (Heydorn 2004b, S. 102).

Zweitens wird diese materialistische Komponente durch eine wachsende Subjektivierung des Wettbewerbes ergänzt, so dass von Teilhabe nur im Sinne einer „Chancengleichheit [in] der Konkurrenzgesellschaft" (ebd., S. 248) gesprochen werden kann. Wieder Heydorn: „Während Produktions- und Konsumtionsverhalten gleichgesteuert sind, wird das industriekapitalistische catch as catch can in den Mittelpunkt gerückt, ein unerbittlicher Leistungswettbewerb, in dem jeder die gleichen reelle Chance haben, aber ebenso erbarmungslos ausgelesen werden soll, wenn er nicht genügt [...]. Hier reproduziert sich eine kapitalistische Wirtschaft, die das Maximum aus jedem herausholen will und sich keine elitären Spielereien mehr leistet" (ebd., S. 265). Dabei ist das Ziel der Entwicklung klar vorgegeben: Die ökonomischen Anforderungen werden bereits in der Schule vorweggenommen, so dass „die Kinder [...] für eine Gesellschaft ausgebildet werden, die sie erst nach ihrer Schulentlassung vorfinden, um unnötige Umstellungen zu vermeiden" (Heydorn 2004b, 98). Keine humanistische, sondern utilitaristische Mündigkeit bildet den Maßstab. Der flexible „Spezialist mit Einheitsbewußtsein" (Heydorn 2004a, S. 292) soll am Ende des Curriculum Vitae stehen.

Schließlich erfüllt die Schulreform *drittens* eine herrschaftsstabilisierende und ideologische Aufgabe. Über zwei Jahrzehnte nach dem Kriegsende ist mit der ersten Rezession „die Frage nach einer Angleichung des Bildungswesens gestellt. Sein anachronistischer Charakter produzierte darüber hinaus gesellschaftliche Rebellion" (Heydorn 2004b, S. 102). Aus dieser Perspektive bedeutet die Rede von „Reformen" und „Erneuerung" eine Verfestigung des Status quo: „Eine unveränderte Gesellschaft hat sich veränderten Bedingungen radikal angepaßt" (ebd., S. 106f.).

Ungeachtet seiner fundamentalkritischen Analyse ist Heydorns Resümee zur Gesamtschule ein *dialektisches*: „Grundzüge der deutschen Gesamtschulplanung sind damit angezeigt: Höchstmögliche Differenzierung und höchstmöglicher systemimmanenter Sozialisationseffekt sollen einander verbunden werden" (Heydorn 2004a, S. 271). Antithetisch heißt es zwei Jahre später in seiner *Neufassung des Bildungsbegriffs*: „Das Reformkonzept verbessert die Aufstiegschancen für die Kinder der arbeitenden Klassen, gibt dem Gedanken der Förderung erheblich Raum, postuliert wissenschaftlichen Unterricht für alle, sucht Berufsbildung und Allgemeinbildung miteinander zu verbinden. Es ist notwendig, die forttreibenden Kräfte im Konzept zu erkennen. Zugleich wird deutlich, daß der Fortschritt höchst dialektisch ist. Er nimmt die Notwendigkeiten der Geschichte auf und paralysiert sie im Interesse einer bestehenden Gesellschaftsordnung" (Heydorn 2004b, S. 110).

In unserem Zusammenhang stellt sich die Frage, vor welchem Bildungsbegriff dieser Einspruch formuliert wird?

Wenn Heydorn davon ausgeht, dass die Gesellschaft unter dem Zwang stehe, „partiell progressiv zu sein, um den humanen Progreß zu verhindern" (Heydorn 2004a, S. 264) ist damit bereits einiges über seine Bildungstheorie ausgesagt. Diese entwickelt sich dialektisch vor den Begriffen des Widerspruchs und der Hinausführung: Zur Dialektik von Bildung gehört, dass sie durch die Herrschaft, die sie bedeutet, einen Widerspruch entwickelt. Heydorn arbeitet diesen Widerspruch menschheitsgeschichtlich heraus. Exemplarisch konstatiert er über die Industrialisierung:

> „Indem die Großindustrie stetig gebildetere Arbeiter fordern muss, da nur sie den sich unaufhörlich verändernden Bedingungen des Produktionsprozesses gewachsen sind, gerät sie in einen tödlichen Widerspruch. Sie muß die Bildung der Massen heben und ihr Bewußtsein zur gleichen Zeit paralysieren. In diesem Widerspruch liegt der revolutionäre Bildungsansatz" (Heydorn 2004a, S. 143).

Für die kapitalistische Gesellschaft macht Heydorn nun eine Zuspitzung hinsichtlich des Widerspruchs aus. Keine Herrschaftsform zuvor war derart auf die Bildung der nächsten Generation angewiesen wie die heutige, daher die Bildungsreform. Die Pädagogik unterwirft sich zur Reproduktion der marktförmigen Vergesellschaftung einer Rationalisierung an der die Dialektik von Bildung sich Bahn bricht. Die veränderten Produktionsbedingungen fordern gesteigerte Selbstverantwortung und Abstraktionsvermögen ein und weisen damit potentiell über den eigenen Tätigkeitsbereich hinaus. Sie beanspruchen das subjektive Vermögen zur Distanzierung der jeweils gegebenen Bedingungen, die eine kritische Auseinandersetzung mit der sozialen Ordnung als solcher ermöglichen kann (vgl. Bünger und Pongratz 2008). Qualifikation und Kontrolle sind mit Erkenntnisgewinn und Mündigkeit vermittelt „Die systematische Vermittlung von gesellschaftlicher Rationalität durch Bildung enthält die Möglichkeit aller Rationalität: Das Selbstverständliche zu bezweifeln" (Heydorn 2004b, S. 61).

Indes weist Heydorns Analyse in ihrer dialektisch-pessimistischen Gesellschaftsdiagnose durchaus Ähnlichkeiten zur kritischen Theorie auf. Adornos Einschätzungen zum integrativen Charakter von Bildung unter zeitgemäßen Bedingungen, klingen ähnlich wie die Heydorns. In der *Theorie der Halbbildung* heißt es dazu: Dass die Integration „gelingt, indem die Gehalte von Bildung, über den Marktmechanismus, dem Bewußtsein derer angepaßt werden, die vom Bildungsprivileg ausgesperrt waren und die zu verändern erst Bildung wäre" (Adorno 2003 S. 100). Daher ist die visionäre Bildungsidee gesellschaftlicher Teilhabe und Gleichheit ambivalent: „[I]n der Idee der Bildung ist notwendig die eines Zustands der Menschheit ohne Status und Übervorteilung postuliert, und sobald sie davon etwas sich abmarkten läßt [...], frevelt sie an sich selbst. Aber sie wird nicht minder schuldig durch ihre Reinheit" (ebd., S. 97).

Beide, Adorno und Heydorn verhalten sich zu den traditionellen Bildungsinhalten des humanistischen Gymnasiums, dem sie selbst entstammen, in einer „seltsamen Gebrochenheit" (Gruschka 2004, S. 229). Anachronistisch halten sie an Bildung fest, „nachdem die Gesellschaft ihr die Basis entzog" (Adorno 2003, S. 121). Heydorn weist der Bildung gar „als ihre entscheidende Aufgabe" die „Formierung einer neuen Minderheit, von der nun zunächst alles abhängt" (Heydorn 2004a, S. 284) zu. „Bildung ist mehr denn je eine Waffe" (Heydorn 2004b, S. 115).

Anders als bei Adorno jedoch erscheint Heydorns Einschätzung der Wirkmächtigkeit von Bildung als „militanter Optimismus" (Bernhard 2014, S. 145).[6] Adornos Dialektik zum negativen Doppelcharakter der Bildung, also zum Oszillieren der Bildungsidee zwischen warenförmiger Halbbildung und vergeistigter Ideologie, geraten bei ihm zu einem positiven Widerspruch von Bildung als ökonomischem Zweck und gleichzeitiger Freisetzung eines emanzipativen Widerstandpotentials. Heydorn argumentiert in Bezug auf Gleichheit bzw. Ungleichheit nicht mit Begabung, Tradition, sozialer Herkunft, repetitivem Alltag, Elitenbildung oder Geschlecht sondern, vor dem ökonomischen Hintergrund der Reformanstöße, systematisch antikapitalistisch. Offen bleibt inwiefern diese Perspektive die anderen Ebenen enthält oder bedingt. Logisch wirkt daher die Forderung nach mehr als einer bloßen Umverteilung von Bildungschancen. Heydorn nimmt Teilhabe beim Wort, insofern sich gesellschaftliche Teilhabe nicht über bessere und individuellere Konkurrenzchancen legitimieren soll. Bildung steht unter dem Bann der Verhältnisse und soll gleichzeitig „in die Wirklichkeit eingehen" (Heydorn 1969, S. 365). Sie ist Produkt, Widerspruch und Hinausführung aus Bedingungen, in denen der Mensch zu einem bloßen Anhängsel irrationaler Verwertungsprozesse geworden ist. Alle Versuche der Pädagogik, den Menschen an der Gesellschaft vorbei zu bilden, werden von Heydorn als reaktionär-romantische, ja als präfaschistische[7] Fluchtversuche ausgemacht. „Die Grenzen sind zugleich durch die allgemeinen Grenzen des institutionalisierten Bildungsprozesses abgesteckt. Allein über ihn kann die Gesellschaft nicht verändert werden, so wenig wie unter seiner Auslassung" (Heydorn 2004b, S. 141).

---

6 Ein Beispiel: „Wer die Gesellschaft ändern will, muß auch die im Zuge der immanenten Entwicklung auftauchenden Widersprüche im Bildungswesen nutzen, sie sind wichtiger denn je; nutzbar jedoch sind sie nur im Zusammenhang mit dem gesamten Befreiungskampf der Menschheit" (Heydorn 1969, S. 363).

7 Diese Tendenz wird von Heydorn als einem der ersten Pädagogen bei großen Teilen der Reformpädagogik erkannt (vgl. Heydorn 2004a, S. 196ff).

3.1 Einschätzung I: Reformkapitalismus 2.0 ?

Wie eingangs erwähnt dominierten inzwischen nicht mehr die schulische Binnendifferenzierung ersetzenden Alternativkonzepte den Diskurs, vielmehr wird im Zeichen einer verstärkten Heterogenitätssensibilität eine individuelle und inklusive Förderung innerhalb des bestehenden Schulsystems gefordert (vgl. Weiß 2014). Ähnlich wie in den 1970er Jahren wird in den pädagogischen Debatten kaum thematisiert, dass die wachsende „Exklusion von immer mehr Menschen aus der Teilhabe von gesellschaftlich produzierten Errungenschaften" (Bernhard 2000, S. 263) stärker ökonomisch strukturell denn krisenzyklisch konjunkturell oder rein individuell bedingt ist. An dieser Stelle entzünden sich neben den pädagogisch unterbelichteten politisch-ökonomischen Diskussionen auch anthropologische Fragen, die zwischen zwei Endpunkten verankert sind: Einer Marxschen Anthropologie, die den Menschen zuvorderst als „Ensemble der gesellschaftlichen Verhältnisse" (Marx 1969, S. 5) begreift und einem neoliberalen Thatcherismus, der die Idee der Gesellschaft in Familie und Individuen aufgehoben sieht.

Hier soll jedoch auf die Heydornsche Kritik und Bildungstheorie gezielt werden, deren struktureller Ausgangspunkt sich nicht grundsätzlich verändert hat, nur inzwischen aus dem pädagogischen Diskurs fast gänzlich verschwunden ist. Werfen wir also einen kurzen und sicherlich unzureichenden Blick auf die Inklusionsdebatte:

Die inklusionspädagogische Forderung nach mehr Teilhabegerechtigkeit ist ein notwendiger Reflex auf gesellschaftliche Ungleichheits- und Diskriminierungserscheinungen. Wenn auch umstritten, so hat sich der Inklusionsbegriff zur Beschulung heterogener SchülerInnen gegenüber dem Integrationsbegriff durchgesetzt. Realiter bezieht sich die Umsetzung v.a. auf Kinder mit einer körperlichen oder einer Lernbehinderung (vgl. Feuser 2013). Insofern schulische Inklusion letztlich eine „inklusive Gesellschaft" (Hinz 2008) anvisiert, scheint sie der Idee einer klassischen Teilhabekonzeption am nächsten zu sein. Auch ist der Hintergrund der Reform zunächst weniger ein ökonomischer denn ein politisch eingeklagter und einklagbarer. Der Inklusionsbegriff ist daher politisch und analytisch doppelt besetzt.

Bildungspolitisch erinnert die *Salamanca Erklärung* der UNESCO von 1994 idealistisch an die anthropologische Ausgangslage der Bildsamkeit aller Menschen, wie sie von Comenius und Rousseau bis Heydorn vorgetragen wurde:

> „Das Leitprinzip, das diesem Rahmen zugrunde liegt, besagt, dass Schulen alle Kinder, unabhängig von ihren physischen, intellektuellen, sozialen, emotionalen, sprachlichen oder anderen Fähigkeiten aufnehmen sollen. Das soll behinderte und begabte Kinder einschließen, Kinder von entlegenen oder nomadischen Völkern, von sprachlichen, kulturellen oder ethnischen Minoritäten sowie Kinder von anders benachteiligten Randgruppen oder -gebieten" (vgl. UNESCO 1994, S. 4).

Die Erklärung wurde das wichtigste Ziel der internationalen Bildungspolitik. Eines ihrer Hauptergebnisse war die Festlegung auf den Begriff der *Inclusion*, was in der deutschen Übersetzung mit Integration oder integrativ widergegeben wurde. Nun kann nicht der hochdifferenzierte und ebenso aktuelle Inklusionsdiskurs, mitsamt dessen Kritik, rekapituliert werden (vgl. dazu Tervooren in diesem Band). Auf vier Ein- bzw. Widersprüche sei jedoch hingewiesen:

Mit Heydorn gälte es *erstens* den politökonomischen Widerspruchscharakter der Begriffe zu entziffern. So lesen wir bei ihm vorwegnahmen Vorformulierungen aktueller Kritiken. Wörtlich heißt es: „Mit den Widersprüchen wächst die Perfektion sie zu integrieren; wer unintegrierbar bleibt, wird Schwund, Müll ist not successful" (Heydorn 2004a, S. 266).[8]

Eine *zweite*, an den Gesamtschuldiskurs anknüpfende Kritik, zielt auf eine grundsätzlich notwendige Systemänderung. Inklusion sei nur erreichbar, „wenn das selektierende und segregierende Erziehungs-, Bildungs- und Unterrichtssystem abgeschafft ist" (Ziemen und Langner 2011, S. 249).

Eine *dritte* Bezugsebene zu Heydorn bietet das Reformvokabular, das ab dem Zeitpunkt ideologisch wirkt, wenn es über den tatsächlichen Exklusionszwang einer kapitalistischen Gesellschaftsordnung hinweg täuscht. Die Rede von Diversity verschleiert die empirische Ungleichheit. In diesem Zusammenhang sprechen beispielsweise Georg Feuser von „Umetikettierung" und einem „Inklusionsmythos" (vgl. Feuser 2013, S. 27ff.); Kurt Jacobs kritisiert einen „romantischen Fundamentalismus" der „Inklusionsideologen" (vgl. Jacobs 2013, S. 49ff.); Udo Sierck eskamotiert die Inklusionsrethorik als „Budenzauber" (vgl. Sierck 2013) und Dietrich Hoffmann warnt vor dem Hintergrund ökonomisch ablaufender Standardisierungsprozesse vor einer marktkonformen „PR-Pädagogik" (vgl. Hoffmann 2013, S. 79ff.). Zusammenfassend widerspricht dieser Diskurs also „keineswegs den kapitalistischen Struktureigentümlichkeiten und neoliberalen Verwertungsstrategien" (Weiß 2014, S, 368), sondern verbleibt „im herrschaftlichen Koordinatensystem" (Bernhard 2012, S. 364), dem Bildung grundsätzlich entgegensteht.

Habitustheoretisch könnte in Ergänzung zu Heydorn schließlich *viertens* von einer *Illusion der Inklusionserwartungen* gesprochen werden, insofern sich ungleichheitsstabilisierende Faktoren v.a. durch die soziale Herkunft generieren, die keine noch so inklusive Schulform ändern kann. Hierzu Bourdieu und Passeron: „Das kulturelle Erbe ist so ausschlaggebend, dass auch ohne ausdrückliche Diskriminierungsmaßnahmen die Exklusivität garantiert bleibt, da hier nur ausgeschlossen scheint, wer sich selbst ausschließt" (Bourdieu und Passeron 1971, S. 40ff.).

---

8 Auf den Punkt einer erneuten Exklusion durch Inklusion weisen heute v.a. Konzepte der Disability Studies hin (vgl. Dederich 2010).

3.2 Einschätzung II: Sozialkritik vs. Künstlerkritik

Bislang blieb offen, wie die Perspektiven der Heydornschen Kritik heute einzuschätzen sind. Die Arbeit Luc Boltanskis und Ève Chiapellos zum *Neuen Geist des Kapitalismus* regt dabei zu einer Neubewertung an: Ähnlich wie Heydorn gehen auch sie von der Beobachtung aus, dass der Kapitalismus ein außerordentlich hohes Integrationspotential für scheinbar antagonistisch ausgerichtete Systemkritiken besitzt. Die AutorInnen beginnen ihre Analyse der Kapitalismuskritiken im Jahr 1968, also eben jener Zeit und Bewegung, aus der heraus Heydorn seine Bildungskritik formulierte. Parallel zu Heydorn sehen auch sie in dieser Zeit ein gewisses Reformpotential und konstatieren für Frankreich jener Zeit „den größten sozialen Fortschritt seit Kriegsende" (Boltanski und Chiapello 2003, S. 233ff.). Boltanski und Chiapello unterscheiden nun zwei Formen der Kapitalismuskritiken: Die *Sozialkritik* empört sich über Verarmung, Ausbeutung, moralische Gleichgültigkeit und soziale Ungleichheit; ihre Forderungen visieren Lohnerhöhungen, Arbeitsplatzsicherung und Umverteilung an. Die *Künstlerkritik* prangert dagegen die Entfremdung, Standardisierung, Naturzerstörung, den Fetisch der Technik, die Bürokratie und die fehlenden Selbstverwirklichungsmöglichkeiten an. Holzschnittartig argumentieren die Sozialkritik materialistisch und die Künstlerkritik idealistisch. Sozial- und Künstlerkritik besitzen unterschiedliche Empörungssemantiken und speisen sich aus unterschiedlichen ideologischen und emotionalen Quellen (vgl. ebd., S. 81ff.). Dementsprechend werden die beiden Kritikformen auch von verschiedenen gesellschaftlichen Gruppen bzw. Klassen vorgetragen und sind „nicht ohne weiteres miteinander vereinbar" (ebd., S. 82), geraten vielmehr eher in Konflikt: Die ArbeiterInnenbewegung und Teile der Kirchen stehen für die Sozialkritik, Intellektuelle, Studierende und KünstlerInnen bilden die Basis für künstlerkritische Einwände.[9] Ziel der Studie ist den Ursachen und Erscheinungen des normativen Wandels innerhalb des Kapitalismus nachzugehen. Ein zentraler Faktor dabei ist die systemimmanente Berücksichtigung von Kapitalismuskritiken. Es geht darum den neuen, selbstverantwortlichen, Geist des Kapitalismus aufzudecken. Abermals analog zu Heydorn, jedoch wesentlich systematischer als dessen Lektüre von Gutachten und Publikationen zur Bildungsreform, analysieren Boltanski und Chiapello zwei Korpora mit jeweils rund sechzig Einzelmanuskripten aus der Managementliteratur der 1960er und 1990er Jahre, um Verschiebungen in den dominanten Legitimationsmustern des kapitalistischen „Rechtfertigungsapparat[s]" (ebd., S. 58) zu ermitteln. Zentrale Bedeutung kommt dabei Fragen der Fremd- und Selbstmotivation zu. Das Ergebnis kann heute kaum

---

9   Zur Kritik der Modelle vgl. Eichler 2013, S. 422ff.

mehr überraschen: Während in den 1960er Jahren noch die Motivation der Führungskräfte im Vordergrund stand, geht es seit den 1990er Jahren um die (Selbst-) Aktivierung aller Angestellten. Ineffiziente, unflexible, autoritäre und hierarchisch organisierte Arbeitsformen werden seitdem abgelehnt. Schlanke, in Netzwerken, Teams und Projekten organisierte Formen dagegen gefördert. Anders formuliert hat das System die Forderungen der Künstlerkritik, mitsamt ihren Quellen der Empörung integriert ohne dabei transformativen Schaden zu nehmen.[10] Der neue Geist oder auch Ethos hat Eigenschaften wie „Autonomie, Spontaneität, Mobilität, Disponibilität, Kreativität, Plurikompetenz [...], direkt der Ideenwelt der 68er entliehen" (ebd., S. 143f.). Im Ergebnis kostet das wachsende Maß von Autonomie am Arbeitsplatz den Preis einer Berufs- bzw. Planungssicherheit und erhöhten den psychischen Druck auf der Ebene des einzelnen Individuums.

Auch Heydorn kommt zu dem Schluss, dass die Gutachten zur Bildungsreform „die Bewußtseinslage ihrer Zeit auf sehr präzise Weise" reflektieren und alle „wesentlichen gesellschaftlichen Interessen" (Heydorn 2004a, S. 254) spiegeln. Insbesondere die Analyse des Duktus in dem die Gutachten und Protokolle gehalten sind, nimmt Charakteristika eines selbstmotivierten Neoliberalismus vorweg. Die Terminologie „deckt nicht auf, sondern sie verbirgt" (ebd., S. 260), ihr widerspruchsloses Vokabular täusche eine Überwindung ehemals hierarchischer Verhältnisse vor, die „neue internationale Verkehrssprache" (ebd., S. 260) führt zu einer Neubewertung der „wachsenden Pauperierung des Berufs" als einen bloßen „part time job", in welchem die Lehrkraft ein „technischer Hilfsassistent" (ebd., S. 262) geworden ist.

Pointiert nimmt Heydorn zentrale Ergebnisse der Studie Boltanskis und Chiapellos vorweg. Freilich lagen ihm weder das ausgefeilte Vokabular des *New Managements* vor noch standen ihm die empirischen Mittel zu einer großangelegten Erhebung zur Verfügung. Indes sah er bereits in den 1970er Jahren die Tendenz des Systems „sich selbst an die Spitze des Progreß zu stellen, um ihn unschädlich zu machen, ihn zu integrieren, die beschleunigte Entwicklung der Produktivkräfte durch Bildung mit einer neuen Organisation, veränderten Formen über das Bewußtsein zu verbinden" (ebd., S. 264).

Boltanski und Chiapello betrachteten als Untersuchungsschwerpunkt die Frage „wie eine Lebensform im Einklang mit den Akkumulationserfordernissen be-

---

10 Regulations- und Hegemonialtheoretisch ausgedrückt hat sich während der Ära von Fordismus zum Postfordismus das Akkumulationsregime von der Massenproduktion zum Netzwerkunternehmen hin entwickelt, der Regulationsmodus ist dabei vom wohlfahrtsstaatlichen Korporatismus zum individualisierten Neoliberalismus übergegangen. Subjekttheoretisches Ergebnis ist der Arbeitskraftunternehmer und das unternehmerische respektive aktive Selbst (vgl. dazu überblickend: Eichler 2013, Jessop 2007).

schaffen sein muss, damit eine große Anzahl von Akteuren sie als lohnenswert betrachtet" (Boltanski und Chiapello 2003, S. 48). Die Gesamtschule bildet nach Heydorn nichts Geringeres als einen pädagogischen Vorläufer dieses neuen Geistes: in ihr „wird gesellschaftliche Flexibilität eingespielt, der Hypothese nach laufen gesellschaftliches und individuelles Bedürfnis fast parallel" (Heydorn 2004a, S. 267). Sie besitzt „ungewöhnliche Vorteile, weil sie ungemein flexibel ist, in ihrer inneren Struktur, dem System ihrer Übergänge, ihrem Verhältnis von Integration und Differenzierung mühelos in sich verschoben, neuen Bedingungen angepaßt werden kann" (ebd., S. 272).

Im Modus der Studie betrachtet formuliert Heydorn seine Kritik, indem er marxistisch v.a. auf die soziale Ungleichheit abhebt, als radikale Sozialkritik. Radikal ist die Kritik deshalb, weil sie die Ursachen der Reformen systemimmanent mitreflektiert. Boltanski und Chiapello würden Heydorn damit vermutlich zu den modernistischen Sozialkritikern zählen, die im Gegensatz zu den antimodernisten, nicht allein den Moral- und Solidaritätsverlust in der Gesellschaft beklagen und weniger zur Reform als zum Ausstieg aus dem kapitalistischen System neigen (vgl. Boltanski und Chiapello 2003, S. 84). Mit Heydorn ließe sich pädagogisch eine Revitalisierung der Sozialkritik begründen, die die AutorInnen gegen Ende ihres Werkes vorschlagen – führte doch bislang die kapitalistische Vereinnahmung der Künstlerkritik zu keiner Stärkung der Sozialkritik. Auch im neuen Kapitalismus sind „die Möglichkeiten der Selbstverwirklichung [...] mit der Ausgrenzung jener Personen oder Personengruppen einhergegangen, die nicht über die notwendigen Ressourcen verfügen, um diese Chancen zu nutzen. Gleichzeitig haben sich damit auch Armut und Ungleichheit verstärkt" (ebd., S. 373). Im humanistischen Jargon Heydorns zielen die AutorInnen darauf, die kapitalistische Profitlogik wenigstens partiell außer Kraft zu setzen und „die prinzipiell gleiche Würde aller Menschen zu verteidigen, die ihnen denselben Zugang zu Primärgütern gestattet. Diese Verteidigung gehört in erster Linie zu den Aufgaben, die von der Sozialkritik übernommen werden, geht es doch darum die Ursachen für Ungleichheiten zu beseitigen" (ebd., S. 512).

Fazit

Insbesondere Heydorns Analyse und Kritik des ökonomischen Charakters von Bildung ist in dieser Schärfe pädagogisch bis heute kaum mehr so vorgetragen worden. Von der Ungleichheit ausgehend, welche die Gesamtschule zumindest vermindern wollte, zeigt der Sozialkritiker Heydorn mit Marx, dass die oftmals durch unterschiedliche Bildungsniveaus legitimierte Trennung der Produzenten von den Produktionsmitteln notwendig für die prozessierende Selbstverwertung des Werts ist.[11]

Umgekehrt machte Marx schon früh deutlich, dass sich das kapitalistische System auch des Bildungssystems bemächtigen muss insofern es notwendig ist „die Ungeheuerlichkeit einer elenden, für das wechselnde Exploitationsbedürfnis des Kapitals in Reserve gehaltenen, disponiblen Arbeiterbevölkerung zu ersetzen durch die absolute Disponibilität des Menschen für wechselnde Arbeitserfordernisse" (Marx 1975, S. 512). Ungleichheit verdankt sich einer Reproduktions- und keiner Eigenlogik der Schule. Der Widerspruch ist nach Heydorn ein gesellschaftlicher, der durch pädagogische Teilreformen und bloße Künstlerkritik nicht gelöst werden kann. Langzeitstudien geben Heydorn recht: Empirisch konnte eine extreme Mobilisierung von Reformen Bildungspraxen seit der PISA-Studie ausgemacht werden, diese beförderten jedoch keineswegs mehr soziale Gerechtigkeit im Bildungssystem. Im Gegenteil: die gesellschaftliche Selektionsschwelle hat sich vielmehr von ihrem Stammplatz in der Schule in das Berufsleben hinein verlagert. Bildungstheoretisch finden die skizzierten Teilhabedebatten unter warenförmigen Halbbildungsbedingungen statt. Indem sie eine formale Gleichheit postulieren, verschleiern sie tieferliegende gesellschaftliche Ungleichheit.

Die Anerkennung eines grundsätzlichen Rechts auf Bildung und Teilhabe ist mehr denn je mit dem Glauben an ein *meritokratisches* Bildungsprinzip verknüpft. Die Ideologie des Leistungsfetischs erweist sich trotz vielfältig theoretischer wie v.a. empirischer Befunde des Stellenwertes heterogener Voraussetzungen als ausgesprochen nachhaltig. Die Ware Bildung taugt als Distinktionsmerkmal in einer Konkurrenzgesellschaft: Daher kann es kaum verwundern, wenn parallel zum allgemeinen Heterogenitäts- und Inklusionsklima Elitenförderung und Hochbegabten-Programme explodieren, wenn das Schulwesen privatwirtschaftlich dereguliert wird und die Schulen ihren Marktwert qua Selektion oder Inklusion erhöhen müssen, oder wenn schließlich besorgte Hamburger Eltern plebiszitär gegen eine längere gemeinsame Primarschule votieren.

---

11 Eine öffentlichkeitswirksame, weil empirische Studie zur weiter wachsenden Ungleichheit im Kapitalismus lieferte Thomas Piketty im Jahr 2013 mit seinem Kapital im 21. Jahrhundert. Das für viele alarmierende Ergebnis der Studie ist Pikettys nicht ganz neue Prognose, dass der Wohlstand in Zukunft weniger durch Leistung als durch Herkunft und Familie bestimmt sein wird. Auch wenn Piketty die meritokratische Weltanschauung, wonach Ungleichheit eine Folge von Unterschieden in der Leistungsfähigkeit oder Leistungsbereitschaft sei, empirisch als nicht (mehr) zutreffend entlarvt, verbleibt seine Argumentation im neoklassischen Mainstream. Die grundlegende Frage wie und warum Ungleichheit im Kapitalismus notwendigerweise entsteht, wird von ihm nicht angegangen (vgl. dazu Kaufmann und Stützle 2015).

Vor diesem Hintergrund hat Heydorn gezeigt, dass eine bloß formale Bildungsgleichheit den Blick auf die ökonomischen Bedingungsmechanismen von Bildungsungleichheit verstellt, ohne dabei die damaligen Bildungsreformen auf ihre ökonomische Funktionalität zu beschränken. In Zeiten der kapitalistischen Krisen und der staatlichen Austeritätspolitik wirken seine Überlegungen erschreckend aktuell.

Partizipationstheoretisch kann sich von Adornos vielzitiertem Ideal einer Gesellschaft, in der man ohne Angst verschieden sein kann, nicht verabschiedet werden. Der Weg einer „Verwirklichung des Allgemeinen in der Versöhnung der Differenzen" (Adorno 1951, S. 130) muss durch die Schulen genauso wie durch andere Bildungsinstitutionen genommen werden. Die polit-ökonomischen Bedingungen dürfen dabei ebenso wenig aus den Augen verloren werden, wie subjekttheoretische Bildungsprozesse und gesellschaftliche Ideologieproduktion; v.a. daran erinnert Heydorn die pädagogische Diskussion um Bildungs- und Teilhabegerechtigkeit.

Literatur

Adorno, T. (2003). *Theorie der Halbbildung [1959]. Gesammelte Schriften, Bd. 8.* (S. 93-121). Frankfurt a.m.: Suhrkamp.

Adorno, T. (1951). *Minima Moralia. Reflexionen aus dem beschädigten Leben.* Frankfurt a.M.: Suhrkamp.

Bernhard, A. (2000). Bildung als Generierung sozialer Differenz. In: K. Himmelstein, W. Keim (Hrsg.), *Jahrbuch für Pädagogik 2000* (S. 263-278). Frankfurt a.M.: Peter Lang.

Bernhard, A. (2012). Inklusion – Ein importiertes erziehungswissenschaftliches Zauberwort und seine Tücken. In: Landesverband Hessen e.V. (Hrsg.), *Behindertenpädagogik 51. Jg*, H 4, 342-351.

Bernhard, A. (2014). *Bewusstseinsbildung. Einführung in die kritische Bildungstheorie und Befreiungspädagogik Heinz-Joachim Heydorns.* Baltmannsweiler: Schneider Verlag Hohengehren.

Boltanski, L., Chiapello, È. (2003). *Der neue Geist des Kapitalismus.* Konstanz: UVK.

Bourdieu, P., Passeron, J.-C. (1971). *Die Illusion der Chancengleichheit.* Stuttgart: Ernst Klett Verlag.

Brake, A., Büchner, P. (2012). *Bildung und soziale Ungleichheit. Eine Einführung.* Stuttgart: Kohlhammer.

Burghardt, D., Zirfas, J. (2012). Bildungsgerechtigkeit als Teilhabegerechtigkeit. In: A. Brenne, A. Sabisch & A. Schnurr (Hrsg.), *Revisit. Kunstpädagogische Handlungsfelder* (S. 183-199). München: kopaed.

Bünger, C., Pongratz, L.A. (2008). Bildung. In: H. Faulstich-Wieland, P. Faulstich (Hrsg.), *Erziehungswissenschaft. Ein Grundkurs.* (S. 110-129) Reinbek bei Hamburg: Rowohlt.

Dahrendorf, R. (1965). *Bildung ist Bürgerrecht. Plädoyer für eine aktive Bildungspolitik.* Hamburg: Nannenverlag.

Dederich, M. (2010). Partizipation aus Sicht der Disability Studies. In: Evangelische Stiftung Alsterdorf & Katholische Hochschule für Sozialwesen Berlin (Hrsg.), *Enabling Community. Anstöße für Politik und soziale Praxis* (S. 178-190). Hamburg: alsterdorf verlag.

Eichler, L. (2013). *System und Selbst. Arbeit und Subjektivität im Zeitalter ihrer strategischen Anerkennung.* Bielefeld: transcript.

Fend, H. (1982). *Gesamtschule im Vergleich. Bilanz der Ergebnisse des Gesamtschulversuchs.* Weinheim, Basel: transcript.

Feuser, G. (2013). Inklusive Bildung – Ein pädagogisches Paradoxon. In: G. Banse, B. Meier (Hrsg.). *Inklusion und Integration. Theoretische Grundfragen der praktischen Umsetzung im Bildungsbereich* (S. 25-42). Frankfurt a.M.: Peter Lang.

Gruschka, A. (2004). *Negative Pädagogik [1988].* Wetzlar: Büchse der Pandora.

Heydorn, H.-J. (1969). Ungleichheit für Alle. In: *Das Argument, Heft 54*, 369-388.

Heydorn, H.-J. (2004a). *Über den Widerspruch von Bildung und Herrschaft [1970]. Werke Bd. 3.* Wetzlar: Büchse der Pandora.

Heydorn, H.-J. (2004b). *Zu einer Neufassung des Bildungsbegriffs [1972]. Werke Bd. 4* (S. 56-145). Wetzlar: Büchse der Pandora.

Hinz, A. (2008). Inklusion – historische Entwicklungslinien und internationale Kontexte. In: A. Hinz, I. Körner & U. Niehoff (Hrsg.), *Von der Integration zur Inklusion. Grundlagen – Perspektiven – Praxis* (S. 33-52). Marburg: Bundesvereinigung Lebenshilfe.

Hoffmann, D. (2013). Integration und Inklusion – Schlagwörter gegenwärtiger bildungspolitischer Forderungen. In: G. Banse, B. Meier (Hrsg.), *Inklusion und Integration. Theoretische Grundfragen der praktischen Umsetzung im Bildungsbereich* (S. 79-102). Frankfurt a.M.: Peter Lang.

Jacobs, K. (2013). Inklusion als menschenrechtlicher Baustein für umfassende soziale Partizipation. In: G. Banse, B. Meier (Hrsg.), *Inklusion und Integration. Theoretische Grundfragen der praktischen Umsetzung im Bildungsbereich* (S. 43-58). Frankfurt a.M.: Peter Lang.

Jessop, B. (2007). *Kapitalismus, Regulation, Staat: Ausgewählte Schriften*. Hamburg: Argument Verlag.

Kaufmann, S., Stützle, I. (2015). *Kapitalismus: Die ersten 200 Jahre. Thomas Pikettys „Das Kapital im 21. Jahrhundert" – Einführung, Debatte, Kritik*. Berlin: Bertz und Fischer.

Keim, W. (2000). Die uneingelöste Gleichheit – Rückblick auf 50 Jahre bundesdeutsche Bildungspolitik. In: W. Keim, K. Himmelstein (Hrsg.), *Jahrbuch für Pädagogik 2000* (S. 125-147). Frankfurt a.M.: Peter Lang.

Kuhlmann, C. (1969). Schulreform und Gesellschaft in der Bundesrepublik Deutschland 1946-1966. In: D. Glowka, S. B. Robinson, K.-D. Mende (Hrsg.), *Schulreform im gesellschaftlichen Prozeß. Bd. 1* (S. 1-193). Stuttgart: Ernst Klett Verlag.

Marx, K. (1969). Thesen über Feuerbach [1845]. In: MEW, Bd. 3. Berlin.

Marx, K. (1975). Das Kapital. Bd. 1. [1867]. In: MEW, Bd. 23. Berlin.

Merkens, A. (2002). Ungleichheit für Alle. Bildungsreform und gesellschaftlicher Widerspruch. *Utopie Kreativ, Heft 140*, 524-532.

Offe, C. (1975). Bildungssystem, Beschäftigungssystem und Bildungspolitik – Ansätze zu einer gesamtgesellschaftlichen Funktionsbestimmung des Bildungssystems. In: Deutscher Bildungsrat (Hrsg.), *Gutachten und Studien der Bildungskommission 50. Bildungsforschung: Probleme – Perspektiven – Prioritäten*. Stuttgart: Ernst Klett Verlag.

Picht, G. (1964). *Die deutsche Bildungskatastrophe. Analysen und Dokumentation*. Freiburg: Walter.

Sierck, U. (2013). *Budenzauber Inklusion*. Neu-Ulm: AG SPAK Bücher.

UNESCO (1994). Die Salamanca Erklärung und der Aktionsrahmen zur Pädagogik für besondere Bedürfnisse. http://www.unesco.at/bildung/basisdokumente/salamanca _erklaerung.pdf. Zugegriffen am 28. Januar 2015.

Weiß, E. (2014). „Inklusive Schule" – Bemerkungen zur pädagogischen Ideologie der exkludierenden Gesellschaft. In: S. Kluge, I. Lohmann, G. Steffens (Hrsg.), *Jahrbuch für Pädagogik 2014* (S. 363-372). Frankfurt a.M.: Peter Lang.

Ziemen, K., Langner, A. (2011). Inklusion – Integration. In: O. Musenberg, J. Riegert (Hrsg.), *Bildung und geistige Behinderung. Bildungstheoretische Reflexionen und aktuelle Fragestellungen* (S. 247-259). Oberhausen: Athena.

Migrationshintergrund

Überlegungen zu Vergangenheit und Zukunft
einer Differenzkategorie
zwischen Statistik, Politik und Pädagogik

Kenneth Horvath

Einleitung

Der Begriff Migrationshintergrund ist aus aktuellen pädagogischen und bildungspolitischen Debatten nicht wegzudenken. Ganz selbstverständlich wird er als Erklärung für mangelnde Bildungserfolge angeführt (etwa Auernheim 2003, Becker 2011, Nauck et al. 2011). Die Bildungspolitik ist bemüht, mehr Lehrkräfte mit Migrationshintergrund einzustellen, weil sie diesen mehr Sensibilität im Umgang mit Kindern migrantischer Herkunft attestiert (Hachfeld et al. 2012). Darin spiegelt sich die allgemeine Diagnose, dass migrationsbedingte Heterogenitäten zu den zentralen Herausforderungen für die pädagogische Praxis der kommenden Jahre zählen – und Lehrkräfte entsprechend speziell für den Umgang mit Kindern mit Migrationshintergrund geschult werden müssen. Kurz: Der „Migrationshintergrund" scheint uns Relevantes zu Prozessen der Bildungsteilhabe zu sagen zu haben.

Der vorliegende Beitrag nimmt diesen derzeit so präsenten Begriff kritisch unter die Lupe. Als leitende Heuristik dafür dient das Konzept der Differenzordnung. Das Bild der Differenzordnung rückt das Verhältnis von Wissensordnungen und sozialen Verhältnissen in den Fokus. Es lenkt unseren Blick auf die Genese ethnisierender (und anderer) Klassifikationen und lässt uns nach den Spannungen zwischen deren Verwendungsweisen und Effekten in verschiedenen sozialen Feldern fragen. Auf dieser Grundlage ergibt sich unter anderem die Frage nach dem Verhältnis von Wissensordnungen und Macht- und Ungleichheitsverhältnissen.

Die scheinbar selbstevidente Bedeutsamkeit des Migrationshintergrunds für unser Verständnis aktueller Bildungs- und Teilhabefragen gerät bei dieser näheren Betrachtung ins Wanken. Die zentrale These, die ich vertrete, lautet, dass wir den Migrationshintergrund als historisch zu situierende ethnisierende Differenzkategorie begreifen müssen, die sich gerade aufgrund einer gewissen Unentschiedenheit und Mehrdeutigkeit durchsetzen konnte, aus demselben Grund aber zusehends „unbrauchbar" werden könnte. Damit stellt sich die Frage, in welche Richtung sich das derzeit um den Begriff des Migrationshintergrunds aufgespannte Klassifikationssystem weiterentwickeln wird. Eine kritische Auseinandersetzung mit dem Begriff des Migrationshintergrunds ist, in anderen Worten, nicht zuletzt deshalb dringend nötig, weil sich über kurz oder lang die Frage stellen wird, in welche Richtung seine begrifflichen Spannungen aufgelöst werden und was nach ihm kommen kann (bzw. soll).

Dieser Beitrag wird zu einer Zeit geschrieben, in der einmal mehr die zentrale gesellschaftliche Bedeutung der Migrationsthematik offenkundig wird. Die tagespolitischen Ereignisse lassen die Geschwindigkeit spüren, mit der Differenzordnungen sich entwickeln und verändern können. Wie sich die politischen Auseinandersetzungen rund um die aktuelle Flüchtlingsthematik weiterentwickeln, ist offen. Die medialen und politischen Debatten sind aber – soviel kann festgehalten werden – durchzogen von essenzialisierenden und kulturalisierenden Zuschreibungen und Klassifikationen. In kürzester Zeit hat sich „der Flüchtling" zu einer deutlich negativ konnotierten „Figur der Migration" (Karakayali und Tsianos 2005; Ratfisch 2015) entwickelt. Im Hintergrund wirkt die seit Jahren dominante Kategorie des „Islam" als derzeit wohl mächtigste Differenzlinie, die zwischen „uns" und den „anderen" gezogen wird. Die folgende Diskussion der aktuell dominanten Differenzkategorie Migrationshintergrund will zum Verständnis der Dynamiken dieser Begriffsspiele beitragen und so auch den unzweideutig rassistischen Wissensordnungen entgegenwirken, die sich am Horizont aktueller öffentlicher Debatten abzeichnen.

1 Differenzkategorie Migrationshintergrund

Es war einer der traurigen Höhepunkte einer ganzen Reihe ähnlicher Vorkommnisse rund um den Jahreswechsel 2015/16: In einer offiziellen Anordnung formulierte das Stadtbad der beschaulichen, wenige Kilometer südlich von Wien gelegenen Kleinstadt Mödling, dass „Menschen mit Migrationshintergründen ausschließlich in Begleitung von entsprechenden Begleitpersonen" eingelassen werden dürfen. An den „Migrationshintergründen", von denen in dieser Anordnung die Rede ist, fällt auf, dass sie ganz klar ethnisierende bis rassifizierende Grenzen ziehen. Wie, außer durch äußeren Augenschein, sollen Beschäftigte eines Bades schließlich Badegäste kategorisieren? So sehr diese Begriffsverwendung aktuellen medialen und politischen Gebrauchsweisen entspricht, so wenig will sie zur nüchtern-neutralen statistischen Definition des Migrationshintergrunds passen; zeichnet sich letztere doch genau dadurch aus, dass sie auf den ersten Blick keine Hautfarbe oder Religion, keine bestimmte Kultur oder Ethnizität, sondern lediglich die „objektiven" migrationsbezogenen Merkmale Geburtsort und Staatsbürgerschaft kennt.

Im Folgenden argumentiere ich, dass diese Mehrdeutigkeit für den „Migrationshintergrund" konstitutiv ist. Ohne diese wäre er mutmaßlich nie zu dem dominanten Konzept geworden, das er gegenwärtig ist. Es würde daher zu kurz greifen, den Betreibern des Mödlinger Bads aus einer wissenschaftlichen oder statistischen Perspektive vorzuhalten, dass sie den Begriff des Migrationshintergrunds nicht oder falsch verstanden hätten. Vielmehr sollten SozialwissenschaftlerInnen sich fragen, wie sie mit der Spannung zwischen statistischen und sozialen Kategorisierungsprozessen umgehen sollen, welche Folgen ihre eigenen Kategorisierungs- und Problematisierungsarbeiten für gesellschaftliche Grenzziehungen haben und wie ihre Tätigkeit mit außerwissenschaftlichen Ordnungen verwoben ist.

Die offensichtlichen Ambivalenzen und Spannungen sollen dementsprechend im Folgenden als Anlass genommen werden, „Migrationshintergrund" nicht als selbstverständlich relevantes Personenmerkmal vorauszusetzen, sondern ihn als Begriff in den Blick zu nehmen, der dazu dient, Grenzen zu ziehen, Zugehörigkeiten auszudrücken und soziale Ordnungen zu deuten und zu strukturieren. Aus einer solchen Perspektive ist das Frappierende an der Mödlinger Anordnung, wie eine so diffuse Kategorie wie der Migrationshintergrund nicht nur dazu genutzt werden kann, um zwischen „uns" und den „anderen" zu unterscheiden, sondern auch dazu, explizite Ausschlüsse zu organisieren, die in Inhalt, Form und Ton klare Parallelen zu vergangenen Formen der Rassensegregation oder Auswüchsen des Anti-Semitismus der Zwischenkriegsjahre zeigen.

Als leitende Heuristik, die es erlauben soll, die Mehrdeutigkeit des Migrationshintergrunds ebenso wie seine komplexe Verwobenheit mit gesellschaftlichen Teilhabe- und Ungleichheitsordnungen zu thematisieren, dient in diesem Beitrag der Begriff der Differenzordnung (Perchinig und Troger 2011). Mecheril (2008, S. 63) folgend ist unter einer Differenzordnung ein System von Unterscheidungen zu verstehen, „die das gesellschaftliche Geschehen symbolisch und materiell, diskursiv und außer-diskursiv für Mitglieder von Gesellschaften begreifbar machen". „Migrationshintergrund" ist demnach ein Begriff, der dazu dient, sich einen Reim auf die soziale Welt zu machen, sie sinnhaft zu deuten und in ihr zu handeln. Differenzordnungen zu fokussieren, bedeutet damit auch, nach den Verhältnissen zu fragen, die Äußerungen wie jene in der Anordnung des Mödlinger Stadtbads denk- und sagbar machen. Wesentlich ist, dass diese Verhältnisse keine rein diskursiven sind, sondern stets in Wechselwirkung mit realen sozialen Macht- und Ungleichheitsverhältnissen stehen.

Der Begriff der Differenzordnung lenkt unseren Blick auf eine Reihe von Problemaspekten, die mir für eine Auseinandersetzung mit dem Phänomen „Migrationshintergrund" wesentlich erscheinen:

- Differenzordnungen entstehen über die Zeit. Sie sind das Ergebnis von Bemühungen und Kämpfen um die Deutung der sozialen Welt (Bourdieu 1992; 2001). Ganz in diesem Sinn werde ich mich dem Migrationshintergrund im folgenden Abschnitt zunächst historisch nähern und argumentieren, dass er als Ausdruck und Element einer sehr spezifischen gesellschaftlichen Konstellation zu sehen ist. Das Feld der Bildung war für seine Entwicklung und Durchsetzung von hoher Bedeutung.
- Die Arbeit an gesellschaftlichen Klassifikationen und Kategorien zur Deutung des Sozialen findet in Praxisfeldern wie der Politik, den Medien oder auch dem Bildungswesen statt (Bourdieu 1992). Die Heuristik der Differenzordnung lässt uns sowohl die je feldspezifischen Logiken und Gebrauchsweisen von Begriffen deuten als auch ihre Wechselwirkung als Elemente einer feldübergreifenden Wissensordnung untersuchen.
- Drittens lenkt der Begriff der Differenzordnung unseren Blick auf das Zusammenspiel verschiedener Differenzlinien (Mecheril 2008). Er lässt uns nach den Regeln und Mustern ihrer Verknüpfung fragen – und zwar im „objektiven Raum" sozialer Relationen ebenso wie im mit diesem verwobenen Raum der Diskurse. Als Beispiel wird weiter unten die Problematik von „Kindern mit Migrationshintergrund in der Hochbegabtenförderung" dienen, weil hier schon in der Problemdefinition zwei Klassifikationen kombiniert werden (Migrationshintergrund und Begabung), die zudem unentwirrbar mit einer dritten Differenzlinie verwoben sind (sozialer Hintergrund).
- Wesentlich am Begriff der Differenzordnung ist des Weiteren, dass er das Wechselspiel „objektiver" Ungleichheits- und Machtverhältnisse in Beziehung setzt zu den diskursiven Grenzziehungen, die wir nutzen, um diese Verhältnisse politisch, pädagogisch oder einfach nur für Alltagsgespräche zu problematisieren. Dieser Gedanke folgt der Intention Pierre Bourdieus (1989; 1992), die Relationen zwischen „objektiven" sozialen Räumen und Räumen der Klassifikation, die miteinander verwoben sind und sich gegenseitig konstituieren, zu analysieren. Sie dienen der Deutung und Erklärung von Ungleichheitsverhältnissen. Gleichzeitig haben sie Ungleichheits-, Subjektivierungs- und Machteffekte. Wir können das Wirken einer Differenzkategorie daher auch nur im gesamtgesellschaftlichen Kontext beurteilen (Diehm et al. 2013, S. 645–646).

Die folgenden Abschnitte nehmen den Migrationshintergrund aus diesen unterschiedlichen Blickwinkeln, aber stets als ein Element pädagogischer und bildungspolitischer Unterscheidungs- und Diskriminierungsordnungen in den Blick (Gomolla und Radtke 2009, Hormel und Scherr 2010). Eine solche Perspektive impliziert, dass migrationsbedingte Heterogenität und Diversität nicht per se Herausforderungen darstellen, auf die Pädagogik und Politik quasi im Nachhinein reagieren. Vielmehr ist zu fragen, welche Unterschiede als relevante Differenzen wahrgenommen werden, wie sie begrifflich gefasst und auf dieser Basis in Problem- und Handlungsentwürfe integriert werden und in letzter Konsequenz: wie sie Unterschiede und Ungleichheiten hervorbringen und/oder reproduzieren.

2 Spuren der Vergangenheit: Rasse, Ausländer, Migrationshintergrund

Der Migrationshintergrund trägt die Spuren der Differenzordnungen des 20. Jahrhunderts und ihrer Transformationen. Diese Geschichte ist in ihrem Kern von einer Spannung zwischen (scheinbar neutralen) „objektiven" bis juristischen Differenzierungen und ethnisierenden Grenzziehungen geprägt. Diese Spannung spiegelt zwei Konzeptionen nationaler Zugehörigkeit wider, die in der Entstehung moderner Nationalstaaten prägend waren: Elemente eines „civic" und eines „ethnic nationalism" (Brubaker 1999). Die beiden Begründungsmuster nationaler Einheit werden häufig prototypisch dem Renan'schen Modell des französischen Bürgerstaats und dem Herder'schen Ideal der deutschen Kulturnation zugeordnet, stehen real aber zueinander in einem Verhältnis enger, wenn auch von Widersprüchen geprägter Wechselwirkung (Silverman 2002).

Die mit diesen nationalen Zugehörigkeitsvorstellungen verbundenen Differenzkategorien haben im deutschen Sprachraum auch im Vergleich zu anderen Regionen eine bewegte Geschichte. In den Jahren vor 1945 waren die zentralen Grenzziehungen wissenschaftlicher und politischer Diskurse primär auf die Konzepte „Rasse" und „Volk" (bzw. „Ethnie") gestützt. Abbildung 1 zeigt die Ergebnisse einer simplen lexikometrischen Auswertung, die alle deutschsprachigen Bücher berücksichtigt, die nach 1800 erschienen und als Google Book© erfasst sind. Dargestellt ist die Entwicklung der relativen Häufigkeit des „Rasse"-Begriffs über den Zeitraum 1800 bis 2008. Ab den 1880er Jahren wird der Begriff nach und nach bedeutsam, um dann in der Zwischenkriegszeit rasant an Einfluss zu gewinnen.

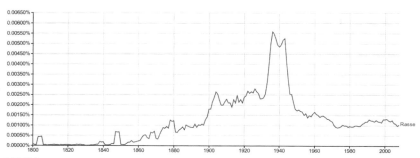

Abbildung 1 Relative Häufigkeit des Worts „Rasse" in Google-Books 1800–2008

Das Rassekonzept prägte nicht nur politische, sondern auch sozial- und bildungswissenschaftliche Diskurse. Rassifizierende Kategorisierungen und die mit ihnen verbundenen Formen der essenzialisierenden und naturalisierenden Problematisierung sozialer Verhältnisse waren bis weit in den wissenschaftlichen Mainstream hinein üblich. So sind beispielsweise die frühen Arbeiten von Max Weber zu den Arbeitsverhältnissen in der ostelbischen Landwirtschaft deutlich von sozialdarwinistisch angereicherten Rassegedanken getragen (Weber 1993/1895). Auch in Bildungskontexten war rassistisches Denken weit verbreitet. Die von eugenischen bis rassehygienischen Aussagen durchzogenen Begabungsdiskurse der 1920er und 1930er Jahre sind dafür wohl ein Paradebeispiel (Margolin 1993, Horvath 2014).

Hinter der Kurve in Abbildung 1 verbergen sich vielfältige diskursive Konstellationen, die den Begriff der Rasse aufgreifen und zur tragenden Säule ihrer Problematisierungspraxis machen. Diese sind in objektiven gesellschaftlichen Verhältnissen verankert. Der Rassebegriff gewann historisch nach Gründung des deutschen Nationalstaats an Bedeutung, als es darauf ankam, das definierende Element des neuen Staats zu etablieren (Hobsbawm 2005). Die Staatsbürgerschaft selbst war für weite Teile der Bevölkerung noch nicht mit weitreichenden Rechten verbunden; die Verallgemeinerung von politischen und sozialen Rechten erfolgte erst nach und nach (Marshall 1992). In diesem Kontext waren Sprache und Kultur, vereint im Begriff des Volks, naheliegende Zugehörigkeitsmarker.

Nach dem Zweiten Weltkrieg war „Rasse" als Differenzkategorie im deutschen Sprachraum de facto tabuisiert (Horvath i.E.). Mit dem Rassebegriff wurden aber auch andere explizit ethnische Kategorisierungen in den Hintergrund gedrängt. Das juristische Kriterium der Staatsbürgerschaft trat an ihre Stelle. Der Ausländer-Status wurde zur zentralen Differenzkategorie, was sich mit einiger Verzögerung auch diskursiv niederschlug.

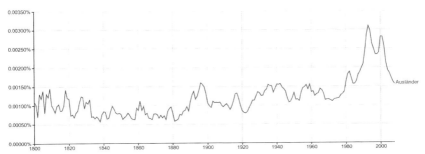

Abbildung 2 Relative Häufigkeit des Worts „Ausländer" in Google-Books 1800–2008

Wieso gerade der dem Herder'schen „ethnisch"-kulturellen Geist verpflichtete deutsche Nationalstaat (Brubaker 1999) nach dem Zweiten Weltkrieg so radikal auf offizielle ethnisierende Klassifikationssysteme verzichtet hat, ist wohl kaum eindeutig zu beantworten. Die Nachfolgestaaten des NS-Regimes waren einerseits darauf bedacht, den Bruch zur Rassenideologie des Nationalsozialismus zu betonen. Andererseits verzichteten auch andere westeuropäische Staaten vor dem Hintergrund kolonialer Verstrickungen auf ethnisierende Klassifikationssysteme. So konnte auch in Großbritannien erst in den 1980er Jahren und nach jahrzehntelangen Debatten ein System zur staatlichen Erfassung der „ethnicity" etabliert werden (Supik 2014).[1] Der „Ausländer" ist im Nationalstaat demgegenüber als Differenzkategorie naheliegend und auf den ersten Blick jeder ethnisierenden Zuschreibung unverdächtig. Zusätzlich legitimiert wurde die Trennlinie Staatsbürgerschaft durch die Etablierung der nationalen Wohlfahrtsstaaten des fordistischen Zeitalters (Marshall 1992).

Am Kurvenverlauf in Abbildung 2 fällt auf, dass der Begriff des Ausländers bis in die 1980er Jahre mit mehr oder weniger stabiler Häufigkeit genutzt wurde. Auch in den 1950er bis 1970er Jahren, der Ära der Gastarbeit, ist zunächst kein Anstieg festzustellen. Erst als Migration und ihre Folgephänomene mit dem Aufkommen neuer Minderheitengruppen „problematisch" geworden waren, wird die „Ausländerproblematik" in neuem Ausmaß zum Thema öffentlicher Diskurse. In diesem Umstand spiegelt sich eine Spannung, die für die Funktionsweise der Differenzkategorie des Ausländers nach dem Zweiten Weltkrieg charakteristisch war.

---

1 Als entscheidendes Motiv für die Einführung ethnisierender Nomenklaturen wird üblicherweise deren Notwendigkeit für Anti-Diskriminierungsmaßnahmen gesehen; in Frankreich ist trotz erster Anstrengungen staatlicher StatistikerInnen bis heute jede Form der ethnischen Klassifikation verboten; vgl. Supik 2014.

Auf den ersten Blick steht der „Ausländer" zum Rassebegriff dadurch in scharfem Kontrast, dass er ein juristisches Differenzierungsmerkmal markiert, das zunächst keine ethnisierenden Zuschreibungen kennt. Diese nüchtern-neutrale Grenzziehung entsprach nicht dem Alltagsgebrauch des Begriffs, der vorwiegend auf bestimmte Bevölkerungsgruppen abzielte (GastarbeiterInnen und deren Nachkommen), deren ökonomische und soziale Entrechtung nur auf Basis tief verankerter Fremdheitsvorstellungen möglich war (Zolberg 1991). Während sich die statistische Kategorisierungspraxis mit dem Staatsbürgerschaftskriterium im als legitim erachteten Bereich der „anti-rassistischen" diskursiven Nachkriegsordnung bewegte, waren die alltäglichen sozialen Gebrauchsweisen des Ausländerbegriffs deutlich von ethnisierenden Konnotationen getragen. Diese Spannung zwischen sozialen und statistischen Kategorisierungsprozessen illustriert schon ein flüchtiger Blick auf die „Ausländerpädagogik" dieser Periode (Mecheril et al. 2010, S. 59–66). Adressiert waren hier von Anfang an jene Bevölkerungsgruppen, die Castles et al. (1984) als „neue ethnische Minderheiten" charakterisiert haben. Sowohl in den inhaltlichen Darstellungen von Migrationsphänomenen als auch in den pädagogischen Konzepten geht es stets nur um bestimmte AusländerInnen; diese werden zusätzlich als defizitär und rückständig entworfen. In anderen Worten war der „Ausländer" zwar rein juristisch definiert, aber ethnisch konnotiert. „Staatsbürgerschaft" diente als Proxy-Variable, die eine Zeit lang ausreichend gut die intendierten Individuen erfassen konnte, diese Eigenschaft aber zwangsläufig mit der Zeit verlor.

Im Laufe der 1990er Jahre trat diese begriffliche Spannung zunehmend zu Tage; mehr und mehr wurde die mangelnde Übereinstimmung zwischen den statistisch erfassten Personen und denen, die eigentlich gemeint waren, spürbar. Es war daher nur eine Frage der Zeit bis zur Ablösung des „Ausländers" als dominanter Differenzkategorie. Sein Nachfolger kann auf eine steile Karriere verweisen:

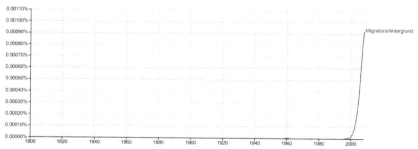

Abbildung 3 Relative Häufigkeit des Worts „Migrationshintergrund" in Google-Books, 1800–2008

Der Kurvenverlauf versinnbildlicht, wie sehr der Migrationshintergrund ein Kind seiner Zeit und Ausdruck einer ganz spezifischen historischen Konstellation ist. Er spiegelt eine Situation wider, in der soziale Ungleichheitsordnungen über Jahrzehnte real ethnisiert wurden, dieser Umstand diskursiv aber ausgeblendet bleiben musste. So wird noch heute als „Migrationsphänomen" gedeutet, was treffender als Minderheitenthematik zu bezeichnen wäre.

Selbst die nüchtern gehaltene offizielle Definition des Migrationshintergrunds lässt den historischen Kontext und die politischen Deutungskämpfe erkennen, die seine Etablierung begleitet haben. Im Gegensatz zu vergleichbaren in den Sozialwissenschaften gängigen Konzepten und geläufigen Operationalisierungen des „Migrationsstatus", die einzig auf die Geburtsorte einer Person und ihrer Eltern abzielen, zählt die Definition des Migrationshintergrunds in der bundesdeutschen amtlichen Statistik „alle nach 1949 auf das heutige Gebiet der Bundesrepublik Deutschland Zugewanderten, sowie alle in Deutschland geborenen Ausländer und alle in Deutschland als Deutsche Geborenen mit zumindest einem nach 1949 zugewanderten oder als Ausländer in Deutschland geborenen Elternteil"[2]. Anders als in internationalen Erhebungen üblich, wird im deutschen Migrationshintergrund erstens eine Kombination von Staatsbürgerschaft und Geburtsort erfasst, die dazu führt, dass manche in dritter Generation in Deutschland lebende Personen erfasst werden, andere nicht. Zweitens wird eine zeitliche Grenze eingeführt, die dazu dient, nach dem Zweiten Weltkrieg zugewanderte „Volksdeutsche" und deren Nachkommen aus der Definition der „Anderen" auszuschließen.

Die konkreten Prozesse, die zur Etablierung dieser komplexen Differenzkategorie führten, sind vielfältig. AkteurInnen aus dem Bildungssystem haben aber in jedem Fall eine zentrale Rolle gespielt. Eine zentrale Interessengruppe waren Schulen, die ihren „migrationsbedingten" Förder- und Finanzbedarf mit der Kategorie des „Ausländers" nicht mehr sichtbar machen konnten: Zu viele Kinder der zweiten oder dritten Generationen hatten die deutsche Staatsbürgerschaft, ebenso wie viele der neu Zugewanderten Russlanddeutschen, für die der Zugang zur deutschen Staatsbürgerschaft im Vergleich zu anderen Gruppen erleichtert war (Perching und Troger 2010). Vor diesem Hintergrund versprach die Kategorie des Migrationshintergrunds, die als problematisch empfundene Diversität der SchülerInnenschaft besser widerzuspiegeln. Wenig überraschend fanden sich daher erste prominente Erwähnungen des Migrationshintergrunds in Bildungskontexten ab den späten 1990er Jahren. Bis zur offiziellen Definition der statistischen Kategorie im Jahr 2005 sollten da noch einige Jahre vergehen. Auch in der Bildungsfor-

---

2 So die Definition des Mikrozensus. Für den Zensus 2011 wurde eine Zuwanderung nach 1955 als Kriterium gewählt. Für Details siehe Statistisches Bundesamt 2013.

schung war der Migrationshintergrund schon früh als erklärende Variable eingeführt worden – die PISA-Erhebungen stehen paradigmatisch für diese Entwicklung (siehe etwa Auernheim 2003).

In Bezug auf die Spannung zwischen juristisch-neutraler und ethnisierender Klassifikation ist eine Lesart dieser Entwicklungen, dass der Migrationshintergrund exakt die ethnischen Konnotationen erfasst, die beim „Ausländer" implizit bleiben – er ist Ausdruck des Strebens, auch wirklich die „Anderen" zu erfassen. Vor dem Hintergrund dieses implizit ethnisierenden Charakters erscheint eine weitere Eigenschaft des Migrationshintergrunds problematisch. Im Vergleich zu „ethnicity" in englischsprachigen Ländern fällt auf, dass Migrationshintergrund nicht selbst „gewählt" werden kann, sondern als objektive Kategorie definiert ist. Einen Migrationshintergrund wird man schon rein statistisch niemals los – er wird festgestellt und zugeschrieben. Diese fundamentale Mehrdeutigkeit des Migrationshintergrunds schlägt sich auch in unterschiedlichen Gebrauchsweisen der Kategorie in verschiedenen Praxisfeldern nieder, wie im folgenden Abschnitt mit Fokus auf pädagogische Kontexte diskutiert wird.

3   Vielschichtige Problematisierungen

a   Verwobene Bedeutungen – konfundierte Hintergründe

Das pädagogische Feld hat für die Durchsetzung des Migrationshintergrunds als dominanter Differenzkategorie eine wichtige Rolle gespielt. Nicht nur deshalb bieten Bildungskontexte relevantes Anschauungsmaterial für die komplexen Konstellationen, die sich im Diskursgefüge zwischen statistischen Operationalisierungen und alltäglichen sozialen Grenzziehungen ergeben. Im Folgenden argumentiere ich, dass für die Verwendungsweise des Migrationshintergrunds in Bildungskontexten kennzeichnend ist, dass drei Bedeutungsebenen unauflöslich miteinander verwoben sind. Aus dieser Verwobenheit bezieht der Migrationshintergrund mutmaßlich einen Teil seiner diskursiven Schlagkraft: Er ist aufgrund seiner Ambivalenz und seiner vielfältigen Konnotationen flexibel einsetzbar und erlaubt, aus verschiedenen Positionen und mit unterschiedlichen argumentativen Stoßrichtungen formulierte Aussagen in feldübergreifende Debattenzusammenhänge zu bringen. Akteur/Innen können miteinander über unterschiedliche Dinge sprechen, ohne den abgesteckten Diskursrahmen zu verlassen. Diese Mehrdeutigkeiten sind aber gleichzeitig doppelt problematisch. Erstens gehen sie mit bestimmten (De-)Thematisierungsmustern einher, die letztlich eher zu einer Reproduktion von Bildungsungleichheiten als zu deren Beseitigung führen könnten. Zweitens markieren sie wesentliche Krisenelemente, die letztlich die Frage aufwerfen, wie lange der

Migrationshintergrund noch als dominante Differenzkategorie funktionieren wird können.

Die erste für pädagogische Kontexte wichtige Bedeutungsebene zielt, wie der Begriff schon impliziert, auf mehr oder weniger direkt migrationsbezogene Problemlagen. Das ist die Ebene, auf die mit der Betonung des Geburtsorts die statistische Definition des Migrationshintergrunds vorwiegend abzielt. In Bildungskontexten sind eine Reihe migrationsbezogener Umstände potenziell von Bedeutung. Zu denken wäre etwa an den biographischen Einschnitt, den Migration bedeuten kann, oder an die Konsequenzen, die ein unsicherer rechtlicher Status haben kann. Diese Aspekte spielen in aktuellen Bildungsdiskursen aber höchstens eine untergeordnete Rolle. Der Fokus liegt vielmehr auf Fragen des Spracherwerbs von „SchülerInnen mit nichtdeutscher Muttersprache" sowie auf Aspekten der Interkulturalität.

Vor allem die Frage des Spracherwerbs genießt in schulischen Kontexten einen hohen Grad an scheinbar unproblematischer Selbstverständlichkeit. AutorInnen aus dem Kreis der Migrationspädagogik haben aber wiederholt auf die vielschichtigen Problemlagen hingewiesen, die mit den Fragen des Spracherwerbs und der Mehrsprachigkeit im Schulkontext einhergehen (Mecheril et al. 2010). Sprachgebrauch und Sprachpolitik sind von gesellschaftlichen Dominanzverhältnissen kaum zu trennen (Dirim und Mecheril 2010). Sowohl Sprache als auch Interkulturalität führen daher in einem fließenden Übergang von migrationsbezogenen Phänomenen zu Fragen der Ethnizität bzw. der ethnisierenden Differenzierung, und damit zur zweiten Bedeutungsebene des Migrationshintergrunds in Bildungskontexten.

Wie oben besprochen, besteht eine Eigenheit westeuropäischer Differenzordnungen darin, dass offen an Ethnizität orientierte Klassifikationssysteme nach dem Zweiten Weltkrieg jahrzehntelang vermieden wurden. Bei näherer Betrachtung zeigt sich aber, dass vieles, was in deutschsprachigen Kontexten als „Migrationsproblem" oder in Frankreich auf die Figur des „immigré" bezogen verhandelt wird, etwa in Großbritannien als „Minderheitenproblem" diskutiert wird. Der ethnisierende Zug des Migrationshintergrunds tritt in Bildungskontexten klar zutage. Er zeigt sich beispielhaft in folgender Passage, die das Integrationsministerium Baden-Württemberg unter dem Schlagwort „Teilhabe" aufführt:

> „Baden-Württemberg ist das Flächenland mit dem höchsten Anteil an Menschen mit Migrationshintergrund. Viele leben und arbeiten seit Jahrzehnten in unserem Land – ihre Familien zählen oftmals schon die vierte Generation. Ihr wirtschaftlicher und gesellschaftlicher Beitrag zum Wohlstand verdient unsere Achtung und Anerkennung. Diese Vielfalt ist unsere Stärke und unser Potenzial für die Zukunft.

Diese positiven Entwicklungen wollen wir gezielt fördern. Wir wollen die Grundlagen dafür schaffen, dass sich Chancengleichheit und Teilhabe über soziale und ethnische Grenzen hinweg durchsetzt."[3]

Der Wechsel von Migrationshintergrund zur Ethnizität geschieht hier fließend; auch nach vier Generationen scheint zudem eine Trennung von „uns" und „denen", die in „unserem Land" leben wichtig zu sein. In Bildungskontexten ist mittlerweile vermehrt von dieser „vierten" Generation die Rede[4].

Der ethnisierende Charakter des Migrationshintergrunds bleibt stets implizit; offiziell verfügt Deutschland – ebenso wie Frankreich – über keine Form der ethnischen Klassifikation (abgesehen von der Erfassung anerkannter nationaler Minderheiten). Er erfüllt auch nicht die mittlerweile üblichen politischen und statistischen Anforderungen an solche Klassifikationssysteme, wie sie etwa von der UNO vorgegeben werden (Supik 2014). Demnach soll Ethnizität etwa nicht zugeschrieben werden, sondern selbstbestimmt gewählt werden können. Und die Ethnisierung bleibt in dem Sinn leer, als lediglich negativ das „Wir" vom „Anderen" abgegrenzt wird – das „Andere" aber undefiniert bleibt. Diesen Einschränkungen zum Trotz ist der ethnisierende Charakter des Migrationshintergrunds relevant, weil hierin der Kern des Alltagsgebrauchs im pädagogischen Kontext ebenso wie in anderen gesellschaftlichen Praxisfeldern liegt.

Der Migrationshintergrund markiert in Bildungsdiskursen aber nicht bloß ein mehr oder wenig diffus gefasstes „Anderes". Er benennt, auf der dritten Bedeutungsebene, eine nicht minder vage soziale Problemlage. Idealtypisch kommt die Kopplung von ethnisierendem Bedeutungsgehalt und sozioökonomischen Konnotationen im Begriff der „Brennpunktschule" zum Ausdruck, die nicht nur in den medialen Darstellungen durch den häufig bildhaft gemachten Migrationshintergrund ihrer SchülerInnen charakterisiert werden[5]. Exemplarisch charakterisiert die Zeit eine Berliner „Brennpunktschule": „Insgesamt haben 80 Prozent der Kinder einen Migrationshintergrund"[6]. Auch in Teilen der aktuellen Bildungsforschung werden die Begriffe „soziale Herkunft" und „Migrationshintergrund" geradezu als Synonyme gebraucht. Das wohl folgenreichste Beispiel dafür ist die Berichterstattung zur PISA-Erhebung, die zwischen Versuchen der statistischen Bezifferung des isolierten Beitrags des Migrationshintergrunds und der begriff-

---

3   http://www.integrationsministerium-bw.de/pb/,Lde/Startseite/Teilhabe [15.02.2016]
4   Siehe etwa http://www.politikundunterricht.de/3_00/C-Integration.htm [15.02.2016] oder http://www.fazschule.net/project/die-welt-in-bewegung2011/876) [15.02.2016]
5   Beispielhaft: http://www.brennpunkt-schule.de/ [15.02.2016]
6   http://www.zeit.de/2013/35/berlin-neukoelln-kiezschulen-initiative [15.02.2016]

lichen Gleichsetzung der beiden Aspekte „Soziales" und „Migrationshintergrund" changiert.

Diese doppelte Konfundierung des Migrationshintergrunds in Bildungskontexten – mit sozialem Hintergrund einerseits und Vorstellungen ethnischer Zugehörigkeit andererseits – ist aus zwei Gründen relevant. Erstens geht sie mit spezifischen Formen der pädagogischen und bildungspolitischen Problematisierung von aktuellen Bildungsverhältnissen einher. Der folgende Abschnitt illustriert diese Problematik anhand eines konkreten Beispiels. Zweitens verweist sie auf fundamentale Spannungen, die zur Annahme Anlass geben, dass der Migrationshintergrund nicht mehr lange als (alleinige) dominante Differenzkategorie bestehen kann. Dieser Frage ist der abschließende Abschnitt dieses Beitrags gewidmet.

b   Problematisierungsprobleme.
Der Migrationshintergrund in Bildungsdiskursen

Die Vermengung von migrationsbezogenen, ethnisierenden und sozialen Bedeutungskomponenten im Migrationshintergrund hat bedeutende Auswirkungen auf die Formen der Problematisierung aktueller Bildungsverhältnisse. Das wird speziell bei Themen augenfällig, die definitionsgemäß auf mehrere miteinander verwobenen Differenzlinien verweisen, wie im Folgenden exemplarisch an der sozialwissenschaftlichen Thematisierung der Förderung „hochbegabter Kinder mit Migrationshintergrund" aufgezeigt wird.

In der aktuellen Hochbegabungsforschung gilt es als Binsenweisheit, dass Kinder mit Migrationshintergrund in Einrichtungen zur Förderung von „Hochbegabten" unterrepräsentiert sind. Uslucan (2012) rechnet vor: Nachdem davon auszugehen ist, dass prinzipiell jedes Kind hochbegabt sein kann, und nachdem den im Forschungsfeld üblicherweise unterstellten Normalverteilungsmodellen zufolge zwei Prozent aller Kinder hochbegabt sind, müsste es in Deutschland mehr als 80.000 hochbegabte Kinder mit Migrationshintergrund geben.

Auch Stamm (2007) diagnostiziert eine massive Unterrepräsentation von „hochbegabten SchülerInnen mit Migrationshintergrund" und führt eine Reihe möglicher Erklärungen dafür an. Grob können drei gängige Erklärungsansätze für die Unterrepräsentation von „Migrantenkindern" in der Hochbegabtenförderung unterschieden werden. Ein häufiger Zugang sucht die Ursachen in Diagnoseproblemen; demnach sind die Instrumente zur Identifikation von Hochbegabungen – in der Regel Intelligenztests – zu stark sprachorientiert und/oder kulturgebunden. Andere vermuten eher Muster der mehr oder weniger bewussten institutionellen Diskriminierung von Kindern mit Migrationshintergrund (meist mit Bezugnahme auf Gomolla und Radtke 2009). Ein dritter Ansatz fokussiert die Herkunftskulturen der Kinder und sucht die Ursachen weniger im Bildungssystem als im familiären Umfeld. Alle drei Erklärungsmuster konzentrieren sich auf den Umstand der migrationsbezogenen/kulturellen Andersartigkeit der SchülerInnen – selbst in den Fällen, in denen die ursächlichen Faktoren und Mechanismen eher auf Seiten des Schulsystems vermutet werden.

Belastbare Zahlen zu diesen Befunden gibt es für den deutschsprachigen Raum kaum. In den Evaluationen und Begleiterhebungen zu Begabungsförderprogrammen wird meist auf die Erhebung sozialer Hintergrunddaten verzichtet. Die Diagnose von der Unterrepräsentation scheint intuitiv plausibel, die drei genannten Erklärungsansätze mögen sich widersprechen, dass „migrations(hintergrund)bezogenene" Aspekte entscheidend sind, versteht sich aber scheinbar von selbst.

Am Beispiel einer österreichischen und einer deutschen Hochbegabteneinrichtung haben wir diesen Selektionsprozessen empirisch nachgespürt (Hoyer et al. 2014, Horvath 2014). An beiden Schulen wurde eine Fragebogenerhebung durchgeführt, die unter anderem einen Vergleich der sozioökonomischen und soziokulturellen familiären Verhältnisse der SchülerInnen in den Hochbegabteneinrichtungen mit der Stichprobe der PISA-Begleiterhebung erlaubt. Tatsächlich zeigen sich massive soziale Selektionseffekte (Horvath 2014). Sowohl hinsichtlich der sozioökonomischen Stellung der Eltern als auch mit Blick auf deren kulturelles Kapital wird der ohnehin schon starke Selektionseffekt zwischen Hauptschulen und Gymnasien in der Hochbegabungsförderung noch einmal verschärft. „Hochbegabte" kommen überwiegend aus Haushalten mit hohen Bildungsabschlüssen und hohem sozialen Status. Die von Bourdieu und Passeron diagnostizierten subtilen Mechanismen der intergenerationalen Reproduktion von Bildungsungleichheiten über die naturalisierenden Konzepte von „Begabung" und „Intelligenz" scheinen nach wie vor zu wirken (Bourdieu und Passeron 1971, Bourdieu 1993).

Wenden wir uns der Variable Migrationshintergrund zu, zeigt sich ein sehr viel weniger klares Bild. Abbildung 4 zeigt die Anteilswerte für das Beispiel der deutschen Schule, für die österreichische sind analoge Muster festzustellen. Der Anteil von Kindern der ersten Generation ist in der deutschen „Hochbegabtenschule" sogar höher als laut PISA-Erhebung in deutschen Gymnasien. Dieses Muster ist kaum mit Erklärungen zu vereinbaren, die von sprachlich und/oder kulturell erschwerter Diagnostizierbarkeit von „Hochbegabung" oder ähnlichem ausgehen.

Migrationshintergrund

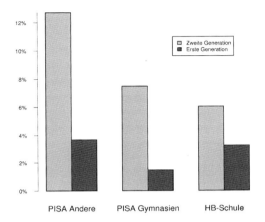

Abbildung 4 Migrationshintergrund

Die Deutung, die hier vorgeschlagen werden soll, ist, dass die Variable „Migrationshintergrund" mit keinem nennenswerten, über die sozialen Ausleseprozesse hinausgehenden Selektionseffekt verknüpft ist. Eher legen die beobachteten Muster nahe, dass die Unterrepräsentation von Kindern mit Migrationshintergrund in privilegierten Fördereinrichtungen eine Folge und Begleiterscheinung der realen Ethnisierung sozialer Ungleichheiten der letzten Jahrzehnte ist. Problementwürfe, die in der einen oder anderen Form im Migrationshintergrund an sich die Ursache der Selektion suchen, dethematisieren zwangsläufig diese nach wie vor wirksamen Mechanismen der sozialen Schichtung.

Paradoxerweise funktioniert diese Dethematisierung genau aufgrund der oben besprochenen Konfundierung sozialer und migrationsbezogener Faktoren – eine Form der Ausblendung durch Überblendung. So wechselt Stamm (2007) ganz selbstverständlich von „sozialer Herkunft" im Titel ihres Beitrags zu „Kultur" und „Minderheiten" im Text selbst. Sie betont damit zwar einerseits die enge Verwobenheit von sozialen und migrationsbezogenen Aspekten. Die implizite Gleichsetzung führt aber dazu, dass letztlich kulturalisierende Erklärungen sozioökonomische und andere Faktoren einfach mit erfassen sollen. Unter umgekehrten Vorzeichen reagierten mehrere Lehrkräfte der untersuchten Hochbegabtenschulen – auf ihre SchülerInnen mit Migrationshintergrund angesprochen – erstaunt. Kinder mit Migrationshintergrund hätten sie eigentlich keine, oder wenn, dann nicht „diese Form von Migrationshintergrund". Weil mit Migrationshintergrund scheinbar schon alles gesagt ist, werden die komplex verwobenen Differenzierungs- und

Selektionsprozesse erst gar nicht in den Blick genommen, die dazu führen, dass eben nicht jeder Migrationshintergrund eine Bürde für Bildungsteilhabe bedeutet.

4 Migrationshintergrund ... und dann?

Im vorangegangenen Abschnitt wurde argumentiert, dass die Differenzkategorie Migrationshintergrund von fundamentalen Spannungen geprägt ist. Diese Spannungen haben Folgen für die pädagogische und politische Problematisierung aktueller Bildungsverhältnisse, wie beispielhaft an Thematisierungen der Unterrepräsentation von Kindern mit Migrationshintergrund in Hochbegabteneinrichtungen gezeigt wurde. Die Ambivalenzen des Migrationshintergrunds lassen gleichzeitig Tendenzen vermuten, die letztlich dazu führen könnten, dass der Migrationshintergrund seinen Status als dominante Differenzkategorie einbüßt. Mehrere aktuelle Entwicklungen sind in diesem Kontext von Belang.

Erstens ist damit zu rechnen, dass die Schnittmenge zwischen denen, die mit der Differenzkategorie „gemeint" sind, und denen, die auch tatsächlich erfasst werden, zunehmend kleiner wird. Diese Tendenz ist das Ergebnis von zumindest zwei gegenläufigen Entwicklungen. Zum einen kommt es zu einer „Untererfassung" jener, die zwar in der alltäglichen Praxis als SchülerInnen mit Migrationshintergrund wahrgenommen werden, die aber schon in dritter oder (in seltenen Fällen) vierter Generation in Deutschland leben. An vielen sogenannten Brennpunktschulen ist davon auszugehen, dass den gefühlten „90 Prozent Migrationshintergrund" ein sehr viel geringerer Anteil an SchülerInnen gegenübersteht, die auch statistisch entsprechend erfasst werden. Das Integrationsministerium Baden-Württembergs verweist implizit auf diese Problematik: Dass in vierter Generation in Deutschland aufgewachsene Kinder von der offiziellen statistischen Definition erfasst werden, ist praktisch ausgeschlossen; nichtsdestotrotz sind sie Gegenstand der Debatte.

Zum anderen kommt es zu einer Übererfassung von Gruppen, die zwar der Definition nach einen Migrationshintergrund haben, die aber nicht unter den als problematisch entworfenen Typus des „Migrantenkinds" fallen. Das Erstaunen über den Gebrauch der Kategorie des Migrationshintergrunds in der Hochbegabtenschule bringt dieses diskursive Missverhältnis zum Ausdruck. Im Gegensatz zur Phase der Gastarbeit und ihren Folgeentwicklungen hat ein großer Teil der aktuell in unterprivilegierten Arbeitsmarktsegmenten beschäftigten migrantischen Arbeitskräfte keine dauerhafte Aufenthaltsperspektive. In den heute für Hilfskrafttätigkeiten zentralen Branchen Tourismus, Bau und Landwirtschaft sind im Regelfall nur Saisonbeschäftigungen möglich. Diese Formen der Migration bleiben für das Bildungssystem per definitionem folgenlos. MigrantInnen, denen überhaupt die Möglichkeit eingeräumt wird zu bleiben, sind heute überwiegend in weniger unterprivilegierten sozialen und ökonomischen Positionen zu finden und verfügen häufig über überdurchschnittliche Bildungsressourcen.

Zu diesem Problem der mangelnden Entsprechung zwischen jenen, die „gemeint" sind, und jenen, die statistisch tatsächlich mit der Kategorie „Migrationshintergrund" erfasst werden, kommt die seit Jahren merkbare Ablehnung des Labels „Migrationshintergrund" durch jene, die damit markiert werden. Die essenzialisierenden und stigmatisierenden Potenziale des Migrationshintergrunds sind an den Betroffenen nicht spurlos vorüber gegangen (Machold und Mecheril 2011). In den letzten Jahren wurde von mehreren Seiten die Bezeichnung der „Neuen Deutschen" als Alternative forciert (Treibel 2015). Im Gegensatz zum Migrationshintergrund handelt es sich bei diesem Label um keine unmittelbar statistisch operationalisierte Begrifflichkeit. Sie bringt aber nichtsdestotrotz ein Unbehagen mit anderen, negativ besetzten Begriffen zum Ausdruck. Die Ablehnung des Begriffs von migrantischer Seite spiegelt eine wichtige Eigenschaft der statistischen Definition des Migrationshintergrunds wider – das bereits erwähnte mangelnde Potenzial zur „positiven" Selbstidentifikation, das dem Migrationshintergrund mit seiner „objektiven" Ausrichtung im Gegensatz beispielsweise zu angelsächsischen Konzeptionen von „ethnicity" zwangsläufig fehlt.

Die bereits wirksamen Tendenzen der Über- und Unterfassung sowie der zunehmenden Ablehnung dürften mit der aktuellen Flüchtlingssituation schärfer konturiert werden, und zwar in zumindest zwei Hinsichten. Erstens könnte sich zunehmend die Frage nach der Praktikabilität einer Differenzkategorie stellen, die unter Umständen schwer traumatisierte, in jedem Fall mit eigenen Migrationserfahrungen konfrontierte Kinder in einen Topf wirft mit in Deutschland aufgewachsenen Kindern von Eltern, die in vielen Fällen selbst hier groß geworden sind, und die aufgrund jahrzehntelanger Marginalisierungsprozesse mit Benachteiligungen im Bildungssystem zurechtkommen müssen. Welche Aussagekraft und welche – pädagogische wie sozialwissenschaftliche – Relevanz soll so eine Klassifikation noch haben? Zweitens öffnen sich mit der massiven Politisierung der Thematik Diskursfenster, die zur Neuverhandlung gesellschaftlicher Differenzbegrifflichkeiten führen können.

Diese Entwicklungen müssen natürlich nicht zwangsläufig dazu führen, dass der Migrationshintergrund wieder aus Statistiken und Diskursen verschwindet. Immerhin hat er durch seine Omnipräsenz in Zeitungen, Statistiken, Fragebögen, Witzen, Alltagsdebatten etc. eine gewisse Dauerhaftigkeit erlangt, die teilweise institutionell gestützt wird. An dieser Stelle soll daher auch keine konkrete Prognose gewagt werden, sondern lediglich die Dynamik der Situation konstatiert, die gesellschaftliche Tragweite der Thematik unterstrichen und die Frage nach den derzeitigen Entwicklungsperspektiven aufgeworfen werden. Abgesehen von medialen Konjunkturen, die mal „den Nordafrikaner", mal „den Flüchtling" an die Oberfläche rassifizierender Diskurse spülen, kristallisieren sich zwei Differenzlinien von markanter Bedeutung heraus: Sprache und Religion. „Religion" bzw. eigentlich „Islam" als derzeit wohl stärkster diskursiver Marker könnte in den kommenden Jahren auch aufgrund geopolitischer Konstellationen durchaus als zentrale, dann offen ethnisierende und essenzialisierende Differenzkategorie prägend werden.

Kurz: Ein Übergang vom Migrationshintergrund in eine noch stärker essenzialisierende und rassifizierende Differenzordnung scheint derzeit durchaus realistisch. Mutmaßlich werden die Sozial- und Bildungswissenschaften in den diesen Prozess begleitenden Debatten eine zentrale Rolle spielen, wie sie das ja auch schon in der Phase der Durchsetzung des Migrationshintergrunds getan haben. Die Frage ist, wie sie diese Rolle ausgestalten und wie sie ihre gesellschaftliche Verantwortung definieren. Antworten auf diese Fragen fehlen nicht zuletzt deswegen, weil zwischen quantitativen Zugängen der empirischen Bildungsforschung und gesellschaftstheoretischen Ansätzen lange Jahre wenig Austausch bestanden hat. Das Ziel einer kritischen Bildungsforschung sollte in diesem Kontext nicht sein, eine Definition zu finden, die dem Alltagsverstand in der Imagination des „Anderen" möglichst nahe kommt. Vielmehr sollte die Krisenhaftigkeit des Migrationshintergrunds als Anlass dienen, über Alternativen der statistischen, politischen und pädagogischen Problematisierung von Bildungsverhältnissen nachzudenken, die nicht auf essenzialisierende und naturalisierende Kategorisierungen zurückgreifen.

Literatur

Auernheim, G. (Hrsg.) (2003). *Schieflagen im Bildungssystem. Die Benachteiligung der Migrantenkinder.* Wiesbaden: Springer VS.

Becker, R. (Hrsg.) (2011). *Integration durch Bildung? Bildungserwerb von jungen Migranten in Deutschland.* Wiesbaden: Springer VS.

Bourdieu, P. (1989). Social Space and Symbolic Power. *Sociological Theory 7,* H. 1, 14–25.

Bourdieu, P. (1992). Sozialer Raum und symbolische Macht. In: Pierre Bourdieu: *Rede und Antwort* (S. 135–154). Frankfurt am Main: Suhrkamp.

Bourdieu, P. (1993). *Soziologische Fragen.* Frankfurt am Main: Suhrkamp.

Bourdieu, P. (2001). *Wie die Kultur zum Bauern kommt. Über Bildung, Schule und Politik.* Hamburg: VSA-Verlag.

Bourdieu, P., Passeron, J.-C. (1971). *Die Illusion der Chancengleichheit. Untersuchungen zur Soziologie des Bildungswesens am Beispiel Frankreichs.* Stuttgart: Ernst Klett Verlag.

Brubaker, R. (1999). „The Manichean Myth: Rethinking the Distinction Between 'Civic' and 'Ethnic' Nationalism" In: Hans-Peter Kriesi, Klaus Armingeon, Hannes Siegrist, Andreas Wimmer (Hrsg.), *Nation and National Identity. The European Experience in Perspective* (S. 55–72). Chur, Zürich: Rüegger.

Castles, S., Booth, H., Wallace, T. (1984). *Here for Good: Western Europe's New Ethnic Minorities.* London: Pluto Press.

Diehm, I., Kuhn, M., Machold, C., Mai, M. (2013). Ethnische Differenz und Ungleichheit. Eine ethnographische Studie in Bildungseinrichtungen der frühen Kindheit. *Zeitschrift für Pädagogik 59,* H. 5, 644–656.

Dirim, I., Mecheril, P. (2010). Die Sprache(n) der Migrationsgesellschaft. In: Paul Mecheril, Maria do Mar Castro Varela, Inci Dirim, Annita Kalpaka, Claus Melter (Hrsg.), *Migrationspädagogik* (S. 99–120). Weinheim, Basel: Beltz.

Fürstenau, S., Gomolla, M. (Hrsg.) (2011). *Migration und schulischer Wandel: Mehrsprachigkeit.* Wiesbaden: Springer VS.

Gomolla, M., Radtke, F.-O. (2009). *Institutionelle Diskriminierung. Die Herstellung ethnischer Differenz in der Schule.* Wiesbaden: Springer VS.

Hachfeld, A., Schroeder, S., Anders, Y., Hahn, A., Kunter, M. (2012). Multikulturelle Überzeugungen. Herkunft oder Überzeugung? Welche Rolle spielen der Migrationshintergrund und multikulturelle Überzeugungen für das Unterrichten von Kindern mit Migrationshintergrund? *Zeitschrift für Pädagogische Psychologie 26,* H. 2, 101–120.

Hobsbawm, E. J. (2005). *Nationen und Nationalismus. Mythos und Realität seit 1780.* Frankfurt am Main: Campus.

Hormel, U., Scherr, A. (Hrsg.) (2010). *Diskriminierung: Grundlagen und Forschungsergebnisse.* Wiesbaden: Springer VS.

Horvath, K. (2014). Die doppelte Illusion der Hochbegabung. Soziologische Perspektiven auf das Wechselspiel von sozialen Ungleichheiten und biographischen Selbstentwürfen in der Hochbegabtenförderung. In: Timo Hoyer, Rolf Haubl, Gabriele Weigand, (Hrsg.), *Sozio-Emotionalität von hochbegabten Kindern. Wie sie sich sehen – was sie bewegt – wie sie sich entwickeln* (S. 101–123). Weinheim & Basel: Beltz.

Hoyer, T., Haubl, R., Weigand, G. (Hrsg.) (2014). *Sozio-Emotionalität von hochbegabten Kindern. Wie sie sich sehen – was sie bewegt – wie sie sich entwickeln.* Weinheim & Basel: Beltz.

Karakayali, S., Tsianos, V. (2005). Mapping the order of new migration: Undokumentierte Arbeit und die Autonomie der Migration. *Peripherie* 97/98, 35–64.

Machold, C., Mecheril, P. (2011). Kinder mit Migrationshintergrund (Hauptstichwort). In: Deutscher Verein für öffentliche und private Fürsorge e.V. (Hrsg.), *Fachlexikon der sozialen Arbeit* (S. 498-499). Baden-Baden: Nomos 2011.

Margolin, L. (1993). *Goodness Personified. The Emergence of Gifted Children.* Oxford: Oxford University Press.

Marshall, T. (1992). *Bürgerrechte und soziale Klassen. Zur Soziologie des Wohlfahrtsstaates.* Frankfurt am Main: Campus.

Mecheril, P. (2008). „Diversity". Differenzordnungen und ihre Verknüpfungen. In: Heinrich Böll Stiftung (Hrsg.), *Dossier Politics of Diversity* (S. 63–88). Bonn: HBS.

Mecheril, P., do Mar Castro Varela, M., Dirim, I., Kalpaka, A., Melter, C. (2010). *Migrationspädagogik.* Weinheim, Basel: Beltz.

Messerschmidt, A. (2008). Pädagogische Beanspruchungen von Kultur in der Migrationsgesellschaft. Bildungsprozesse zwischen Kulturalisierung und Kulturkritik. *Pädagogik 54*, H. 1, 5–17.

Nauck, B. (2011). Kulturelles und soziales Kapital als Determinante des Bildungserfolgs bei Migranten? In: Rolf Becker (Hrsg.), Integration durch Bildung? Bildungserwerb von jungen Migranten in Deutschland (S. 71–93). Wiesbaden: VS Verlag für Sozialwissenschaften.

Perchinig, B., Troger, T. (2011). Migrationshintergrund als Differenzkategorie. Vom notwendigen Konflikt zwischen Theorie und Empirie in der Migrationsforschung. In: Regina Polak (Hrsg.), *Zukunft. Werte. Europa. Die europäische Wertestudie 1990–2010. Österreich im Vergleich* (S. 283–319). Wien: Böhlau.

Ratfisch, P. (2015). Zwischen nützlichen und bedrohlichen Subjekten. Figuren der Migration im europäischen ‚Migrationsmanagement' am Beispiel des Stockholmer Programms. *movements. Journal für kritische Migrations- und Grenzregimeforschung 1*, H. 1.

Silverman, M. (2002). *Deconstructing the Nation: Immigration, Racism and Citizenship in Modern France.* London: Routledge.

Stamm, M. (2007). Begabtenförderung und soziale Herkunft. Befunde zu den verborgenen Mechanismen ihrer Interaktion. *ZSE : Zeitschrift für Soziologie der Erziehung und Sozialisation 27*, H. 3, 227-242.

Statistisches Bundesamt (2013). *Fachserie 1, Reihe 2.2 Bevölkerung und Erwerbstätigkeit, Bevölkerung mit Migrationshintergrund.* Wiesbaden: Statistisches Bundesamt.

Supik, L. (2014). *Statistik und Rassismus. Das Dilemma der Erfassung von Ethnizität.* Frankfurt am Main: Campus.

Treibel, A. (2015). *Integriert Euch! Plädoyer für ein selbstbewusstes Einwanderungsland.* Frankfurt am Main: Campus.

Uslucan, H. H. (2012). *Begabung und Migration.* URL: file:///D:/Verlagsversionen/Uslucan_-_Vortrag_zu_Begabung_-_Daten_und_Fakten.

Weber, M. (1993/1895). Der Nationalstaat und die Volkswirtschaftspolitik. Akademische Antrittsrede. In: Wolfgang Mommesen (Hrsg.), *Max Weber: Schriften und Reden 1892-1899. Bd. I/4* (S. 543-574). Tübingen: J.C.B. Mohr.

Zolberg, A. (1991). Bounded States in a Global Market. The Uses of International Migrations. In: Pierre Bourdieu, James Coleman, (Hrsg.), *Social Theory for a Changing Society* (S. 301–325). Boulder: Westview Press.

Bildung und Teilhabe im Kontext „pädagogischer Rechte"

Eine Exploration des normativen Rahmens Basil Bernsteins Bildungssoziologie

Hauke Straehler-Pohl und Michael Sertl

Einleitung

In den letzten Jahren hat sich im deutschsprachigen Raum eine „Soziologie des Unterrichts" (Gellert und Sertl 2012) entwickelt, auf deren Basis eine Reihe qualitativ-empirischer Studien entstanden sind (z.B. Bohlmann 2016; Gellert 2013; Gellert und Hümmer 2008; Leufer 2016; Straehler-Pohl et al. 2014; Straehler-Pohl 2015), welche rekonstruieren, wie im Fachunterricht (in den genannten Studien im Mathematikunterricht der Regelschule, für andere Unterrichtsfächer und Bildungsgänge siehe Gellert und Sertl 2012) Differenzen zwischen Schülern entlang des Markers „Leistung/Leistungsfähigkeit" konstruiert werden. Diese Arbeiten verbindet, dass sich die Rekonstruktionsbemühungen stark an der Theorie des pädagogischen Dispositivs und der pädagogischen Codes nach Basil Bernstein (1990, 2000) orientieren. Das gemeinsame primäre Ziel dieser Studien ist es, verdeckte Stratifikationsprozesse empirisch zu *rekonstruieren* und somit in alltäglicher pädagogischer Praxis verorten zu können. Hiermit geht meist zumindest sekundär das Ziel einher, aus der Rekonstruktion Potenziale für die *Transformation* der pädagogischen Praxis zu entwickeln. Auch wenn meist kein expliziter Werte-Horizont für dieses Transformationspotenzial offengelegt wird, so lässt sich ein gemeinsamer impliziter Horizont rekonstruieren: Die rekonstruktive Analyse von Ungleichheits-Konstruktionen zielt auf die Entwicklung von Unterrichtspraktiken, die der Perpetuierung von Ungleichheit gezielt entgegenwirken sollen. Während ein normativer Habitus für die Pädagogik selbstverständlich ist, ist er dem Gesamtwerk Basil Bernsteins, dessen Theorie wir als kritische strukturalistische Soziologie verorten würden, weitestgehend fremd. Vielmehr verschreibt sich die Theorie der reflexiven

Weiterentwicklung von *Beschreibungs*sprachen, welche ein nach und nach immer genaueres kritisches Verständnis von pädagogischen Praktiken erlauben sollen. Erst im Vorwort zu seiner letzten Buchpublikation aus dem Jahr 1996 (erweiterte Neuauflage: 2000) werden zum ersten Mal Wertvorstellungen für ein breiteres akademisches Publikum zugänglich formuliert. Bernstein postuliert hier verallgemeinerbare Bedingungen, die das effektive Funktionieren der Demokratie ermöglichen und sicherstellen sollen. In diesem Beitrag wollen wir diesen normativen Horizont explorieren und hierdurch verhindern, dass er sich in für Assoziationen freien (und somit leeren) Worthülsen wie „Ungleichheit" oder „Ungerechtigkeit" verliert. Es geht uns also darum, Bernsteins normative Überlegungen anhand von empirischem Material mit konkreter Bedeutung zu füllen und den ansonsten implizit bleibenden Werte-Horizont einer aufkommenden „Soziologie des Unterrichts" offenzulegen. Dies ist u.a. auch deshalb wichtig, da so gängigen Missverständnissen vorgebeugt werden kann, bspw. Bernstein sei ein defizitärer oder konservativer Theoretiker. Auch scheint im derzeitigen öffentlich-politischen Diskurs über die Reformierung des Bildungssystems nicht selten eine Aushöhlung von Werten wie Bildung, Mündigkeit und Solidarität von statten zu gehen. Dies geschieht paradoxerweise nicht selten unter dem Verweis auf die Dringlichkeit der Verringerung von Chancen-Ungleichheit (vgl. z.B. Frandji und Vitale 2015; Pfaller 2012).

Im ersten Teil dieses Beitrags werden deshalb die normativen Überlegungen, die Bernstein unter der Überschrift „Demokratie und pädagogische Rechte" anstellt, referiert, diskutiert und auf ihre anthropologischen Grundlagen hin untersucht.

Im zweiten Teil werden wir dann anhand von Vignetten aus dem Mathematikunterricht empirisch-rekonstruktiv illustrieren, wie sich die Einlösung oder auch die Vorenthaltung der „pädagogischen Rechte" konkret manifestieren können. Diese Vignetten stammen aus der Dissertation von Hauke Straehler-Pohl (2014) und dokumentieren, zugegebenermaßen, eher das systemimmanente Scheitern von Bildung als deren positive Realisierung.[1] Gleichzeitig verbirgt sich hierin allemal ein Moment der Aufklärung; und in der Aufklärung verbergen sich wiederum die Möglichkeiten zur Veränderung. Diese werden dann vor allem im Kontrast zwischen (relativ) gelingenden und (relativ) scheiternden Bildungsmomenten deutlich.

Zuletzt werden wir die Bedeutung des mit den „pädagogischen Rechten" aufgespannten normativen Rahmens für die Weiterentwicklung einer zwischen Theorie und Praxis vermittelnden „Soziologie des Unterrichts" diskutieren.

---

1 Zur marginalisierten Stellung von Analysen des Scheiterns in den Erziehungswissenschaften siehe Rieger-Ladich (2014).

1 Demokratie und pädagogische Rechte – Eine normativ-soziologische Kontextualisierung von Teilhabe und Bildung

Ausgangspunkt für seine normativen Überlegungen, die Bernstein unter der Überschrift „Demokratie und pädagogische Rechte" vorstellt, ist ein reflektierender Blick auf sein Gesamtwerk, das er inhaltlich um Fragen zur Identitäts- oder Subjektbildung in Zeiten des Neoliberalismus erweitert (Bernstein 1996/2000). Darüber hinaus adressiert er die Gefahr, dass die positiven Potenzen von Erziehung und Bildung aus dem Blick geraten, wenn man so wie er (und wie die meisten Soziologen, oder wie die Soziologie grundsätzlich) den Fokus auf die Rekonstruktion der Mechanismen legt, die zur Ungleichverteilung von Wissen und Bildung führen. Er erörtert also die Bedingungen, die gegeben sein müssen, damit Pädagogik einen effektiven Beitrag zur Demokratie leisten kann (vgl. Bernstein 2000, S. xixff.).[2]

Er benennt diese Bedingungen mit dem Begriffspaar *stake* und *confidence*, welche wir mit Teilhabe und Vertrauen übersetzen. Wenn Bernstein mit dem Begriff *stake* die Frage stellt: „Wem gehört die Schule?", so sollen damit die konkreten Teilhaberechte verschiedener sozialer Gruppen angesprochen werden. Der vage Begriff „soziale Gruppen" zielt auf das, was im Deutschen mit der „sozialen Herkunft" oder mit der Schicht- oder Klassenzugehörigkeit angesprochen wird. Konkret könnte die Frage nach der Teilhabe so gestellt werden: Welche Werte und Bilder spiegeln sich in den Praktiken der Schule? Und welchen sozialen Gruppen sind diese Werte zuzurechnen? Welche Werte und Bilder werden ausgeschlossen? Es geht bei *stake* also darum, wie Teilhabemöglichkeiten differenziell verteilt werden.

Teilhabe als erste Bedingung für eine effektive Demokratie meint, dass sich die Betroffenen als Mitglieder bzw. Teilhaber der Gesellschaft nicht nur etwas erwarten dürfen oder etwas erhalten sollen, sondern auch Bereitschaft zeigen et-

---

2 In ihrem kürzlich erschienenen Beitrag „The enigma of Bernstein's ‚pedagogic rights'" verfolgen Frandji und Vitale (2015) den Kontext der Entstehung dieser Ideen zurück. Sie verweisen darauf, dass es sich dabei ursprünglich um einen Vortrag bei einer 1986 in Santiago de Chile vom *Centro de Estudios de la Realidad Contemporánea* (CERC) organisierten internationalen Konferenz handelt, bei der es um Fragen des Übergangs zur Demokratie ging (und das unter den Bedingungen der damals immer noch herrschenden Pinochet-Diktatur!). U.a. Roger Frydman, Charles Taylor, Jacques Rancière und Cristian Cox gehörten zu den Rednern. Frandji und Vitale vermuten, dass das intellektuelle Klima der Konferenz einen großen Einfluss auf Bernsteins Ausformulierung der pädagogischen Rechte hatte, da er sein Manuskript nach dem Besuch anderer Beiträge wohl eilig überarbeitete (vgl. Frandji und Vitale 2015, S. 22).

was zu geben. Diese Bereitschaft ist eng an das Vertrauen gekoppelt, dass die Gesellschaft diese Gabe auch anzunehmen und wertzuschätzen weiß. Bernsteins Verständnis von Teilhabe hat also zwei Aspekte: Nehmen und Geben (*receiving and giving*). Nehmen und Geben stehen hierbei in einem reflexiven Verhältnis: Das Nehmen ist an ein Bewusstsein des Nehmenden gebunden, dass es sich um eine Gabe handelt, d.h. dass beim Nehmen nicht bloß etwas genommen wird, sondern ein soziales Band zwischen Nehmendem und Gebenden entsteht. Das Geben ist an ein Bewusstsein des Gebenden gebunden, dass er die Kontrolle über die Gabe an den Nehmenden übergibt.

Worin besteht die zweite Bedingung: Vertrauen? Die Betroffenen müssen vertrauen können, dass die (politischen) Arrangements, an deren Schaffung sie beteiligt sind, tatsächlich diese Teilhabe realisieren; bzw., und das ist eine interessante Einschränkung, die Bernstein hier formuliert, dass im Falle der Nichtrealisierung „gute Gründe" angegeben werden müssen. Worin könnten solche „guten Gründe" bestehen? Bernstein nähert sich mit dieser Formulierung einem Dilemma: So lange die Deutungs- und Legitimationshoheit über die Diskurse sozial ungleich verteilt ist, und die dadurch Benachteiligten Gefahr laufen, diese Ungleichverteilung als legitim anzuerkennen und zu rechtfertigen, so drohen die „guten Gründe" selbst zum ideologie- und herrschaftsstützenden Instrument zu werden (vgl. auch Frandji und Vitale 2015, S. 24). Bernstein kann dieses Dilemma zwar nicht lösen, aber dennoch produktiv wenden, indem er das Vertrauen, ebenso wie Teilhabe, an das reflexive Verhältnis von Nehmen und Geben zurückbindet. In diesem Rückbezug auf Geben und Nehmen, machen Frandji & Vitale (2015) einen „anthropologischen Horizont" (S. 13) der pädagogischen Rechte aus, welcher in Bernsteins eigenen Ausführungen aber nur implizit angedeutet bleibt. Sie deuten Bernsteins Formulierungen als Reminiszenz an die reziproke Logik der Mauss'schen „Gabe", also an eine Gemeinschaft stiftende bzw. in Gesellschaften institutionalisierte Logik des „Geschenks", das zur Erwiderung, zur „Gegengabe" aufruft. So wirkt es als eine zentrale menschliche Form der Stiftung sozialer Kohäsion (Mauss 1968). Je nach Lesart, kann die Mauss'sche Abfolge von Geben-Nehmen-Erwidern als Grundlage für ein dezidiert anti-utilitaristisches Paradigma zur Deutung und Gestaltung sozialer Praxis herangezogen werden (Moebius 2006). Auch wenn sich erst noch zeigen muss, ob sich solch eine anti-utilitaristische Ausrichtung als übergreifende normative Bedingung für die „Soziologie des Unterrichts" etablieren kann, so möchten wir uns an dieser Stelle doch explizit für diese Positionierung aussprechen.

Nur wenn dieser Austausch von Gabe und Gegengabe nicht zu oft und zu regelmäßig durch „gute Gründe" verhindert wird, kann das Vertrauen in die Gültigkeit des sozialen Bands bestehen bleiben. Vertrauen basiert in diesem Sinne auf einer Institutionalisierung des Nehmens und Gebens. Institutionalisierung meint hierbei eine für alle verbindliche und feste Regelung von sich notwendigerweise wiederholenden und tradierenden Abläufen in einer symbolischen Ordnung und entsprechenden habitualisierten Praktiken. Um das institutionalisierte Vertrauen nicht zu unterminieren, müssen die „guten Gründe" raum-zeitlich lokalisierbar bleiben, in dem Sinne, dass sie eine die Regel bestätigende Ausnahme bleiben. Sie dürfen nicht in so großer Häufigkeit auftreten, dass die Ausnahme zur Regel wird. Wir sehen Bernsteins Motivation, sich wenn auch auf viel zu undefinierte Weise den „guten Gründen" zu widmen, darin, dass er die pädagogischen Rechte nicht idealistisch verstanden sehen will, sondern es ihm um Rechte geht, die sich in der empirischen Materialität der sozialen Realität[3] beweisen können.

1.1 Die pädagogischen Rechte

Die Realisierung dieser beiden Bedingungen, Teilhabe und Vertrauen, sieht Bernstein in der Institutionalisierung von drei miteinander verbundenen Rechten gegeben. Diese Rechte greifen auf drei Ebenen: auf der individuellen, auf der sozialen und auf der politischen Ebene (vgl. Bernstein 2000, S. xxf.).

Bernstein beginnt mit der individuellen Ebene und nennt das dazugehörige Recht das Recht auf *enhancement*. Dieses Wachsen, dieses sich Verbessern wird als komplexer, gar ambiger Prozess erörtert. Es stellt die Bedingung dar, um Grenzen zu erfahren, seien sie sozialer, intellektueller oder personaler Art; Grenzen aber nicht im Sinne von Gefängnissen oder Stereotypen, sondern im Sinne von Spannungslinien (*tension points*), an denen sich das Vergangene kondensiert und sich mögliche Zukünfte eröffnen. *Enhancement* bedingt stets eine Disziplin. *Enhancement* meint nicht so sehr Kreativität, obwohl diese ein Ergebnis sein kann; es ist nicht einfach das Recht, mehr zu sein: mehr als Person, mehr intellektuell, mehr sozial, mehr materiell; nein, es ist das Recht auf den Zugang zu den Mitteln des kritischen Verstehens und zu neuen Möglichkeiten.

Diese Erörterung des Begriffs *enhancement* als Recht auf den Zugang zu den Mitteln des kritischen Verstehens im Sinne eines disziplinären Verstehens hat uns veranlasst, den Begriff schlicht und einfach mit Bildung zu übersetzen. Bildung in diesem Bernstein'schen Verständnis heißt also: Grenzen als Erfahrung von Möglichkeiten erleben können. Wichtig ist es hierbei, dass Möglichkeiten nicht bloß

---

3 So gibt sich die mehr oder weniger kohärente Community an Bernstein-Erben neuerdings selbst den Namen des „Social Realism" (vgl. z.B. Maton und Moore 2010; Moore 2013).

ideell, d.h. hypothetisch, eröffnet werden, sondern das Potenzial besitzen, sich tatsächlich empirisch materialisieren zu lassen.[4]

Unser Vorschlag *enhancement* mit Bildung zu übersetzen nimmt auch Bezug auf die in bildungstheoretischen Entwürfen grundlegenden Ideen wie „Mündigkeit" (im Anschluss an Kant und Adorno) und „Emanzipation" (vgl. z.b. Christof und Ribolits 2013) und die damit formulierte Relation von Individuum und Gesellschaft. Ferner harmoniert Bernsteins Konzeption von *enhancement* als Kondensationspunkte von Vergangenem, die plurale Zukünfte eröffnen, bspw. mit Zirfas (2001) oder de Haans (2014) Überlegungen zur Zukunftshaftigkeit von Bildungsprozessen. Eine systematische Untersuchung der möglichen Knotenpunkte, die Bernsteins *enhancement* und Bildungstheorie legitim und sinnvoll zu verbinden vermögen, ist jedoch noch zu leisten.

Was Bernstein allerdings von klassischen bildungstheoretischen Formulierungen unterscheidet, ist die „realistische", nicht-idealistische Herangehensweise. Man könnte Bernsteins Überlegungen als „sozial realistische Bildungstheorie" interpretieren (vgl. Fußnote 3).

Eine eindrucksvolle Illustration des *enhancement* im Sinne von „Bildung" liefern McLean et al. (2013) in ihrer Untersuchung zur subjektiven Bedeutsamkeit von in der Universität vermitteltem soziologischen Wissen (ebd., S. 36):

> "University has opened my eyes too much. I've been too exposed to reading certain things that are happening around me …, I can't just shut my eyes and go back to normality. I don't think I can do that now, I'd feel like I am betraying myself and what I think and what I believe in." (Martin, Community, Year 3)

Deutlich wird hier, dass im Fokus nicht der Erwerb eines spezifischen Gegenstands soziologischen Wissens und auch nicht der Erwerb methodischer Fähigkeiten stehen. Genauso wenig geht es um eine Befähigung zur effektiveren Bewältigung des Alltags. So kommt gerade zum Ausdruck, dass das angeeignete Wissen eher eine Barriere (oder Grenze) darstellt, die es verunmöglicht genauso

---

4   Dass es hier mehr um das Potenzial der Realisierung und weniger um die Realisierung selbst geht, verdeutlichen Frandji und Vitale (2015) indem sie die pädagogischen Rechte in den Kontext von Rancières Überlegungen zum Gebrauch der Demokratie stellen: „Vielleicht ist es nicht notwendig, dass Arbeiter, um gleich zu sein, ihre eigene Fabrik besitzen und betreiben müssen. Vielleicht ist es für sie ausreichend, ab und an zu demonstrieren, dass sie es könnten" (Rancière 1998, S. 91, zitiert nach Frandji und Vitale 2015, S. 30, eigene Übersetzung).

weiterzuleben wie bisher, die aber dennoch, oder gerade deswegen, subjektiv als Bereicherung empfunden wird.⁵

Wo dieses Recht nicht eingehalten wird, sowohl für LehrerInnen als auch für SchülerInnen, ist die auf der Ebene des Individuums greifende Bedingung für Demokratie, das entsprechende Vertrauen, gefährdet. Demokratie kann nicht effektiv funktionieren ohne dieses in Bildungsprozessen entwickelte Vertrauen.

Das zweite Recht ist das Recht inkludiert zu sein, und zwar sozial, intellektuell, kulturell und als Person (vgl. Bernstein 2000, S. xx). Dieses Recht auf Inklusion ist ähnlich ambig wie *enhancement*: Es meint nicht absorbiert sein; es muss immer ein individueller, also autonomer und entsprechend separierter Raum gegeben sein. Inklusion in diesem Sinne ist die Bedingung für *Communitas*, so der von Bernstein nicht weiter ausgeführte Begriff. Dieses Recht operiert auf der Ebene des Sozialen. Die Aufforderung, sich als Teil der *Communitas* zu verstehen, muss einhergehen mit dem Zugeständnis, diese Rolle autonom zu füllen.

Das dritte Recht ist das Recht auf Partizipation. Diese Partizipation darf aber nicht auf den Diskurs, auf das Mit-Reden beschränkt bleiben; sie muss Mit-Tun sein, und dieses Mit-Tun, diese Praxis muss in Form von Ergebnissen sichtbar werden können. Es ist das Recht auf Mit-Tun bei Prozessen, in denen soziale Ordnung geschaffen, aufrechterhalten und verändert wird. Es ist das Recht auf Partizipation bei der Konstruktion, Erhaltung und Transformation von Ordnung. Diese Partizipation ist Bedingung für die *civic practice*, für die staatsbürgerliche Praxis und sie operiert auf der Ebene des Politischen. Auch wenn Bernstein sich hierzu nicht explizit äußert, so scheint es auch hier sinnvoll, dass Partizipation nicht ein komplettes Aufgehen in staatsbürgerlicher Praxis im Sinne eines absoluten Primats der „bürgerlichen Pflicht" bedeutet, sondern sowohl in Bezug auf das Individuum, als auch auf lokale Gemeinschaften einen autonomen Raum beansprucht. Tabelle 1 fasst die pädagogischen Rechte, die entsprechenden Bedingungen, und die Ebenen auf denen sie greifen zusammen.

---

5   Die Aussage „I can't just shut my eyes and go back to normality" erinnert hierbei stark an Kollers (2012) transformatorische Bildungstheorie. Insgesamt erscheint es uns fruchtbar, den Begriff der Grenzen, die bei Bernstein meist weniger für eine „Markierung" und mehr für eine „Lücke" steht, auf ihre Anschlussfähigkeit an auf Negativität rekurrierende Bildungstheorien (z.B. Benner 2005; Rödel 2015) zu untersuchen.

Tabelle 1 Die pädagogischen Rechte

Rechte	Bedingungen	Ebenen
1. Enhancement Bildung	*Confidence* Vertrauen	Individuum
2. Inclusion Inkludiert Sein	*Communitas*	sozial
3. Participation Partizipation	*Civic practice* Mit-Tun	politisch (Gestaltung der Ordnung)

Was Bernstein besonders stark macht in dieser Vorstellung der Bedingungen und Rechte, ist die Ambiguität in der Fassung des individuellen Rechts als Bedingung für das effektive Funktionieren von Demokratie. Diese Ambiguität wird schon in der Formulierung der Bedingungen, Teilhabe und Vertrauen, sichtbar. Teilhabe wird hier als reziproker Prozess formuliert: als Nehmen und Geben. Und das die Teilhabe und das Vertrauen gewährleistende individuelle Recht auf *enhancement* wird an die Erfahrung von Grenzen und an eine Disziplin gebunden, die ein kritisches Verstehen und das Denken in Zukünften ermöglichen soll. Diese Ambiguität weist jegliche dichotome Trennung von Individuum vs. Kollektiv zurück: *Enhancement* kann für das Individuum nur dann bereichernd sein, wenn das Wachstum das Individuum in Relation zu etwas kollektiv Geschaffenem (wie z.b. Wissen) setzt. *Enhancement* bezieht sich also nicht auf das Individuum selbst, sondern auf das Verhältnis in welches es das Individuum zum Kollektiv setzt.

Auch in der Formulierung des Rechts auf Inklusion weist Bernstein auf diese Ambiguität hin, die sich nun aber wendet: Es muss auch Autonomie, Möglichkeit der Separation beinhalten. So, wie individuelles *enhancement* nicht sinnvoll ohne Bezug auf das Kollektiv existieren kann, kann der kollektive Raum, in den inkludiert wird, nur dann sinnvoll als solcher existieren, wenn er dem Individuum seinen individuellen Freiraum lässt.

Die pädagogischen Rechte bilden einen Kontext, durch welchen die Begriffe Teilhabe und Bildung normativ konturiert und in ihrer Bedeutung konkretisiert werden können: In einer Konstellation von Gesellschaft, von Schule und Unterricht, die von der Idee der Mauss'schen Gabe und Gegengabe geprägt ist, kann man darauf vertrauen, dass Bildung und Teilhabe gewährleistet werden und ihre positive Wirkung für Demokratie entfalten können.

2 Die empirisch-rekonstruktive Exploration der pädagogischen Rechte

Im empirisch-rekonstruktiven Teil der Exploration soll es darum gehen, die zunächst abstrakt formulierten pädagogischen Rechte in einer rekonstruktiven Illustration an empirischen Beispielen mit Bedeutung zu füllen und auszuschärfen. Die folgenden Vignetten folgen der von Kroon und Sturm (2002) weiterentwickelten Methode der „key-incident-analysis". Hiermit versuchen wir, die in der Interaktion zum Ausdruck kommenden abstrakten Prinzipien sozialer Organisation in kondensierter Form zum Ausdruck zu bringen. Da diese abstrakten Prinzipien zunächst vom Beobachter aktiv in die Interaktion „hineingesehen" werden müssen, können die so entstehenden Vignetten als Hybrid aus empirischen Daten und einer vorläufigen Interpretation betrachtet werden. Sie stellen eine in einer Narration kondensierte Begegnung mit einem empirischen Fall dar, welche aus der Warte des Lesers des Forschungsberichts im Voraus durch einen interpretativen Standpunkt geformt wurde. Hierbei wurden sozio-linguistische Analysen des Registers (vgl. Halliday und Hasan 1989; Straehler-Pohl und Gellert 2015, S. 118ff.) angewandt, um die an Fremdverstehen orientierte Interpretation methodisch zu kontrollieren (siehe Straehler-Pohl et al. 2014 für die ausführliche Register-Analyse zweier der im Folgenden diskutierten Unterrichtssequenzen).

Im Folgenden sollen drei Vignetten komparativ analysiert werden, die so ausgewählt sind, dass jeweils zwei Vignetten gemeinsame aber auch unterscheidende Kontextmerkmale aufweisen. Bei allen drei Vignetten handelt es sich um Ausschnitte aus Mathematikunterricht, der in den allerersten Wochen nach dem Übergang zur Sekundarschule gefilmt wurde. Es handelt sich also um die ersten Stunden Mathematikunterricht in der neuen Schule, den die SchülerInnen gemeinsam mit ihren Lehrkräften leben und erleben. Alle drei Vignetten stammen aus siebten Klassen, die SchülerInnen sind zwischen 12 und 14 Jahren alt. Die ersten beiden Vignetten stammen aus einer Schule in einem sogenannten sozialen Brennpunkt in Barcelona, die dritte Vignette stammt aus einer Schule in einem sozialen Brennpunkt in Berlin. Beide Schulen sind dadurch geprägt, dass in ihnen äußere Leistungsdifferenzierung praktiziert wird. In Berlin geschieht diese Differenzierung zwischen Schultypen, es handelt sich um Aufnahmen an einer Hauptschule im Jahre 2009. In Barcelona, die Daten sind aus dem Jahr 2010, geschah diese Leistungsdifferenzierung innerhalb der Schule. So wurden die Schüler vor Beginn des Schuljahres aufgrund ihrer Leistungen in der Grundschulzeit in drei verschiedene Leistungsklassen aufgeteilt. Die ersten beiden Vignetten aus Barcelona unterscheiden sich also signifikant bezüglich der Leistungserwartung, während die zweite Vignette aus Barcelona die verringerte Leistungserwartung mit der Vignette aus

Berlin teilt (beide stellen die unterste von drei Leistungsstufen dar). Alle drei Klassen sind dadurch geprägt, dass die Unterrichtssprache für einen signifikanten Teil der SchülerInnen nicht die Muttersprache darstellt.

2.1 Vorstellung der Vignetten

Vignette 1: Obere von drei Leistungsgruppen in Barcelona
Die Lehrerin kündigt an, dass sich die Klasse nun dem Begriff „Teiler" zuwenden wolle. „Schaut, wenn wir… wir sind hier 21 Leute ungefähr, ne. Und ihr habt schon erfahren, dass es ein großes Willkommens-Frühstück geben wird, eine große Feier. Ist da jemand von Euch letztes Jahr aus der sechsten Klasse hingekommen?"

Zwei Schüler antworten „Ich war letztes Jahr da.", „Ich auch." „Und hat es euch gefallen? Hat es euch gefallen?" „Ah, ja".

Als mehrere Schüler anfangen, auch Sätze reinzurufen, legt die Lehrerin nun wieder eine ernstere Miene auf und fährt fort „Also, schaut, damit wir…", wird aber sofort von einem der Schüler unterbrochen: „Da gab es Tortilla de Patatas!"

Die Lehrerin legt den Finger auf die Lippen und lässt ihren Blick schweifen: „Shhhh" bis wieder Ruhe eingekehrt ist. „Wenn wir 21 Schüler sind, und damit es gut aussieht, stellen wir die Stühle in Reihen auf, okay? Wir wollen Stühle aufstellen, in der Turnhalle, wir stellen die Stühle in Reihen auf, ne? In Ordnung? Und dann, na schauen wir mal, was ihr denkt… Wenn wir…"

Marta unterbricht die Lehrerin: „Frau Lehrerin, was meinen Sie damit? Ist das eine Aufgabe?" „Ja, das ist was zum Denken."

Die Lehrerin fährt fort „Ja, ich habe also 21 Schüler, in Ordnung? Und ich will, dass sie alle auf Stühlen sitzen… wir machen Reihen. Schlagt mir Möglichkeiten vor, wie wir das machen können."

Recht schnell werden die beiden Möglichkeiten, jeweils drei Siebener-Reihen oder jeweils sieben Dreier-Reihen aufzustellen von den Schülern genannt und von der Lehrerin an der Tafel fest gehalten (Abb. 1).

Die Lehrerin erweitert nun die vorige Aufgabe: „Also, eure Aufmerksamkeit bitte, wir schauen uns jetzt den Fall einer anderen Zahl an. Stellt euch vor wir wären nicht 21, wir wären 36."

Mehrere Schüler rufen rein: „Sechs, sechs".

In Ruhe löscht die Lehrerin die Tafel und fordert die Schüler auf: „Jeder von Euch überlegt sich was. Denkt nach".

Die Lehrerin schreibt in formaler mathematischer Notation eine Menge an die Tafel („D={   }") und beginnt, Antworten von den Schülern zu sammeln und in die Klammern zu schreiben.

Abbildung 1 Strichmännchenskizze und Darstellung von Stuhlreihen in Quadraten

Vignette 2: Untere von drei Leistungsgruppen in Barcelona

„3243 Nähmaschinen müssen in Lieferwagen transportiert werden. Jeder Lieferwagen kann 69 Nähmaschinen transportieren. Wie viele Lieferwagen werden gebraucht?", liest ein Schüler von dem Arbeitsblatt ab.

Der Lehrer fordert: „Meldet euch, wenn ihr wisst, was eine Nähmaschine ist."

Mit strafendem Blick fährt der Lehrer einen ungefragt antwortenden Schüler an: „shhhh". Dann nimmt er die sich meldende Benita dran. „Um Klamotten zu machen" antwortet sie.

„Eine Nähmaschine, ich denke wir wissen, was das ist, ne. Das ist sowas, vielleicht wie das hier". Nun malt der Lehrer eine Nähmaschine an die Tafel (Abb. 2).

„Das ist son Ding wie das hier, okay? Das ist so ne kleine Maschine mit ner Nadel dran, seht ihr? Mit ner Nadel die pikst. Chan-Chan. Die pikst. Und hier legen wir die Klamotten drunter, zum Beispiel ein T-Shirt, seht ihr? Ein T-Shirt mit einem Loch, das hat ein Loch und das müssen wir nähen. Versteht ihr das oder nicht? Raúl, weißt du, was das hier ist? Weißt du wie viele wir hiervon haben? Fabiana, wie viele von diesen Maschinen haben wir?"

Der Lehrer möchte nun wissen: „Und, ist das viel oder wenig?"

Mehrere Schüler rufen „Viel" aber der Lehrer wiederholt seine Frage: „Kommt schon, viel oder wenig? Wartet, wartet."

Er zeigt auf die Zahl an der Tafel. „Viel oder wenig? 3243…. Viel?" Hierbei breitet er demonstrativ seine Arme aus, um sie dann während er „Oder wenig?" fragt, wieder demonstrativ zusammenzuführen.

Einer der Schüler ändert nun seine Meinung und ruft: „Wenig". Dies scheint den Erwartungen des Lehrers jedoch nicht zu entsprechen. Nun führt er seine Hände zuerst demonstrativ zusammen und spricht dabei langsam und betonend „Wenig?", um sie danach wieder demonstrativ auszubreiten und noch langsamer und mit noch mehr Betonung, „Oder viiiiiiiiiel?", zu fragen.

Nun rufen wieder mehrere Schüler: „Viel" und auch der Lehrer scheint jetzt zufrieden.

Abbildung 2 Illustration der Nähmaschine (und des T-Shirts)

Er fragt: „3243, kann man die tragen?", tut so als würde er Nähmaschinen auf seinen Unterarmen tragen und dann als würde er eine Schubkarre schieben.

Das Gespräch kommt nun auf das Thema Lieferwagen, in den laut Aufgabenstellung 69 Nähmaschinen passen, und der Lehrer wird wieder zeichnend aktiv.

Nun möchte der Lehrer von seinen Schülern wissen, ob es sich bei 69 Nähmaschinen um viele oder wenige Nähmaschinen handelt: „Okay? Was denkt ihr? Viele oder wenige?" Wieder rufen einige Schüler „Viele".

Der Lehrer reagiert hierauf nicht, sondern spricht einen einzelnen Schüler direkt an: „Was denkst Du? Viele oder wenige? Viele passen rein oder wenige passen rein."

Der Schüler entscheidet sich für „*Wenige passen rein*" und der Lehrer bestätigt ihm: „Wenige passen rein, 69. Was brauchen wir? Passen die alle in einen Lieferwagen?"

Die Mehrheit der Schüler verneint und der Lehrer bestätigt das: „Nein, weil ich 3243 habe und die passen nicht alle in einen Lieferwagen." Er zeigt zunächst zwei Finger: „Und in zwei?", und dann drei Finger: „Und in drei?". Die Schüler verneinen jeweils im Chor.

Vignette 3: Klasse einer Hauptschule in Berlin

„So, also, Subtraktion, Addition, Multiplikation, Division, das sind die vier Grundrechenarten die ihr jahrelang in der Grundschule gelernt habt. Also, wer von euch hat immer noch große, also wirklich große Probleme mit der Subtraktion?"

Die Lehrerin schaut in die Runde, aber auf Seiten der SchülerInnen erfolgt keine Reaktion. Das Arbeitsblatt, welches die Lehrerin nun ausgibt, kommentiert sie dennoch mit den Worten „So, für diejenigen von euch, die immer noch Probleme haben."

Während Mesude die Arbeitsblätter (Abb. 3) an ihre MitschülerInnen austeilt, schreit eines der Mädchen auf: „Ha, das ist Grundschule!"

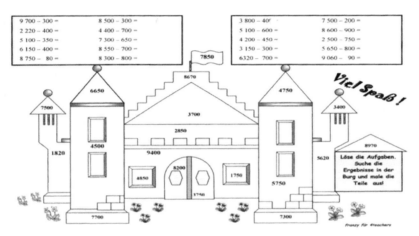

Abbildung 3   Arbeitsblatt zur Subtraktion

Mesude gibt auch dem anwesenden Forscher ein Blatt und bietet dann der zweiten Lehrerin eins an. Die lehnt ab: „Ne, danke! Ich kann das schon." Die starke Betonung des Pronoms „ich" lässt keinen Zweifel daran, dass sie bei ihren Schülerinnen nicht davon ausgeht, dass sie es schon könnten.

Nachdem die SchülerInnen eine Weile still arbeiten, fragt Mariella: „Können wir das auch in nur einer Farbe ausfüllen?" Die leitende Lehrerin lehnt jedoch sofort ab: „Ne. Schau, da steht drauf, was du tun sollst!"

Erst danach schaut sie auf das Blatt. Obwohl die Aufgabenstellung solch ein Detail nicht beinhaltet, bleibt die Lehrerin bei ihrem Standpunkt.

Mariella hingegen mag dies nicht recht akzeptieren: „Da steht nur ausmalen".

Da dies von den beiden Lehrerinnen nicht beachtet wird, schließt sich nun auch Estera dem Widerstand gegen die Erweiterung der Aufgabenstellung an, wird in ihrem Tonfall nun aber drastischer: „Ich mal das doch nicht aus! Ich bin doch kein Opfer!"

Nachdem Estera sich beruhigt hat und dann weitere sechs Minuten konzentriert an den Rechenaufgaben arbeitet, leiht sich Estera einen Buntstift von einer Mitschülerin. Bevor sie mit dem Ausmalen beginnt, ruft sie in die Klasse: „Aber ich mal das nur in einer Farbe aus!"

Die leitende Lehrerin fokussiert Estera demonstrativ mit ihrem Blick und formuliert sehr laut und sehr deutlich: „Nein, das machst du nicht. Und wenn du es doch tust, dann wunder dich nicht über eine schlechte Note. Ich möchte von dir ein einziges Mal dass du es sauber machst und ohne über die Linien zu malen."

2.2 Rekonstruktion der Gewährleistung und Vorenthaltung pädagogischer Rechte

Im Folgenden soll es darum gehen, die Gewährleistung und Vorenthaltung pädagogischer Rechte anhand der Vignetten beispielhaft zu rekonstruieren. Hierbei folgen wir primär unserem theoretischen Interesse und strukturieren die Rekonstruktion deshalb entlang der drei Rechte, anstatt jede der Vignetten für sich zu analysieren und sie erst danach auf die Rechte zu beziehen. Die pädagogischen Rechte beziehen wir hier zunächst einseitig auf die SchülerInnen. Die Grenzen dieser Beschränkung und die Möglichkeiten, diese zu überwinden, werden wir im dritten Abschnitt diskutieren.

2.2.1 Das Recht auf Bildung

Für Bernsteins Verständnis von Bildung sind zwei Begriff sehr zentral: Grenzen und Wissen. Um zu wachsen, muss sich der Mensch demnach zu kulturell anerkannten und legitimierten Formen des Wissens verhalten, und auf deren generative Prinzipien berufen können, um den Status quo zu hinterfragen. Kritisches Verständnis und die Generierung neuer Möglichkeiten sind nur da möglich, wo die Grenzen einer Disziplin für den Mensch erfahrbar sind und wo er an ihnen wachsen kann.

Grenzen bzw. Grenzziehungen werden in Bernsteins pädagogischer Theorie mit dem Konzept der Klassifikation gefasst (Bernstein 2000, S. 5ff.; Sertl und Leufer 2012, S. 29f.). Eine starke Klassifikation bedeutet, dass Grenzen zwischen den Kategorien explizit dargestellt werden. Eine schwache Klassifikation lässt Grenzen einer Kategorie „offen" – sie sind dann implizit dargestellt, bzw. sie verschwimmen für diejenigen, die sich das Wissen über die Grenzziehungen nicht bereits angeeignet haben. Je stärker die äußeren und inneren Abgrenzungen einer Disziplin sichtbar sind, desto sichtbarer werden die generativen Prinzipien dieser Disziplin und somit die Machtverhältnisse, die durch diese generativen Prinzipien etabliert werden.

Betrachten wir die Stärke der äußeren Klassifikation der Mathematik in den drei Vignetten, d.h. die Sichtbarkeit der Grenzziehung zwischen dem, was als Mathematik gilt, und dem Rest der Welt, so lassen sich relativ deutliche Unterschiede erkennen.

In der zweiten Vignette scheint diese Grenzziehung kaum vorgenommen zu werden bzw. zu verschwimmen. Während die Sachaufgabe in ihrer trivialen mathematik-didaktischen Funktion eigentlich nur einen Vorwand bildet, die schriftliche Division zu üben, betreibt der Lehrer einen hohen Aufwand den weltlichen Kontext der Aufgabe für die Schüler möglichst detailliert vorstellbar, ja fast erfahrbar zu machen. Dieser Aufwand ist vermutlich in dem Bestreben begründet, sicherzustellen, dass alle SchülerInnen auch wirklich den Kontext verstehen, in den die Aufgabe eingebettet ist (für viele ist die Unterrichtssprache Katalanisch eine zwar verwandte, aber wenig gebrauchte Zweitsprache). In der Folge des Unterrichtsgesprächs entsteht dann aber der Eindruck, als zeichne sich das zu erwerbende schul-mathematische Wissen vor allem dadurch aus, zu verstehen was eine Nähmaschine ist, wozu sie eine Nadel hat und so weiter. Der große Aufwand, den Sachverhalt verständlich zu machen, bewirkt dabei eine Verschleierung, ja geradezu eine Mystifizierung der strukturell bedingt weiterhin starken Grenzziehung zwischen der Schulmathematik und dem Rest der Welt. Diese Verschleierung der Grenzen nimmt den SchülerInnen die Möglichkeit, sich zur Grenzziehung bewusst und kritisch zu verhalten. Der Lehrer selbst fällt hier einer Problematik anheim, die für Sachaufgaben dieser Art typisch ist, indem derartige Aufgaben so tun, als würde der Sachkontext zum mathematischen Verständnis beitragen (vgl. z.B. Dowling 1998; Gellert und Jablonka 2009). Die scheinbare Wankelmütigkeit der SchülerInnen in Bezug darauf, ob 3243 bzw. 69 Nähmaschinen nun „viele" oder „wenige" sind, zeigt auf, wie wenig es dem Unterricht gelingt, auf Seiten der SchülerInnen (Selbst-)Vertrauen in Bezug auf die Deutung der an sie gesetzten Erwartungen zu erzeugen. Das verkindlichende Frage-Antwort-Spiel zu Ende der Vignette („Passen sie in zwei?", „Passen sie in drei?") kann darüber hinaus als Ausdruck von Misstrauen in die Fähigkeiten der SchülerInnen seitens des Lehrers gedeutet werden (oder gar als Unsicherheit des Lehrers selbst).

Die erste Vignette scheint auf den ersten Blick vergleichbar. Auch hier wird Division an einen weltlichen Kontext angebunden. Die Art und Weise ist jedoch sehr unterschiedlich. Anders als bei der Nähmaschinen-Aufgabe wird hier der Versuch unternommen, an eine tatsächlich erlebte Welt der Schüler anzuknüpfen.

Diese Realität wird dann unter Leitung der Lehrerin für alle sichtbar und nachvollziehbar verfremdet. Von der verbalen Vorstellung der Frühstücks-Situation, über eine an der Tafel festgehaltene Strichmännchen-Skizze, über die Darstellung von Stuhlreihen in Quadraten (Abb. 1) hin zur schrift-sprachlich fixierten formalen Definition und der Mengenschreibweise, wird den Schülern die Übertretung einer Grenze sichtbar gemacht. Während also auch hier Schulmathematik und Welt-Erfahrung zueinander in Beziehung gesetzt werden, so zielt dies eher darauf ab, eine starke Grenzziehung sichtbar und somit für die SchülerInnen handhabbar zu machen. Dass die SchülerInnen Lösungsvorschläge ohne ein durch die Lehrerin zugewiesenes "Redemandat" reinrufen, kann als Ausdruck dafür gedeutet werden, dass die SchülerInnen hier (Selbst-) Vertrauen in Bezug auf die an sie gestellten Erwartungen entwickeln. Die Aufforderung „Jeder von Euch überlegt sich was. Denkt nach!" kann als Aufforderung verstanden werden selbst einen Beitrag zur Konstruktion des zu vermittelnden Wissens beizutragen (Aufforderung zur Gabe).

In der dritten Vignette aus Berlin erscheint die Klassifikation am stärksten. In ihr wird das Üben von Rechenfertigkeiten komplett ohne Referenznahme auf die Welt der SchülerInnen betrieben. Dies ist exemplarisch für den gesamten Beobachtungszeitraum von drei Wochen, in dem nur in äußerst seltenen Fällen versucht wurde, mathematische Operationen an der Erfahrungswelt zu veranschaulichen oder aus ihr abzuleiten. Gleichzeitig scheint der von der Vignette repräsentierte Unterricht wohl das geringste Potenzial für die SchülerInnen aufzuweisen, sich zu bilden. Man beachte, dass die SchülerInnen in der siebten Klasse und zwischen 12 und 14 Jahre alt sind. Angesichts des infantilisierenden Arbeitsblatts, welches auch von den SchülerInnen offensichtlich als Zeichen des Misstrauens seitens der Lehrerin gedeutet wird, scheint allen SchülerInnen klar, dass das korrekte und saubere Bearbeiten des Arbeitsblattes keine Möglichkeit darstellt, ihre mathematischen Fähigkeiten unter Beweis zu stellen oder zu erweitern. Dass am geplanten Unterrichtsskript entgegen jeglicher Widerstände festgehalten wird, muss wohl dahingehend interpretiert werden, dass nicht nur keine Brücke zwischen Inhalt und Erfahrungswelt geschlagen wird, sondern letztere komplett ausgeblendet wird. Indem aber die Erfahrungswelt negiert wird, wird auch die für Bildung notwendige Grenzziehung für die SchülerInnen unsichtbar. Die Grenzziehung erscheint hier eher als ein regulatives Prinzip, welches die in Frage stehende, bzw. in Frage gestellte Autorität der Lehrkräfte stützt. Eine Möglichkeit für die SchülerInnen an der Auseinandersetzung mit der Grenze zu wachsen, bietet sie nicht. Dies scheint Vertrauen auf Seiten der SchülerInnen eher zunichte zu machen, als es zu fördern. Geben und Nehmen wird auf den Imperativ „Nimm!" reduziert. Den SchülerInnen wird recht deutlich vor Augen geführt, dass sie sich vom Unterricht keine Teilhabe erhoffen dürfen.

2.2.2 Das Recht, inkludiert zu sein

Mit dem Recht inkludiert zu sein, ist angesprochen, auf welche Art und Weise das einzelne Individuum in die lokale Gemeinschaft eingebunden ist, welcher Raum ihm zum einen gegeben wird, sich als Teil der Gemeinschaft zu verstehen, zum anderen aber auch zur Distanzierung und Autonomie. Es geht um die Fähigkeit und die Möglichkeit, der umgebenden Gemeinschaft zugehörig zu sein. Um zu rekonstruieren, wie dieses Recht in den Vignetten gewährleistet oder auch vorenthalten wird, rekonstruieren wir den *Tenor* des Diskurses, also in welcher Rolle und mit welchem Status die Beteiligten an einem Kontext teilnehmen (vgl. Halliday und Hasan 1989, S. 12; Straehler-Pohl und Gellert 2015, S. 119f.). Wir beziehen das Recht inkludiert zu sein also auf die durch den Diskurs hervorgebrachten Rollen und deren Verhältnis zueinander.

In den beiden Vignetten aus Barcelona haben beide Lehrkräfte gemeinsam, dass sie sich selbst als Autoritätsperson etablieren. Während dies in der oberen Leistungsgruppe jedoch dialogisch geschieht, indem echte Fragen gestellt werden, welche die SchülerInnen tatsächlich zum Denken animieren sollen, so geht der Lehrer in der unteren Leistungsgruppe im eigentlichen Sinne monologisch vor: Er stellt Scheinfragen, die er dann teilweise sogar selbst beantwortet oder er gibt den SchülerInnen Antwortmöglichkeiten vor. In der oberen Leistungsgruppe werden die SchülerInnen also als denkende Subjekte angerufen. Von ihnen wird erwartet, dass sie sich einbringen können. Gleichzeitig bleiben die Führung und die Verantwortlichkeit für das Voranschreiten des Diskurses sichtbar auf Seiten der Lehrerin. In der unteren Leistungsgruppe wird der für die SchülerInnen zur Verfügung stehende Raum hingegen auf ein Minimum reduziert. Eine Aufforderung zum Denken findet nicht statt, stattdessen scheint das Frageverhalten des Lehrers auf Anpassung in Form von erwartetem Antwortverhalten ausgerichtet zu sein. Der Lehrer trägt nicht nur die Verantwortung dafür, dass sich der Unterrichtsdiskurs auf das von ihm vorgesehene Ziel zubewegt, vielmehr unterbindet er jede Möglichkeit der Abweichung. An dem Unterrichtsdiskurs teilzunehmen, bedeutet aus Sicht der SchülerInnen also in beiden Fällen etwas vollkommen Unterschiedliches. Die in der unteren Leistungsgruppe vorgesehene Schülerrolle beschränkt sich auf ein Anwesend-Sein ohne die Möglichkeit, den Sinn des Unterrichts zu verstehen. Der Beitrag zur Erfüllung eines gemeinschaftlichen Ziels wird auf die physische Anwesenheit und das Befolgen von Anweisungen reduziert. Die in der oberen Gruppe angebotene Schülerrolle schafft den SchülerInnen jedoch einen Raum, die geforderten Gedankengänge selbst nachzuvollziehen und ggf. Anpassungen und Abweichungen im Fortgang des Unterrichtsdiskurses einzufordern. So wird ihnen nicht nur ein gewisser Raum zur Distanzierung und Autonomie zugestanden, sondern auch die Möglichkeit, einen Beitrag zum Erreichen des gemeinschaftlichen Ziels zu leisten.

Wie gering der den SchülerInnen eingeräumte Raum im Unterrichtsbeispiel im Berliner Wedding ist, einen Einfluss auf die Ausgestaltung des sozialen Kontexts „Mathematikunterricht" zu nehmen, wurde bereits oben angedeutet. Während die SchülerInnen beispielsweise durch kollektives Stillschweigen zumindest Zweifel an der Annahme nähren, alle hätten noch „wirklich große Probleme mit der Subtraktion", so geht die Lehrerin hierüber hinweg und fährt vom Schweigen unberührt fort. Ähnlich verhält es sich mit dem Arbeitsauftrag des mehrfarbigen Ausmalens, dessen Lockerung trotz berechtigtem Einwand seitens der SchülerInnen nicht einmal in Erwägung gezogen wird. Darüber hinaus sind die Aufgaben sowohl bezüglich der mathematischen, wie auch der sozialen Herausforderung so niedrig angesetzt, dass die SchülerInnen sie kaum als ernsthafte Lernmöglichkeit wahrnehmen *können*. In diesem Sinne kann die von den Lehrerinnen gestellte Aufgabe somit als eine „leere Geste" (Žižek 1999, S. 55)[6] verstanden werden: Ein Angebot, dass letztendlich keinen Inhalt hat, außer dass man sich gegenseitig versichert, dass man nach gleichen Spielregeln spielt. In diesem Fall wird das Ausführen einer letztendlich sinnlosen und infantilisierenden Tätigkeit gefordert. Die eigentliche Bedeutung der Forderung ist aber eine Frage der Anerkennung der Machtverhältnisse. Die SchülerInnen sind hierbei vor die Wahl gestellt, entweder eine Unterrichtspraxis zu akzeptieren, in der auf die Möglichkeit mathematischer Bildung verzichtet wird *oder aber* die leere Geste auszuschlagen. Nach Žižek hat das Ausschlagen der leeren Geste aber zwangsläufig den Ausstieg aus einer Gemeinschaft zur Folge, da es bedeutet, dass man verweigert, sich aus reinem Selbstzweck in diese Gemeinschaft einzugliedern. Letztendlich kostet es ja nichts, „es ein einziges Mal sauber zu machen, ohne über die Linien zu malen". So wird die leere Geste zu einer erzwungenen Wahl (ebd.) – einer Wahl, die nur unter der Bedingung offen ist, sich richtig, d.h. für die Gemeinschaft zu entscheiden. Dies ist Inklusion als Absorption in Reinform, da eine Distanzierung komplett verunmöglicht wird.

2.2.3 Das Recht auf Partizipation

Dafür, dass das Recht auf Partizipation gewährleistet wird, sieht Bernstein vor allem zwei Aspekte als zentral an, die über das Recht, inkludiert zu sein hinausweisen. Dies ist zum einen die Fokussierung auf sich tatsächlich manifestierende

---

6   Für eine ausführliche Diskussion über die Legitimation und die Potenziale, eine auf Bernsteins Theorie aufbauende Soziologie des Unterrichts mit den Mitteln der Ideologiekritik nach Žižek zu reflektieren, siehe Straehler-Pohl und Gellert (2015).

Auswirkungen (*outcomes*) darauf, wie soziale Ordnung hervorgebracht, erhalten oder transformiert wird. Zum anderen bezieht sich dieses Wirkpotenzial auf einen Horizont, welcher den lokalen Kontext des Unterrichts transzendiert und auf der Ebene des bürgerlich-politischen Engagements angesiedelt ist. Bezogen auf den Kontext des Unterrichts bedeutet dies, dass das Recht auf Partizipation nur dann als gewährleistet betrachtet werden kann, wenn SchülerInnen nicht nur Möglichkeiten eingeräumt werden, zum Fortgang des Unterrichtsdiskurses beizutragen, sondern wenn sie darüber hinaus gewahr werden, dass sie die auf lokaler Ebene erworbenen Erfahrungen auch auf gesellschaftlicher Ebene in die Konstruktion, Erhaltung oder auch Transformation sozialer Ordnung (vgl. Bernstein 2000, S. xxi) einbringen können.

Die Realisierung dieses Rechts lässt sich in keiner der drei Vignetten nachvollziehbar rekonstruieren. So ist es ausschließlich die erste Vignette aus der oberen Leistungsgruppe in Barcelona, wo die Realisierung dieses Rechts zumindest denkbar erscheint. In den anderen beiden Vignetten legen die Rekonstruktionen bezüglich der anderen beiden Rechte bereits indirekt nahe, dass das Recht auf Partizipation in den Unterrichtsbeispielen eher verletzt denn gewährleistet wird. Direkt lässt sich aber auch das nur schwer rekonstruieren.

Auf welche theoretischen und methodologischen Implikationen das Scheitern unserer eigenen empirischen Rekonstruktionsbemühungen bezüglich Partizipation hinweist, werden wir im kommenden Abschnitt diskutieren.

3 Diskussion

So wie Frandji und Vitale (2015) in ihrer theoretischen Exploration der pädagogischen Rechte herausarbeiten, so wird auch in der Rekonstruktion der Vignetten sichtbar, dass Teilhabe und Vertrauen nicht ohne Bildung zu realisieren ist:

> "Above all, the PR [pedagogic rights] model provides a basis for ensuring that questions of justice, inequality, social cohesion and the fight against exclusion are never again isolated from questions relating knowledge acquisition, the development of critical skills and the ability to experience 'boundaries'" (ebd., S. 30).

So verweist die Analyse der zweiten Vignette aus dem unteren Leistungssetting in Barcelona auf regelmäßig formulierte Befunde hin, dass eine zu schwache Grenzziehung zwischen Fach- und Alltagswissen, gerade sozial benachteiligte SchülerInnen weiter benachteiligt. Dies geschieht, indem ein solcher Unterricht strukturelle Hierarchisierungen unbearbeitet lässt (vgl. z.B. Dowling 1998; Morais und Neves 2012;

Hoadley 2012) und ihnen somit das Recht auf Bildung vorenthält. Paradoxerweise geschieht dies oft in dem Bemühen, als „abstrakt" oder „akademisch" empfundene Inhalte zugänglicher für ebenjene SchülerInnen zu machen. Ein wesentlich interessanterer, da im Rahmen der genannten Studien unerwarteter Befund ergibt sich aus der Rekonstruktion der dritten Vignette aus der Hauptschule in Berlin. Hier zeigt sich der gegenteilige Effekt, dass eine exzessiv starke Grenzziehung wohl auch keinen ermächtigenden Effekt zu erzielen vermag. Denn sichtbar wird an der Vignette eben jener Exzess der starken Klassifikation, vor dem Bernstein ausdrücklich warnt: Grenzen können auch als Gefängnisse und Stereotypen wirken (vgl. Bernstein 2000, S. xx). Bezogen auf ein emanzipatorisches bzw. demokratisierendes Potenzial von Bildung mag dies wohl einen noch verheerenderen Effekt zu bewirken.

Das Scheitern unserer Rekonstruktionsbemühungen bezüglich des Rechts auf Partizipation weist auf eine im Kontext (Mathematik-)Fachunterricht nur schwer aufrecht zu erhaltene Trennschärfe zwischen dem Recht, inkludiert zu sein, und dem Recht auf Partizipation in seiner empirischen Materialisierung hin. Auf ein ähnliches Problem stoßen McLean et al. (vgl. 2013, S. 37), die in der Auswertung von Tutorien mit SoziologiestudentInnen nur „bescheidene" Belege für die Gewährleistung oder Vorenthaltung des Rechts auf Partizipation direkt nachweisen können, aber aus den für inkludiert Sein vorliegenden Belegen dennoch folgern, dass die Studierenden ihr erworbenes Wissen in Zukunft nutzen würden, einen Beitrag zur Gestaltung der Gesellschaft zu leisten.

Während es z.B. für den Fall des Mathematikunterrichts auf akademischer Ebene sehr elaborierte Bemühungen gibt, Möglichkeiten des gesellschaftlich-politischen Engagements im Mathematikunterricht direkt zu reflektieren und zu diskutieren (vgl. z.B. Skovsmose 1994; Frankenstein 1989; Gutstein 2005), ist der Effekt dieser Bemühungen auf die alltägliche Unterrichtspraxis in der Breite bisher sehr gering geblieben.

Es bleibt also schwer vorstellbar, wie sich die Gewährleistung des Rechts auf Partizipation *direkt* aus Interaktionen des (Mathematik-) Fachunterrichts rekonstruieren lässt. Hier scheint es wesentlich sinnvoller, genauer darauf einzugehen, inwiefern die Akteure selbst die Auswirkungen des Unterrichts auf ihr Vertrauen und ihre Teilhabe bezüglich gesellschafts-politischer Partizipation wahrnehmen. Wegweisend könnten hier die Untersuchungen von Reay und Arnot (2004) sein, welche versuchen, das Maß der Realisierung dieses Rechts aus Gruppeninterviews zu rekonstruieren und hierbei Hinweise darauf liefern, dass gerade Jungen aus der Arbeiterschicht (im Kontext Großbritanniens) bezüglich dieses Rechts ein höheres Risiko aufweisen benachteiligt zu werden.

Die dritte Vignette lädt hingegen geradezu dazu ein, die bis hierhin in unseren Rekonstruktionsbemühungen mitschwingende Annahme zu hinterfragen, die demokratischen pädagogischen Rechte bloß auf die SchülerInnen zu beziehen. Stattdessen stellt sich die Frage, inwiefern auch die beteiligten Lehrkräfte selbst der pädagogischen Rechte beraubt werden, die ihnen als pädagogische Akteure zustünden.[7] So rücken die LehrerInnen im Berliner Kontext selbst als „intern Ausgegrenzte" (Bourdieu et al. 2005) in den Fokus. Ihnen die Vorenthaltung der pädagogischen Rechte auf Seiten der SchülerInnen anzulasten, würde bedeuten, „sich einer genauen Erkenntnis der Probleme der schulischen Einrichtungen zu verweigern. Es bedeutet auch, zur Entmutigung derjenigen beizutragen, deren Bedingungen der Berufsausübung sich am stärksten verschlechtert haben" (Broccolichi und Œuvrard 2005, S. 309). So werden durch massive Segregation Schul-Kontexte befördert und festgeschrieben, in denen Wandel nicht zuletzt dadurch verhindert wird, dass schon den LehrerInnen die Rechte, ihren Beruf entsprechend der Maximen Bildung, inkludiert Sein und Partizipation umzusetzen, systematisch verbaut wird. Es darf also nicht nur nach den interaktionalen Mikro-Praktiken von LehrerInnen gefragt werden, die SchülerInnen diese Rechte scheinbar vorenthalten. Vielmehr gilt es, diese vermeintlichen Pathologien als Symptome einer Struktur zu wenden, welche LehrerInnen in die missliche Lage zwängt, tag-täglich die strukturell zugewiesene Vorenthaltung dieser Rechte im Konkreten zu vollziehen:

> „Es ist gerade das geteilte, aber gleichzeitig ‚geheim' zu haltende ‚Wissen' um die [vermeintliche] Notwendigkeit der Suspension des Bildungsauftrags, das heißt der Zwangsläufigkeit des Scheiterns, welche der Gemeinschaft der Lehrer innere Kohärenz und soziale Kohäsion verleiht. In diesem Sinne kann eine Pädagogik der leeren Gesten als kontextsensible Antwort einer Institution betrachtet werden, die notwendig ist, um an den segregierten Rändern der Gesellschaft „den Laden überhaupt am Laufen zu halten". Sie ermöglicht den betroffenen Lehrkräften den Genuss-im-Scheitern, ohne den der laufende Betrieb wohl zusammenbrechen würde (wie es bei dem in Deutschland anscheinend einmaligen Fall der Berliner Rütli-Schule auch tatsächlich passierte)" (Straehler-Pohl und Gellert 2015, S. 240).

Auf diese Weise gerät in den Blick, dass es oft gerade die mangelnde den LehrerInnen zugestandene Teilhabe am Bildungssystem ist, welche der Bildung ihrer SchülerInnen am stärksten im Weg steht.

---

7 Auch wenn Bernstein die Rechte nur für die SchülerInnen als kanonisches Beispiel illustriert, schließt er diese Möglichkeit schon ausdrücklich mit ein (vgl. Bernstein 2000, S. xx). Mit Ausnahme der Studie von Exley et al. (2015), haben wir jedoch nur Studien gefunden, die diesem kanonischen Beispiel folgen und die Rechte einseitig auf SchülerInnen/StudentInnen beziehen.

Literatur

Benner, D. (Hrsg.) (2005). Erziehung, Bildung, Negativität. Theoretische Annäherungen, Analysen zum Verhältnis von Macht und Negativität, exemplarische Studien. *49. Beiheft der Zeitschrift für Pädagogik*. Weinheim: Beltz.

Bernstein, B. (1990). *The structuring of pedagogic discourse: Class, codes and control vol. IV*. London: Routledge 1990.

Bernstein, B. (2000). *Pedagogy, symbolic control, and identity: Theory, research, critique (revised edition)*. Lanham: Rowman & Littlefield.

Bernstein, B. (2012). Vertikaler und horizontaler Diskurs. Ein Essay. In: U. Gellert, M. Sertl (Hrsg.), *Zur Soziologie des Unterrichts. Arbeiten mit Basil Bernsteins Theorie des pädagogischen Diskurses* (S. 63-87). Weinheim: Beltz Juventa.

Bohlmann, Nina (2016). *Implizitheit und Explizitheit. Praxeologische und institutionskritische Analysen zum Mathematikunterricht*. Wiesbaden: Springer.

Bourdieu, Pierre et al. (2005). *Das Elend der Welt. Studienausgabe*. Konstanz: UVK Verlagsgesellschaft.

Broccolichi, Sylvain, Œuvrard, Francoise (2005). Das Räderwerk. In: Bourdieu, Pierre et al. (Hrsg.), *Das Elend der Welt* (S. 302-309). Studienausgabe. Konstanz: UVK Verlagsgesellschaft.

Christof, E., Ribolits, E. (Hrsg.) (2013). Bildung und Emanzipation. *Schulheft 152*.

Dowling, P. (1998). *The sociology of mathematics education*. London: RoutledgeFalmer.

De Haan, G. (2014). Zukunft. In: C. Wulf, J. Zirfas (Hrsg.), *Handbuch pädagogische Anthropologie* (S. 375-384). Wiesbaden: Springer,.

Exley, B., Davis, J., Dooley, K. (2015). Empirical reference points for Bernstein's model of pedagogic rights: Recontextualising the reconciliation agenda to Australian schooling. In: P. Vitale, B. Exley (Hrsg.), *Pedagogic rights and democratic education. Bernsteinian explorations of curriculum, pedagogy and assessment* (S. 33-46). London: Routledge.

Frandji, D., Vitale, P. (2015). The enigma of Bernstein's 'pedagogic rights'. In: P. Vitale, B. Exley (Hrsg.), *Pedagogic rights and democratic education. Bernsteinian explorations of curriculum, pedagogy and assessment* (S. 13-32). London: Routledge.

Frankenstein, M. (1989). *Relearning mathematics: A different third R-radical maths*. London: Free Association Books.

Gellert, U. (2013). Heterogen oder hierarchisch? Zur Konstruktion von Leistung im Unterricht. In: J. Budde (Hrsg.), *Unscharfe Einsätze – (Re-)Produktion von Heterogenität im schulischen Feld* (S. 211-227). Wiesbaden: Springer VS.

Gellert, U., Hümmer, A.-M. (2008). Soziale Konstruktion von Leistung im Unterricht. In: *Zeitschrift für Erziehungswissenschaft 11 H. 2*, 288-311.

Gellert, U., Jablonka, E. (2009). „I am not talking about reality": Word problems and the intricacies of producing legitimate text. In: L. Verschaffel, B. Greer, W. Van Dooren, S. Mukhopadhyay (Hrsg.), *Words and worlds: Modelling verbal descriptions of situations* (S. 39-53). Rotterdam: Sense.

Gellert, U., Sertl, M. (Hrsg.) (2012). *Zur Soziologie des Unterrichts. Arbeiten mit Basil Bernsteins Theorie des pädagogischen Diskurses*. Weinheim: Beltz Juventa.

Gutstein, E. (2005). *Reading and writing the world with mathematics: Toward a pedagogy for social justice*. New York: Routledge Falmer.

Halliday, M. A.K, Hasan, R. (1989). *Language, context and text: aspects of language in a social-semiotic perspective*. Oxford: Oxford University Press.

Hoadley, U. K. (2012). Vermittlungsstrategien und soziale Reproduktion. Ein Analysemodell. In: U. Gellert, M. Sertl (Hrsg.): *Zur Soziologie des Unterrichts. Arbeiten mit Basil Bernsteins Theorie des pädagogischen Diskurses* (S. 89-118). Weinheim: Beltz Juventa.

Koller, H.-C. (2012). *Bildung anders denken. Einführung in die Theorie transformatorischer Bildungsprozesse.* Stuttgart: Kohlhammer.

Kroon, S., Sturm, J. (2002). ‚Key Incident Analyse' und ‚internationale Triangulierung' als Verfahren in der empirischen Unterrichtsforschung. In: C. Kammler, W. Knapp, (Hrsg.): *Empirische Unterrichtsforschung und Deutschdidaktik* (S. 96-114). Baltmannsweiler: Schneider Verlag Hohengehren.

Leufer, N. (2016). *Kontextwechsel als implizite Hürden realitätsbezogener Aufgaben. Eine soziologische Perspektive auf Texte und Kontexte nach Basil Bernstein.* Wiesbaden: Springer

McLean, M., Abbas, A., Ashwin, P. (2013). A Bernsteinian View of Learning and Teaching Undergraduate Sociology-based Social Science. In: *ELiSS: Enhancing Learning in the Social Sciences 5 H. 2*, 32-44.

Maton, K., Moore, R. (Hrsg.) (2010). *Social realism, Knowledge and the Sociology of Education. Coalitions of the Mind.* London, New York: Continuum.

Mauss, M. (1968). *Die Gabe: Form und Funktion des Austauschs in archaischen Gesellschaften.* Frankfurt a.M.: Suhrkamp.

Moebius, S. (2006). Die Gabe – ein neues Paradigma der Soziologie? Eine kritische Betrachtung der M.A.U.S.S.-Gruppe. *Berliner Journal für Soziologie 16*, 355-370.

Moore, R. (2013). Social realism and the problem of knowledge in the sociology of education. In: *British Journal of Sociology of Education, 34, H. 3*, 333-353.

Morais, A., Neves, I. (2012). Zur Wirkung von Curriculum und Kontext. Optimierung eines Modells pädagogischer Praxis. In: U. Gellert, M. Sertl (Hrsg.): *Zur Soziologie des Unterrichts. Arbeiten mit Basil Bernsteins Theorie des pädagogischen Diskurses* (S. 119-140). Weinheim: Beltz Juventa.

Pfaller, R. (2012). *Wofür es sich zu leben lohnt. Elemente materialistischer Philosophie.* Frankfurt a.M.: Fischer.

Rancière, J. (1998). *Aux bords du politique.* Paris: La Fabrique.

Reay, D., Arnot, M. (2004). Participation and control in learning: A pedagogic democratic right? In: L. Poulson, M. Wallace (Hrsg.), *Learning to read critically in teaching and learning* (S. 150-172). London: Sage.

Rieger-Ladich, M. (2014). Auffälliges Vermeidungsverhalten: Scheitern als Gegenstand des pädagogischen Diskurses. In: R. John, A. Langhof (Hrsg.), *Scheitern – ein Desiderat der Moderne?* (S. 279-300) Wiesbaden: Springer.

Rödel, S. (2015). Scheitern, Stolpern, Staunen – Zur Produktivität negativer Erfahrung im schulischen Lernen. In: J. Stiller, C. Laschke (Hrsg.), *Berlin-Brandenburger Beiträge zur Bildungsforschung. Herausforderungen, Befunde und Perspektiven interdisziplinärer Bildungsforschung* (S. 30-56). Frankfurt am Main: Peter Lang.

Sertl, M., Leufer, N. (2012). Bernsteins Theorie der pädagogischen Codes und des pädagogischen Diskurses. In: U. Gellert, M. Sertl (Hrsg.), *Zur Soziologie des Unterrichts. Arbeiten mit Basil Bernsteins Theorie des pädagogischen Diskurses* (S. 15-62). Weinheim: Beltz Juventa.

Skovsmose, O. (1994). *Towards a Philosophy of Critical Mathematics Education.* Dordrecht: Kluwer.

Straehler-Pohl, H. (2014). *Mathematikunterricht im Kontext eingeschränkter Erwartungen. Beiträge zu einer soziologischen Theorie des Unterrichts*. Dissertation. Berlin: Freie Universität Berlin.

Straehler-Pohl, H. (2015). Devaluing knowledge: School mathematics in a context of segregation. In: P. Vitale, B. Exley (Hrsg.) *Pedagogic rights and democratic education. Bernsteinian explorations of curriculum, pedagogy and assessment* (S. 103-118). London: Routledge.

Straehler-Pohl, H., Fernandez, S., Gellert, U. und Figueiras, L. (2014). School mathematics registers in a context of low academic expectations. *Educational Studies in Mathematics 85*, H. 2, 175-199.

Straehler-Pohl, H. und Gellert, U. (2015). *Pathologie oder Struktur? Selektive Einsichten zur Theorie und Empirie des Mathematikunterrichts*. Wiesbaden: Springer.

Zirfas, J. (2001). Zukunft und Ethik. *Paragrana 10*, 149-172.

Žižek, S. (1999). *Die Pest der Phantasmen*. Wien: Passagen.

Empirische Perspektiven

Omnes omnia omnino?

Bildung zwischen Allgemeinem und Besonderem

Christine Demmer und Dorle Klika

Entgegen des Vorhabens von Johann Amos Comenius, der ein Mindestmaß an gemeinsamer Schulbildung allen Kinder zusprach, inklusive derjenigen mit „kranken Körper[n]" und „unglückliche[n] Geistesanlage[n]" (1657/1993, S. 52, vgl. auch ebd., S. 199), ist Behinderung heute ein Thema, das traditionell in der Sonderpädagogik und mit Blick auf das Sonderschulwesen verhandelt wird. In der Allgemeinen Erziehungswissenschaft fristet es bisher eher ein Schattendasein. Mit der seit einiger Zeit entfachten Diskussion um Inklusion werden solche disziplinären Zuständigkeiten jedoch in Frage gestellt. Zum einen meint Inklusion die Beschulung aller Kinder in der Regelschule, was ein neu zu diskutierendes Verhältnis von Schul- und Sonderpädagogik impliziert. Zum anderen wird Inklusion als „kritische[r] Reflexionsmodus" (Häcker und Walm 2015, S. 11) verstanden, der generell Fragen nach Differenzen sowie In- und Exklusionen zum Gegenstand hat und als Querschnittsthema sämtlicher Disziplinen und Arbeitsbereiche betrachtet werden muss. So werden im Rahmen des aktuellen Inklusionsdiskurses auch neue Fragen an die Allgemeine Pädagogik gestellt, wenn etwa Andreas Hinz Inklusion als einen „allgemeinpädagogische[n] Ansatz" (Hinz 2006, S. 98) kennzeichnet, der auf die individuelle Entwicklung und die soziale Teilhabe aller abzielt.

In der erziehungswissenschaftlichen Biografieforschung, das zeigt ein Blick in die Fachzeitschriften (BIOS, ZQF) und das Handbuch für erziehungswissenschaftliche Biografieforschung (2006), finden Behinderung als Forschungsgegenstand und Sonderpädagogik als Disziplin keine Beachtung. Umgekehrt gibt es eine überschaubare Anzahl biografieanalytischer Studien in der Heil- und Sonderpädagogik, in denen nicht selten lediglich teilnarratives oder biografisches Material neben anderem verwendet und in aller Regel kein bildungstheoretisch orientiertes Forschungsanliegen im engeren Sinne verfolgt wird (vgl. z.b. Meier-Rey 1994, Schumann 2007, Bernhardt 2010, Jeltsch-Schudel 2008, Bigos 2014). Das dokumentiert die traditionellen Zuständigkeitsbereiche und zeigt, dass die Diskurse (noch) weitgehend isoliert voneinander geführt werden. Während in der aktuellen Diskussion Inklusion insbesondere auf Schul- und Unterrichtsformen bezogen wird, gilt es aus Sicht erziehungswissenschaftlicher Biografieforschung Bildung keineswegs auf den Kontext von Schule und Unterricht zu beschränken. Vielmehr kommen mittels biografieanalytischer Forschung auch außerinstitutionelle Bildungsprozesse jenseits des ‚Lebensraums Schule' im Schnittfeld verschiedener lebensgeschichtlich relevanter Schauplätze und Institutionen in den Blick, in denen Teilhabe ermöglicht, verhindert, erschwert oder aber auch nicht gewünscht wird. Zum einen zeigen biografisch-narrative Interviews von Frauen mit unterschiedlichen körperlichen Beeinträchtigungen, die im Rahmen des Dissertationsprojekts von Christine Demmer (2013) entstanden, dass Teilhabe nicht zwangsläufig über eine formale gemeinsame Beschulung erreicht werden kann. Zum anderen werden weitere Felder sichtbar, die Menschen mit Handicap ebenso bewältigen wollen wie Menschen ohne Handicap, weil sie etwa als gesellschaftliche normalbiografische Erwartung fungieren: einen Platz in der Peergroup finden, Ablösung von der Familie, Berufswahl, Berufsausbildung, Eingliederung ins Erwerbsleben, Familiengründung und ähnliches. Das Material zeigt jedoch auch, wie solche normalbiografischen Erwartungen, die nicht selten als Maßstäbe von Teilhabe fungieren, als festschreibende oder überfordernde Normalisierung wahrgenommen werden können. Es sollen zunächst einige Schlaglichter auf die historische Entwicklung des Diskurses geworfen werden sowie alsdann auf biografische Erfahrungen in den Bereichen Schule, Familie und Partnerschaft sowie Berufstätigkeit geworfen werden. Dabei legen wir einen weiten deskriptiven Bildungsbegriff zugrunde: Jegliche Erfahrungen verweisen auf Bildungsprozesse, die im weiteren Lebensverlauf zur Erweiterung und zur Verengung führen können (vgl. Klika 2016).

1 Historische Entwicklung: Vom Krüppel zum Menschen mit körperlicher Beeinträchtigung

Körper sind Produkte des historischen Kontextes (vgl. Tervooren 2003, S. 282). Im 19. Jahrhundert gab es den Begriff „Behinderung", der alle Menschen mit unterschiedlichen Beeinträchtigungen umfasst, nicht. Vielmehr existierten je spezifische Bezeichnungen, wie Blinde, Gebrechliche, Fallsüchtige, Idioten, Krüppel, Lahme oder Taubstumme. Für körperlich beeinträchtigte Menschen war die sog.

Krüppelfürsorge zuständig, die sich zu Beginn des 19. Jahrhunderts entwickelte und von Beginn an eng mit der Orthopädie verknüpft war. Orthopäden waren damals nur teilweise Mediziner, „sie waren Messerschmiede, Tanz- und Fechtlehrer; Autodidakten, die sich mit Deformitäten beschäftigten und das Wachstum der Kinder durch mechanische Hilfsmittel (Orthesen, Korsetts) und gymnastische Übungen beeinflussen wollten" (Thomann 1996, S. 156).

Durch die Industrialisierung und Urbanisierung im letzten Drittel des 19. Jahrhunderts nahmen Krankheiten wie Rachitis oder Tuberkulose mit körperlichen Folgeschäden zu. Behinderte Kinder und Jugendliche hatten „weder ein Anrecht auf medizinische Therapie noch schulische Ausbildung" (Zichner et al. 1999, S. 7). Innere Mission und Caritas engagierten sich für diese Kinder. 1886 entstand im Oberlinhaus Potsdam, benannt nach dem elsässischen Pfarrer und Sozialreformer Johann-Friedrich Oberlin, das erste Heim für körperbehinderte Kinder. Der schon damals abwertend klingende Begriff „Krüppelheim" wurde bewusst gewählt, „um Mitleid in der Bevölkerung zu wecken und die Spendenfreundlichkeit zu erhöhen" (ebd.). Die Krüppelfürsorge umfasste „neben der medizinischen Behandlung die schulische und berufliche Ausbildung. Das ausdrücklich formulierte Ziel der Fürsorge war die Erwerbsbefähigung der Behinderten" (Thomann 1996, S. 157). Eine amtlich durchgeführte Krüppelzählung 1906 erfasste 51.781 „Krüppel" unter 15 Jahren, knapp 7000 von ihnen wollten gern in ein Heim aufgenommen werden (vgl. Thomann 1996, S. 158). Der Ausbau der Heime erfolgte rasch: Für Deutschland sind 1903 25 Krüppelheime verzeichnet (vgl. Krukenberg 1906, S. 145), 1925 waren es bereits 78, in denen über zehntausend Menschen lebten (vgl. Mürner und Sierck 2013, S. 20).

Im Encyklopädischen Handbuch der Pädagogik, herausgegeben von Wilhelm Rein 1906, ist nachzulesen, dass Verkrüppelung von Kindern nicht nur eine körperliche, sondern auch eine geistige Beeinträchtigung nach sich ziehe. Da ein verkrüppeltes Kind nicht zur Schule gehen könne, „entbehrt es die Anregung, welche der dauernde Verkehr mit vollwertigen Kindern mit sich bringt" (Krukenberg 1906, S. 140). Wegen der verringerten Ansprüche an solche Kinder mangele es ihnen an Energie, sie bildeten kein Pflichtgefühl aus, sondern entwickelten eine „gewisse Trägheit und Arbeitsscheu" (ebd.). Häufig seien sie „die schlimmsten Tyrannen der Familie" (ebd.).

Derartige Zusammenhänge zwischen körperlicher Beeinträchtigung und Charakter wurden in den 1920er Jahren vertieft von einem der führenden „Krüppelpädagogen", Hans Würtz, in seiner „Krüppelseelenkunde" (1921; vgl. Lelgemann 2010, S. 25ff). Solche Argumentationen halten sich bis in die 1950er Jahre (vgl. Mürner und Sierck 2013, S. 65). In den Krüppelheimen sollten medizinische Maßnahmen, Schule und Berufsausbildung ineinandergreifen – eine andere Ausbildungsmöglichkeit gab es nicht. Selbsthilfeorganisationen wie der Perlbund (vgl. Fuchs 2003, S. 436) sprachen sich hingegen schon in den 1920er Jahren für eine gemeinsame Beschulung mit nicht behinderten Kindern aus und lehnten die Krüppelheime ab (ebd., S. 438).

Seit 1922 dokumentiert der „Schwerbehindertenausweis" den Grad der Behinderung, „bei dem ein Amtsarzt mit medizinischem Blick eine Person in funktionierende und defekte Teile zerlegt und mit Prozentzahlen den Grad der Behinderung festlegt" (Mürner und Sierck 2013, S. 35). Der Begriff „Körperbehinderter" ersetzt offiziell erst im Körperbehindertengesetz von 1957 den des Krüppels, vorbereitet wird dessen Etablierung im Nationalsozialismus, der zwischen „erbgesunden körperbehinderten Volksgenossen" und „erbkranken minderwertigen Krüppeln" unterschied" (Mürner und Sierck 2013, S. 41; Kastl 2014, S. 14).

In den 1960er Jahren gründeten Eltern behinderter Kinder Elternvereine, um ihren Kindern bessere bzw. überhaupt Fördermöglichkeiten zu bieten. In die öffentliche Aufmerksamkeit gerieten Körperbehinderungen bei Säuglingen in den 1960er Jahren durch das Schlafmittel Contergan (vgl. Cloerkes 1979) und bei Kindern durch gehäufte Polioerkrankungen (vgl. Mürner und Sierck 2013, S. 61). In die gleiche Zeit fallen, ausgehend von Skandinavien, Diskussionen um das Normalisierungsprinzip bei Menschen mit geistiger, körperlicher und psychischer Behinderung, die in Anstalten verwahrt wurden. Gefordert wurden etwa das Recht auf normalen Tages- und Jahresrhythmus, einen normalen Lebensablauf (etwa in den Bereichen Arbeit, Wohnen, Freizeit) und das Recht auf Sexualität (vgl. Prengel 1993, S. 156). In den 1970er Jahren pochte die Krüppelbewegung auf gleiche Rechte und verwies mit Aktionen und Demonstrationen auf das Behindertwerden durch Treppen, zu enge Türen etc.: Rollstuhlfahrern etwa waren öffentliche Verkehrsmittel nicht zugänglich, bei der Deutschen Bahn fuhren sie im Gepäckwagen, nur dessen Türen waren breit genug (vgl. Cloerkes et al. 2014, S. 85). Im UN-Behindertenjahr 1981 machte das Krüppeltribunal gegen die offiziellen Veranstaltungen, die als verlogen wahrgenommen wurden, auf „Diskriminierung, Entrechtung und Unterdrückung" aufmerksam (Mürner und Sierck 2013, S. 99). Ende der 1980er Jahre gab es die ersten Schulversuche zur integrativen Beschulung von geistig behinderten Kindern.

Im Übrigen meldete das Statistische Bundesamt in Wiesbaden 2010, 8,7% der Gesamtbevölkerung sei schwerbehindert, 29% davon seien älter als 75 Jahre, etwa die Hälfte (46%) setze sich aus 55-75jährigen zusammen (vgl. Mürner und Sierck 2013, S. 19). Behinderung stellt sich auch als eine Frage des Alters/Alterns.

2 Ein Blick auf Schule: Zusammen und trotzdem allein?

Im Folgenden verlassen wir die historische Perspektive und richten den Blick auf die autobiografischen Narrationen erwachsener Frauen mit Beeinträchtigungen (vgl. Demmer 2013). Eine hervorgehobene Forderung in der aktuellen Inklusionsdebatte ist das gemeinsame schulische Lernen von Kindern mit und ohne Behinderung. Die Mehrheit der befragten Frauen haben in den 1970er Jahren Regelschulen besucht – nicht unter dem Schlagwort Inklusion, sondern aufgrund des besonderen Engagements der Eltern und der Unterstützung einzelner Lehrkräfte und Schulen. Auch heute müssen Eltern von Kindern mit Beeinträchtigungen häufig besondere Unterstützung und Anstrengungen leisten, wenn ihre Kinder im allgemeinen Schulwesen unterrichtet werden sollen. Allerdings verändert sich zunehmend die schulrechtliche Situation[1], denn mit Inklusion wird insbesondere eine veränderte menschen- und bürgerrechtliche Grundlegung verbunden. In den 1970er Jahren kommt es hingegen auf den ‚guten Willen' der EntscheidungsträgerInnen an. So erinnert eine Erzählerin den vagen und jederzeit revidierbaren Entschluss des damaligen Schulleiters, ihre Einschulung in die allgemeine Volksschule zu gestatten: „Na gut, wir probieren das mal."[2] Hier deutet sich bereits an, dass Teilhabe häufig nicht als bedingungsloser Status, sondern als prekäre Bewährungsprobe erlebt wird.

Die Erfahrungen der Frauen in der Regelschule sind durchaus heterogen und rangieren auch innerhalb der einzelnen Erzählungen von „ich gehörte einfach dazu" und „ich wurde akzeptiert" – Aussagen, die einen entsprechenden Gegenhorizont implizieren – bis hin zu „Hänseleien", „Mobbing" und „ekelhaftem Außerhalbstehen". Solche Ausschlusserfahrungen sind sicherlich kein Alleinstellungsmerkmal von Frauen mit Behinderungen. Allerdings wird deutlich, dass der Kontakt zu anderen Kindern und Jugendlichen mit Behinderungen häufig als „Erleichterung" und als Anregungsmilieu für die eigene Entwicklung erfahren wurde. Mit Blick auf das temporäre Zusammensein mit anderen Beeinträchtigten, z.B. im Rahmen von Internaten für Körperbehinderte, speziellen Reha- oder Klinikaufenthalten wird berichtet: „ich fühlte mich normaler im Sinne von dass ich nicht so vieles verstecken und geheim halten muss" oder „wenn ich was erzähle, wissen

---

1   So ist in NRW 2013 das 9. Schulrechtsänderungsgesetz verabschiedet worden, das – unter Beibehaltung von Ausnahmen – den Besuch der allgemeinen Schulen von Kindern mit Beeinträchtigungen als gesetzlichen Regelfall festlegt (vgl. Schulgesetz für das Land NRW).

2   Bei wörtlichen Zitaten ohne eigene Quellenangaben handelt es sich um Zitate der befragten Frauen, d.h. um Passagen aus dem Datenkorpus der Dissertation von Christine Demmer.

die anderen schon ungefähr, (.) weil die ähnliche Erfahrungen haben. [...] Ich habe auch gemerkt, dass so meine eigene Unzufriedenheit und so, was ich nicht immer hätte jetzt so formulieren können, dass das andere Leute teilen".

Der Wunsch nach Erfahrungsgemeinschaft oder nach einem verständigen Gegenüber wird auch in der folgenden Formulierung deutlich: „Und ich hatte niemanden, mit dem ich über meine Probleme reden konnte. Mit wem hätte ich denn reden sollen?" Belastungen, die die Frauen nicht selten auf sich selbst beziehen und dementsprechend Schuldgefühle entwickeln, können von ihnen häufig gar nicht benannt und mitgeteilt werden. Die Eindrücke bleiben diffus, sie scheinen nicht anschlussfähig zu sein an die Gespräche der anderen, auch weil man selbst nicht so recht weiß, was mit einem los ist oder man sich „nicht dauernd erklären" will. So berichtet eine Erzählerin, sie habe heute als Erwachsene „eine unendliche Sehnsucht danach, mit anderen Körperbehinderten zusammen zu sein." Die Zeit, die sie im Internat für Körperbehinderte verbracht hat, beschreibt sie als „unglaublich schön" und „heilsam", dort sei sie erstmals in der Situation gewesen, anderen „auch mal was geben zu können".

Im Internat tritt ihr ‚Merkmal Behinderung' in den Hintergrund, so dass andere Rollen und Eigenschaften an Gewicht gewinnen. Auch dieser Raum ist nicht hierarchiefrei, denn „anderen etwas geben können" verweist auf Verantwortungsübernahme und Partizipation, aber gleichzeitig auf Macht. Anerkennung scheint weder in der Regelschule noch in der Sondereinrichtung bedingungslos zu sein. In der Regelschule muss sie beispielsweise über Anpassungsleistungen erreicht werden, indem der Unterstützungsbedarf möglichst gering gehalten oder gar versteckt und geheim gehalten wird (s.o.).[3]

Trotz der hier nur skizzierten Schwierigkeiten möchte keine der Frauen, die eine Regelschule besucht hat, diese Erfahrung missen. Zugehörigkeit wird z.B. dort erlebt, wo die eigenen Fähigkeiten im Vordergrund stehen und anerkannt werden wie im Schulorchester oder wenn die Beeinträchtigung und mögliche Unterstützung selbstverständlich ins Alltagsgeschäft eingebunden sind.

---

3   Cramer und Harant arbeiten die Antinomie von bedingungsloser Anerkennung und geforderter Anpassung als eine zentrale innerhalb des normativen Diskurses um Inklusion heraus: Einerseits werde Inklusion als ein Menschenrecht deklariert und normativ-pädagogisch grundlegende Anerkennung von Zugehörigkeit aller gefordert. Andererseits sei genau jene grundlose Anerkennung in modernen Gesellschaften lediglich Kennzeichen der Familie, während im Bildungskontext z.B. mit Verweis auf die OECD Schlüsselkompetenzen „Anpassungsleistung[en] an mannigfaltige und wechselnde Erwartungen beschrieben und betrieben" würden (Cramer und Harant 2014: 646).

So wie weiterhin Implikationen verschiedener mono- und koedukativer Unterrichtsformen diskutiert werden (z.b. Budde 2011), wird wohl auch zukünftig zu thematisieren sein, welche Potenziale, aber auch welche Schwierigkeiten nicht segregierende oder temporär segregierende Unterrichtssettings sowie außerunterrichtliche Bildungsangebote implizieren. Wie muss Schulkultur gestaltet sein, so dass Etikettierungen und sozialer Ausschluss minimiert werden? Wie lässt sich ein Raum für die Verbalisierung von Ängsten und Diskriminierungen gestalten und welche Rolle können Schulsozialarbeit und/oder schulpsychologische Begleitung in der inklusiven Schule einnehmen?

3 Familie und Partnerschaft: als Frau behindert sein

Partnerschaftsgestaltung und Familiengründung sind wichtige Bereiche im Erwachsenenleben. Bereits in den biografisch inspirierten Texten der Frauen(krüppel)bewegung der achtziger Jahre setzten sich die Autorinnen mit ihrer Rolle als Mädchen und Frauen auseinander und beschrieben, wie sie von anderen als geschlechtslose und vorrangig behinderte Wesen wahrgenommen wurden (vgl. Ewinkel und Hermes 1985). Der Genderdatenreport von 2005 kommt zu dem Ergebnis, dass „die Mehrfachdiskriminierung behinderter Frauen in verschiedenen Lebensbereichen […] immer noch Realität" sei (Michel und Häußler-Sczepan 2005, S. 534) und im aktuellen Teilhabebericht von 2013 heißt es, dass Menschen mit Behinderungen häufiger allein und kinderlos leben. „Menschen mit Beeinträchtigungen leben seltener in festen Partnerschaften als Menschen ohne Beeinträchtigungen; bei den 50- bis 64-jährigen ist die Differenz mit 8 Prozentpunkten am größten. Der Anteil kinderloser Frauen mit Beeinträchtigungen ist um 15 Prozentpunkte höher als bei Frauen ohne Beeinträchtigungen" (BMAS 2013, S. 70).

Auch in den biografischen Interviews werden Bedeutungen von Frausein und Behinderung ausgehandelt. Dabei zeigen sich vielschichtige, z.T. konfligierende Deutungen der beiden Kategorien. Einerseits sehen die Interviewpartnerinnen ihren Status als Frau aufgrund der Behinderung gefährdet. Die Erfüllung allgemeiner Erwartungen an das Frausein wird ihnen häufig abgesprochen. Beispielsweise bemerkt eine Interviewpartnerin, dass die männlichen Lehrkräfte in der Schule nur mit anderen Mädchen „so Jokes machen" – offenbar eine subtile Interaktionsebene von *doing gender*, in die sie nicht einbezogen wurde. Oder aber es wird festgehalten, dass man beim geschlechtlich aufgeladenen Schulhofspiel „die Jungen fangen die Mädchen" für Jungen uninteressant war. Von ihren Eltern wurden die Töchter darauf vorbereitet, möglicherweise keinen Ehepartner zu finden, daher wurde in die Ausbildung vermehrt investiert. Das konnte zugleich eine für die damalige Zeit und das Herkunftsmilieu untypisch hohe Bildungskarriere begünstigen, wie bei Susanne Herrmann, die in den 1970er Jahren als Tochter eines Bergarbeiters ein Studium absolvierte: „Wenn meine Mutter gesagt hat: 'Nehnehe muss noch mal gespült werden' [...] Dann hat natürlich mein Vater gesagt: ‚Ganz klar, die schreibt morgen ne Arbeit, die muss jetzt mal lernen'".

Andererseits: Erfüllten die Frauen klassische Geschlechtsrollenmuster, konnte dies ebenso in einem Sonderstatus münden. So beschreibt Barbara Burghardt die kritischen Blicke, die ihr zugeworfen wurden, als sie hochschwanger war, und den Menschenauflauf im Kreissaal, während sie ihr erstes Kind zur Welt brachte: „Das war so, dass der ganze Kreißsaal voll war mit jungen Assistenzärzten und Schwestern, die echt das sehen wollten, ich war die einzige körperbehinderte Mutter da ne, echt, aber im Nachhinein denk ich, war das für die so'n siebtes Weltwunder oder so". Die Konformität in Bezug auf geschlechtsspezifische Erwartungen, in dem Fall Mutter zu werden, stellt im Bezugskontext „Behinderung" einen Normbruch und etwas ganz Besonderes dar. Von Frau Burghardt wurde dieser Sonderstatus als behinderte Mutter zum Teil selbstwirksam umgesetzt, etwa wenn sie berichtet, immer wieder als Expertin angesprochen zu werden: Sie fungiere als „Fachfrau für Mütter mit Behinderung in der ganzen Bundesrepublik".

Die Behinderung kann typisch weibliche Lebenslagen zudem verstärken, z.B. mit Blick auf Betroffenheit von sexueller Gewalt (vgl. dazu auch BMFSFJ 2012) oder die in den Interviews geschilderte Überforderung mit der Doppelbelastung von Berufstätigkeit und Familienarbeit. Darüber hinaus wird der Status als Frau, der häufig in Verbindung mit Partnerschaft und dem ‚Erwähltwerden' von Männern diskutiert wird, von weiteren Aspekten wie dem Alter beeinflusst. Zwar führt Karin Gerald ihre Partnerlosigkeit vorrangig auf ihre Behinderung zurück: „Denn warum sollte ein Mann, der gesund ist, (.) warum sollte der ausgerechnet mit mir zusammen kommen? Warum? Es gibt genug gesunde Frauen, (.) mit denen sie angeben können. Mit mir können sie nicht angeben." Neben der Behinderung schreibt sie jedoch ihrem Alter einen statusverringernden Einfluss zu: „Ich mach mir keine Illusionen mehr, mit über fünfzig hat man als Frau eigentlich sowieso kaum noch ne Chance." Mit der Betonung des Alters, das sich ihrem Erleben nach bei der Partnersuche ebenfalls negativ auswirkt, relativiert sie zugleich den Einfluss der Behinderung, denn diese Erfahrung machen „sowieso" alle Frauen über fünfzig. In ihrem Alter partnerlos zu sein deutet sie somit als eine typisch weibliche Lage, die losgelöst von ihrer Beeinträchtigung zu stehen scheint. Die Hoffnung einen Partner zu finden, hat Karin Gerald dennoch nicht völlig aufgegeben: „Vielleicht find ich ja mal im Altersheim einen". Im Alter mischen sich die Relationen zwischen Allgemeinem und Besonderem noch einmal neu, denn wie eingangs anhand der Prozentzahlen der Behinderungsstatistik dargelegt wurde, finden sich unter den Gleichaltrigen im höheren Alter zunehmend Menschen mit verschiedenen Beeinträchtigungen. Zudem, so könnte man Karin Geralds Aussage deuten, verliert das Angeben mit Partnerinnen als eine Form der Statuserhöhung von Männern im Alter und im Kontext des Altersheim an Relevanz.

4 Berufstätigkeit: Leistung und Anerkennung

Die Betonung weiblicher Erfahrungslagen kann dazu genutzt werden, einen alternativen Normalitätshorizont aufzuzeigen und sich so von dem stärker auf Abweichung basierenden und stärker diskreditierenden Konstrukt ‚Behinderung' abzugrenzen. Ein Beispiel aus dem Interview mit Barbara Burghardt, das dem Kontext Berufstätigkeit entspringt, verdeutlicht dies.

Nach ihrem Anerkennungsjahr als Sozialpädagogin trat Barbara Burghardt eine auf zwei Jahre befristete Stelle an und wurde nach ca. einem Jahr schwanger. Sie plante, ihrer Umgebung dennoch ihre uneingeschränkte Belastbarkeit zu demonstrieren, „damit jeder sieht, dass ich trotz Kind und Behinderung arbeiten konnte (.), dass das möglich ist, dass ich das organisiert bekomme, denn das hab ich gedacht, ist das Hauptproblem, wenn du Familie hast, dass dir keiner mehr zutraut mit Familie zu arbeiten". Dennoch geriet sie in einen Konflikt; ihr Arbeitsvertrag wurde tatsächlich nicht verlängert:

> „Und dann, warum mein Vertrag nich verlängert worden ist, war sicherlich auch ein finanzielles Problem, aber mein Chef war so verärgert, dass er mir als erstes gesacht hat: ‚Wo ein Kind ist, da kommen auch noch zwei.' Und er war Vater, Sozialpädagoge war er von Beruf und Vater von vier Kindern, also ich hätte ihn irgendwohin treten können".

Die Auseinandersetzung mit ihrem Chef wird von ihr als Geschlechterkonflikt interpretiert. Während der Chef die Doppelrolle Vater und Erwerbstätiger unangezweifelt ausfüllte, wurde ihre Berufstätigkeit aufgrund der Mutterschaft in Frage gestellt. Ihre Reaktion, sie habe ihm am liebsten „irgendwohin treten" wollen, kann als Angriff auf seine männlich dominante Position gelesen werden und verstärkt die Thematisierung des Konflikts im Deutungskontext ‚Geschlecht'. So resümiert sie, sie sei da „auf Konflikte gestoßen, die jede Frau auch hat, nicht ähm behinderungsbedingt, sondern die Tatsache, dass ich halt ‚ne Frau bin […]". Mit dieser Formulierung kennzeichnet sie sich als typische Frau, sie erlebte einen Konflikt, den „jede Frau" kennt. Diskriminierungen von Frauen am Arbeitsplatz werden als durchaus gängige allgemeine Erfahrung dargestellt, so dass Barbara

Burghardt ‚normale Diskriminierungen' als ‚normale Frau' erlebte, die sie explizit von behinderungsbedingter Diskriminierung abgrenzt. Entgegen dieser Abgrenzung zeigen jedoch das erste Zitat und weitere Interviewpassagen, dass die Auseinandersetzung mit dem Chef nicht völlig losgelöst von ‚Behinderung' stattfindet: Von Beginn der Schwangerschaft an fühlte sie sich aufgefordert, den gängigen Bildern von Behinderung, Frau und Familie entgegenzuarbeiten und „trotz Kind und Behinderung" voll leistungsfähig zu sein. Mutterschaft *und* Behinderung werden im Normalitätsfeld ‚berufliche Leistung' als Gefährdung für Anerkennung erlebt. In diesem Sinne kann nicht davon ausgegangen werden, dass der Konflikt ausschließlich auf der Geschlechterebene relevant wird, es zeigt sich vielmehr, wie Zugehörigkeiten, Teilhabe und Diskriminierungen auf verschiedenen Ebenen und kontextuell herangezogen und als bedeutsam erlebt werden.

Nicht nur Frau Burghardt ist berufstätig. Wenngleich Menschen mit Behinderungen auch aktuell seltener als Menschen ohne Beeinträchtigungen in einem Erwerbsverhältnis stehen,[4] ist die Mehrheit der befragten Frauen unseres Samples berufstätig oder berufstätig gewesen. Ein Beispiel von gelungener Teilhabe könnte demnach auch Michaela Altmann darstellen: Sie hat eine Ausbildung zur Beamtin im mittleren nichttechnischen Verwaltungsdienst absolviert und ist erwerbstätig. Sie ist verheiratet und hat drei Kinder – auch das Eigenheim fehlt nicht, so dass das Bild eines klassischen Lebensentwurfs entsteht. Allerdings setzt sich die Erzählerin sehr kritisch mit ihrer Lebenssituation auseinander. Sie fühlt sich am Rande ihrer Kräfte und wünscht sich sogar, es hätte ihr damals jemand abgeraten, Kinder zu bekommen, da es in der Gesellschaft an adäquaten Hilfestellungen mangele. Den Unterschied zwischen „normalen" und „körperbehinderten" Menschen sieht sie vor allem darin, dass letztere „einfach ein ganz anderes Denken und Handeln haben. […] Die haben sich nie anstecken lassen von diesem Leistungsprinzip, das wir haben (.), die haben (..) ein ganz, ganz anderes Wesen wie gesunde Menschen". Allerdings sei sie selbst mit dem Verlassen des Internats für Körperbehinderte und

---

4 „Menschen mit Beeinträchtigungen (sind, C. D.) seltener auf dem ersten Arbeitsmarkt erwerbstätig als Menschen ohne Beeinträchtigung. Die Erwerbsquote von Männern mit Beeinträchtigungen liegt bei 58 Prozent (ohne Beeinträchtigungen 83 Prozent). Die Erwerbsquote von Frauen mit Beeinträchtigungen liegt bei 58 Prozent (ohne Beeinträchtigungen 75 Prozent). Menschen mit Beeinträchtigungen arbeiten im Schnitt häufiger in Teilzeit und erhalten geringere Stundenlöhne als Erwerbstätige ohne Beeinträchtigung. Menschen mit Beeinträchtigungen arbeiten häufiger als Menschen ohne Beeinträchtigung unterhalb ihres Qualifikationsniveaus. Menschen mit Beeinträchtigungen sind tendenziell häufiger und auch länger von Arbeitslosigkeit betroffen (25,9 Monate) als Nicht-Beeinträchtigte (15,3 Monate)" (BMAS 2013: 18).

mit der Heirat eines nichtbehinderten Mannes „wieder in die Welt der Normalen abgerutscht".

Die Passage verdeutlicht Verschiedenes: Zum ersten zählt sich Frau Altmann weder konstant zu den Körperbehinderten noch zu den Nichtbehinderten. Sie wandert zwischen den „Welten", versucht die Normalbiographie der sie umgebenden Mehrheit zu leben und möchte prospektiv wie sie sagt „gern behindert sein", um sich nicht immer wieder zu überfordern. Zum zweiten zielt das Zitat auf eine Gesellschaftskritik: Körperbehinderte Menschen hätten sich von dem vorherrschenden Leistungsprinzip nicht anstecken lassen. Die Formulierung „ein ganz anderes Denken und Handeln" kann als Wahrnehmung einer kulturellen Differenz interpretiert werden, die hier festgestellt und positiv gewürdigt wird. In die „Welt der Normalen" kann man dagegen nur abrutschen.

5 Conclusio und Ausblick

Abschließend lässt sich in dreierlei Hinsicht ein Fazit ziehen. Hinsichtlich der Frage nach dem Verhältnis von Besonderem und Allgemeinem lässt sich zunächst festhalten, dass viele der dargestellten Bildungsprozesse nicht behinderungsspezifisch sind. Wählt man einzelne Passagen aus dem Interviewmaterial, in dem das Handicap nicht unmittelbar erwähnt wird, das zeigt unsere Erprobung im Forschungskolloquium mit Studierenden, werden problematische Entwicklungen, Entscheidungen und Widerfahrnisse nicht auf eine Behinderung zurückgeführt. Schwierigkeiten und Unsicherheiten bei der Berufswahl, Erfahrungen von Ausgrenzung aus der Klassengemeinschaft, auf dem Schulhof oder auf Partys, psychische Probleme, all das sind Erfahrungen, die auch heutige Studierende entweder von sich selbst und aus dem gleichaltrigen Freundeskreis kennen oder die sie in Verbindung mit anderen marginalisierten Gruppen interpretieren. Dass es sich bei den Interviewten um Frauen mit körperlichen Beeinträchtigungen handelt, wurde von niemandem erwartet und nicht erkannt. Das kleine Experiment im Kolloquium verdeutlicht, dass Frauen mit Behinderung in biografischer Rückschau Aspekte thematisieren, die als kollektive Erfahrungen von Jugendlichen und Erwachsenen gelten können. Sie betreffen das „besondere Allgemeine" (Schulze 2006, S. 53). Das bedeutet, dass das biografische Material einseitige Attribuierungen wie ‚sie hat Schwierigkeiten bei der Berufswahl aufgrund ihrer Behinderung' und somit die Reifizierung von Kategorien zumindest erschwert. Das ‚sperrige' biografische Material, wie Bettina Dausien es benennt (vgl. Dausien 2010, S. 367), spricht gegen eine eindimensionale, verengte Interpretation mit Bezug auf einzelne Kategorien, so dass Biografieforschung einen geeigneten Zugang für intersektionale Forschung darstellt (vgl. Lutz und Davis 2005). Die lebensgeschichtlichen Erzählungen changieren zwischen allgemeinen Kategorien wie ‚körperliche Beeinträchtigung' und individuell-besonderen Erfahrungen, zwischen historischen, kulturellen und hierarchisch strukturierten Rahmungen und eigensinnigen, biografischen Logiken, kurz: zwischen dem ‚besonderen Allgemeinen' und dem ‚allgemeinen Besonderen'.

Mit Blick auf die Konstitution von Teilhabe lässt sich aus einer biografischen Perspektive zeigen, dass soziale Teilhabe aus Sicht der Subjekte weniger einen gesicherten Status darstellt, der sich schlicht institutionell herstellen ließe. Sie muss vielmehr als aktiver, kontextbedingter Aushandlungsprozess verstanden werden, bei dem Subjekte nicht nur als Teil*nehmer*, sondern gerade auch als Teil*geber* erscheinen wollen, die zudem immer verschiedenen Gruppen und Kontexten angehören und angehören wollen. Wie es Amartya Sen (2007, S. 8) fasst: „Mit einer solitaristischen Deutung wird man mit ziemlicher Sicherheit fast jeden Menschen auf der Welt missverstehen. Im normalen Leben begreifen wir uns als Mitglieder einer Vielzahl von Gruppen ihnen allen gehören wir an" (Sen 2007, S. 8).

Schließlich müssen wir uns in erkenntnistheoretischer sowie in methodologischer Absicht kritisch befragen, inwieweit wir durch Setzungen innerhalb der Biografieforschung selbst Ein- und Ausschlüsse produzieren: Menschen mit kognitiven Beeinträchtigungen werden etwa kaum biografisch befragt. Erstaunlicher Weise gibt es auch fast keine narrativ-biografischen Interviews mit alten Menschen, zumindest nicht unter der dezidierten Perspektive des Altwerdens selbst. Die Allgemeine Erziehungswissenschaft insgesamt hat spezielle menschliche Phänomene wie Behinderung disziplinär ausgelagert, sie betrachtet die ‚Verschiedenheit allgemeiner Köpfe' – und hat sich genau in dieser Aussonderung von Spezialfällen zu einer Art Sonderpädagogik allgemeiner Fragen entwickelt. Das begann bereits mit Rousseau, der sich mit Emilé bekanntlich kein kränkliches, sondern ein gesundes Kind erwählte (Rousseau 1762/2010, S. 50).

Wie Goffman im Kontext des Stigmamanagements verdeutlicht, gibt es „den Normalen" und „den Behinderten" so jedoch nicht, sondern nur den „normalen Abweichenden", jedes Individuum kann grundsätzlich beide Rollen spielen (Goffman 1967, S. 160 ff.). Den Blick grundlegender auf die Herstellung von Differenz und Normalität und deren Wechselbeziehungen (vgl. Tervooren 2003) zu richten, bewahrt ggf. vor einem essentialistischen Verständnis von Behinderung, das könnte ein Potenzial der Allgemeinen Erziehungswissenschaft sein. Schließen wollen wir mit der Aussage einer Interviewpartnerin: „Das ist, was mich mein ganzes Leben bewegt, echt, diese Situationen, was ist denn eigentlich normal?"

Literatur

Bernhardt, R. (2010). *Lebenslagen ehemaliger Förderschüler. Biografische Rekonstruktionen nachschulischer Lebensverläufe.* Bad Heilbrunn: Klinkhardt.

Bigos, S. I. (2014). *Kinder und Jugendliche in heilpädagogischen Heimen. Biografische Erfahrungen und Spuren der Heimerziehung aus Adressatensicht.* Weinheim und Basel: Beltz Juventa.

BMAS (2013). Teilhabebericht der Bundesregierung über die Lebenslagen von Menschen mit Beeinträchtigungen. Teilhabe – Beeinträchtigung – Behinderung. https://www.bmas.de/SharedDocs/Downloads/DE/PDF-Publikationen/a125-13-teilhabebericht.pdf?__blob=publicationFile. Zugegriffen: 05. Juni 2015.

BMFSFJ (2012). Lebenssituationen und Belastungen von Frauen mit Beeinträchtigungen und Behinderungen in Deutschland. Berlin. http://www.bmfsfj.de/BMFSFJ/Service/publikationen,did=186150.html. Zugegriffen: 05. Juni 2015.

Budde, J. (2011). Geschlechtersensible Schule. In: Hannelore Faulstich-Wieland (Hrsg.), *Umgang mit Heterogenität und Differenz. Reihe „Professionswissen für Lehrerinnen und Lehrer" Bd. 3.* (S. 99-120). Hohengehren: Baltmannsweiler.

Cloerkes, G. (1979). *Einstellung und Verhalten gegenüber Körperbehinderten.* Berlin: Marhold.

Cloerkes, G., Felkendorff, K. & Kastl, J. M. (2014). „Nicht in der Spur" – Erfahrungen und Analysen über Behinderung aus sieben Jahrzehnten. In: Jörg Michael Kastl, Kai Felkendorff (Hrsg.), *Behinderung, Soziologie und gesellschaftliche Erfahrung. Im Gespräch mit Günther Cloerkes,* (S. 47-119). Wiesbaden: VS.

Comenius, J. A. (1657/1993). *Große Didaktik. Übersetzt und hrsg. von Andreas Flitner,* 8. überarb. Aufl., Stuttgart: Klett-Cotta.

Cramer, C., Harant, M. (2014). Inklusion – Interdisziplinäre Kritik und Perspektiven von Begriff und Gegenstand. *Zeitschrift für Erziehungswissenschaft 17,* H 4, 639-659.

Dausien, B. (2010). *Biografieforschung: Theoretische Perspektiven und methodologische Konzepte für eine rekonstruktive Geschlechterforschung.* In: Ruth Becker, Beate Kortendiek (Hrsg.), *Handbuch Frauen- und Geschlechterforschung. Theorie, Methoden, Empirie* (S. 362-375). 3. erw. und durchg. Aufl. Wiesbaden: VS.

Demmer, Ch. (2013). *Biografien bilden. Lern- und Bildungsprozesse von Frauen mit Behinderung im Spannungsfeld von Teilhabe und Ausschluss.* Bochum: Projektverlag.

Ewinkel, C., Hermes, G. (Hrsg.) (1985). *Geschlecht behindert, besonderes Merkmal: Frau. Ein Buch von behinderten Frauen.* München: AG SPAK.

Fuchs, P. (2003). Von der „Selbsthilfe" zur Selbst-Aufgabe. Zur Emanzipationsgeschichte behinderter Menschen (1919-1945). In: Petra Lutz, Thomas Macho, Gisela Staupe & Heike Zirden, (Hrsg.), *Der (im-)perfekte Mensch. Metamorphosen von Normalität und Abweichung* (S. 435-447). Köln: Böhlau.

Goffman, E. (1967). *Stigma. Über Techniken der Bewältigung beschädigter Identität.* Frankfurt a.M.: Suhrkamp.

Häcker, T., Walm, M. (Hrsg.) (2015). *Inklusion und Schule in Lehrer_innenbildung.* Bad Heilbrunn: Klinkhardt.

Hinz, A. (2006). Inklusion. In: Georg Antor, Ulrich Bleidick (Hrsg.), *Handlexikon der Behindertenpädagogik. Schlüsselbegriffe aus Theorie und Praxis* (S. 97-99). 2. Aufl., Stuttgart: Kohlhammer.

Jeltsch-Schudel, B. (2008). *Identität und Behinderung. Biographische Reflexionen erwachsener Personen mit einer Seh-, Hör- oder Körperbehinderung.* Oberhausen: Athena Verlag.

Kastl, Jörg M. (2014). Behinderung in Deutschland. Recherchen über eine Erinnerung von Günther Cloerkes. In: Jörg Michael Kastl, Kai Felkendorff (Hrsg.), *Behinderung, Soziologie und gesellschaftliche Erfahrung. Im Gespräch mit Günther Cloerkes* (S. 9-46). Wiesbaden: VS.

Klika, D. (2016). A tergo – explizite und implizite Bildungskonzepte in der erziehungswissenschaftlichen Biographieforschung. In: Robert Kreitz, Ingrid Miethe, Anja Tervooren (Hrsg.), *Theorien in der qualitativen Bildungsforschung – Qualitative Bildungsforschung als Theoriegenerierung.* Opladen: B. Budrich. 13 Seiten. Im Erscheinen.

Krukenberg, H. (1906). Krüppelheime. In: Rein, Wilhelm (Hrsg.), *Encyklopädisches Handbuch der Pädagogik. Bd. 5* (S. 140-146). Langensalza: Beyer & Söhne.

Lelgemann, R. (2010). *Körperbehindertenpädagogik. Didaktik und Unterricht.* Stuttgart: Kohlhammer.

Lutz, H., Davis, K. (2005). Geschlechterforschung und Biographieforschung: Intersektionalität als biographische Ressource am Beispiel einer außergewöhnlichen Frau. In: Bettina Völter, Bettina Dausien, Helma Lutz, Gabriele Rosenthal (Hrsg.), *Biographieforschung im Diskurs* (S. 228-247). Wiesbaden: VS.

Meier-Rey, C. (1994). *Identität – Frau – Behinderung. Identitätsbildung und Identitätsentwicklung von Frauen mit Behinderung.* Zürich: Unveröff. Diss., Zentralstelle der Studentenschaft.

Michel, M., Häußler-Sczepan, M. (2005). Die Situation von Frauen und Männern mit Behinderung. In: Waltraud Cornelißen: Gender-Datenreport. 1. Datenreport zur Gleichstellung von Frauen und Männern in der Bundesrepublik Deutschland, S. 524-608. http://www.bmfsfj.de/doku/Publikationen/genderreport/9-behinderung.html. Zugegriffen: 05. Juni 2015.

Mürner, Ch., Sierck, U. (2013). *Behinderung. Chronik eines Jahrhunderts.* Bonn: Bundeszentrale für politische Bildung.

Prengel, A. (1993). *Pädagogik der Vielfalt.* Opladen: Leske + Budrich.

Rousseau, J.-J. (1762/2010). *Émile oder Über die Erziehung.* Köln: Anaconda.

Schulgesetz für das Land Nordrhein-Westfalen (Schulgesetz NRW – SchulG) vom 15. Februar 2005 (GV. NRW. S. 102) URL: https://www.schulministerium.nrw.de/docs/Recht/Schulrecht/Schulgesetz/Schulgesetz.pdf

Schulze, T. (2006). Biographieforschung in der Erziehungswissenschaft – Gegenstandsbereich und Bedeutung. In: Heinz-Hermann Krüger, Winfried Marotzki (Hrsg.), *Handbuch erziehungswissenschaftliche Biographieforschung* (S. 35-57). 2. überarb. und akt. Aufl. Wiesbaden: VS.

Schumann, B. (2007). *„Ich schäme mich ja so!" Die Sonderschule für Lernbehinderte als „Schonraumfalle".* Bad Heilbrunn: Klinkhardt.

Sen, A. (2007). *Die Identitätsfalle. Warum es keinen Krieg der Kulturen gibt.* 3. Aufl. München: Beck.

Tervooren, A. (2003). Phantasmen der (Un-)verletzlichkeit. Körper und Behinderung. In: Petra Lutz, Thomas Macho, Gisela Staupe, Heike Zirden (Hrsg.), *Der (im-)perfekte Mensch. Metamorphosen von Normalität und Abweichung* (S. 281-292). Köln: Böhlau.

Thomann, K. D. (1996). Die Entwicklung der Chirurgie im 19. Jahrhundert und ihre Auswirkungen auf die Organisation und Funktion des Krankenhauses. In: Alfons Labisch, Reinhard Spree (Hrsg.), „Einem jeden Kranken in einem Hospitale sein eigenes Bett". Zur Sozialgeschichte des Allgemeinen Krankenhauses in Deutschland im 19. Jahrhundert (S. 145-166). Frankfurt: Campus.

Würtz, H. (1921). Das Seelenleben des Krüppels. Krüppelseelenkundliche Erziehung und das Gesetz betr. öffentliche Krüppelfürsorge. Leipzig: L. Voss .

Zichner, L., Rauschmann, M. A., Thomann, K.-D. (1999). Orthopädie – Geschichte und Zukunft. Museumskatalog. Darmstadt: Steinkopff.

Inklusion oder Teilhabe nach Plan?

Über die Pädagogisierung eines politischen Anliegens im Kontext ‚frühkindlicher Bildung'

Christine Thon und Miriam Mai

Einleitung

‚Teilhabe'[1] ist ein Begriff, der an Schnittstellen zwischen Sozialpolitik und Bildungspolitik prominent verhandelt und mit ‚Bildung' in einen Zusammenhang gebracht wird. *Durch* ‚Bildung' soll gesellschaftliche ‚Teilhabe' gewährleistet werden, aber auch schon die ‚Teilhabe' *an* ‚Bildung' ist eine politische Forderung. In politischen Dokumenten wie dem Nationalen Aktionsplan „Für ein kindergerechtes Deutschland 2005-2010" (BMFSFJ 2010), der Stellungnahme der Bundesregierung zum „14. Kinder- und Jugendbericht" (BMFSFJ 2013) und durch das sog. „Bildungspaket" mit dem Slogan „Mitmachen möglich machen" (BMAS 2015) wird der entsprechende Zusammenhang zwischen ‚Teilhabe' und ‚Bildung' hergestellt.

Der Elementarbereich ist im Rahmen der politischen Agenda von ‚Teilhabe' an und durch ‚Bildung' seit einiger Zeit besonders in den Fokus gerückt. ‚Frühe Bildung' soll gewährleisten, dass Kinder, die aus irgendeinem Grund als bildungsbenachteiligt gelten, bessere Teilhabechancen bekommen. Mit der Herstellung dieses Zusammenhangs zwischen ‚Teilhabe' und ‚Bildung' erfährt das politische Anliegen, sozialen Ungleichheiten entgegenzuwirken, eine *Pädagogisierung*: ‚Teilhabe' wird in etwas übersetzt, das durch vermehrte Bildungsanstrengungen in Institutionen pädagogisch erzeugt werden soll. Die Verbesserung gesellschaftlicher Teilhabechancen für von Benachteiligung bedrohte oder betroffene Kinder wird zu

---

[1] Die einfachen Anführungszeichen markieren den Konstruktionscharakter der Begriffe.

einem Auftrag, der an die Kindertagesstätten adressiert wird. Zu diesem Auftrag müssen sich die Einrichtungen verhalten und ihn ggf. für ihre Arbeit anschlussfähig machen. Wie und mit welchen Begrifflichkeiten ein solcher Übersetzungsprozess stattfindet, wird im Folgenden am Beispiel einer Kindertagesstätte analysiert.

Dazu werden zunächst zur Kontextualisierung die bildungspolitischen und sozialpolitischen Hintergründe kurz skizziert (1). Daran anschließend wird erläutert, wie die Pädagogisierung politischer Programmatiken, hier von ‚Teilhabe' an und durch ‚Bildung', auf der Ebene konkreter Bildungsinstitutionen theoretisch und empirisch beschreibbar gemacht werden kann. Ein geeignetes begriffliches Instrumentarium dafür steht mit dem Konzept diskursiver Artikulationen nach Ernesto Laclau und Chantal Mouffe (2006) zur Verfügung (2). Dieses kommt in der Fallstudie einer Kindertagesstätte zur Anwendung, in deren Dokumenten die politische Programmatik von ‚Teilhabe' an und durch ‚Bildung' auf verschiedenen Ebenen unterschiedlich bearbeitet wird. Auf der Ebene des Selbstverständnisses wird mit dem Konzept der ‚Inklusion' operiert, während auf der Ebene von Verfahrensweisen die Programmatik der ‚Teilhabe' in Form einer sog. „Teilhabeplanung" bearbeitet wird (3). Wie darin das Verhältnis zwischen ‚Bildung' und ‚Teilhabe' bestimmt wird, wird zum Abschluss des Beitrags diskutiert (4).

1 Bildungs- und sozialpolitische Diskussionen um ‚Bildung' im Elementarbereich

Der Elementarbereich unterliegt gegenwärtig gravierenden Veränderungen. Neben dem eher quantitativen Ausbau der Betreuung für unter Dreijährige und dem Kampf von Fachkräften für bessere Arbeitsbedingungen, Bezahlung und Anerkennung ihrer Tätigkeit wird erneut und verstärkt eine Gestaltung von Kindertageseinrichtungen als „Bildungsorte" (BMFSFJ 2002, S. 186; vgl. Joos 2002, S. 235; vgl. Rauschenbach und Borrmann 2010, S. 11) gefordert und vollzogen. Dabei wird u.a. anstelle der traditionellen sozialpädagogischen Ausrichtung des deutschen Kindergartens eine Eingliederung der Vorschulbildung an das Bildungssystem gefordert (vgl. Fthenakis 2010; Joos 2002).

Als Begründung für die bildungspolitischen Debatten zur Notwendigkeit ‚frühkindlicher Bildung' wird häufig das schlechte Abschneiden deutscher Schüler_innen bei internationalen Schulvergleichsstudien angeführt (vgl. Mähler et al. 2015, S. 14), insbesondere die darin deutlich werdende Abhängigkeit kindlicher Bildungschancen von der sozialen Herkunft (Bühler-Niederberger 2009, S. 4). Ein besonderes Augenmerk hinsichtlich elementarpädagogischer Bildungs-, Erziehungs- und Betreuungsangebote liegt daher auf sozial benachteiligten Kindern und auch ihren Familien (Betz 2010, S. 113f.). Durch den intensivierten Bildungsauftrag der Kindertagesstätten sollen die Teilhabechancen der Kinder verbessert werden und durch ‚(frühe) Bildung' soll Bildungsungleichheit vermindert werden (BMFSFJ 2006; Bundesjugendkuratorium 2004; Betz 2010, S. 113; Betz und Rother 2008, S. 11). Allerdings zeigt sich auch, dass im Zusammenhang einer Profilierung ‚frühkindlicher Bildung' öffentliche und bildungspolitische Diskurse in hohem Maße Zuschreibungen entlang von sozialem Status und ethnisch-kultureller Herkunft (vgl. Betz 2010, S. 114) und Geschlecht[2] vornehmen.

Im Zuge des Wandels der Kindertagesstätte zum ‚Bildungsort' werden Vorstellungen ‚frühkindlicher Bildung' neu ausbuchstabiert und Zuständigkeiten für ‚Bildung' zwischen den Institutionen Familie und Kindertagesstätte verschoben (vgl. Menz und Thon 2013, S. 140). Dies schlägt sich nicht nur auf der Ebene des Selbstverständnisses der Kindertagesstätte und ihrer Fachkräfte nieder, sondern auch in Verhandlungen zwischen Fachkräften und Eltern.[3] Auf diesen beiden Ebenen werden in Bezug auf die Frage nach und die Bedeutung von Zuständigkeit für ‚frühe Bildung' auch einschlägige Kategorien sozialer Differenz relevant gesetzt. Dabei werden unterschiedliche Begründungszusammenhänge eröffnet und auch Anschlüsse an bildungspolitische Diskurse hergestellt (vgl. ebd.).

2 Pädagogisierungen als Artikulationen analysieren

Die Verbindungen, die das politischen Anliegen ‚Teilhabe' im Rahmen dieser Diskurse mit ‚(frühkindlicher) Bildung' eingeht, können als *Pädagogisierung* gelesen werden. Der Begriff der Pädagogisierung steht für eine bestimmte Art und Weise,

---

2   Die Aktualisierung von Geschlechterordnungen steht einerseits im Zusammenhang mit den Debatten um Jungen als ‚Bildungsverlierer', denen gerade auch im Elementarbereich männliche Interaktionspartner fehlen würden (kritisch dazu Rohrmann 2009, S. 70ff.). Andererseits kommen im Kontext des Kinderarmutsdiskurses stereotypisierende Zuschreibungen von Fürsorge, wie sie Toppe (2009) für den Grundschulbereich beschrieben hat, auch im Elementarbereich zum Zuge.

3   Die Rekonstruktion solcher Prozesse ist Gegenstand des DFG-Projekts „Bildung im Elementarbereich: Positionierungen von Eltern und Fachkräften" an der Europa-Universität Flensburg (Leitung des Teilprojektes: Christine Thon; Mitarbeitende: Roger Grahl, Miriam Mai, Richard Sandig) und der PH Schwäbisch Gmünd (Leitung des Teilprojektes: Margarete Menz; Mitarbeitende: Luisa Abdessadok). Dazu werden vergleichende qualitative Fallstudien einzelner Kindertagesstätten an zwei verschiedenen Standorten durchgeführt und Dokumente (wie Leitbilder und Konzeptionen) der Einrichtungen, Gruppendiskussionen mit Fachkräften, Audiomitschnitte von Bildungs- und Entwicklungsgesprächen und Interviews mit Eltern und Fachkräften erhoben und analysiert.

politische Problemstellungen handhabbar zu machen – nämlich durch ihre Überführung oder Transformation in pädagogisch zu bearbeitende Aufgaben. Dies greift die Ausführungen von Matthias Proske (2001) auf, der Pädagogisierung als „die pädagogische Konstruktion sozialer Probleme unter Einschluß einer spezifisch pädagogischen Steuerungsvorstellung zur Bearbeitung des Problems" (ebd., S. 25) definiert. Diese Steuerung solle „erstens durch das Nadelöhr des Individuums […] zweitens über die Mittel der Aufklärung, Bewußtseinsveränderung und darauf abgestimmte Erziehungs-, Lern- und Bildungsprozessen […] erfolgen" (ebd., S. 26f.).

Damit geht es, wie Fabian Kessl (2011) oder Thomas Höhne (2013; vgl. auch Thon 2016) weiter herausarbeiten, im Zuge von Pädagogisierungen letztlich um den Zugriff auf Subjekte, um eine Formierung von Subjektivitäten, die die Bearbeitung der strukturellen Problematiken auf der Ebene der einzelnen und ihres Vermögens damit umzugehen, sicherstellt. So lässt sich auch gesellschaftliche ‚Teilhabe' als etwas konzipieren, das durch die Schaffung bestimmter Voraussetzungen im einzelnen Subjekt – im hier vorliegenden Fall im frühpädagogisch zu fördernden Kind – gewährleistet werden muss. Dieses Subjekt gilt es mit entsprechendem Wissen oder Kompetenzen auszustatten.

Das Interesse richtet sich an dieser Stelle jedoch zunächst nicht auf die angestrebten Subjektformierungen selbst, sondern auf die darauf „abgestimmten Erziehungs-, Lern- und Bildungsprozesse" (ebd.), wie Proske es nennt. Diese liegen häufig in der Verantwortung von Bildungsinstitutionen, die entsprechende Subjektformierungen initiieren sollen. Dazu müssen sie mit ihren Mitteln das soziale Problem als pädagogisches konstruieren und konkrete pädagogische Steuerungsvorstellungen entwickeln.

Dies ist zunächst einmal diskursiv zu bewerkstelligen. Das bildungspolitische Anliegen, ‚Teilhabe' zu sichern, muss auf der Ebene der konkreten einzelnen Institution, im vorliegenden Fall in der jeweiligen Kindertagesstätte, in innerinstitutionelle Diskurse heruntergebrochen und anschlussfähig gemacht werden. Um nachzuvollziehen, wie das geschieht, ist es hilfreich, die Pädagogisierung einer politischen Programmatik wie ‚Teilhabe' an und durch ‚Bildung' als diskursive Artikulation zu analysieren. Darunter ist mit Laclau und Mouffe (2006, S. 141f.) die Herstellung von Verbindungen zwischen Diskurselementen zu verstehen, über die die Bedeutung von, in diesem Fall, ‚Teilhabe' und ihr Verhältnis zu ‚Bildung' bestimmt und fixiert werden.

Der Ausgangspunkt der Diskurstheorie von Ernesto Laclau und Chantal Mouffe ist, dass die Bedeutung sprachlicher Elemente stets aus der Beziehung zu anderen Elementen resultiert und auch darüber analysiert werden muss. Innerhalb dieser immer offenen und flexiblen Verweisungszusammenhänge kommt es zu temporären Fixierungen von Bedeutungen. Aus Elementen, die ihre Bedeutungen in der Differenzierung von anderen Elementen erhalten und darin stets mehrdeutig sind, können sogenannte „Momente" (ebd.) werden. Laclau und Mouffe sprechen von Momenten, wenn ihre „Bedeutung in einem spezifischen Diskurs temporär fixiert" wird (Glasze 2007, S. 18). Dazu sind „Akte des In-Beziehung-Setzens" (Nonhoff 2010, S. 36) nötig, die Laclau und Mouffe als „Artikulationen" bezeichnen. Sie meinen damit „jede Praxis, die eine Beziehung zwischen Elementen so etabliert, dass ihre Identität als Resultat einer artikulatorischen Praxis modifiziert wird" (2006, S. 141).

Über Artikulationen werden Elemente in Signifikantenketten eingebunden, die um „Knotenpunkte" (ebd., S. 150) organisiert sind. Ein Knotenpunkt kann in besonderer Weise verschiedene Bedeutungen integrieren und Differenzen einebnen. So werden die unterschiedlichen Elemente von einem Außen abgrenzbar und nach außen hin äquivalent. Die Bestandteile einer solchen „Äquivalenzkette" (ebd., S. 170) repräsentieren alle in gleicher Weise das, worum es in dem Diskurs geht. Innerhalb der Grenzen des Diskurses herrscht eine komplementäre „Logik der Differenz" (ebd., S. 171). So gewinnen Signifikanten durch Differenzierung und Relationierung zueinander eine temporär fixierte Bedeutung (vgl. ebd., S. 151; Glasze 2007, S. 18).

Eine Pädagogisierung sozialer Problemstellungen kann nun als Herstellung artikulatorischer Verbindungen zwischen Elementen politischer und pädagogischer Diskurse beschrieben werden. Diese werden dadurch zu Momenten eines auf die jeweilige Institution bezogenen Diskurses. Dabei werden Signifikanten wie ‚Teilhabe' oder ‚Inklusion', die aus politisch-programmatischen Kontexten stammen, mit anderen Signifikanten verbunden, die institutionelle Selbstverständnisse und Verfahrensweisen bezeichnen. In ihrer Relation produzieren sie spezifische Bedeutungen, über die diese gleichzeitig fixiert werden. So wird in dem folgenden Fallbeispiel einer Kindertagesstätte die Bedeutung von ‚Teilhabe' etwa über Signifikanten wie „Gruppe" oder „Förderung" fixiert.

Ein Ansatz zur Analyse von Pädagogisierungsprozessen besteht somit darin zu untersuchen, wie entsprechende Diskurselemente argumentativ oder auch narrativ zueinander in welche Beziehung gesetzt werden und welche Muster dabei entstehen. Im Folgenden wird dazu zunächst auf Dokumente fokussiert, die das Selbstverständnis der untersuchten Institution formulieren, und weiterhin auf Dokumente, die in konkreten Verfahren zur Herstellung von ‚Teilhabe' zur Anwendung kommen.

3 Rekonstruktion von artikulatorischen Verbindungen von ‚Inklusion' und ‚Teilhabe(planung)' – ein exemplarischer Fall

In der Kindertagesstätte aus dem Sample der Studie „Bildung im Elementarbereich – Positionierungen von Eltern und Fachkräften", die im Folgenden als Kita A bezeichnet werden soll, wird der bildungspolitische Auftrag, ‚Teilhabe' an und durch ‚Bildung' herzustellen, explizit aufgegriffen und bearbeitet. Das ist nicht selbstverständlich; in der Rekonstruktion kontrastierender Fälle zeigt sich, dass ein Notwendigkeitscharakter ‚frühkindlicher Bildung' auch über andere Bezugnahmen, wie z.B. auf das Ziel einer Autonomisierung von Kindern, hergestellt wird.

In der Kita A jedoch sind sowohl ‚Teilhabe' als auch ‚Inklusion' Knotenpunkte, um die herum Äquivalenzketten gebildet werden. Auf der Ebene von Selbstauskünften dieser Kindertagesstätte spielt der Signifikant ‚Inklusion' eine zentrale Rolle, wie sich anhand der Konzeption der Einrichtung zeigen lässt. Daneben taucht der Signifikant ‚Teilhabe' auf der Ebene von Verfahren auf, mit denen der bildungspolitische Auftrag des Elementarbereichs im weiteren und die Idee von sozialer ‚Teilhabe' an und durch ‚Bildung' im engeren Sinne in konkrete Praxis übersetzt wird. Zu diesen Verfahren gehören die Erstellung verschiedener Dokumente sowie Gespräche zwischen Fachkräften und Eltern. Sie zeichnen sich dadurch aus, dass ‚Teilhabe' hier zum Gegenstand von ‚Planung', also sozusagen zur ‚Teilhabe nach Plan' wird.

Anhand der Konzeption der Kita A und eines Formulars, das im Verfahren der ‚Teilhabeplanung' verwendet wird, lässt sich rekonstruieren, wie die beiden Signifikanten ‚Inklusion' und ‚Teilhabe' jeweils als Knotenpunkte funktionieren, welche artikulatorischen Verbindungen mit anderen Diskurselementen eingegangen werden, in welcher Beziehung sie zu einander stehen und welche Bedeutungen dadurch produziert und fixiert werden. An die Frage nach dem Verhältnis von ‚Inklusion' und ‚Teilhabe nach Plan' schließt sich die Frage an, wie sich möglicherweise beide bei einer Pädagogisierung von Problematiken gesellschaftlicher Partizipation gegenseitig im Wege stehen.

a Knotenpunkt ‚Inklusion'

Im Folgenden werden exemplarisch Textpassagen aus der Konzeption der Kindertagesstätte A herangezogen, um zu rekonstruieren, welche Signifikanten hier zu Äquivalenzketten um den Knotenpunkt ‚Inklusion' auf der Ebene der Selbstdarstellung der Kita verknüpft werden.

Die Kita A wird zu Beginn ihrer Konzeption, noch bevor sie sich das Attribut „inklusiv" gibt, als „eine barrierefreie und niedrigschwellige Kindertagesstätte für alle Kinder im *Stadtteil102*[4]" (KitaA_Konzeption, S. 3) bezeichnet. Der Signifikant ‚barrierefrei' kann dem Diskurs um die Rechte von Menschen mit Behinderung', wie zentral in der sogenannten UN-Behindertenrechtskonvention der Vereinten Nationen (UN 2008) festgeschrieben, zugeordnet werden. Dort wird der Begriff „Behinderung" unter anderem mittels des Begriffs der „Barriere" definiert: „Zu den Menschen mit Behinderungen zählen Menschen, die langfristige körperliche, seelische, geistige oder Sinnesbeeinträchtigungen haben, welche sie in Wechselwirkung mit verschiedenen Barrieren an der vollen, wirksamen und gleichberechtigten Teilhabe an der Gesellschaft hindern können" (ebd.: Art. 1). Die Konvention zielt auf die „Feststellung und Beseitigung von Zugangshindernissen und -barrieren" (ebd.: Art. 9), was im bundesdeutschen „Gesetz zur Gleichstellung behinderter Menschen (Behindertengleichstellungsgesetz – BGG)" in den Begriff der „Barrierefreiheit" (2002: § 4) überführt wird. Er bezieht sich neben materiellen Infrastrukturen für Mobilität und Kommunikation generell auf „gestaltete Lebensbereiche, wenn sie für behinderte Menschen in der allgemein üblichen Weise, ohne besondere Erschwernis und grundsätzlich ohne fremde Hilfe zugänglich und nutzbar sind" (ebd.).

Die Bezeichnung ‚niedrigschwellig' oder auch „Niederschwelligkeit"[5] (Mayrhofer 2012) kann im Bereich von Sozialer Arbeit verortet werden und bezieht sich zentral auf die Zugänglichkeit zu Angeboten „sozialer Hilfe" (ebd.). Diese sollen sich auszeichnen durch eine Reihe von Merkmalen wie „u.a. Alltagsnähe, zeitliche und räumliche Erreichbarkeit, Orientierung am sozialen Raum, ein verstärkter Einsatz von Gehstrukturen, Anschlussfähigkeit sowie Beachtung des speziellen kulturellen bzw. weltanschaulichen Hintergrundes und des Gender Mainstreaming" (Friedrich und Smolka 2012, S. 182). Adressat_innen niederschwelliger Angebote werden charakterisiert als „Personen […], deren soziale Lage sich alltagsweltlich als weit ‚am Rand der Gesellschaft' liegend charakterisieren lässt" (Mayrhofer 2012, S. 9), oder Personen, „die Lebensstile entwickeln, die von der Mehrheitsgesellschaft als deviant beschrieben werden." (ebd.). Somit impliziert die Verwendung des Begriffs „niedrigschwellig" in der Konzeption der Kita A eine Hilfebedürftigkeit der Adressat_innen bzw. kategorisiert die Kinder des Stadtteils (und ihren Eltern) als potentiell Hilfebedürftige.

---

4 Anonymisierungen in den Dokumenten sind *kursiv* gedruckt.
5 Niedrigschwelligkeit und Niederschwelligkeit werden häufig synonym verwendet (vgl. Mayrhofer 2012, S. 9, Fußnote 1).

In der Verkettung von „barrierefrei und niedrigschwellig" ebenso wie mit „für alle Kinder im Stadtteil" wird der Adressat_innenkreis über als ‚behindert' oder als ‚hilfebedürftig' und ‚sozial benachteiligt' markierte Kinder hinaus erweitert. Dabei wird die soziale und (sozial)räumliche Kategorie des Stadtteils zum relevanten Kriterium der Adressierung. Beide Begriffe, sowohl die Barrierefreiheit als auch die Niedrigschwelligkeit stehen für Konzepte, die eine ungleiche Verteilung von Teilhabechancen und Ungleichheitsverhältnissen markieren, denen sie zugleich begegnen, nämlich im Sinne einer Auflösung von Zugangsbarrieren einerseits und in Form von niedrigen Zugangsschwellen andererseits.

Im übernächsten Satz der Konzeption der Kita A taucht der Signifikant ‚Inklusion' auf:

> „In der *Strasse X*, ein paar Gehminuten entfernt von der Kita G im Familienzentrum *Stadtteil102*, wurde *ein leer stehendes Gebäude* mit über *xxx* qm umgebaut, um eine neue inklusive Kindertagesstätte mit *x* Gruppen zu beherbergen." (KitaA_Konzeption, S. 3)

In diesem Zitat wird die räumliche Nähe zu einer anderen Kindertagesstätte desselben Trägers sowie deren Angliederung im Familienzentrum hervorgehoben. Der Name des Familienzentrums ist explizit mit dem Namen des Stadtteils verknüpft, womit auch diesbezüglich eine (sozial)räumliche Relevanzsetzung vorgenommen wird. Neben dieser sozialräumlich nahen Verortung wird markiert, dass das Gebäude erst in eine Kindertagesstätte umgebaut werden musste, die den Kriterien eine „neue inklusive Kindertageseinrichtung" zu sein, entspricht. Zudem scheint die Anzahl der Gruppen als soziale und räumlich-materielle Einheiten in diesem Zusammenhang zentral zu sein. In der Verknüpfung von ‚inklusiv' und baulichen Veränderungen wird die Lesart plausibel, dass der Umbau im Sinne von materiell-räumlicher Barrierefreiheit vollzogen wurde. ‚Inklusion' wird damit als Knotenpunkt einer Äquivalenzkette zum Leitkonzept für die Ermöglichung von sozialer ‚Teilhabe' im Sinne eines Zugangs zu ‚Teilhabe'.

Der „Inklusion" (ebd., S. 7) ist in der Konzeption darüber hinaus ein eigener damit überschriebener Abschnitt gewidmet. Dort kann rekonstruiert werden, dass „Inklusion" mit einer Normalisierung von Differenz und zugleich mit einer Markierung von für Bildungsbenachteiligung als relevant erachteten Differenzen artikuliert wird:

"**Alle Kinder sind gleich – Jedes Kind ist anders.**
Für uns ist es normal, verschieden zu sein, das heißt, für uns hat jedes Kind das Recht, in seiner Einzigartigkeit wahrgenommen und in seinem Anderssein geachtet zu werden" (KitaA_Konzeption, S. 7, Hervorhebung im Original).

Hier lässt sich rekonstruieren, welcher diskursive Aufwand nötig ist, um eine Normalität der Verschiedenheit und eines unbewerteten Andersseins herzustellen. Dazu wird im ersten Satz die Gleichheit aller Kinder bei völliger Verschiedenheit ausgerufen. Als Normalität wird Differenz gesetzt, die hier als Individualität[6] oder Einzigartigkeit gedacht wird, d.h. jede_r ist von der/dem Anderen verschieden. Die Einzigartigkeit jedes Kindes soll darüber hinaus anerkannt und geachtet werden. Im weiteren Verlauf des Zitats wird diese gänzliche Verschiedenheit und das ‚von Anderen Verschiedensein' jedoch mit Differenz- und Zugehörigkeitskategorien verbunden.

„Wir unterstützen alle Kinder, egal welchen kulturellen Hintergrund sie haben, welche Nationalität oder Hautfarbe, welche Behinderung oder Beeinträchtigung. Jedes Kind wird von uns in seinem Sein angenommen und in die Gemeinschaft eingebunden." (ebd.)

Die Adressat_innen frühkindlicher Bildung, Erziehung und Betreuung, nämlich „alle Kinder" werden an dieser Stelle sprachlich entlang von „natio-ethno-kultureller Zugehörigkeit" (Mecheril 2003, S. 12) und Disability unterschieden. Die explizite Markierung dieser Kategorien mit den Begriffen „kultureller Hintergrund", „Nationalität" und „Hautfarbe" einerseits und „Beeinträchtigung" und „Behinderung" (KitaA_Konzeption, S. 7) andererseits erscheint paradox, denn einerseits wird die Gleichheit aller betont und andererseits bedürfen diese Differenzen im Kontext von ‚Inklusion' offensichtlich einer besonderen Thematisierung. Dementsprechend könnte hinter der Benennung dieser Zugehörigkeiten eine besondere Sensibilität dafür stehen, dass die jeweiligen diesen Kategorisierungen zugerechneten Kinder von Ausschlüssen bedroht oder betroffen sind. Allerdings werden damit Unterscheidungen im Konzept erst relevant gemacht, wenngleich sie mit dem Attribut „egal"[7] versehen werden. ‚Inklusion' wird also als ein Konzept eingeführt, das sich zwar an *alle* Kinder richtet, aber im Besonderen an solche, die

---

6   Die Wahrnehmung der „Individualität" (KitaA_Konzeption, S. 7) der Kinder wird auch an anderer Stelle der Konzeption unter der Beschreibung der Grundsätze der eigenen pädagogischen Arbeit formuliert.

7   Zum Begriff „*egalitäre Differenz*" vgl. Prengel 2001, S. 93.

entlang der Kriterien ‚natio-ethno-kulturelle Zugehörigkeit' und ‚Behinderung' als ‚besonders' identifiziert werden. Im Anschluss an diese Differenzierung wird der Aspekt der Anerkennung des individuellen Seins jedes Kindes angesprochen und eine weitere Dimension von ‚Inklusion' benannt, nämlich diejenige des ‚in die Gemeinschaft Eingebundenwerdens' jedes Kindes. Darüber wird der Kontext der ‚Inklusion' eher offen als „Gemeinschaft" bestimmt. Daran anschließend wird der Begriff ‚Teilhabe' eingeführt.

> „Für uns ist es selbstverständlich, dass alle Kinder am Gruppengeschehen teilhaben." (KitaA_Konzeption, S. 7)

Ausgehend von der Setzung von Differenzen und Individualität als Normalität, werden an dieser Stelle die Gruppe und die dort stattfindenden sozialen Prozesse zum Kontext von ‚Inklusion' bzw. hier auch explizit ‚Teilhabe'. Diese bezieht sich mit der Gruppe nicht nur auf eine soziale, sondern auch auf eine materiell-räumliche Einheit. Sie ermöglicht eine Kopräsenz, der eine pädagogische Wirkung zugeschrieben wird:

> „In der Inklusionsgruppe, in der Kinder mit und ohne Beeinträchtigungen (körperlich, geistig, sozial, emotional) gemeinsam betreut werden, ist die Erfahrung, selbstverständlich dabei zu sein wesentlich und bewahrt sie vor dem Gefühl ausgegrenzt zu werden." (ebd.)

Geschlussfolgert wird hier, dass eine ‚Teilhabe' im Sinne einer sozialen und räumlich-materiellen Teilnahme und eines Dabei-Seins die Kinder vor dem „Gefühl" einer Ausgrenzung bzw. Exklusion schütze. In der Inklusionsgruppe werden Kinder entlang der Kategorie Beeinträchtigung[8] unterschieden. Die oben angesprochene Verschiedenheit aller Kinder wird nun reduziert auf eine binäre Unterscheidung zwischen „mit und ohne Beeinträchtigungen", wobei die Verwendung des Plurals nahelegt, dass eine Beeinträchtigung in nur einem Bereich eher nicht der Normalitätsvorstellung entspricht. Die Frage, in welchem Verhältnis ein ‚Gefühl des Ausgegrenztseins' zu einem realen Ausschluss steht, wird hier nicht gestellt. Versprochen wird nur, dass einem Gefühl der Ausgegrenztheit entgegen gewirkt

---

8 An anderer Stelle in der Konzeption, bei der Beschreibung der unterschiedlichen Gruppen in der Kita, wird die Unterscheidung in der „Inklusionsgruppe entlang der Kategorisierung von „Kindern mit und [...] ohne Förderbedarf" (KitaA_Konzeption, S. 3) getroffen.

werde, wovon ein sich auf der Ebene von Freundschaften oder Spielgruppen vollziehender Ausschluss unberührt bleiben könnte.

‚Inklusion' und ‚Teilhabe' können insgesamt als Konzepte verstanden werden, die einem Ausschluss entlang der Differenzierung nach Zugehörigkeitskategorien entgegen wirken sollen. Dabei wären als Varianten eine Auflösung von Zugehörigkeitskategorien oder eine Anerkennung von Verschiedenheit denkbar. Der Text changiert zwischen beidem. Darin spiegelt sich möglicherweise das Dilemma, dass der Versuch der Auflösung der Kategorien mit der Gefahr der Dethematisierung von Benachteiligung und die Thematisierung mit der Verfestigung von Kategorisierungen verbunden ist.[9]

Neben dem Teilhaben an der Gemeinschaft und der Gruppe als pädagogischem und materiell-räumlichen Arrangement und der Verknüpfung mit ‚Inklusion', werden an anderen Stellen der Konzeption materielle Architekturen noch stärker relevant gesetzt. Beispielsweise wird bei der Beschreibung der unterschiedlichen Gruppen und speziell unter der Beschreibung der Inklusionsgruppe der Aspekt der Barrierefreiheit der Räumlichkeiten wiederholt unter dem Stichwort der Zugänglichkeit von Räumen und Gegenständen aufgegriffen. So wird betont, dass dadurch „im Rollstuhl sitzende Kinder betreut werden" (KitaA_Konzeption, S. 4) können. Die Zugänglichkeit von Gegenständen wird mit Mitgestaltung verbunden, wenn beispielsweise eine niedrige Spüle als Voraussetzung für die Beteiligung an "hauswirtschaftliche[n] Tätigkeiten in der Gruppe" (ebd., S. 4) präsentiert wird. Mit dieser Zugänglichkeit wird auch das Versprechen verknüpft, dass Kinder ihren „Bedürfnissen" (ebd., S. 8) nachgehen können: „Alle Spielmaterialien befinden sich auf Augenhöhe und sind für die Kinder frei zugänglich. Der Gruppenraum entspricht mit seinem Spielangebot den aktuellen Interessen und Bedürfnissen der Kinder" (ebd.). Mitgestaltung wird beispielsweise zum Thema, wenn darauf verwiesen wird, dass „[D]ie Wände [...] schlicht gehalten [sind], um Raum für Phantasie und Gestaltungsmöglichkeiten [...] zu lassen" (ebd., S. 8). Betont wird an anderer Stelle explizit, dass „Kinder [...] den Kindergartenalltag mit gestalten" können und „Mitspracherecht" (ebd, S. 12) haben. In der Idee von ‚Mitgestaltung' und ‚Eingebunden-Werden' durch Räume und Gegenstände wird die materielle Architektur der Kindertagesstätte geradezu zu einer geronnenen Form der ‚Inklusion'.

Zusammenfassend kann festgehalten werden, dass um den Knotenpunkt ‚Inklusion' herum Äquivalenzketten gebildet werden, zu denen eine Verhältnisbestimmung von normal und anders gehört, ebenso wie die Signifikanten ‚Gruppe', ‚Barrierefreiheit', ‚Eingebunden-Werden' und ‚Mitgestaltung'. ‚Teilhabe' wird

---

9   Vgl. weiterführend zum „Dilemma der Reifizierung von Differenz durch Forschung" z.B. Diehm, Kuhn, Machold 2010, S. 78.

damit einerseits übersetzbar in Normalisierung von Differenz unter Markierung von Differenz, andererseits in den Zugang *zu*, die Anwesenheit *in* und das Mitgestalten *von* sozialen und materiellen Räumen als konkretes pädagogisches Arrangement.

b   Knotenpunkt ‚Teilhabe(planung)'

Auf der Ebene institutioneller Verfahrensweisen, die gesellschaftliche Partizipation durch pädagogische Maßnahmen sicherstellen sollen, wird in der Kita A mit dem Signifikanten ‚Teilhabe' operiert. Entsprechende Verfahrensweisen beziehen sich anders als der Anspruch auf Inklusivität nicht auf alle Kinder. Sie kommen nur dort zum Zuge, wo Kinder als Kinder „mit [...] Beeinträchtigung" (KitaA_Konzeption, S. 7) bzw. „mit [...] Förderbedarf" (ebd., S. 3) – so die Terminologie der Konzeption – klassifiziert werden.

Das Verfahren, das man mit ‚Teilhabe nach Plan' überschreiben könnte, umfasst die Erstellung eines sog. „Teilhabeplan[s]" (KitaA_Teilhabeplan) zur Beantragung von Eingliederungshilfen nach SGB XII, die regelmäßige Erstellung eines sog. „Entwicklungsbericht[s] zur Teilhabeplanung" (KitaA_Entwicklungsbericht), ein sog. „Gespräch zum Teilhabeplan" (KitaA_5Interview_F101) und ein „Gespräch zum Entwicklungsbericht" (ebd.) zwischen einer Fachkraft der Kita und den Eltern. Die Analyse artikulatorischer Verbindungen von ‚Teilhabe' in diesem Sinne kann an einem Formular vorgenommen werden, das die Fachkräfte in der Kita A nutzen, um Teilhabepläne und Entwicklungsberichte zur Teilhabeplanung zu erstellen. Mit Helga Kelle und Rhea Seehaus (2010, S. 52) lassen sich solche Dokumente als Instrumente verstehen, die bestimmte Praktiken „(prä)formieren, strukturieren und reproduzieren".

Das Formular umfasst insgesamt drei DinA4-Seiten im Querformat. Alle sind mit einer Kopfzeile versehen, die sie als „Teilhabeplan" (KitaA_Teilhabeplan) ausweist, und eine Jahreszahl gibt einen Zeitpunkt an. Die erste Seite trägt zudem in der oberen rechten Ecke das Logo des Trägers; auf den folgenden Seiten befindet sich an dieser Stelle ein Feld für den Namen und das Geburtsdatum des Kindes. Auf der ersten Seite sind diese Daten in ein größeres Feld einzutragen, das der Kopfzeile folgt und weitere Felder für den Namen der den Plan erstellenden Fachkraft und den „Förderzeitraum" aufweist. Darunter befindet sich, wie auf der zweiten Seiten direkt nach der Kopfzeile, ein grauer Balken mit einer Überschrift, darunter jeweils eine Tabelle. Auf der ersten Seite steht in diesem Balken „Diagnose", auf der zweiten Seite stellt er die erste Zeile einer Tabelle mit den Spalten „Bereich", „Ist-Zustand", „Forschungsschwerpunkte" und „Förderziele" (ebd., S. 1) dar. Auf der dritten Seite befinden sich unter der Kopfzeile mehrere graue Überschriften-Balken mit Feldern für Eintragungen.

Bereits in der Kopfzeile des Formulars geht der Signifikant ‚Teilhabe' eine bemerkenswerte Verbindung mit der Bezeichnung „[P]lan" (ebd.) ein: ‚Teilhabe' wird zum Gegenstand von Planung, also zu etwas, das durch gezielte Maßnahmen, gerichtetes, intentional gesteuertes Handeln realisiert werden soll. Diese Realisierung steht gleichzeitig unter Vorbehalt; ein Plan ist lediglich eine Vorwegnahme, die erst noch eingelöst werden muss.

Wenn in dem folgenden Feld des Formulars neben Daten des Kindes und der verantwortlichen Fachkraft ein „Förderzeitraum" (ebd.) angegeben werden soll, ist damit zunächst noch offen, in welchem Zusammenhang ‚Teilhabe' und ‚Förderung' stehen. Soll ‚Teilhabe' planmäßig realisiert werden, könnte ‚Förderung' die Finanzierung der ‚Teilhabe' durch den Kostenträger sein. Oder die Maßnahme, durch die ‚Teilhabe' erreicht werden soll, soll eine – pädagogische – ‚Förderung' des Kindes sein.

Die Überschrift in dem grauen Balken auf der ersten Seite des Formulars fordert dazu auf, „Diagnosen" (ebd.) einzutragen. Eine Diagnose benennt in der Regel Abweichungen von einer Norm. Hier stellt sich zunächst die Frage, was Gegenstand der Diagnostik im Rahmen einer ‚Teilhabeplanung' ist: Es könnte das Ausmaß von sozialer ‚Teilhabe' sein, das hinter der Norm zurückbleibt. In Verbindung mit den folgenden Feldern zu „Pflegestufe", „Behindertenausweis", „Medikamente", „Kinderarzt", „Fachärzte" und „Zusätzliche Therapien" (ebd.) wird deutlich: Die Diagnose bezieht sich nicht auf ein Defizit an sozialer ‚Teilhabe' im Sinne eines Ausschlusses, sondern auf das Kind als Subjekt der ‚Teilhabe' und auf Normabweichungen dieses Subjekts. Damit werden die Gründe für ein Defizit an ‚Teilhabe' in diesem Subjekt lokalisiert.

Auf der zweiten Seite des Formulars folgt unter der Kopfzeile eine Tabelle mit vier Spalten. Mit ihren Überschriften „Bereich", „Ist-Stand", „Förderschwerpunkte" und „Förderziele" (ebd., S. 2) wird deutlich, dass der eigentliche Gegenstand der Planung hier nicht ‚Teilhabe' ist, sondern ‚Förderung'. ‚Teilhabe' wird in ‚Förderung' übersetzt, oder anders gesagt: in der gemeinsamen Artikulation werden ‚Förderung' und ‚Teilhabe' äquivalent gesetzt. ‚Förderung' wiederum wird hier weiter heruntergebrochen in verschiedene Bereiche, die in den Zeilen der ersten Tabellenspalte genannt sind. Aufgeführt werden „Grobmotorik", „Feinmotorik", „Wahrnehmung", „Sprache/Kommunikation", „Kognitiver Bereich", „Sozial-emotionales Verhalten", „Spielverhalten" und „Selbständigkeit/Lebenspraxis" (ebd.). Ohne an dieser Stelle weiter auf diese Signifikanten eingehen zu können, lässt sich doch sagen, dass sie sich hier gegenseitig kontextualisieren, so dass in ihrer Kombination deutlich wird, dass es sich um entwicklungspsychologische Kategorien handelt. Ansonsten könnte unter Wahrnehmung z.B. auch die Frage sein, wie das Kind von der Fachkraft wahrgenommen wird oder unter Kommunikation, wie von Seiten der Kita die Kommunikation gepflegt wird.

Während die Spalten „Ist-Stand" und „Förderziele" (ebd.) frei sind und offensichtlich individuell ausgefüllt werden, sind in der Spalte „Förderschwerpunkte" (ebd.) bereits standardisierte Textbausteine eingefügt. Der „Auf- und Ausbau" bzw. die „Erweiterung und Stärkung" (ebd.), von der hier jeweils die Rede ist, wird auf den Bereichen entsprechende „Kompetenzen" bezogen („Auf- und Ausbau der feinmotorischen Kompetenzen", „Erweiterung der sprachlichen Kompetenzen", „Erweiterung der kognitiven Kompetenzen", „Erweiterung und Stärkung der sozial-emotionalen Kompetenzen" usw.). Dadurch wird mit den Signifikanten ‚Teilhabe' und ‚Förderung' ein Signifikant verbunden, der die für ‚Teilhabe' herzustellenden Bedingungen noch dezidierter im Subjekt verortet.

Das Formular umfasst weiterhin auf der dritten Seite zunächst die mit grauem Balken unterlegten Überschriften „Spezielle Förderangebote", „Besonderheiten" und „Kooperation mit den Eltern" (ebd., S. 3) mit Feldern für Eintragungen darunter. Dadurch wird einerseits die Logik der Besonderung und einer darauf abgestimmten Behandlung durch die Kindertagesstätte bestätigt und verstärkt. Zum anderen werden die Eltern positioniert und in diese Logik einbezogen. Die Notwendigkeit eines Eintrags über die „Kooperation mit den Eltern" (ebd.) nimmt sowohl die Kindertagesstätte in die Pflicht, die Eltern in die Fördermaßnahmen einzubinden, als auch die Eltern, die mit den intensivierten Anstrengungen der Kindertagesstätte zur ‚Förderung' des Kindes keineswegs aus der Verantwortung entlassen sind. Vielmehr könnte der Nachweis einer erfolgreichen Kooperation zur Voraussetzung für die Bewilligung weiterer Leistungen geraten. Diese werden nach einer „Zusammenfassung" (ebd.) unter der Überschrift „Geeignete Maßnahmen" (ebd.) beantragt. Dort heißt es:

„Aufgrund der beschriebenen Diagnose und dem Bedarf des Kindes benötigt [...] aus unserer Sicht weiterhin die teilstationäre Betreuung und Förderung in einer Integrationsgruppe in der Kindertagesstätte *Kita A*, im Rahmen der Eingliederungshilfe gem. §53/54 um die Teilhabe an der Gesellschaft zu gewährleisten" (ebd.).

Mit diesem Bezug auf das SGB XII, insbesondere mit der Übernahme der Metapher „Eingliederung" wird die Tendenz verstärkt, von einem Subjekt auszugehen, das nicht Teil oder Glied „der Gesellschaft" ist und bei dem die entsprechenden Voraussetzungen dafür erst geschaffen werden müssen.

Die „Unterschriften" von Eltern, Fachkraft und Einrichtungsleitung, mit denen das Formular schließlich endet, beziehen sich gleichzeitig auf einen vorgeschalteten Passus, mit dem die Absprache mit und die Zustimmung der Eltern dokumentiert wird.

Im Überblick über diese – durchaus disparaten – Teile des Formulars lässt sich festhalten, dass eine Äquivalenzkette gebildet wird, die die Signifikanten ‚Teilhabe', ‚Diagnose', ‚Förderung' und ‚Kompetenz' umfasst. Ihr Ausgangspunkt ist eine Differenzsetzung über ‚Diagnose': Die Problematik von ‚Teilhabe' wird damit nur auf als ‚behindert' klassifizierte Kinder bezogen. Diese werden zunächst als Subjekte von ‚Nicht-Teilhabe' konstituiert, deren Bedingungen im Subjekt lokalisiert sind. Die Bearbeitung dieser individuellen Bedingungen wird mit ‚Förderung' und ‚Teilhabe' äquivalent gesetzt.

4 ‚Inklusion', ‚Teilhabe(planung)' und ‚Bildung'

In der Zusammenschau der Artikulationen von ‚Inklusion' und von ‚Teilhabe' fällt zunächst auf, dass die Besonderung von als ‚behindert' klassifizierten Kindern, die im Kontext von ‚Inklusion' gemieden wird, im Kontext von ‚Teilhabeplanung' zum Ausgangspunkt eines Verfahrens gemacht wird. Umgekehrt wird dadurch ‚Förderung' von ‚Teilhabe' exklusiv, nämlich zu etwas, worauf nur Kinder mit ‚Diagnose' einen Anspruch haben. ‚Inklusion' dagegen bezieht sich im Konzept auf alle Kinder unter Markierung bestimmter Differenzkategorien.

Weiterhin betont die Konzeption der Kita unter dem Label von ‚Inklusion' die Bedingungslosigkeit des Gehört-Werdens in und des Teilnehmens an der Gruppe. Das Verfahren der ‚Teilhabeplanung' dagegen geht davon aus, dass soziale ‚Teilhabe' bestimmte Bedingungen im Subjekt voraussetzt. Die beiden Konzepte kollidieren also miteinander. Im Blick auf die Pädagogisierung der Problematik gesellschaftlicher Partizipation lässt sich festhalten, dass sich in der Entwicklung einer Steuerungsvorstellung ein pädagogisierender Zugriff auf das Subjekt expliziter im Zusammenhang der Äquivalenzkette um den Knotenpunkt ‚Teilhabe(planung)' findet. Hier wird stärker auf eine Formierung von Subjekten abgehoben als im Kontext von ‚Inklusion'. Dort stehen die sozialen und materiellen Infrastrukturen für ein ‚Eingebunden-Werden' und ‚Mitgestalten' im Vordergrund.

Fokussiert man nun auch das Verhältnis, in das ‚Inklusion' einerseits und ‚Teilhabe(planung)' andererseits zu ‚Bildung' gesetzt werden, so werden ebenfalls deutliche Unterschiede sichtbar. ‚Inklusion' ist in der Kita A mit ‚Bildung' artikulierbar. Beispielsweise wird ‚Inklusion' in der Konzeption mit einem „individuellen Bildungsweg" (KitaA_Konzeption, S. 8) in Verbindung gebracht. Insgesamt wird ‚Bildung' allerdings unscharf. Insbesondere die Grenzen zu ‚Entwicklung' verschwimmen, mit der ‚Bildung' häufig artikuliert wird. Im Konzept wird z.B. ein zentrales Kapitel explizit mit den Signifikanten „Bildung und Entwicklung" (ebd., S. 10) überschrieben. Die auf „Bildung und Entwicklung" bezogene Tätigkeit der Kindertagesstätte wird u.a. als „helfen" (ebd.) „unterstützen" (ebd., S. 12) und „fördern" der Kinder beschrieben, wobei „Förderung" (ebd., S. 10) hier anders gebraucht wird als im Teilhabenplan-Formular. Sie bezeichnet nicht eine planmäßige Angleichung an Normen, sondern „Beziehungen" (ebd.), eine „Atmosphäre" (ebd., S. 8) oder „Angebote" (ebd., S. 10), die einen geeigneten Rahmen für die Selbsttätigkeit der Kinder schaffen. Auch hier verschwimmt, worum es geht. Deutlich wird jedoch, dass keine direkt gesteuerte Veränderung von Subjekten projektiert wird.

Im Kontext des Verfahrens der ‚Teilhabeplanung' hingegen kommt der Signifikant ‚Bildung' nicht vor. ‚Teilhabe' und ‚Förderung' werden mit medizinischen und (entwicklungs)psychologischen Begrifflichkeiten artikuliert, insbesondere aber auch mit „Kompetenz" (KitaA_Teilhabeplan, S. 2). In der Logik der ‚Teilhabeplanung' müssen ihre „Erweiterung" (ebd.) und ihr „Ausbau" (ebd.) sowohl gesteuert als auch gemessen und nachgewiesen werden. Auch hier ist von „Entwicklung" (KitaA_Entwicklungsbericht, S. 2) die Rede; die Effekte und Ziele der ‚Teilhabeplanung' müssen im „Entwicklungsbericht zur Teilhabeplanung" dokumentiert werden. Hier wird ‚Entwicklung' in den Diskurs von Entwicklungsnormen eingepasst, auf deren Erreichen durch ‚Förderung' eingewirkt werden soll.[10] Im Zentrum stehen die gesteuerte Veränderung des Subjekts und die Steigerung seiner Fähigkeiten.

Diese Veränderung des Subjekts und die Steigerung seines Vermögens, die auch als ein wichtiger Aspekt von ‚Bildung' gelten könnten, sind wiederum etwas, das in der Konzeption in Verbindung mit dem Signifikanten ‚Inklusion' einen uneindeutigen Stellenwert hat. Veränderung wird mit der Betonung von Selbsttätigkeit und Selbstentfaltung impliziert, ist aber keine Voraussetzung von ‚Teilhabe', da ‚Teilhabe' als ‚Inklusion' voraussetzungslos sein soll. Im Kontext der ‚Teilhabeplanung' dagegen dreht sich alles um Veränderung, aber diese ist keine selbsttätige und sie muss die Voraussetzungen für ‚Teilhabe' erst schaffen.

An diesem exemplarischen Fall wird deutlich, dass die konsensfähige Formel von ‚Teilhabe' an und durch ‚Bildung' als Pädagogisierung eines sozialpolitischen Problems sozusagen ‚etwas mit Bildung macht'. Um es mit Laclau und Mouffe zu formulieren: Es wird eine Beziehung zwischen dem Element ‚Bildung' und anderen Elementen etabliert, so dass ihre Identität als Resultat eines artikulatorischen Prozesses modifiziert wird. In der Artikulation von ‚Bildung' mit unterschied-

---

10 Dies reicht auch über das Verfahren der ‚Teilhabeplanung' hinaus und schlägt sich in Erläuterungen zu Maßstäben von Schulfähigkeit nieder, wie es in Elterngesprächen geschieht, die im Rahmen des Projekt ‚Bildung im Elementarbereich' aufgezeichnet wurden.

lichen Artikulationen von ‚Teilhabe' – in unserem Fallbeispiel als ‚Inklusion' oder als ‚Teilhabe nach Plan' – wird die Bedeutung des Signifikanten ‚Bildung' sehr unterschiedlich fixiert. Dies lässt Aspekte von ‚Bildung' wie Selbsttätigkeit oder Veränderung und Aspekte von ‚Teilhabe' wie Voraussetzungslosigkeit oder Bedingtheit unterschiedlich zum Zuge kommen. Das wiederum ist nicht unabhängig von der Zuordnung von Kindern zu bestimmten Differenzkategorien. Darum bedarf es hier auch unter dem Aspekt von sozialer Ungleichheit, die mit der Programmatik von Teilhabe an und durch Bildung eigentlich bearbeitet werden soll, einer besonderen Aufmerksamkeit.

Literatur

Betz, T., Rother, P. (2008). Frühe Kindheit im Fokus der Politik. *DJI Bulletin 81*, H.1, 11-12.
Betz, T. (2010). Kompensation ungleicher Startchancen. Erwartungen an Institutionalisierte Bildung, Betreuung und Erziehung für Kinder im Vorschulalter. In: Peter Cloos, Britta Karner (Hrsg.), *Erziehung und Bildung von Kindern als gemeinsames Projekt. Zum Verhältnis familialer Erziehung und öffentlicher Kinderbetreuung* (S. 113-134). Hohengehren: Schneider Verlag.
Bühler-Niederberger, D. (2009). Ungleiche Kindheiten – alte und neue Disparitäten. *Aus Politik und Zeitgeschichte (APuZ) 17*, 3-8.
Bundesjugendkuratorium (2004). Bildung fängt vor der Schule an! Zur Förderung von Kindern unter Sechs Jahren. http://www.bundesjugendkuratorium.de/pdf/2002-2005/bjk_2004_bildung_faengt_vor_der_schule_an.pdf. Zugegriffen: 03. November 2015.
Bundesministerium für Arbeit und Soziales (BMAS) (2015). Das Bildungspaket. Mitmachen möglich machen. http://www.bmas.de/SharedDocs/Downloads/DE/PDF-Publikationen/A857b-bildungspaket-broschuere-s.pdf?__blob=publicationFile. Zugegriffen: 03. November 2015.
Bundesministerium für Familie, Senioren, Frauen und Jugend (BMFSFJ) (2013). 14. Kinder- und Jugendbericht. Bericht über die Lebenssituation junger Menschen und die Leistungen der Kinder- und Jugendhilfe in Deutschland. http://www.bmfsfj.de/RedaktionBMFSFJ/Broschuerenstelle/Pdf-Anlagen/14-Kinder-und-Jugendbericht,property=pdf,bereich=bmfsfj,sprache=de,rwb=true.pdf. Zugegriffen: 03. November 2015.
Bundesministerium für Familie, Senioren, Frauen und Jugend (BMFSFJ) (2010). Perspektiven für ein kindergerechtes Deutschland. Anschlussbericht des Nationalen Aktionsplans „Für ein kindergerechtes Deutschland 2005-2010". http://www.bmfsfj.de/RedaktionBMFSFJ/Broschuerenstelle/Pdf-Anlagen/kindergerechtes-deutschland-abschlussbericht,property=pdf,bereich=bmfsfj,sprache=de,rwb=true.pdf. Zugegriffen: 03. November 2015.
Bundesministerium für Familie, Senioren Frauen und Jugend (BMFSFJ) (2006). Der Nationale Aktionsplan. Für ein kindergerechtes Deutschland. http://www.bmfsfj.de/RedaktionBMFSFJ/Broschuerenstelle/Pdf-Anlagen/nap-nationaler-aktionsplan,property=pdf,bereich=bmfsfj,sprache=de,rwb=true.pdf. Zugegriffen: 03. November 2015.
Bundesministerium für Familie, Senioren Frauen und Jugend (BMFSFJ) (2002). Elfter Kinder- und Jugendbericht. Bericht über die Lebenssituation junger Menschen und die Leistungen der Kinder- und Jugendhilfe. http://www.bmfsfj.de/doku/Publikationen/kjb/data/download/11_Jugendbericht_gesamt.pdf. Zugegriffen: 03. November 2015.
Bundesministerium der Justiz und für Verbraucherschutz (BMJV) (2007). Gesetz zur Gleichstellung behinderter Menschen (Behindertengleichstellungsgesetz – BGG). http://www.gesetze-im-internet.de/bgg/index.html. Zugegriffen: 03. November 2015.
Diehm, I., Kuhn, M., Machold, C. (2010). Die Schwierigkeit, ethnische Differenz durch Forschung nicht zu reifizieren – Ethnographie im Kindergarten. In: Friedericke Heinzel, Argyro Panagiotopoulou (Hrsg.), *Qualitative Bildungsforschung im Elementar- und Primarbereich. Bedingungen und Kontexte kindlicher Lern- und Entwicklungsprozesse. Reihe: Entwicklungslinien der Grundschulpädagogik* (S. 78–92). Baltmannsweiler: Schneider Verlag Hohengehren.

Friedrich, L., Smolka, A. (2012). Konzepte und Effekte familienbildender Angebote für Migranten zur Unterstützung frühkindlicher Förderung. *Zeitschrift für Familienforschung 24*, H. 2, 178-198.

Fthenakis, W. E. (2010). Implikationen und Impulse für die Weiterentwicklung von Bildungsqualität in Deutschland. In: Wassilios E. Fthenakis, Pamela Oberhuemer (Hrsg.), *Frühpädagogik international. Bildungsqualität im Blickpunkt* (S. 387-402). Wiesbaden: Springer VS.

Glasze, G. (2007). Vorschläge zur Operationalisierung der Diskurstheorie von Laclau und Mouffe in einer Triangulation von lexikometrischen und interpretativen Methoden. Forum Qualitative Sozialforschung/ Forum: Qualitative Social Research (FQS) 8, H. 2, [73 Absätze]. http://nbn-resolving.de/urn:nbn:de:0114-fqs0702143. Zugegriffen: 03. November 2015.

Höhne, T. (2013). Pädagogisierung als Entgrenzung und Machtstrategie. Einige kritische Überlegungen zum erziehungswissenschaftlichen Pädagogisierungsdiskurs. In: Alfred Schäfer, Christiane Thompson (Hrsg.), *Pädagogisierung* (S. 27–35). Halle (Saale): Martin-Luther-Universität Halle-Wittenberg.

Joos, M. (2002). Tageseinrichtungen für Kinder zwischen Dienstleistung und Bildungsanforderung. *Zeitschrift für Soziologie der Erziehung und Sozialisation (ZSE) 22* , H. 3, 231-248.

Kelle, H., Seehaus, R. (2010). Die Konzeption elterlicher Aufgaben in kindermedizinischen Vorsorgeinstrumenten. Eine vergleichende Analyse von Dokumenten aus Deutschland, Österreich, England und der Schweiz. In: Helga Kelle (Hrsg.), *Kinder unter Beobachtung. Kulturanalytische Studien zur pädiatrischen Entwicklungsdiagnostik* (S. 41-94). Opladen: Barbara Budrich.

Kessl, F. (2011). Pädagogisierungen – eine vernachlässigte Dimension in der Geschlechterforschung zur gegenwärtigen Transformation von Sozial-, Bildungs- und Erziehungspolitik. In: Rita Casale, Edgar Forster (Hrsg.), *Ungleiche Geschlechtergleichheit. Geschlechterpolitik und Theorien des Humankapitals (Jahrbuch Frauen- und Geschlechterforschung in der Erziehungswissenschaft, 7)* (S. 61-75). Opladen: Barbara Budrich.

Laclau, E., Mouffe, Ch. (2006*). Hegemonie und radikale Demokratie. Zur Dekonstruktion des Marxismus*. Wien: Passagen Verlag.

Mähler, C., Cloos, P., Koch, K. (2015). Forschung zur Entwicklung und Förderung in der frühen Kindheit. Eine Einleitung. In: Peter Cloos, Katja Koch, Claudia Mähler (Hrsg.), *Entwicklung und Förderung in der frühen Kindheit. Interdisziplinäre Perspektiven* (S. 12-22). Weinheim und Basel: Beltz Juventa.

Mayrhofer, H. (2012*). Niederschwelligkeit in der sozialen Arbeit. Funktionen und Formen aus soziologischer Perspektive*. Wiesbaden: Springer VS.

Mecheril, P. (2003). *Prekäre Verhältnisse. Über natio-ethno-kulturelle (Mehrfach-) Zugehörigkeit*. Münster, New York, München, Berlin: Waxmann.

Menz, M., Thon, Ch. (2013). Legitime Bildung im Elementarbereich. Empirische Erkundungen zur Adressierung von Eltern durch Fachkräfte. *Zeitschrift für Qualitative Forschung 14*, H. 1, 139-156.

Nonhoff, M. (2010). *Chantal Mouffe und Ernesto Laclau: Konfliktivität und Dynamik des Politischen*. Ulrich Bröckling, Robert Feustel (Hrsg.), *Das Politische denken. Zeitgenössische Positionen* (S. 33-57). Bielefeld: transcript.

Prengel, A. (2001). Egalitäre Differenz in der Bildung. In: Helma Lutz, Norbert Wenning (Hrsg.), *Unterschiedlich verschieden. Differenz in der Erziehungswissenschaft* (S. 93-107). Opladen: Leske + Budrich.

Proske, M. (2001*). Pädagogik und Dritte Welt. Eine Fallstudie zur Pädagogisierung sozialer Probleme.* Frankfurt am Main: Fachbereich Erziehungswissenschaften der Johann-Wolfgang-Goethe-Universität, Dissertation 2000.

Rauschenbach, T., Borrmann, S. (2010). Wenn die Privatsache Kinderbetreuung öffentlich wird. Zur neuen Selbstverständlichkeit institutioneller Kinderbetreuung. In: Peter Cloos, Britta Karner (Hrsg.), *Erziehung und Bildung von Kindern als gemeinsames Projekt. Zum Verhältnis familialer Erziehung und öffentlicher Kinderbetreuung* (S. 11–25). Baltmannsweiler: Schneider Verlag Hohengehren.

Rohrmann, T. (2009). Gender in Kindertageseinrichtungen. Ein Überblick über den Forschungsstand. http://www.dji.de/fileadmin/user_upload/bibs/Tim_Rohrmann_Gender_in_Kindertageseinrichtungen.pdf. Zugegriffen: 03. November 2015.

Thon, Ch. (2016): Politisierung des Privaten und Pädagogisierung des Politischen: Verschiebungen in der Thematisierung des Verhältnisses von Erwerbs- und Reproduktionsarbeit. In: Rita Casale, Hans-Christoph Koller Norbert Ricken (Hrsg.), *Das Politische und das Pädagogische.* Paderborn: Schöningh.

Toppe, S. (2009). Rabenmütter, Supermuttis, abwesende Väter? Familien(leit)bilder und Gechlechtertypisierungen im Kinderarmutsdiskurs in Deutschland. In: Barbara Thiessen, Paula-Irene Villa (Hrsg.), *Mütter – Väter: Diskurse, Medien, Praxen* (S. 107-123). Münster: Westfälisches Dampfboot.

United Nations (UN) (2008). Gesetz zu dem Übereinkommen der Vereinten Nationen vom 13. Dezember 2006 über die Rechte von Menschen mit Behinderungen sowie zu dem Fakultativprotokoll vom 13. Dezember 2006 zum Übereinkommen der Vereinten Nationen über die Rechte von Menschen mit Behinderungen vom 21. Dezember 2008. In: *Bundesgesetzblatt Teil II,* H. 35, 1419-1457.

Möglichkeitsräume und Teilhabechancen in Bildungsprozessen

Merle Hummrich, Astrid Hebenstreit und Merle Hinrichsen

1 Einleitung

„Ein Raum ist immer schon ein Raum in Räumen, doch die Orientierung in diesen Räumen ist nur möglich aus jeweils einem Raum heraus. Das ist die Bedingung dafür, um zum einen jede Unterscheidung als Grenze zu denken und im Hinblick auf ihre beiden Seiten beobachten zu können, dabei zum anderen jedoch nie übersehen zu können, dass man diese Beobachtung nur vornehmen kann, wenn man (ein Bewusstsein, eine Kommunikation, einen Organismus) seinerseits eine Unterscheidung trifft, das heißt einen Raum abgrenzt und besetzt" (Baecker 2007, S. 82).

Seit dem *spatial turn* ist die Raummetapher erziehungswissenschaftlich vielfältig genutzt worden. Ob über das Konzept des Sozialraumes von Kessl und Reutlinger (2007) oder die Auseinandersetzung mit Architekturen als Raumpraxen zur Öffnung und Schließung (Böhme und Herrmann 2011) – Raum avanciert zu einer erziehungswissenschaftlichen Kategorie, die anschlussfähig an Theorien sozialer Differenzierung (vgl. Baecker 2007) und damit an die Analyse von Macht- und Ordnungsstrukturen ist. Doch lassen sich diese Macht- und Ordnungsstrukturen nicht nur in ihrer dinglichen Erscheinung als Geographien des Handelns oder als Perspektivnahmen auf die eigene Haltung bestimmen, sondern Räume können – auch dies zeigt das eingangs genannte Zitat – ebenfalls als Möglichkeitsstrukturen verstanden werden, die spezifische Inklusions- und Exklusionschancen eröffnen oder beschließen, mit anderen Worten: die Aufschluss über Teilhabechancen und deren Begrenzungen im Sozialen geben. Mit den Ausführungen von Löw (1997, 2000) und Ecarius (1997) erscheint in diesem Zusammenhang Raum als Anordnungsstruktur, die mit gesellschaftlichen Normalitätserwartungen konfrontiert ist, in denen das Handeln auf spezifische Möglichkeitskonstellationen trifft (Hummrich 2011). Wozu aber wird der Raumbegriff genau benötigt, wenn es darum geht, Möglichkeiten und Grenzen des Handelns in sozialen Kontexten zu bestimmen? Um diese Frage zu beantworten, könnte man u.a. die erziehungswissenschaftlichen Raumbegriffe sammeln und ordnen. Man erführe dann, dass Raum einerseits als dinglich gestaltete Lernumgebung entworfen wird (etwa in unterschiedlichen Varianten der Reformpädagogik) oder als Sozialraum, der geographisch genutzt und architektonisch gestaltet wird (s.o.), als Weg, der gewissermaßen dem Bildungsweg metaphorisch zugrunde liegt (Bollnow 2010) oder als relationales Anordnungsgefüge, das Handeln bedingt und rahmt (insges. Hummrich 2011). Letztere Perspektive verweist auf die zweite Option, sich der Komplexität des Raumes als Möglichkeitsraum zu nähern. Dieser Perspektive folgend verstehen wir Teilhabechancen als durch Platzierungen und Verortungen im Kontext eines (Sozial-) Raumes bedingte (Handlungs-)Optionen der Partizipation an Bildung, die sich im Spannungsfeld von Inklusion und Exklusion eröffnen oder verschließen und durch die jeweils gültigen (Zugehörigkeits-)Ordnungen strukturiert sind, diese aber auch mit hervorbringen. Dies soll hier am Beispiel Schule entfaltet werden. Die Frage nach Teilhabechancen ist damit gleichzeitig eine Frage nach räumlichen Möglichkeitsstrukturen, die auf unterschiedlichen Ebenen (Gesellschaft, Institution, Interaktion, Individuum) zu erfassen sind. Dabei geht es hier nicht in erster Linie um die Frage, wie Bildungserfolg hergestellt wird, sondern wie sich Teilhabechancen im Prozessieren von (Nicht-)Zugehörigkeit eröffnen und/oder verschließen. Dies verweist auf die Notwendigkeit einer multiperspektivischen und mehrebenenanalytischen (Helsper et al. 2010) Perspektive auf Teilhabechancen, die die jeweiligen Interdependenzen in den Blick nimmt.

Die heuristische Bestimmung des Möglichkeitsraumes (2) bietet im Folgenden die Grundlage für die Analyse zweier Fallstudien, die basierend auf unterschiedlichen Datentypen verschiedene (institutionelle und biographische) Ebenen von Möglichkeitsräumen fokussieren (3). Auf der Grundlage dieser Rekonstruktionen soll das Potenzial des Konzeptes für die Bestimmung von Teilhabechancen in Bildungsprozessen empirisch ausgelotet und theoretisch begründet werden (4).

2 Heuristische Bestimmungen des Möglichkeitsraumes

Wenn Raum nicht als eine Art Container begriffen wird oder topografisch als Ort, der Handeln *irgendwie* umgibt, ist es schwierig, sich Raum dinglich vorzustellen. In den Vordergrund tritt dann eine räumliche Vorstellung sozialen Handelns, durch die sich dynamische Prozesse, die Verschränkung von Anordnungsbedingungen der Gesellschaft und Platzierungsleistungen des Individuums treffend beschreiben lassen. Mit Bourdieu (2000) kann Raum als geordnete und ordnende Struktur verstanden werden: Raum wird im Handeln immer schon vorgefunden. Bourdieu hat dies mit seinen Milieuschemata anschaulich ausgeführt. Soziale Milieus inkludieren all jene, die ein Passungsverhältnis herstellen (können), weil sie kulturell, ökonomisch und sozial an die einem jeweiligen Milieu zugrunde liegenden Teilhabe- und Ausschlussmechanismen anschließen können (Bourdieu 2002). Mit Blick auf die Frage nach Teilhabechancen in Bildungsprozessen tritt aus erziehungswissenschaftlicher Perspektive hier insbesondere die Schule als Institution der Reproduktion sozialer Ungleichheit in den Fokus, da milieuspezifische Habitusformationen auch unterschiedliche Passungsverhältnisse zur Schule bedingen, wobei Schule insgesamt die Werte und Normen der herrschenden Klassen repräsentiert (Bourdieu 2004), sich aber auch in Einzelschulen jeweilige Passungsverhältnisse ausformen (Kramer 2011), die als Institutionen-Milieu-Komplexe zu beschreiben sind (Helsper und Hummrich 2008). Erfahrungen in durch (Zugehörigkeits-)Ordnungen bestimmten Handlungszusammenhängen – hier insbesondere Schule und Familie – vermitteln Wissen über gesellschaftliche Normen, die Bedeutung von Institutionen und das Herkunftsmilieu. Der Institutionen-Milieu-Komplex wird damit in seiner Konkretion durch schulische und familiale Interaktionen zum Erfahrungshintergrund der Einzelbiographie, die gestaltend und aktiv mit ihm in Wechselwirkung steht. Diese Perspektive begründet, Handeln in Erziehungs-, Bildungs- und Sozialisationsprozessen nicht nur individuell zu betrachten, sondern mehrebenenanalytisch. Dabei trennen wir die Ebenen wie in Abbildung 1 ersichtlich, allerdings in dem Bewusstsein, dass es sich um eine analytische Trennung handelt, die biographisch komplex erlebt und erfahren wird.

Das Eingangszitat, dass ein Raum immer schon ein Raum in Räumen sei (Baecker 2007) kann in diesem Sinne verstanden werden. In ihrer relationalen Konstellierung bieten Räume dabei Ermöglichungsstrukturen der Selbstverortung und der Verortung größerer Handlungszusammenhänge zueinander. Was dies bedeutet, soll nun knapp für die Ebene von Institution und Milieu, sowie die Ebene des Individuums und seiner Biographie skizziert werden.

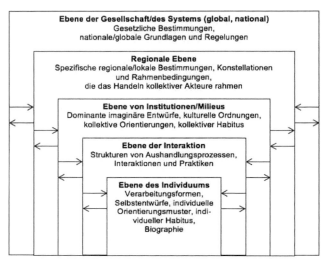

Abbildung 1 Modell der Ebenendifferenzierung (vgl. Hummrich und Kramer 2011)

Institutionelle Möglichkeitsräume zeigen sich einerseits im Verhältnis zu sozialen Milieus, dies wurde oben bereits angesprochen. Aber sie formen sich auch in einer jeweiligen Verhältnisbestimmung zu anderen Institutionen aus. So zeigt sich in der Rekonstruktion institutioneller Möglichkeitsräume an Schulen zum Beispiel, dass reformpädagogisch orientierte Gesamtschulen anschlussfähiger für Kinder aus alternativen, bildungsorientierten Milieus als für Kinder aus bildungsfernen oder konservativ-bürgerlichen Milieus sind, exklusive Gymnasien setzen eher auf letztere Milieus als Bezugsmilieus, während sie sich von bildungsdistanzierten und alternativen Milieus abgrenzen (Hummrich 2011). Nicht nur die Milieus sind damit gesellschaftlich zueinander angeordnet, auch die Schulen als Institutionen verorten sich relational zu den Milieus und zueinander, indem sie sich aufeinander beziehen oder voneinander abgrenzen. Gleichzeitig entstehen in ihnen auch unterschiedliche Verortungsmöglichkeiten für Schüler_innen. Schließlich können Schüler_innen (und ihre Familien) über die Zugehörigkeit zu einer bestimmten Schule Nähen zu spezifischen Milieus herstellen oder sich abgrenzen.

Dieses Modell der Verortung ist nun für die Beschreibung von Möglichkeitsräumen interessant. An Schulen entstehen Möglichkeiten der Positionierung bzw. Verortung von Subjekten, mit denen Nähen zu bestimmten Milieus behauptet und Abgrenzungen zu anderen hervorgebracht werden. Gleichzeitig entstehen über Möglichkeitsräume auch Zugehörigkeitsordnungen (Mecheril und Hoffarth 2009), auf deren Grundlage auch Ausschluss stattfindet. Die in spezifische Möglichkeitsräume eingelagerten Zugehörigkeitskonstruktionen führen zu spezifischen Anordnungs- und Lagerungsverhältnissen (Löw 2000), die nicht starr sind, sondern dynamisch – also gesellschaftlich-historisch wandelbar. So zeigen etwa Schulleiterreden, die auf die Tradition von exklusiven Gymnasien hinweisen, dass die Exklusivität etwas ist, das unter verschiedenen gesellschaftlichen Bedingungen erhalten, angepasst, transformiert wird (Helsper et al. 2001, Hummrich 2011). Die Reproduktion von Exklusivität bedarf einer gleichzeitigen Transformation der Schulorganisation und der schulischen Inklusivität.

Aber nicht nur die Relationierung der Schulen zueinander und die Passungsverhältnisse lassen sich mit Blick auf die Möglichkeitsräume analysieren, auch die schulischen Anordnungs- und Lagerungsstrukturen selbst können zum Gegenstand der Betrachtung werden. Es ist hier zu fragen, welche normativen Setzungen von Schule als Institution und von Einzelschulen ausgehen und inwiefern sie zur funktionalen Einbindung in die Gesellschaft beitragen. In „Überwachen und Strafen" zeigt Foucault (1977) zum Beispiel, wie die Schule ihre Disziplinarmacht entfaltet, indem das Schulgebäude selbst zum Dressurmittel wird (ebd., S. 223) – dies zeigt für das reformpädagogische Landschulheim Haubinda etwa auch Yamana (1996) – und Schüler_innen normiert, nach Rängen angeordnet und klassifiziert oder herabgestuft werden (Foucault 1977, S. 234). Schule stellt sich somit als eine Heterotopie (Foucault 2006) dar, in der Abweichungen (für Schule müsste man sagen: präventiv) korrigiert werden und die damit das gesellschaftliche Normgefüge repräsentiert. Dies geschieht, indem Anordnungs- und Lagerungsstrukturen handelnd hervorgebracht werden und damit Zugehörigkeiten hierarchisiert und Ausschlussbedingungen prozessiert werden. Vor diesem Hintergrund werden schließlich einzelschulische Möglichkeitsräume als institutionelle Relationierungen zu anderen Institutionen und zu gesellschaftlichen Milieus rekonstruierbar, so wie ihre Normierungsfunktion die Hervorbringung von angepassten (gesellschaftlich handlungsfähigen) Subjekten bedingt und zu jeweiligen innerschulischen Hierarchisierungen führt.

Biographische Möglichkeitsräume sind konzeptionell hier anschlussfähig. Dabei werden gegenüber den institutionell wirksamen Zugehörigkeits- und Teilhabe*optionen* biographisch besonders die Aufschichtung von Zugehörigkeits- und Teilhabe*erfahrungen* sowie die hegemonial wirksamen und *individuell inkorporierten* Zugehörigkeitsordnungen relevant. Alheit geht davon aus, dass „die emergenten Möglichkeitsräume, die selbst auf den einzelnen positionalen Niveaus für die Akteure in ihrer Vernetzung mit anderen sozialen Akteuren, mit Macht- und Herrschaftsstrukturen durchaus existieren" nicht „unter Ausblendung der biographischen Perspektive auszufüllen [seien, Anm. d. V.], d.h. ohne Rückgriff auf

Handlungsressourcen, die aus früheren individuellen Positionserfahrungen stammen, und ohne die Vorstellung von positionellen Chancen, die den aktuellen Verstrickungen biographisch folgen könnten" (Alheit 2007, S. 78). Dies verdeutlicht die Relevanz einer biographischen Perspektive für die Analyse von Möglichkeitsräumen. Im Kontext Schule geht es dabei vor allem um die individuelle Aneignung der pädagogischen Ordnung der jeweiligen Schulkultur sowie um Strategien des Umgangs mit der Anforderung, ein Passungsverhältnis zu dieser herzustellen, aber auch um Gestaltungspotentiale und Handlungsoptionen sowie um eigene Zugehörigkeitsvorstellungen (vgl. Hummrich 2011, S. 247). Biographie im Sinne einer verzeitlichten Sozialität (Alheit und Dausien 2000) eröffnet damit den Zugang, einerseits das Gewordensein von Möglichkeitsräumen zu rekonstruieren, andererseits damit verbundene zukünftige Optionen in den Blick zu nehmen. Beispielhaft können hier Bildungsentscheidungen angeführt werden, die neue Handlungsoptionen nach sich ziehen aber auch verworfene Lebensentwürfe enthalten und erst in bestimmten (institutionellen) Kontexten relevant werden. Es rückt somit deren konstituierende und verändernde Dynamik für die Biographie an und für sich sowie für die Gestaltung eines veränderten Möglichkeitsraumes – unter der Perspektive von Biographizität (vgl. Alheit und Dausien 2000) – in den Fokus. Biographie selbst kann insofern als zu gestaltender sowie gestalteter Raum begriffen werden, da hier gesellschaftliche sowie institutionelle und normative Anforderungsbedingungen bzw. Zugehörigkeitsordnungen verhandelt und inkorporiert und so Erfahrungen (vor-)strukturiert werden. Beispielhaft kann hier der institutionalisierte Lebenslauf (Kohli 1985, 2003) als normative Orientierungsfigur angeführt werden, der biographische Entwürfe steuern und begrenzen kann. Die Prozessstrukturen des Lebensablaufs (Schütze 1983) bestimmen die Haltung zur eigenen Biographie und prägen damit die jeweiligen Möglichkeitsräume. Schütze weist dabei darauf hin, dass z.b. episodale Handlungsschemata „einen neuartigen Möglichkeitsspielraum für biographische relevante Ereignisse und Aktivitäten" (Schütze 1983, S. 78) aufspannen, die biographische Neuorientierungen ermöglichen können. Deutlich wird hier die Dynamik von biographischen Möglichkeitsräumen, die durch die jeweilige Erfahrungsaufschichtung geprägt sind, aber auch selbst als Erfahrung verarbeitet und handelnd gestaltet werden können. Möglichkeitsräume, die sich im Rahmen der Biographie konstituieren, sind immer in komplexe Interaktionszusammenhänge sowie in gesellschaftliche und institutionelle Strukturen eingebettet. Biographische Möglichkeitsräume im zeitlichen Verlauf sind u.a. als altersspezifische Räume (Ecarius 1997) zu fassen, die jeweils spezifische Anforderungs- und Bedingungsgefüge vorhalten. Dabei gestalten sich die Übergänge zwischen den Räumen fließend. Es gibt also Bedingungs- und Anforderungsgefüge, die sich an Lebensphasen brechen (auch Adoleszenz wäre ein Beispiel hierfür), quer dazu liegen unterschiedliche Bedingungs- und Anforderungsgefüge aufgrund von *Gender, Race* und *Class*, die sich wiederum in Zugehörigkeitsordnungen sedimentieren und so (Nicht-)Zugehörigkeitskonstruktionen prägen.

Wir können diese exemplarischen Ausführungen zu institutionellen und biographischen Möglichkeitsräumen hier schließen, indem wir zusammenfassend auf das gemeinsame Merkmal der Chancenstruktur von Teilhabe und Zugehörigkeit verweisen, die immer auch Begrenzungen und Ausschlussbedingungen sichtbar werden lässt. Die Rede von Räumen als Möglichkeitsräumen geschieht dabei in erziehungswissenschaftlichen Studien zunächst in Auseinandersetzung mit der Bildungsbiographie (z.B. King und Koller 2006). Das räumliche Handeln, das immer schon in Räumen stattfindet und zugleich Räume konstituiert (Löw 2000, Schroer 2005), ist der thematische Fokus, der erziehungswissenschaftlich für die Analyse von Institutionen und Biographien bedeutsam wird. Somit erscheinen Möglichkeitsräume einmal als Bedingungsgefüge mit Blick auf Handlungsoptionen und daraus resultierende Verortungen, zum anderen als Anforderungsgefüge, in dem Teilhabe thematisch wird. Diese Doppelstruktur ist hier nun von Interesse. Der Raum bietet einerseits Möglichkeiten, die aufgrund einer konkreten empirischen Wirklichkeit entstanden sind und bildet zugleich eine Wirklichkeit ab, die sich als kreativer Umgang mit Möglichkeiten verstehen lässt. Einen guten Einblick in das Potenzial von Möglichkeitsräumen bietet das Parameter-Modell, mit dem Oevermann (1983) das Zusammenspiel sozialer Regelgeleitetheit und individueller Auswahlprozesse beschreibt. Weil das soziale Handeln regelgeleitet ist, haben Personen gesellschaftlich bestimmte (überschaubare) Entscheidungsmöglichkeiten (Parameter 1), aus denen sie vor dem Hintergrund ihrer individuierten Fallstruktur *eine* Option auswählen (Parameter 2). In der Schulkulturforschung wird dieses Modell mit Blick auf die Handlungsebenen Individuum, Interaktion, Institution und Gesellschaft weiter ausdifferenziert (Helsper et al. 2001) und seine Tauglichkeit für überindividuelle Zusammenhänge herausgearbeitet. Auch institutionell entstehen so z.B. Fallstrukturen (Parameter 2), die eine Auswahl aus den jeweiligen Regeln, die für gesellschaftliche Institutionen gelten, implizieren. Anschlussfähig ist das Konzept auch an biographietheoretische Überlegungen, in denen davon gesprochen wird, dass nicht alle Möglichkeiten des Lebens auf einem Lebensweg ausgeschöpft werden, sondern dass sich in biographischen Erzählungen auch das „ungelebte Leben" (u.a. Alheit 2010; Dausien 1996; siehe auch v. Weizsäcker 1956) artikuliert.

Das Konzept des Möglichkeitsraumes kann hier anschließen und sich heuristisch als relationale (An-)Ordnungsstruktur bestimmen lassen, die Handeln ordnet, Verortungen bedingt, aber auch begrenzt und auf deren Grundlage individuelle und institutionelle Verortungspotenziale analysiert werden können. Es kann anschließen an qualitativ mehrebenenananlytische Untersuchungen (Helsper et al. 2010) und eröffnet den Blick auf das Zusammenspiel mehrerer Ebenen (Helsper et al. 2009) in raumtheoretischer Perspektive (Hummrich 2011). Anstelle der Betrachtung der Wechselwirkung der unterschiedlichen Handlungsebenen (z.b. der Institution und der Biographie/des Individuums) soll hier jedoch zunächst das Ansinnen im Vordergrund stehen, die theoretischen Potenziale einer raumanalytischen Perspektive auf Institutionen und Biographien jeweils für sich zu bergen, um dann zu untersuchen, welche Reichweite der Raumbegriff für die Bestimmung von Teilhabechancen in Bildungsprozessen hat.

3 Empirische Analysen institutioneller und biographischer Möglichkeitsräume

Im Folgenden wird Material aus zwei Forschungsprojekten präsentiert. Die Analyse schulkultureller Entwürfe steht im Mittelpunkt des ersten Teils der empirischen Analysen und repräsentiert Untersuchungen auf der Ebene der Institution, ihrer Relationierung zu Milieus, zu anderen Institutionen und ihrer Entwürfe von idealer Schüler_innen_schaft und gelingender Passung.[1] Das zweite Material stammt aus einem Dissertationsvorhaben[2]. Dort rückt zunächst die biographische Konstruktion von Zugehörigkeitserfahrungen und -ordnungen in Familie und Schule in den Fokus, um daran anschließend deren Bedeutung für Platzierungen und Verortungen sowie für daraus resultierende Teilhabechancen in Bildungsprozessen zu rekonstruieren. Obwohl das Material folglich keine unmittelbare Verbindung aufweist, kann es im Rahmen des Beitrags für eine erste Analyse fruchtbar gemacht werden.

3.1 Teilhabe im Kontext institutioneller Möglichkeitsräume

Eine Annäherung an die Exploration von Möglichkeitsräumen erfolgt über die Analyse schulkultureller Entwürfe. Aus einer schulkulturtheoretischen Perspektive (Helsper 2008) werden Schulen hier als Institutionen verstanden, die in der handelnden Auseinandersetzung mit überinstitutionellen Vorgaben, milieuspezifi-

---

[1] DFG-Projekt „EDUSPACE – Schulkultureller Raum und Migration in Deutschland und den USA" (Leitung: Merle Hummrich).
[2] Hinrichsen, M.: Freiwillig engagiert?! Jugendliche zwischen Gestaltungserwartungen und Bildungspotentialen (Arbeitstitel).

schen und historischen Rahmenbedingungen sowie im Kontext spezifischer Interaktionszusammenhänge „für Schülergruppen aus unterschiedlichen Herkunftsmilieus und [mit, Anm. d. Verf.] je spezifischen biographischen Habitusformationen jeweils divergierende Möglichkeitsräume der Anerkennung und Artikulation ihres Selbst im Rahmen schulischer Bewährung und Bildungsverläufe" (Helsper 2008, S. 67) bieten. Wie lassen sich diese Möglichkeitsräume, verstanden als Zugehörigkeitsordnungen im Spannungsfeld von Inklusion und Exklusion (vgl. Hummrich 2011) ermöglichen oder begrenzen, empirisch fassbar machen?

In einem ersten Zugriff werden im Folgenden Schulhomepages als Ausdrucksgestalten schulkultureller Ordnungsentwürfe in den Blick genommen, mittels derer die Schulen sich auf der Grundlage des institutionellen Gewordenseins der Einzelschule und zugleich mit Blick auf ihre Entwicklung positionieren. Homepages können somit, ähnlich wie Schulleiterreden, Flyer und Schulprogramme, als Ausdrucksgestalten gesehen werden, in denen die idealen schulischen Entwürfe und Vorstellung zur Positionierung der schulischen Akteure zum Ausdruck kommen. Es handelt sich dabei um Artefakte (Oevermann 1983), von denen ein Screenshot angefertigt wird. Damit repräsentieren sie kulturell geronnenes Wissen über Teilhabe und Ausschluss und geben Einblick in die institutionellen (An-)Ordnungsstrukturen. Auf Homepages stellen sich die Schulen einerseits in ihrer je spezifischen Profilierung selbst dar und entfalten damit ihre Vorstellung von Schule, Schülerschaft und Schulerfolg. Andererseits grenzen sie sich dadurch mehr oder weniger explizit von anderen Schulen ab. Anhand zweier Fallskizzen soll im Folgenden nachvollzogen werden, wie Möglichkeitsräume für Teilhabe im Rahmen der schulkulturellen Entwürfe entfaltet werden[3].

Fallskizze 1: Die Wilhelm-Ehring-Schule

Auf der Startseite der Homepage der Wilhelm-Ehring-Schule wird zunächst der Name der Schule auf der linken Seite präsentiert, weit rechts davon eingerückt findet sich ein Städtename. Unterhalb des Namenszuges sind einige Fotos abgebildet, gefolgt von dem Schriftzug „Gemeinschaftsschule mit gymnasialer Oberstufe", dem Logo einer Universität sowie dem Logo der Schule.

---

3 Mit Blick auf datenschutzrechtliche Bestimmungen und laufende Erhebungen werden hier nicht die Originalhomepages abgebildet, sondern von uns erstellte anonymisierte Nachbildungen. Diese sind den Originalen nachempfunden und dienen lediglich der Illustration. Auch die Namensgeber der Schulen werden in anonymisierter Form dargestellt. Alle Interpretationen beziehen sich auf das originale Datenmaterial.

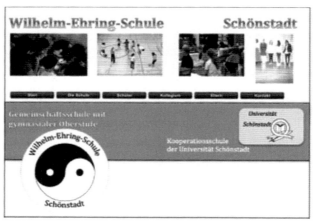

Abbildung 2 Startseite der Wilhelm-Ehring-Schule (Nachbildung)

Namensgeber der Schule ist der Wissenschaftler, Diplomat und Friedensnobelpreisträger Wilhelm Ehring, der im 19. Jahrhunderts in vielfältigen Forschungsbereichen tätig war und berufliche Spitzenleistung und soziales Engagement miteinander vereinte. Indem er als Persönlichkeit mit einer gelungenen Aufstiegskarriere zum Namensgeber der Schule gemacht wird, zeigt sich ein schulkultureller Entwurf, der sich sehr prominent auf ein bürgerliches Bildungsideal bezieht. Die Schule besondert sich also, indem sie ein bildungsbürgerliches Milieu anzusprechen scheint. Jedoch verweist nicht allein der Bezug zu Wilhelm Ehring auf einen exklusiven schulkulturellen Entwurf sondern auch der Umstand, dass es sich mit ihm um eine Persönlichkeit handelt, die heute weit weniger bekannt ist. Auch dies erscheint als exklusives Moment, indem dadurch möglicherweise eher spezifisch eine bildungsbürgerliche Klientel als ein breites Publikum angesprochen wird. Durch den Bezug zu Wilhelm Ehring wird so bereits eine starke Orientierung an bildungsbürgerlichen Idealen markiert. Indem auch die Schulform im Rahmen der Namensgebung der Schule zunächst nicht näher spezifiziert wird und auch der Ort, an dem die Schule sich befindet nur eine nachgeordnete Rolle spielt, dokumentiert sich im Namen der Schule eine starke Orientierung an bürgerlichen Bildungsidealen, die in einem exklusiven Selbstentwurf der Schule ihren Ausdruck findet.

Durch den folgenden Schriftzug „Gemeinschaftsschule mit gymnasialer Oberstufe" und die darin enthaltene Besonderung der gymnasialen Oberstufe als Verweis auf den höchstmöglichen schulischen Bildungsabschluss wird erneut ein exklusiver Anspruch markiert. Darin liegt eine deutliche Differenzmarkierung gegenüber Gemeinschafsschulen ohne die Möglichkeit zur Erlangung des Abiturs. Die Schule verortet sich zudem in der Nähe zum akademischen Milieu, indem sie auf die Kooperationsbeziehung mit der örtlichen Universität verweist.

Unterhalb des Schriftzuges sind Fotos abgebildet, die Schülerinnen und Schüler sowohl in schulalltäglichen Zusammenhängen als auch bei extracurricularen Aktivitäten zeigen. Dabei dominieren Situationen des Gelingens, in denen Spaß, Freude und ein harmonisches Miteinander herrschen bzw. in denen die Schüler_innen als aufmerksam in die jeweiligen Projekt- und Lernzusammenhänge vertieft gezeigt werden. Auch hier wird der Entwurf der Schule deutlich markiert, die Schülerinnen und Schüler repräsentieren damit bildungsbürgerliche Erwartungen eines gelungenen Schulalltags, der Strebsamkeit und angemessenes Verhalten auf unterschiedlichen Ebenen beinhaltet. Gleichzeitig wird über die Bilder eine innere Differenzierung deutlich: Es werden hauptsächlich geschlechterhomogene Gruppen gezeigt, die größtenteils „geschlechtstypischen" Tätigkeiten nachgehen. Diese innere Differenzierung wird auch im Logo der Schule aufgegriffen. Es handelt sich dabei um ein Yin- und Yang-Zeichen, welches vom Namensschriftzug der Schule gerahmt wird. Yin und Yang stehen grundsätzlich für die Vereinigung von Differenzen, indem das Eigene jeweils auch immer im Anderen aufgeht. Die Schule grenzt sich durch die Rahmung des Logos so einerseits nach außen ab und vereint gleichzeitig Differenzen innerhalb der Institution.

Insgesamt wird über die Homepage ein exklusiver Bildungsanspruch symbolisiert, über den sich die Schule maßgeblich definiert. Damit korrespondiert die Einheit der Differenz im Inneren, welche jedoch deutlich und mit klaren Kategorisierungen markiert wird.

Fallskizze 2: Die Gemeinschaftsschule Mittelstadt-Süd

Deutlich weniger profiliert zeigt sich dagegen die Gemeinschaftsschule Mittelstadt-Süd[4], deren Entwurf hier nur sehr knapp skizziert werden soll. Wie in der Abbildung ersichtlich, rekurriert die Schule zunächst auf die Schulform, worin sich eine Fokussierung auf Schule als Ort der Gemeinschaft dokumentiert, welche im weiteren Verlauf wiederholt sichtbar wird.

---

4 Beide Schulen sind Gemeinschaftsschulen. Im Gegensatz zu der Wilhelm-Ehring-Schule bietet die Gemeinschaftsschule Mittelstadt-Süd keine gymnasiale Oberstufe an.

Abbildung 3 Startseite der Gemeinschaftsschule Mittelstadt-Süd (Nachbildung)

In der darin enthaltenen Bezugnahme auf gemeinsame Ideen und Werte entwirft sich die Schule allerdings in ambivalenter Weise, da der Gemeinschaftsbegriff zwar vielfältige Zugehörigkeitsoptionen suggeriert, Teilhabe aber zugleich Kenntnis und Anerkennung der Regeln und Werte der Gemeinschaft erfordert. Diesem starken Bezug auf Gemeinschaft wird eine geographisch-räumliche Verortung im Stadtteil Süd nachgeordnet, die gleichzeitig als Distinktionsmerkmal zu anderen Gemeinschaftsschulen in Mittelstadt fungiert. Die Zugehörigkeit zum Stadtteil Süd eröffnet damit auch die Option der Zugehörigkeit zur „Gemeinschaftsschule Mittelstadt-Süd", wodurch eine doppelte Vergemeinschaftung evoziert wird: Gemeinschaft wird über die Zugehörigkeit zum Stadtteil und die Zugehörigkeit zur Schule im Stadtteil hergestellt. Ein Logo findet sich auf der Homepage nicht, stattdessen folgt die Fotographie eines Gebäudes, welches schlecht erkennbar ist. Erst über den Kontext wird ersichtlich, dass es sich dabei um das Schulgebäude handelt. Die Schule schließt sich hier insofern stark nach Außen ab, als dass zum einen nur für „Insider" – also z.B. Bewohner_innen des Stadtteils – unmittelbar erkennbar ist, dass es sich um das Schulgebäude handelt, zum anderen birgt auch die Aufnahme an sich eine hochgradige Abgeschlossenheit. So sind kaum Eingänge erkennbar, zentral jedoch das verschlossene Schultor. Darüber wird das Gebäude auf dem Bild fast zur Hälfte von Baumkronen verdeckt. Insgesamt findet sich in diesem schulkulturellen Entwurf immer wieder die Bezugnahme auf das Gemeinsame, Differenzen werden hier weniger stark markiert. Allerdings lässt sich auch eine Abgeschlossenheit nach außen rekonstruieren.

Mit Blick auf Möglichkeitsräume und darin eingelagerte Zugehörigkeitsordnungen zeigt sich in der Kontrastierung der beiden rekonstruierten Schulhomepages, dass die Schulen sich sehr unterschiedlich entwerfen. Zunächst sprechen beide Schulen im Rahmen ihrer Selbstentwürfe ein bestimmtes Milieu an, jedoch mit unterschiedlichen Bezügen. Die Startseite der Wilhelm-Ehring-Schule symbolisiert einen bürgerlichen Idealvorstellungen entsprechenden Bildungsanspruch und präsentiert sich als nach Außen geschlossene Einheit, die Differenzen zwar als Teil des Gemeinsamen einschließt und sie im Inneren gleichzeitig deutlich markiert und aufrechterhält. Zugehörigkeit kann hier über die Anschlussfähigkeit an diesen exklusiven Bildungsentwurf hergestellt werden. Teilhabechancen werden im Rahmen dieser Zugehörigkeitsordnung durch die Anschlussfähigkeit an diesen Bildungsgedanken ermöglicht. Es wird ein Milieu angesprochen, welches Zugehörigkeit vor allem in Bezug auf eine habituelle Passung herzustellen vermag. Demgegenüber entwirft sich die Gemeinschaftsschule Mittelstadt-Süd in ihrer Betonung des Gemeinschaftsbegriffs und ihres regionalen Bezugs als eine Schule, welche die Zugehörigkeit zu einer sozialen Gemeinschaft, in der potentielle Differenzen aufzugehen scheinen, in den Mittelpunkt rückt. Statt sich einem berühmten Namensgeber oder pädagogischen Programm zu verschreiben, verortet und besondert die Schule sich räumlich-geographisch. Zumindest auf der Ebene ihres schulischen Selbstentwurfes zeigt sie sich daher weniger exklusiv als die Wilhelm-Ehring-Schule, da Zugehörigkeit hier vor allem für ein Milieu mit einem regionalen Bezug zur Schule hergestellt werden kann und eine habituelle Passung weniger bedeutsam gemacht wird.

Ohne den Anspruch zu vertreten, durch die Rekonstruktion der Homepages könne eine empirische Erfassung schulischer Möglichkeitsräume umfassend geleistet werden, lässt sich doch bereits auf der Ebene dieser schulkulturellen Entwürfe zeigen, dass zwei Schulen, die formal der gleichen Schulform angehören sehr unterschiedliche Zugehörigkeitsordnungen entwerfen: Damit werden auch die unterschiedliche Teilhabebedingungen und Handlungsoptionen für die Akteure eröffnet, welche diese je spezifisch nutzen können. Es ist nun naheliegend, die Bezugnahmen in Interaktionen und/oder Biographien auf diese Möglichkeitsräume zu eruieren, um Überschneidungsbereiche und Bezugnahmemöglichkeiten, die interaktiv oder individuell biographisch entstehen, analytisch zugänglich zu machen. Das hier vorgestellte Projekt ist allerdings noch nicht in diesem Stadium. Jedoch soll das Konzept der Möglichkeitsräume nicht bei der Analyse von nur einer Handlungsebene stehen bleiben. Um also den analytischen Gehalt einer weiteren Handlungsebene exemplarisch zu ergründen, soll im Folgenden eine Biographie als Möglichkeitsraum für (Bildungs-)Teilhabe diskutiert werden.

3.2 Teilhabe im Kontext biographischer Möglichkeitsräume

Dies geschieht im Folgenden anhand des Falls Derya[5]. Die biographische Perspektive eröffnet einerseits den Blick auf soziale Anforderungs- und Bedingungsgefüge, die sowohl zueinander als auch zu der individuellen Erfahrungsaufschichtung zu relationieren sind; andererseits rücken so auch eigensinnige und widerständige Anschlüsse (vgl. Thon 2016) in den Fokus.

Grundlage des hier präsentierten Falls bildet ein biographisch-narratives Interview, das mittels des narrationsstrukturellen Verfahrens analysiert wurde. Es wird in der Folge davon ausgegangen, dass die „Platzierungs- und Anordnungsleistungen innerhalb der Familien und ihre[n] Ermöglichungsstrukturen in Bezug auf Zugehörigkeit" (Hummrich 2011, S. 247) eine hohe Relevanz für das Verständnis schulischer Teilhabekonstruktionen haben. Folglich wird in einem ersten Schritt das familiale Bedingungs- und Anforderungsgefüge dargelegt, bevor Teilhabechancen in der jeweiligen Verwobenheit von familialen, institutionellen und individuellen Kontexten rekonstruiert werden.

Der biographische Möglichkeitsraum konstituiert sich zunächst über die sozialräumliche Verortung der Biographieträgerin sowie über die jeweiligen Bedingungen des Aufwachsens wie z.B. die Familien- und Beziehungskonstellationen. Derya verortet sich im Interview zunächst über die Zeit (Geburtsdatum) und den Ort ihrer Geburt. Sie stellt so eine zeitlich-historische und sozialräumliche Zugehörigkeit her, die die Erfahrungsaufschichtung kontextualisiert und generational rückbindet. Diese Eindeutigkeit der räumlich-generationalen Verortung wird durch eine Mehrfachzugehörigkeit erweitert, die an die unterschiedliche natio-ethno-kulturelle Zugehörigkeit (Mecheril 2003) der Eltern anschließt. Nicht in dieser Mehrfachzugehörigkeit an und für sich, sondern vielmehr in deren Bedeutung für die Strukturierung des familialen Alltags sowie für die innerfamiliären Beziehungskonstellationen ist nun ein Konfliktpotential angelegt: Deryas Mutter stammt aus dem Irak und ist mit Unterstützung einer Hilfsorganisation nach Dänemark gekommen. Trotz der Heirat mit Deryas Vater und dem Umzug nach Deutschland gelingt es ihr nicht, die Erfahrungen von Differenz und Nicht-Zugehörigkeit chancenhaft zu bearbeiten. Stattdessen entwickeln sich psychische bzw. psychosomatische Erkrankungen (u.a. Depressionen, Haarausfall) sowie daraus resultierende massive Konflikte, die den familiären Alltag strukturieren und belasten. Die damit verbundene Erfahrung von Instabilität in der Beziehung zur

---

5 Der Name und alle weiteren persönlichen Angaben sind in der folgenden Rekonstruktion anonymisiert. Derya ist zum Zeitpunkt des Interviews 16 Jahre alt und hat gerade die Gemeinschaftsschule-B mit einem Realschulabschluss erfolgreich abgeschlossen.

Mutter kann nur zum Teil familiär kompensiert werden, da der Beruf des Vaters häufige, mehrmonatige Auslandsaufenthalte bedingt und so auch diese Beziehung trotz der emotionalen Nähe durch Diskontinuitätserfahrungen geprägt ist. Umso bedeutender erscheinen für Derya elterliche Aufmerksamkeit und Anerkennung. Dieses Bedürfnis führt zu einer Rivalität mit ihrer zwei Jahre älteren Schwester, auf die sich die verbleibende familiäre Aufmerksamkeit konzentriert. Der Fokus der familialen Unterstützung richtet sich dabei insbesondere auf die Bearbeitung der Erkrankung der Mutter und später auch auf die Bearbeitung der Erkrankung der Schwester, die ebenfalls eine Depression entwickelt. Derya nimmt sich folglich in der Familie als prekär platziert wahr.

Fehlende Anerkennung prägt auch Deryas erste Erfahrungen in der Bildungsinstitution Kindergarten. So überträgt sich die Konkurrenz zur Schwester um Anerkennung und Zugehörigkeit vom familialen in den institutionellen Kontext. Die Geschwisterrivalität manifestiert sich im Kampf um die Zuneigung einer Erzieherin. Derya konstatiert eine ungleiche Behandlung der Schwestern, die entlang der Differenzlinie mögen und nicht-mögen, bzw. gemocht werden und nicht-gemocht sichtbar wird und somit als relevantes „Wahrnehmungs- und Gliederungsprinzip" (Bourdieu 2006, S. 361) für die Herstellung von Zugehörigkeit im Kindergarten erscheint, das exklusive Beziehungen (zwischen der Erzieherin und Deryas Schwester) ermöglicht. Die erfahrene Zurückweisung rahmt und legitimiert Derya durch die eigene Antipathie der Erzieherin gegenüber. Diese Distanznahme kann als selbstbestimmter Akt interpretiert werden, der es Derya ermöglicht, sich als Akteurin zu entwerfen. Gleichzeitig führt diese Erfahrung zu einer weiteren Distanzierung der Geschwister, da Derya ihre Schwester nicht als solidarisch erlebt, sondern diese an der interaktiven Herstellung ihres Ausschlusses beteiligt ist. Derya bleibt damit zwar formell zugehörig, kann die Möglichkeit der Teilhabe aber nicht chancenhaft nutzen und nimmt sich im Zuge der institutionellen Platzierung als different wahr. So kann hier durch die Erfahrungen in Kindergarten und Familie gezeigt werden, wie sehr Platzierungen Teilhabechancen begrenzen und gleichzeitig hohe Anforderungen der Herstellung von Anschlussfähigkeit und Erhaltung der eigenen Handlungsfähigkeit bereithalten.

Auf dieser Grundlage sollen im Folgenden einzelne Passagen, die Rückschlüsse auf Teilhabechancen im Kontext Schule eröffnen, genauer fokussiert werden.

Derya: und dann bin ich ähm (1) in die Grundschule gekommen, in die A-Grundschule in der ersten Klasse (1) dort hatte ich auch so paar Probleme mit Lehrern ich hatte da noch ne zeitlang mal ganz dolle Kopfschmerzen und ähm dort hatten wir dann auch kein Grund gefunden und das kam dann halt auch vom Stress

Im Rahmen des institutionalisierten Ablaufmusters erscheint der Grundschulbesuch als heteronom gerahmtes Ereignis, das formal geregelt ist und der Normalerwartung des institutionalisierten Lebenslaufs (Kohli 1985) entspricht. Die Einschulung kann als Initiationsritual schulischer Teilhabe verstanden werden, das Zugehörigkeit symbolisch und strukturell herstellt. Die explizite Bezugnahme auf eine bestimmte Grundschule deutet nun auf die A-Grundschule als spezifischen Erfahrungskontext hin, der eher auf unerwartete Optionen und Anschlüsse hinweist. Im folgenden zeitlich-räumlichen Bedingungsgefüge „erste Klasse" nimmt Derya ausschließlich Bezug auf „Probleme mit Lehrern", die sie bagatellisiert und individualisiert, indem sie sich selbst als Problemträgerin konstruiert. Gleichzeitig werden „Lehrer" als Kollektiv wahrgenommen und als institutionelles Gegenüber relevant, das die eigenen Handlungsoptionen beeinflusst. Diese Fokussierung verdeutlicht, dass Teilhabechancen an schulischer Bildung durch die misslungene Herstellung eines (diffus verbleibenden) Passungsverhältnisses zu Lehrkräften und schulischen Anforderungen begrenzt werden. Diese erneute Erfahrung von prekärer Zugehörigkeit im institutionellen Kontext verbindet Derya mit einer Zeit, in der sie „ganz dolle Kopfschmerzen" hatte. Diese können durch die direkte In-Verhältnis-Setzung der Erzählerin als eine psychosomatische Reaktion des Körpers auf die zuvor benannten Problemlagen gedeutet werden. Diese Erkrankung ermöglicht es Derya, sich zurückzuziehen, eröffnet ihr aber auch den Zugang zu familialen Unterstützungsstrukturen, die hier im Rahmen einer ersten Wir-Konstruktion möglich werden. Obwohl der Versuch der gemeinsamen Bearbeitung des Symptoms Kopfschmerzen und die Suche nach dessen Ursachen erfolglos bleiben, tragen diese dazu bei, das Derya sich als Mitglied einer tragfähigen familialen Gemeinschaft erfährt. An die Stelle einer medizinisch-diagnostischen Klärung tritt eine Eigentheorie, in der Stress (gerade in seiner Unspezifität) als krankmachend erlebt wird und daher ein Gefahrenpotential darstellt. Diese Deutung ist anschlussfähig an die Erklärungen, die Derya heranzieht, um die Erkrankung ihrer Mutter zu begründen und verdeutlicht die eigene Handlungsohnmacht, da Stress immer auch in äußeren Bedingungen sowie in Herausforderungen, deren Bewältigung mit starken Anstrengungen verbunden erscheint, angelegt ist.

Im zweiten Schuljahr erfolgt ein Umzug in ein südliches Bundesland, den Derya mit der Berufstätigkeit des Vaters begründet. Allerdings erscheint der regionale Kontext als familial nicht anschlussfähig. Den äußeren Differenzerfahrungen steht eine familiale Leidensgemeinschaft gegenüber, die schließlich zu einem erneuten Umzug zurück nach A-Stadt führt. Die generationale Ordnung erscheint in diesem Kontext überlagert, da die Eltern weder als Initianten noch als Rationalisierende relevant werden, stattdessen wird die Entscheidung zur Rückkehr durch das gemeinsame Leiden legitimiert, das in der diffusen aber familial wirksamen

Kategorie „Heimweh" seinen Ausdruck findet. Dies führt zu einer Reaktualisierung des zuvor Verworfenen und weist auf die Möglichkeit der Reversibilität von Entscheidungen und Lebensentwürfen hin. Die Kontinuität des Leidens steht dabei im Kontrast zu den Diskontinuitätserfahrungen in Bezug auf die eigene Schullaufbahn, die sich im Folgenden weiter aufschichten.

Nach der Rückkehr nach A-Stadt besucht Derya erneut die A-Grundschule kommt dann aber, ohne dies näher zu begründen, in der dritten Klasse auf die B-Grundschule. In der B-Grundschule verschärft sich nun die familiäre Situation.

Derya: und da fing das schon ein bisschen an dass wir also mein- meine Mama hatte auch so=n paar Probleme war auch krank und dann hatte sie auch immer öfter Streit mit Papa (1) und dann war ich fertig mit der B-Grundschule war dann in der fünften Klasse auf dem A-Gymnasium bin danach dann aber ähm auf die B-Gemeinschaftsschule bin da ge- drauf gewechselt

Auch hier versucht Derya ein „wir" zu konstituieren, das allerdings nicht aufrecht erhalten werden kann. Vielmehr deutet sich ein Zerbrechen der Wir-Gemeinschaft an, das auf eine fehlgeschlagene Vergemeinschaftung in der Krise sowie auf eine prekäre Platzierung Deryas im Rahmen der familialen Beziehungskonstellation hinweist. Derya versucht dies zu bearbeiten, indem sie die Mutter, mit deren Erkrankung sich das Verlaufskurvenpotential weiter steigert, als Problemträgerin konstruiert und sich so gleichzeitig von ihr distanziert. Die Erkrankung steht folglich in direktem Zusammenhang mit den zunehmenden Konflikten, die vorläufig auf die elterliche Interaktionsebene ausgelagert sind, gleichzeitig aber ein Symbol für die massive Gefährdung der familialen „Wir"-Konstruktion und damit für einen kontinuierlichen Schutz- und Rückzugsraum darstellen. Kontinuität erscheint eher über schulische Diskontinuitätserfahrungen herstellbar zu sein, die als „Normalitäten" gerahmt werden und trotz diverser Problemlagen Orientierung und Halt bieten. Schule erscheint aus dieser Perspektive als selbstvergewisserndes Strukturierungsmoment und Gegenpol zur familialen Diffusion. (Bildungs-)Teilhabe kann damit eine Kompensation familialer Nicht-Zugehörigkeitserfahrungen ermöglichen und einen alternativen Raum darstellen, der andersgelagerte Erfahrungen eröffnet. Dieser Bedeutung von (Bildungs-)Teilhabe soll im Folgenden anhand einer Kernstelleninterpretation des Nachfrageteils weiter nachgegangen werden. Auf die Frage, ob sie nach der Grundschule dann nochmal gewechselt sei, antwortet Derya:

Derya:	da denn nach der vierten bin ich dann aufs A-Gym [I.: mhm] gekommen da war ich dann aber auch nur ein halbes Jahr da bin ich aber irgendwie nie richtig angekommen
Interviewerin:	wie kam das?
Derya:	ähm weil ich kam kann vom Lernen her irgendwie das ging nicht so bei mir dann bin ich auf die B-Gemeinschaftsschule gekommen und da war alles eigentlich ganz super
Interviewerin:	mhm. Was war da so super?
Derya:	ja also die Schüler und so und wir haben auch jetzt eine tolle Klassengemeinschaft

Derya vermag nicht an die Ermöglichungsstruktur des Gymnasiums anzuschließen und eignet sich die Erfahrung von Nicht-Zugehörigkeit, die durch eine grundlegende Fremdheit geprägt und nur durch Teilhabe erfahrbar ist, biographisch an. Die misslungene Herstellung eines Passungsverhältnisses wird individualisiert und steht in Kontrast zu der normativ geprägten Vorstellung „richtig anzukommen". In der folgenden Begründung, welche durch eine mehrfache Diffundierung geprägt ist, rekurriert Derya auf eigene Lernschwierigkeiten, die zum Symptom der Erfahrung von Fremdheit und zum Symbol der vollzogenen Verortung werden. Durch die gleichzeitige Tabuisierung der sozialen Seite von Schule wird Gymnasium A für Derya zu einem Unmöglichkeitsraum für Bildung und Teilhabe. Die hier angelegte Gefährdung des Bildungsweges wird durch einen Schulwechsel bearbeitet, der gleichzeitig Ausdrucksgestalt familialer Fremdheit gegenüber dem bildungsbürgerlichen Gymnasium ist. Trotz der fehlenden Unterstützungsstrukturen kann Derya die neue Schule chancenhaft nutzten und in eine tragfähige Zugehörigkeits- und Teilhabekonstruktion überführen. Diese Zugehörigkeit eröffnet die Erfahrung von Einbindung und Kontinuität, die die familialen Verlust- und Diskontinuitätserfahrungen teilweise kompensieren kann.

Zusammenfassend zeigt sich in der Fallskizze „Derya", dass das Konzept des Möglichkeitsraumes dazu beiträgt, die Verwobenheit von Anforderungs- und Bedingungsgefügen auf unterschiedlichen Ebenen und deren Bedeutung für (Bildungs-)Teilhabe empirisch zu rekonstruieren. In der Familie wird Zugehörigkeit und Teilhabe im Rahmen einer Leidensgemeinschaft möglich, die Derya kaum Unterstützungsstrukturen und Rückzugsraum bietet und letztlich zu einer Besonderung führt. Diese familiäre Diffusion bearbeitet Derya im Rahmen der Lebensgeschichte, indem sie der Prozessstruktur institutionalisierter Ablaufmuster und -erwartungen des Lebenslaufs (Schütze 1983, S. 67). folgt, die ihr Normalitätskonstruktionen ermöglichen. Obwohl die Erfahrungen schulischer Diskontinuität als heteronome gerahmt werden, bieten sie einen Gegenpol zur familiären Diffusion und letztlich, z.b. im Kontext der B-Gemeinschaftsschule, die Möglichkeit tragfähiger Zugehörigkeitskonstruktionen. Gerade das Scheitern eines dauerhaft tragfähigen familialen „Wirs" ermöglicht Derya eine Individuierung, die sie im Modus des Erleidens vollzieht. Dieser Prozess ist bereits in der familialen Beziehungskonstellation zur Mutter und der Konkurrenz zur Schwester angelegt. Im Zuge dieser Individuierung wird eine eigensinnige Bearbeitung der exkludierenden Platzierung in Familie und Institution (z.B. A-Gymnasium) möglich. Gleichzeitig sucht Derya im Zuge der Individuierung nach strukturierten Räumen (wie die B-Gemeinschaftsschule), die ihr Anerkennung ermöglichen. Mecheril und Hoffarth (2009, S. 253) weisen darauf hin, dass Möglichkeitsräume durch die dialektische Spannung von „Schaffen und Erleiden" geprägt sind. Im Fall Derya zeigt sich diesbezüglich eine Selbstkompetenz eben nicht unter dem Druck des Verlaufskurvenpotentials zusammenzubrechen, sondern im Erleiden neue Optionen zu schaffen.

4 Teilhabechancen im Möglichkeitsraum

Die Analyse biographischer und institutioneller Möglichkeitsräume verweist auf die Bedingungen der Konstruktion von Teilhabe, wie sie zu Beginn allgemein im Spannungsverhältnis von Inklusion und Exklusion gefasst wurde. Die Bedeutung eines theoretisch bestimmten Begriffs des Möglichkeitsraumes für die empirische Analyse des Wechselspiels unterschiedlicher Handlungsebenen konnte exemplarisch anhand der Analysen der Schulhomepages und der biographischen Erzählung herausgearbeitet werden. Im Fokus dieses Abschlusskapitels kann zugleich gezeigt werden, wie entlang der Analyseergebnisse der Begriff des Möglichkeitsraumes empirisch gehaltvoll bestimmt werden kann. Die zuvor vorgenommene heuristische Begriffsbestimmung sah in diesem Zusammenhang die Bedeutung der relationalen Anordnungsstrukturen, über die Teilhabe und Zugehörigkeit reguliert wird, als zentral. Mit Blick auf den Stand der Forschung ist es relevant, auch herauszuarbeiten, dass Möglichkeitsräume genau jene Relationierung beschreiben, in der einerseits die Bedingungen des Handelns eingehen, sich andererseits die eigenen Verortungsaktivitäten einschreiben. Diese allgemeine Grundlegung ist anschlussfähig an die Rede von strukturierter (hervorgebrachter) und strukturierender (vorgefundener) Struktur. Der Blick auf die Analysen (Kap. 3) kann nun den Horizont der heuristischen Konzeption in mehrfacher Hinsicht erweitern:

1. Es kann gezeigt werden, *wie* biographische und institutionelle Verortungen stattfinden. Die Institution entwirft sich dabei – zum Beispiel über ihre Homepage – als Kontinuum. In die Homepage schreibt sich der Entwurf als Institution ein, das bedeutet als institutionalisierte und sich institutionalisierende Einrichtung. Als

Massenbildungseinrichtung ist Schule in der Gesellschaft institutionalisiert. Diese Institutionalisierung wird nun in der Einzelschule aufgegriffen, was man etwa daran erkennen kann, dass sich keine Schule mehr als Bildungsinstitution legitimieren oder beschreiben muss, was sie als Schule tut. Auch die Kategorie Gemeinschaftsschule ist nicht mehr hochgradig legitimierungsbedürftig. Als Einzelschulen müssen sich die Schulen jedoch verorten und dies tun sie dynamisch (Hummrich 2010), was auch die Entwicklung der Einzelschulen bedingt. Die institutionellen Möglichkeitsräume zeigen sich als Zugehörigkeitsentwürfe, die auch Abgrenzung hervorrufen (Hummrich 2015). Durch sie werden spezifische soziale Nähen hergestellt und Bedingungen der Anerkennung markiert. Die Anforderungsstrukturen, die damit wirksam werden, sind auf die Unterwerfung des Handelns unter die anerkennungsfähigen Strukturen (Butler 2001) der Institution bezogen.

Biographisch werden Zugehörigkeitsentwürfe immer auch an die Erfahrung von Nicht-Zugehörigkeit, Fremdheit und *othering* gekoppelt (Dausien in diesem Band). Die Anforderung, zu etwas zu gehören (z.b. einer Schule, einer Familie) ist zugleich eine Anforderung, sich als aktives Handlungssubjekt zu entwerfen und spezifische Anschlüsse herzustellen. Die aufgeschichteten Zugehörigkeitserfahrungen bilden diesbezüglich die Grundlage und eröffnen bzw. verschließen gleichzeitig neue Anschlussoptionen. Die jeweiligen, bereits in die vorherrschende Ordnung eingeschriebenen und (re)produzierten, Positionierungs- und damit Hierarchisierungsmechanismen strukturieren und ordnen so die Chance der Bildungsteilhabe. Die Biographie selbst ist institutionalisiert: es gibt bestimmte vorgängige Erwartungen, mit der Biographien zu bestimmten Zeitpunkten konfrontiert werden. Die Frage, ob ein Kind denn schon zur Schule gehe oder was ein Jugendlicher nach der Schule vorhabe, weist auf Normalitätserwartungen, die sich mit biographischer Gestaltung verknüpfen. Eine weitere Dimension der Institutionalisierung der Biographie ist die Vorstellung, dass kindliche und jugendliche Biographien eng mit Bildungsinstitutionen verwoben sind. Nur in großen Ausnahmen finden wir Kinder, deren Eltern sie zuhause unterrichtet haben und die nicht zur Schule gegangen sind. In die Biographie schreiben sich somit zumeist Erfahrungen einer doppelten Institutionalisierung ein – was auch im Fall Derya deutlich wird: in einer schulischen Krise steht gar nicht zur Disposition, ob sie überhaupt weiter zur Schule geht, sondern im Zentrum steht die Frage, welche Schule angewählt wird. Zusätzlich zur Erfahrung der doppelten Institutionalisierung sind kindliche und jugendliche Biographien von einer zumeist deutlichen Einbindung in die Familie gekennzeichnet. Diese Einbindung in die Familie vermittelt gesellschaftliche und milieuspezifische Normalvorstellungen und ist zur Schule relationiert (Helsper et al. 2009, Hummrich 2011). Der biographische Möglichkeitsraum ergibt sich nun aus der Relationierung der Erfahrungen in unterschiedlichen Kontexten – zum

Beispiel Familie und Schule. Dabei sind Kinder und Jugendliche wiederum – wir konnten dies am Fall Derya verfolgen – biographisch verortet, sie müssen sich allerdings auch selbst verorten. Ganz zentral sind hierbei die Erfahrungen in der Jugendphase, da die institutionalisierten Erwartungen an die Biographie in dieser Zeit auf Ablösung und Autonomiegewinn drängen (Oevermann 2001). Zugleich konnten wir an der hier präsentierten Biographie besonders deutlich sehen, dass bestimmte familiale Konstellationen nicht deterministisch in die Reproduktion krisenhafter Szenarien führen. So besteht für Derya, deren Mutter und Schwester psychisch schwer erkranken die Möglichkeit, sich aktiv von dieser Entwicklung abzugrenzen und Alternativen zu entwerfen.

2. Die Teilhabe an Schule vergemeinschaftet zunächst fast alle Kinder und Jugendlichen. Die Teilhabeoption ist zugleich ein Teilhabezwang (Oevermann 2008), da die Schulpflicht zunächst sehr wenig exklusiv ist. Die einzelnen Schulen indes formen mehr oder weniger exklusive Teilhabeentwürfe aus, mit denen wiederum starke oder schwache Teilhaberestriktionen verbunden sind. Das konnte anhand der Entwürfe der beiden Schulen deutlich nachvollzogen werden: die Gemeinschaftsschule Mittelstadt-Süd formt ein wenig exklusives Profil aus und eröffnet einen Möglichkeitsraum für Schüler_innen, die an Gemeinschaftlichkeit orientiert sind, während der Möglichkeitsraum der Wilhelm-Ehring-Schule mit seinen exklusiven Bildungsversprechen Leistungsstärke in den Vordergrund stellt.

Wie derart konnotierte Möglichkeitsräume dann von Schüler_innen in Anspruch genommen und ausgestaltet werden, hat wiederum mit den jeweiligen Erfahrungen innerhalb und außerhalb der Schule zu tun. Dabei kann eine wenig restriktive Schule eine individuelle Chancenstruktur beinhalten, weil die Anforderungsgefüge, in denen Teilhabe thematisch wird, gerade die biographischen Bedingungen und Erfahrungen aufgreifen, die aktuelle Krisen bearbeiten lassen. So werden etwa emotionale Missachtungserfahrungen aus der Familie in familialisierten Schulkulturen kompensiert (Helsper et al. 2009). Die Teilhabe an exzellenten Leistungsbezügen, wie sie im Gymnasium vorhanden sind, bleiben dann aber verwehrt (ebd.). Gleichzeitig wird die Bildungserfahrung als jeweilige Krisenerfahrung aber erst durch die Chance auf Teilhabe ermöglicht. Das bedeutet: bewegt sich eine Jugendliche wie Derya in einer Schulkultur, die die familialen Zerfalls- und Zurückweisungserfahrungen zumindest zum Teil kompensieren kann, so kann Schule als Handlungsraum erlebt werden, in dem Anerkennung erst ermöglicht wird. Diese Anerkennung liegt dann aber nicht im Bereich schulischer Exzellenz, sondern im Bereich der emotionalisierten Beziehungen. Das Gelingen dieser Beziehungsförmigkeit kann dabei eine wichtige Grundlage dafür sein, dass schließlich auch leistungsbezogene Anerkennung ermöglicht wird. Hier zeigt sich – dies nur am Rande – dass ein Bildungsbegriff, der nicht nur leistungsbezogene

Kompetenzentwicklung, sondern gerade die subjektiven Transformationserfahrungen zum Gegenstand hat (vgl. Koller 2011, Kokemohr 2007), und bei dem Bildung vorrangig Bildung des Subjekts meint (Wagner 2004) auch die subjektiven Chancenstrukturen im Blick hat, die sich unter dem äußeren Merkmal „Bildungsabstieg" verbergen.

3. Die Verweisungszusammenhänge der Möglichkeitsräume sind damit benannt. Sie lassen sich in einem mehrebenenanalytischen Modell fassen, in dem unterschiedliche Handlungsebenen relationiert sind. So schreiben sich in die Biographie immer auch Erfahrungen aus institutionellen und milieuspezifischen Zusammenhängen, gesellschaftliche Normen und interaktive Erlebnisse als Erinnerungen ein. In der Biographie kulminieren gewissermaßen Erfahrungen aus sogenannten „übergeordneten" Handlungsebenen, die durch einen immer höheren Verallgemeinerungsgrad des Sozialen gekennzeichnet sind. Je größer dieser Verallgemeinerungsgrad ist, desto weniger unmittelbar wird er erfahren. Vielmehr werden die allgemeinen Handlungsbezüge immer in besonderen Handlungen (Interaktionen) erfahren (Oevermann 1983). Gerade diese Dialektik von Besonderem und Allgemeinem verweist darauf, dass die Biographie nicht in einem deterministischen Sinne von „übergeordneten" Handlungszusammenhängen abhängt. Vielmehr ist die Biographie der Ort, an dem die besonderen Erfahrungen und deren Vermittlung allgemeiner Bedingungen, individuell ausgestaltet und in Individuierungshandlungen artikuliert werden.

Gleichzeitig ist die Biographie aber nicht in einem Sinn determiniert, dass die Handlungskonsequenzen aus „übergeordneten" Erfahrungen vorhersagbar wären. Der biographische Möglichkeitsraum wird damit nicht nur zu einem der Ein- und Unterordnung, sondern auch zu einem Spielraum der Abweichung und Opposition. Über die Biographien werden Distanzen zu bestimmten Handlungsräumen aufgebaut (in der Jugendphase z.B. zu Familie oder Schule) und Nähen zu anderen (z.B. peerkulturellen Zusammenhängen). Die Übergänge sind dabei fließend, man könnte auch sagen hybride. Der Raum, von Foucault (1991, zit. n. Löw 2000) als „Ensemble von Relationen" (ebd., S. 66) beschrieben, kann als ein solcher wechselseitiger Verweisungszusammenhang aufgefasst werden. Gerade das verweist auf nicht-deterministische, sondern auf auf Transformation gerichtete Ermöglichungsstrukturen. Die Grenzen zwischen den sozialen Ebenen sind also nicht starr, das Modell ist nicht als hierarchisch anzusehen, sondern in seiner Wechselseitigkeit (Helsper et al. 2010).

Gerade diese Perspektive macht das Konzept des Möglichkeitsraums für das Verstehen empirischer Wirklichkeit von Sozialisations- und Bildungsprozessen interessant, da nicht nur die vergangenen Verortungen, sondern auch die für Bildungsprozesse grundlegenden Transformationspotenziale erfasst werden können.

Literatur

Alheit, P. (2007). Geschichten und Strukturen. Methodologische Überlegungen zur Narrativität. *Zeitschrift für Qualitative Forschung 8*, 75–96.

Alheit, P. (2010). Identität oder "Biographizität"? Beiträge der neueren sozial- und erziehungswissenschaftlichen Biographieforschung zu einem Konzept der Identitätsentwicklung. In: B. Griese (Hrsg.), *Subjekt – Identität – Person?* (S. 219–250). Wiesbaden: VS Verlag für Sozialwissenschaften.

Alheit, P., Dausien, B. (2000). Die biographische Konstruktion der Wirklichkeit. Überlegungen zur Biographizität des Sozialen. In: E. M. Hoerning (Hrsg.), *Biographische Sozialisation* (S. 257-283). Stuttgart: Lucius & Lucius.

Baecker, D. (2007). *Form und Formen der Kommunikation*. Frankfurt a.M.: Suhrkamp Verlag.

Böhme, J., Herrmann, I. (2011). *Schule als pädagogischer Machtraum: Typologie schulischer Raumentwürfe*. Wiesbaden: VS Verlag für Sozialwissenschaften.

Bollnow, O. F. (2010). *Mensch und Raum*. Stuttgart: Kohlhammer.

Bourdieu, P. (2000). *Sozialer Raum und „Klassen"*. Frankfurt a.M.: Suhrkamp.

Bourdieu, P. (2002). *Das Elend der Welt. Zeugnisse und Diagnosen alltäglichen Leidens an der Gesellschaft* (2. Aufl.). Konstanz: UVK.

Bourdieu, P. (2004). *Der Staatsadel*. Konstanz: UVK.

Bourdieu, P. (2006). Sozialer Raum, symbolischer Raum. In: S. Günzel, J. Dünne (Hrsg.), *Raumtheorie: Grundlagentexte aus Philosophie und Kulturwissenschaften* (S. 354-368). Frankfurt a.M.: Suhrkamp Verlag.

Butler, J. (2001). *Psyche der Macht: Das Subjekt der Unterwerfung*. Frankfurt a.M.: Suhrkamp Verlag.

Dausien, B. (1996). *Biographie und Geschlecht : zur biographischen Konstruktion sozialer Wirklichkeit in Frauenlebensgeschichten*. Bremen: Donat.

Ecarius, J. (1997). Lebenslanges Lernen und Disparitäten in sozialen Räumen. In: J. Ecarius, M. Löw, (Hrsg.), *Raumbildung Bildungsräume – Über die Verräumlichung sozialer Prozesse* (S. 33–62). Opladen: Leske + Budrich Verlag.

Foucault, M. (1977). *Überwachen und Strafen: Die Geburt des Gefängnisses*. Frankfurt a.M.: Suhrkamp Verlag.

Foucault, M. (2006). *Die Heterotopien. Der utopische Körper: Zwei Radiovorträge*. Frankfurt a.M.: Suhrkamp Verlag.

Helsper, W. (2008). Schulkulturen – die Schule als symbolische Sinnordnung. *Zeitschrift für Pädagogik 54*, 63–80.

Helsper, W., Böhme, J., Kramer, R.-T., Lingkost, A. (2001). *Schulkultur und Schulmythos: Gymnasien zwischen Elitärer Bildung und Höherer Volksschule im Transformationsprozeß. Rekonstruktionen zur Schulkultur I*. Opladen: Leske + Budrich Verlag.

Helsper, W., Hummrich, M. (2008). Arbeitsbündnis, Schulkultur und Milieu. Reflexionen zu den Grundlagen schulischer Bildungsprozesse. In: G. Breidenstein, F. Schütze, (Hrsg.), *Paradoxien in der Reform der Schule: Ergebnisse qualitativer Sozialforschung* (S. 43–72). Wiesbaden: VS Verlag für Sozialwissenschaften.

Helsper, W., Hummrich, M., Kramer, R.-T. (2010). Qualitative Mehrebenenanalyse. In: Friebertshäuser, B., Prengel, A. (Hrsg.), *Handbuch Qualitative Forschungsmethoden in der Erziehungswissenschaft* (S. 119–135). Weinheim und München: Juventa.

Helsper, W., Kramer, R.-T., Hummrich, M., Busse, S. (2009). *Jugend zwischen Familie und Schule: Eine Studie zu pädagogischen Generationsbeziehungen* (1. Aufl.). Wiesbaden: VS Verlag für Sozialwissenschaften.

Hummrich, M. (2010). Exklusive Zugehörigkeit. Eine raumanalytische Betrachtung von Inklusion und Exklusion in der Schule. *Sozialer Sinn 1*, 3–32.

Hummrich, M. (2011). *Jugend und Raum: Exklusive Zugehörigkeitsordnungen in Familie und Schule.* Wiesbaden: VS Verlag für Sozialwissenschaften.

Hummrich, M., Kramer, R.-T. (2011). »Qualitative Mehrebenenanalyse« als triangulierendes Verfahren – Zur Methodologie von Mehrebenendesigns in der qualitativen Sozialforschung. In: J. Ecarius, I. Miethe, (Hrsg.), *Methodentriangulation in der qualitativen Bildungsforschung* (S. 109-132). Opladen: Budrich.

Hummrich, M. (2015). Schule und Sozialraum. Erziehungswissenschaftliche Perspektiven. In: A. El-Mafaalani, S. Kurtenbach, K. P. Strohmeier (Hrsg.), *Auf die Adresse kommt es an …: Segregierte Stadtteile als Problem- und Möglichkeitsräume begreifen* (S. 168–187). Weinheim und Basel: Beltz Juventa.

Kessl, F., Reutlinger, C. (2007). *Sozialraum: Eine Einführung.* Wiesbaden: VS Verlag für Sozialwissenschaften.

King, V., Koller, H.-C. (2006). *Adoleszenz – Migration – Bildung: Bildungsprozesse Jugendlicher und junger Erwachsener mit Migrationshintergrund.* Wiesbaden: VS Verlag für Sozialwissenschaften.

Kohli, M. (1985). Die Institutionalisierung des Lebenslaufs. Historische Befunde und theoretische Argumente. *Kölner Zeitschrift für Soziologie und Sozialpsychologie 37*, 1–29.

Kohli, M. (2003). Der institutionalisierte Lebenslauf: ein Blick zurück und nach vorn. In: *Entstaatlichung und soziale Sicherheit. Verhandlungen des 31. Kongresses der Deutschen Gesellschaft für Soziologie in Leipzig 2002* (S. 525–545). Opladen: Leske + Budrich Verlag.

Kokemohr, R. (2007). Bildung als Welt- und Selbstentwurf im Anspruch des Fremden. In: H.-C. Koller, W. Marotzki, O. Sanders (Hrsg.), *Bildungsprozesse als Fremdheitserfahrung* (S. 13–69). Bielefeld: transcript.

Koller, H.-C. (2011). Anders werden. In: I. Miethe, H.-R. Müller (Hrsg.), *Qualitative Bildungsforschung und Bildungstheorie* (S. 19–33). Opladen: Budrich-Verlag.

Kramer, R.-T. (2011). *Abschied Von Bourdieu?: Perspektiven ungleichheitsbezogener Bildungsforschung.* Wiesbaden: VS Verlag für Sozialwissenschaften.

Löw, M. (1997). Widersprüche der Moderne. Die Aneignung von Raumvorstellungen als Bildungsprozess. In: J. Ecarius, M. Löw (Hrsg.), *Raumbildung, Bildungsräume. Über die Verräumlichung sozialer Prozesse* (S. 15–32). Opladen: Leske + Budrich Verlag.

Löw, M. (2000). *Raumsoziologie.* Frankfurt am Main: Suhrkamp Verlag.

Mecheril, P. (2003). *Prekäre Verhältnisse. Über natio-ethno-kulturelle (Mehrfach-) Zugehörigkeit.* Münster: Waxmann.

Mecheril, P., Hoffarth, B. (2009). Adoleszenz und Migration. Zur Bedeutung von Zugehörigkeitsordnungen. In: V. King, H.-C. Koller (Hrsg.), *Adoleszenz – Migration – Bildung: Bildungsprozesse Jugendlicher und junger Erwachsener mit Migrationshintergrund.* 2. erweiterte Aufl. (S. 239–258). Wiesbaden: VS Verlag für Sozialwissenschaften.

Oevermann, U. (1983). Zur Sache. Die Bedeutung von Adornos methodologischem Selbstverständnis für die Begründung einer materialen soziologischen Strukturanalyse. In: L.

von Friedenburg, J. Habermas (Hrsg.), *Adorno-Konferenz 1983* (S. 234–289). Frankfurt a. M: Suhrkamp Verlag.

Oevermann, U. (2001). Die Soziologie der Generationsbeziehungen und der historischen Generationen aus strukturalistischer Sicht und ihre Bedeutung für die Schulpädagogik. In: W. Helsper, S. Busse, S. Kramer (Hrsg.), *Pädagogische Generationsbeziehungen. Jugendliche im Spannungsfeld von Familie und Schule* (S. 78–128). Opladen: Leske + Budrich Verlag.

Oevermann, U. (2008). Profession contra Organisation? Strukturtheoretische Perspektiven zum Verhältnis von Organisation und Profession in der Schule. In: W. Helsper, S. Busse, M. Hummrich, R.T. Kramer (Hrsg.), *Pädagogische Professionalität in Organisationen* (S. 55–77). Wiesbaden: VS Verlag für Sozialwissenschaften.

Schroer, M. (2005). *Räume, Orte, Grenzen: Auf dem Weg zu einer Soziologie des Raums*. Frankfurt a.M.: Suhrkamp Verlag.

Schütze, F. (1983). Prozessstrukturen des Lebensablaufs. In: A. Pfeifenberger, J. Mathes, M. Stosberg (Hrsg.), *Biographie in handlungswissenschaftlicher Perspektive* (S. 67–156). Nürnberg: Verlag der Nürnberger Forschungsvereinigung.

Thon, Ch. (2016). Biografischer Eigensinn – widerständige Subjekte? Subjekttheoretische Perspektiven in der Biografieforschung. *ZfPäd 62 (2)*, 185-198.

Weizsäcker, V. von (1956). *Pathosophie*. Göttingen: Vandenhoeck & Ruprecht.

Wagner, H. J. (2004). *Krise und Sozialisation: Strukturale Sozialisationstheorie II*. Frankfurt a.M.: Humanities Online.

Yamana, J. (1996). Die Struktur der „Unübersichtlichkeit" des Landerziehungsheims Haubinda. Zur Interpretation des „Schulstaat"-Konzepts bei Hermann Lietz. *ZfPäd 42 (3)*, 407–421.

Struktur und Agency

Über Möglichkeiten und Grenzen erziehungswissenschaftlichen Fallverstehens im Kontext sozialer Teilhabe

Andrea Liesner und Anke Wischmann

Lernen kann nur dann aussichtsreich erforscht werden, wenn seine gesellschaftlichen Bedingungen berücksichtigt werden, denn Lernen ist ein Begriff, eine Praxis, ein Phänomen, ein Prozess und auch ein Forschungsgegenstand, dem man sich wissenschaftlich 'an sich' nicht widmen kann: Lernprozesse ereignen sich ebenso wie Bildung und Erziehung „gerade wegen ihrer Funktionen für die Gesellschaften, zu deren Fortbestand sie mittels Tradierung von Wissen, Wertvorstellungen, Einstellungen, Haltungen, Kenntnissen und Fähigkeiten an die nachwachsende Generation beitragen" (vgl. Liesner und Lohmann 2010, S. 9).

Das Anliegen des folgenden Beitrags ist es daher, am Beispiel von Lernprozessen im Kontext sozialer Differenzen und formaler Bildungsungleichheiten die Potenziale und Schwierigkeiten eines erziehungswissenschaftlichen Fallverstehens auszuloten. Im Mittelpunkt stehen dabei *erstens* die Schwierigkeiten, von konkreten empirischen Subjekten auf anonyme Fallstrukturen schließen zu wollen, und zwar vor dem Hintergrund einer je spezifischen, wiederum durch bestehende (Macht-)Strukturen beeinflusste (z.B. weiße, weibliche, ‚bildungsnahe' o.ä.) Forschungsperspektive. *Zweitens* möchten wir uns in einem Ausblick den erziehungswissenschaftlichen Möglichkeiten einer künftigen *structure-agency-Forschung* widmen.

Damit wollen wir einen Beitrag zu einer theoriegeleiteten empirischen Forschung leisten, die sich im Kontext von Bildung und Teilhabe für die sich in den letzten Jahrzehnten immer stärker pluralisierenden gesellschaftlichen Bedingungen von Bildung und Erziehung interessiert. Denn in den verschiedensten Lebensbereichen und -phasen sind zwar für viele Menschen deutlich größere Freiräume des Individuums zu verzeichnen, das eigene Leben selbstständig in die Hand zu nehmen und aktiv zu gestalten, als in früheren Zeiten. In der Biografieforschung ist in diesem Zusammenhang von „Biografizität" als einer Schlüsselkompetenz die Rede (Alheit 2003). Als wichtigste Fähigkeit des Subjekts wird nicht mehr eine möglichst reibungslose An- oder Einpassung erwartet (vgl. z.B. Parsons 1949), sondern die aktive, kreative, aber auch riskante Individualisierung (Beck 2012). Mit den Freiräumen wird also immer auch das Selbsttätigkeitsparadigma gesellschaftlich als Imperativ formuliert und Individualität wird zur Norm. Auch erwartete ‚Normalbiografien' bleiben wirkungsmächtig, so dass Abweichungen nur in bestimmten Grenzen als akzeptabel oder auch erwünscht gelten.

Hinzu kommt das überaus hartnäckige Fortbestehen von komplexen Strukturen sozialer Ungleichheit, das die individuellen Handlungsmöglichkeiten maßgeblich beeinflusst. Die angesprochenen Freiräume stehen also nicht für alle gleichermaßen zur Verfügung, sondern nur für eine (in Deutschland noch) privilegierte Mehrheit. Diese Tatsache wird allerdings nur allzu leicht außer Acht gelassen, wenn etwa davon ausgegangen wird, dass als benachteiligt markierte Kinder und Jugendliche eine Resilienz gegenüber Risikofaktoren entwickeln müssten (z.B. Welter-Enderlin 2006). Diese Perspektive impliziert nämlich eine einfache Oppositionalität struktureller Bedingungen und subjektiver Handlungsmöglichkeiten, die jedoch, wie gezeigt werden wird, der Komplexität des Verhältnisses nicht gerecht werden kann. Wir gehen vielmehr davon aus, dass strukturelle Bedingungen und subjektive Handlungsmacht ineinandergreifen, und dass sich dies anhand von Protokollen textueller Wirklichkeit rekonstruieren lässt (Oevermann et al. 1979; Wernet 2009). Diese Perspektive ist selbstverständlich nicht neu, sondern wurde und wird gerade von praxeologischen Ansätzen breit diskutiert. Insbesondere sind hier die Arbeiten von Bourdieu zu nennen (bspw. Bourdieu 1993). Allerdings lag dessen Augenmerk nicht so sehr auf dem handelnden Subjekt, vielmehr ging es ihm um die Logik des Handelns angesichts spezifischer Herrschaftsverhältnisse im sozialen Raum, um die praktische Vernunft. Uns geht es darum, zwar Bourdieus Erkenntnisse im Hinblick auf die strukturelle Macht gesellschaftlicher Verhältnisse anzuerkennen, aber gleichzeitig die nicht zu antizipierende subjektive Agency stärker zur Geltung zu bringen (Butler 2001). Wie wir versuchen werden zu zeigen, ist gerade dies eine der größten Herausforderungen sozialwissenschaftlicher und damit auch erziehungswissenschaftlicher Forschung, eben weil wir selbst als Forscher_innen der „Wahrnehmung organisierenden und strukturierten Struktur" (Bourdieu 1987, S. 279) des Habitus unterworfen sind.

Die internationale quantitativ-vergleichende und qualitative Heterogenitäts- und Leistungsforschung der letzten Jahre belegt, dass Schulerfolg in vielen Ländern entschieden von der sozialen Herkunft der Schülerinnen und Schüler abhängt. In Deutschland hat im Schulsystem heute bekanntlich die meisten Schwierigkeiten, wer männlich ist, einen Migrationshintergrund hat und in einer Großstadt lebt und der so genannten unteren Schicht angehört (Geißler und Weber-Menges 2009, Albert et al. 2015). Benachteiligungen sind demnach aus einer intersektionalen Perspektive zu betrachten (King et al. 2010).

Wie die gesellschaftlichen Bedingungen die subjektive Handlungsfähigkeit und die tatsächlich getroffenen (Bildungs-) Entscheidungen beeinflussen, zeigt sich nur im Einzelfall. Und eben hier lässt sich das Ineinandergreifen von *Struktur* und *Agency* rekonstruieren. Das Fallverstehen ist deshalb ein wertvolles Instrument der pädagogischen Praxis sowie der theoretischen, empirischen und historischen Erforschung gesellschaftlicher Bedingungen von Bildung und Erziehung. Doch es soll noch einen Schritt weitergegangen werden, indem nach der Bedeutung der Positionalität der jeweils beteiligten Subjekte (Interviewte, Interviewerin; Forscherin) gefragt wird, wodurch die Fallstricke der Methode selbst noch einmal in den Blick rücken.

1 Struktur, Agency und Kritik

‚Structure-agency' ist als Fachbegriff heute vor allem in der Soziologie üblich (vgl. schon Giddens 1997). Er kann heute aber auch die erziehungswissenschaftliche Forschung bereichern, weil er – ohne sich dem verbreiteten Hang zu Anglizismen anschließen zu müssen – schlicht kürzer und prägnanter als im Deutschen anzeigt, dass es um das Verhältnis zwischen gesellschaftlichen Strukturen und subjektiver Handlungsfähigkeit geht. In der soziologischen Debatte lässt sich grob unterscheiden zwischen jenen, welche eher auf die strukturellen Bedingungen schauen, und solchen, die eher die handelnden Subjekte bzw. Akteure in den Blick nehmen:

> „However, educational analyses remain divided largely into macro-level work (the study of large-scale phenomena such as social systems and national policies) informed by variants of neo-marxism and other forms of (post-) structuralism on the one hand, and micro-level work (the study of small-scale phenomena such as case-studies of individual schools or specific instances of teacher-pupil interaction) which draws on symbolic interactionism and phenomenology on the other" (Shilling 1992, S. 69).

Allerdings, so zeigt Shilling weiter, gibt es seit den 1970er Jahren immer wieder Versuche, diese Opposition aufzubrechen. Wirklich überzeugend sei dies vor allem Anthony Giddens (1997) mit seiner Strukturationstheorie gelungen, der nicht mehr von Dualismen ausgeht, die es zu überbrücken gilt, sondern von einem dynamischen Verhältnis, das er als Dualität bezeichnet (Shilling 1992, S. 77). Inzwischen werden allerdings Zweifel laut, ob dieser Ansatz erstens der Komplexität des Verhältnisses gerecht werden kann und ob er zweitens nicht die subtile, oft unsichtbare und unbewusste Macht struktureller Verhältnisse unterschätzt (z.b. Tomlinson et al. 2012). Es wird also deutlich, dass die Möglichkeiten einer wissenschaftlichen Bestimmung des Verhältnisses von *structure* und *agency* weiterhin umstritten sind.

Von den zahlreichen Arbeiten, die nach diesem Verhältnis fragen, interessieren hier vor allem diejenigen, welche sich ausdrücklich auch der *Positionalität* von *wissenschaftlichen* Akteurinnen und Akteuren widmen. Welcher Theorieschule sie sich zuordnen oder welcher sie zugeordnet werden, ist dabei erst einmal nachrangig. Zentral ist vielmehr die Möglichkeit, solche Analysen einer „freien und *öffentlichen* Prüfung" (vgl. Ruhloff 2003, S. 113) unterziehen zu können. Eine solche Kritik ist etwas anderes als eine bestimmte ‚Meinung' über materialistische, strukturalistische, poststrukturalistische, gouvernementalitäts-theoretische, antirassistische oder post-koloniale Forschungsansätze zu haben.

Und sie ist auch etwas anderes als die Prüfung, der z.b. Foucault gesellschaftlich sanktionierte ‚Einschließungsmileus' unterzog, also Gefängnissen, Kasernen, Krankenhäuser, Heime etc. Die Rezeption seiner gouvernementalitätstheoretischen Überlegungen, ihre interdisziplinäre Weiterführung und spezifische fachliche Kontextualisierung erwiesen sich zwar in den letzten zwei Jahrzehnten für die Erziehungswissenschaft als ausgesprochen anregend (vgl. u.a. Ricken und Rieger-Ladich 2004, Masschelein et al. 2006, Weber und Maurer 2006, Peters et al. 2009, Christof und Ribolits 2015). Heute scheint sie allerdings in einer gewissen Sackgasse zu stecken: Zahlreiche von Foucault inspirierte Studien beschränken sich auf die Analyse von Regierungsprogrammen (im weitesten Sinne), weil immer wieder betont wird, zu empirisch prüfbaren Effekten dieser Subjektivierungsangebote keine Aussagen treffen zu können. Unberücksichtigt bleiben meist auch die Akteure, weshalb der erziehungswissenschaftliche Diskurs über Macht im deutschsprachigen Raum bislang oft abstrakt bleibt.

Was aber „soll Bildung ohne konkrete Beispiele, Lernziele, Bildungsdiskurse sein, also ohne eine historische Situierung?" (Vater 2015, S. 223). Die gleiche Frage ist unseres Erachtens an das Lernen zu richten. Denn eine kritische, theoretisch fundierte Analyse von Lernprozessen ist in pädagogischen Kontexten anspruchsvoll: „Sie schließt ein, lernend und verstehend in das Wissen und Können, in die Diskursordnungen der menschlichen Kultur, innerhalb derer das kritische Urteil ergeht, auf der Höhe ihrer geschichtlichen Gestalt eingedrungen zu sein. Kritik mit politischem Bedeutungsindex zielt darauf, nicht auf diese Weise und um diesen Preis regiert zu werden (Foucault 1992, S. 12). Kritik mit bildungstheoretischen Bedeutungsindex zielt [hingegen, d.V.] darauf, keinem Wahrheitsanspruch ohne

Prüfung folgen zu müssen" (Ruhloff 2003, S. 117). Primär politisch orientierte Kritik beinhaltet nämlich nicht notwendig eine bildungstheoretische. Für Letztere ist ihre Verbindung mit dem Politischen aber eine permanente und bis heute dringliche Herausforderung: Sie ist nämlich nur in der Lage, „soziale Verbreitung [zu, d.V.] finden, wenn Kritik am Regiertwerden erlaubt ist und verliert ohne den Rückbezug auf die sozialen Bedingungen ihrer Möglichkeit ihren praktischen Sinn" (vgl. ebd.).

Kritik muss also immer selbst in der Kritik stehen (Euler 1998) und damit die Position, von der aus Kritik geübt, von der aus kritisch geforscht wird. Es geht uns deshalb um die Reflexion der Positionalität der Forscherin (oder des Forschers) selbst, ebenso wie um die Positionalität der Theorie, der verwendeten Ansätze und Methoden. Insbesondere die feministische Wissenschaftstheorie hat sich dieser Problematik der Erkenntnisgewinnung gewidmet, die davon ausgeht, dass der Ort oder Standpunkt, von dem aus geforscht wird, in vielfacher Weise Einfluss darauf nimmt, was in welcher Weise erforscht wird.

> „[D]ie erkenntnistheoretischen, metaphysischen, ethischen und politischen Ansätze der vorherrschenden Wissenschaftsformen [sind] androzentrisch [.] und [stützen] sich gegenseitig [.]. Sie behauptet, daß dem in der westlichen Kultur tief verwurzelten Glauben an die Fortschrittlichkeit der Wissenschaft zum Trotz, diese heute [in den 1980er Jahren, die Verf.] vor allem rückschrittliche gesellschaftliche Tendenzen befördert; und daß die gesellschaftliche Struktur von Wissenschaft nicht nur sexistisch, sondern auch rassistisch, kulturfeindlich und von der herrschenden Klasse bestimmt ist" (Harding 1991, S. 7).

Konkret lässt sich sagen, dass es ein Unterschied ist, ob ‚weiße', weibliche, der Mittelschicht angehörige Wissenschaftlerinnen den Zusammenhang von Bildung und Benachteiligung untersuchen oder ein ‚schwarzer', männlicher Wissenschaftler, der ebenfalls der Mittelschicht angehört. Des Weiteren spielt die Wahl der Methode und des theoretischen Rahmens eine Rolle: Wird Ungleichheit als Effekt gegebener Unterschiede verstanden, mit der man in einer bestimmten Art umzugehen hat, die mehr oder weniger angemessen sein kann (vgl. kritisch dazu Budde 2013)? In diesem Fall erscheinen Ungleichheiten (statistisch) messbar und idealerweise auch kompensierbar. Oder wird angenommen, dass ungleiche Verhältnisse permanent hergestellt und transformiert werden (Fenstermaker und West 2013)? In diesem Fall müssten soziale Interaktionen systematisch dokumentiert und rekonstruiert werden, sodass der Prozess des *doing difference* sichtbar werden kann.

Damit ist angezeigt, warum ein solcher Ansatz von Kritik für die Frage nach dem Potenzial eines erziehungswissenschaftlichen Fallverstehens wichtig ist: Man wird von ihm nicht nur dazu angeregt, nach dem Verhältnis zwischen sozioökonomischen Strukturen und Subjektivität zu fragen. Sondern man ist darüber hinaus dezidiert dazu aufgefordert, dabei auch die strukturellen und subjektiven Prämissen der eigenen Forschung zu prüfen. Es ist also eine bildungstheoretische fundierte und gleichzeitig empirisch interessierte Forschungsperspektive, die sich dem widmet, was in Analysen von *structure* und *agency* vielfach unbefragt vorausgesetzt wird, was also in gewisser Weise (logisch) *vor* ihnen liegt. Gleichzeitig geht es auch um das *Danach*, um das, was folgt, und auf das, worauf geschlossen, was erkannt wird.

Im soziologischen Gegenwartsdiskurs wird z.b. von Bob Jessop (2014) aus materialistischer Perspektive explizit ein Jenseits von Struktur und Agency ausgelotet. Vieles an dem, was er an traditionellen Forschungsansätzen als Engführung problematisiert, ist zwar nicht neu und auch bildungsphilosophisch schon lange Thema. Es ist für uns gleichwohl aus zwei Gründen interessant:

Jessop spricht *erstens* das Problem an, dass ‚Gesellschaft' in der structur-agency-Forschung immer noch als ein irgendwie selbstverständlich gegebenes Beobachtungsobjekt gilt. Gleiches betrifft die Rede von den ‚gesellschaftlichen Effekten'. Beides ist wichtig, tendiert aber dazu, Brüche zugunsten von Dominanzen und Stabilitäten aus dem Blickfeld zu schieben: Welche Bedeutung haben aber Beobachtungen, die im ‚Dazwischen' liegen? Die ‚übrig' bleiben? Die in dieser Perspektive marginal erscheinen, unbedeutend, widerspenstig oder widersprüchlich (vgl. ebd., S. 203). Was bedeuten solche widerspenstigen Elemente für die Frage nach subjektiven Handlungsfähigkeiten? Und wie geht man forschend damit um?

Jessop spricht *zweitens* und gleichzeitig über die unabweisbare Hartnäckigkeit struktureller Zwänge. Warum lassen sich deren Grenzen so schlecht bestimmen? Wie und warum erweisen sie sich als so sperrig gegenüber dem Anspruch auf die Ermöglichung reflektierten Handelns? Möglichkeiten zur Bearbeitung solcher Herausforderungen sieht er in einer Konzentration auf das Lernen. Lernen sei abhängig vom dialektischen Verhältnis zwischen Erlebnis und Erfahrung; es habe eine eigene Temporalität und sei beeinflusst von ökonomischen Krisendynamiken (vgl. ebd., S. 215f.).

Mit dem Lernen sollten sich Erziehungswissenschaftler zwar schon disziplinbedingt besser auskennen als Soziologen. Leider dominiert aber in Teilen des pädagogischen Diskurses heute ein sehr verkürztes Verständnis des Themas (vgl. kritisch dazu Meyer-Drawe 2015). So wurde der Lernbegriff lange nicht als genuin erziehungswissenschaftlicher Begriff verstanden, sondern als psychologischer (vgl. Göhlich und Zirfas 2007). Zugespitzt wurde (und wird) diese Vorstellung vom Lernen dann vor allem im Anschluss an behavioristische und kognitivistische Ansätze als „ein relativ dauerhafter Erwerb einer neuen oder die Veränderung einer schon vorhandenen Fähigkeit oder Einstellung" (Kaiser und Kaiser 2001, S.

102). Lernen in diesem Sinne lässt sich anhand seiner Ergebnisse feststellen und beurteilen. Sowohl der Vollzug (Mitgutsch 2008) als auch der oder die Lernende (Künkler 2011) sowie die Gegenstandsbezogenheit des Lernens geraten damit aber aus dem Blick.

Jessops Perspektive soll hier deshalb Aufmerksamkeit auf diejenigen Stränge der wissenschaftlichen Pädagogik lenken, welche dieser Versuchung nicht erliegen: Lernen kann beiläufig (informell) geschehen, Lernen *kann* ein Erlebnis sein, muss es aber nicht, Lernen kann man *aus* Erfahrung, aber vor allem wird Lernen *als* Erfahrung eindrucksvoll analysiert (vgl. Meyer-Drawe 2008, 2015). In diesem Sinne kann Lernen nicht einfach definiert werden, sondern muss in seiner Relationalität und radikalen Kontextualität (Künkler 2011) gesehen werden. Damit ist nicht gemeint, dass Lernen eben ein individueller Prozess ist, bei dem das Individuum möglichst gut gecoacht werden muss. Vielmehr geht es darum, Lernen als subjektive Erfahrung zu verstehen, die möglicherweise gar nicht optimierbar ist und die gleichzeitig immer durch gesellschaftliche Strukturen und Machtverhältnisse beeinflusst wird – und auch durch den jeweiligen Blick auf das Lernen, also auf die Positionalität der Lernenden, der Pädagoginnen/ Pädagogen und der Forscherinnen/ Forscher.

Im Folgenden wird nun der Frage nachgegangen, ob und inwiefern pädagogisches Fallverstehen Möglichkeiten bietet, einen solchen Zugang zum Lernen zu eröffnen.

2   Pädagogisches Fallverstehen

Pädagogisches Fallverstehen, das sowohl in der Forschung als auch in den unterschiedlichsten pädagogischen Handlungsfeldern eine lange Tradition hat (Wernet 2006), bietet sich im Hinblick auf die Erforschung des Verhältnisses von Struktur (Bedingungen) und Agency (Handlungsmöglichkeiten) auf den ersten Blick an, weil es ihm immer um das Verhältnis von Besonderem und Allgemeinem geht – oder anders gesagt: Wie kann sich das Besondere als Fall zeigen und dabei Aufschluss über allgemeine Problemlagen geben?

Vorher ist jedoch wenigstens kurz der Frage nachzugehen, was ein Fall überhaupt ist. Vielfach heißt es, ein Fall werde dann zum Fall, wenn er von der Norm des Allgemeinen abweicht, woraus sich dann wiederum Handlungsbedarf ergebe. Ein Beispiel sei der ‚störende Schüler' (Freyberg und Wolff 2005). Das Problem, das sich aus dieser Herangehensweise ergibt, ist, dass eine Normalitätsfolie vorausgesetzt wird, die in vielen Fällen unbefragt bleibt. Deshalb ist es wichtig, bereits den Vorgang der Fallkonstruktion zu rekonstruieren, indem man danach fragt, wie, warum und durch wen ein Fall zum Fall (gemacht) wird. In diesem Sinne kann potentiell alles zum Fall werden, das in einem bestimmten Kontext für bestimmte Akteure relevant ist.

Um genau diese Relevanzsetzungen reflektieren zu können, bedarf es (sozialwissenschaftlicher) Methoden der Fallrekonstruktion (Wernet 2006). Erst diese ermöglichen es, die Verwobenheiten und Bedingtheiten der Beteiligten zu reflektieren, um der subjektiven Perspektivität Unsichtbares in den Blick nehmen zu können. Die Methode soll es also ermöglichen, nicht nur den Forschungsprozess transparent und nachvollziehbar zu machen, sondern auch die eigene Positionierung zum Fall zu reflektieren. Allerdings zeigt sich immer wieder, dass Fallrekonstruktionen diesem Anspruch nicht gerecht werden, dass sie gleichsam genau daran scheitern, die unvermeidbaren und notwendigen Vorannahmen bewusst zu machen und zur Disposition zu stellen (vgl. Ohlhaver 2009). Allzu leicht wird die je eigene Perspektive nämlich wieder wirksam, sowohl während der Analyse als auch bei der Einordnung der Ergebnisse. Doch wie können Wissenschaftlerinnen und Wissenschaftler dem entgegenwirken, wenn die Methode als Werkzeug nicht ausreicht?

Unseres Erachtens bedarf es dazu einer theoretisch offensiven, radikalen Reflexion der eigenen Positionalität. Die Debatte um wissenschaftliche Positionalität wurde vor allem im Kontext feministischer Erkenntnis- und Wissenschaftstheorie der 1980er Jahre (Haraway 1991, Harding 1991) sowie der (zunächst juristischen) Kritik an der Verkennung des Ineinandergreifens unterschiedlicher Aspekte und Mechanismen sozialer Diskriminierung (Crenshaw 1991). Dabei ging es einerseits um die Kritik der Möglichkeit einer objektiven Forschungsposition und andererseits die Vernachlässigung der Kategorie ‚race' im Benachteiligungsdiskurs. Obwohl es sich hier also um eine bereits seit längerem geführte Debatte handelt, werden die aus ihr gewonnen Erkenntnisse bisher nicht systematisch berücksichtigt.

Diese These soll im Folgenden am Beispiel einer ‚weißen' Wissenschaftlerin aus Westeuropa mit mittelschichtsspezifischer Sozialisation zur Diskussion, d.h. zur öffentlichen Prüfung, gestellt werden, indem Rassismuserfahrungen und Bildungsungleichheit in schulischen Kontexten untersucht werden.[1]

---

1 Das zugrundeliegende Interview führte Anke Wischmann allein, und da auch die Reflexionen im Rahmen eines eigenständigen Projekts erfolgten, hat das Folgende – auch um der besseren Lesbarkeit willen – eine andere sprachliche Form als die anderen Teile unseres Beitrags. Das Interview gehört zum Sample des Projekts „Lernen in der Adoleszenz" (LidA), das durch die Max-Träger-Stiftung gefördert worden ist.

3 Empirische Erkundungen: Sara

Anke Wischmann

Im Kontext des Forschungsprojekts wurden von insgesamt fünf Forscher_innen biografische Interviews mit Jugendlichen geführt. Eine der Interviewer_innen war ich selbst. Wenngleich es im wissenschaftlichen Zusammenhang unüblich und durchaus umstritten ist, werde ich im Folgenden aus der Ich-Perspektive schreiben, um meine Positionalität so explizit wie möglich machen zu können. Diese Strategie wird genau in diesem Sinne im Kontext rassismuskritischer Forschung verwendet (vgl. Rollock 2012).

Das Problem ist zunächst, dass ich mich in einer widersprüchlichen und ethisch problematischen Situation befinde, weil ich aus einer vermeintlich oder tatsächlich privilegierten Position heraus vermeintlich oder tatsächlich weniger privilegierte Personen oder Gruppen untersuche und damit auch meinen Lebensunterhalt verdiene. Mit der Reflexion dieser Zusammenhänge gerate ich aber selbst in die Kritik. Doch muss, etwa im Sinne einer kritischen Weißseinsforschung und rassismuskritischer Perspektiven, dies nicht dazu führen, dass meine Forschung grundsätzlich ihre Legitimation verliert. Vielmehr bedarf es einer angemessenen Theoretisierung und damit einhergehender (Selbst)Kritik, die die angesprochen Widersprüche aufzeigt, ohne sie auflösen zu wollen.

Die kritische Weißseinsforschung (*critical whiteness studies*) (z.B. Leonardo 2002; Eggers et al. 2009) richtet den Blick nicht nur und nicht in erster Linie auf diejenigen, die durch rassistische Strukturen, welche als gegeben angesehen werden (Delgado & Stefancic 2000), benachteiligt werden, sondern auf diejenigen, welche durch sie privilegiert werden. Die Herausforderung ist dabei, dass für diese als ‚weiß' markierten Subjekte Rassismen in der Regel unsichtbar bleiben. Für sie gibt es keinen Rassismus und gerade darin besteht das Problem. Auch in pädagogischen Kontexten, die die Benachteiligungen als nicht-weiß markierter Subjekte negiert und bspw. auf andere Faktoren zurückführt, wie etwa mangelnde Begabung, individuelle Lebenssituationen oder auch sozio-ökonomische Faktoren (Cooper Stoll 2012). Gleichzeitig wird ausgeblendet, dass die nunmehr als selbstverständlich angesehene eigene Position historisch gesehen eine Folge rassistischer Ausbeutungspraxen ist. Vor dem Hintergrund der eingangs angesprochenen Individualisierungstendenzen ergibt sich somit eine paradoxe Situation: Strukturell benachteiligte Subjektpositionen werden ebenso zur Selbsttätigkeit aufgefordert wie privilegierte, ohne dieselben Handlungsoptionen zu haben.

Um diese Überlegungen zu konkretisieren, wird im Folgenden der Fall der 12jährigen Sara vorgestellt, anhand dessen die Komplexität der Verwobenheiten von strukturellen Bedingtheiten und Handlungsmöglichkeiten in pädagogischen Kontexten rekonstruiert wird. Diese Fallrekonstruktion beruht auf einem narrativ-episodisch angelegten Interview (Schütze 1983; Flick 2011). Wie Wernet (2006) deutlich macht, unterscheidet sich die methodische Fallrekonstruktion vom pädagogischen Fallverstehen in der Praxis. Letztere kann nämlich nicht auf ein Protokoll sozialer Interaktionen zurückgreifen und steht zudem immer unter einem spezifischen professionellen Handlungsdruck. In diesem Sinne entspricht das Vorgehen an dieser Stelle einem methodisch reflektierten Fallverstehen, das sich konkret auf ein Interview als Protokoll sozialer Interaktion bezieht. Bei der Auswertung des gesamten Interviewtexts wurde sequenziell in Anlehnung an die Narrationsanalyse (Rosenthal 1995) und die Objektive Hermeneutik (Wernet 2009) vorgegangen. Der Fall Sara wurde allerdings erst zum Fall, weil ich, also die Forscherin Anke Wischmann, mit ihr ein Interview zum Thema Lernen geführt habe.

Das Interview

Sara besucht zum Interviewzeitpunkt die siebte Klasse einer norddeutschen Gemeinschaftsschule, die als Ganztagsschule organisiert ist. Statistisch gesehen darf angenommen werden, dass in diesem Fall Mechanismen sozialer Ungleichheit und damit verbundener Bildungsungleichheit wirksam werden, da Saras Eltern aus Sri Lanka eingewandert sind und ihre Tochter damit über einen so genannten Migrationshintergrund verfügt. Des Weiteren kann aufgrund der beruflichen Situation der Eltern auf einen eher niedrigen sozio-ökonomischen Status geschlossen werden. Außerdem ist Sara in der Schule durch eher schwache Leistungen aufgefallen.

Sara ist einer mittelgroßen norddeutschen Stadt geboren und aufgewachsen. Sie hat dort sowohl die KiTa als auch die Grundschule besucht und zum Interviewzeitpunkt die Gemeinschaftsschule, an der das Interview auch durchgeführt wurde. Sara hat eine ältere Schwester, die ebenfalls diese Schule besucht. Ihre Eltern arbeiten bei einer amerikanischen Fastfoodkette.

Das Interview mit Sara gestaltet sich von Beginn an, bemessen an der Idealvorstellung eines narrativen Interviews (vgl. Schütze 1983), schwierig, da Sara kaum ins Erzählen kommt und die Redeanteile der Interviewerin streckenweise überwiegen.

Ich möchte nun der Frage nachgehen, wie in Saras Fall gesellschaftlich dominante strukturelle Bedingungen Einfluss nehmen auf die Art und Weise der subjektiven Selbstdarstellung, wobei ich anmerken möchte, dass mit Subjekt nicht die empirische Person Sara gemeint ist, sondern das Subjekt, was sich in der Rede zeigt und sich somit rekonstruieren lässt.

Das Interview war so angelegt, dass die Jugendlichen zunächst aufgefordert worden sind, von sich zu erzählen. Dabei war bekannt, dass in es in der Forschung ums Lernen geht. Im exmanenten Teil des Interviews wurde explizit nach Lernerfahrungen sowie dem subjektiven Lernverständnis gefragt.

> „I: Mmh. Und in der Schule-, ah, bleiben wir erstmal in der Schule [S: Mmh.] in der Schule (unverständlich) mal ein bisschen erzählen wie du lernst, also wie das passiert (.) und, äh, auch in welchem (.) Zusammenhang. (..)
> S: [räuspert sich] also, (...) das ist für mich, äh, wichtig, [I: Mmh.] also, n richtigen Abschluss zu haben [I: Mmh.], dass ich mal n richtigen Beruf später hab [I: Mmh.] und (.) ja ich (..) will dazu, ähm, was machen, also [lacht] (.) [I: Mmh.] ja [I: Mmh.]
> I: Also, dir ist es, dir ist es wichtig, dass du in der Schule gute Noten bekommst und [S: Mmh.] einen guten Abschluss machst. [S: Mmh.] Und, ok, wie-, ähm, (.) hast du denn eine Vorstellung davon, was du dann später mal machen möchtest? (..)
> S: Mmh [gedehnt], (.) entweder a-, als Kindergärtnerin [I: Mmh.] (.) oder als Är-, also Kinderärztin.
> I: Ok. Und was ist denn jetzt so dein, dein Ziel, was du anstrebst, also welchen Abschluss vielleicht oder so? Oder hast du doch noch nicht so (.) dich festgelegt.
> S: @Ich weiß es noch nicht@"[2]

In dieser Sequenz spiegelt sich das Verhältnis der Redeanteile des gesamten Textes wider und auch die Dynamik der Interaktionsbeziehung, die einhergeht mit machtvollen Zuschreibungen durch die Interviewerin. Ich frage Sara, ob sie erzählen kann, wie sie im schulischen Kontext lernt. Ich frage also nach dem Vollzug des Lernens und unterstelle damit, *dass* sich Lernprozesse in der Schule vollziehen und dass diese auch von Sara in diesem Setting artikulierbar sind. Sara spricht nun aber nicht über Lernerfahrungen, sondern über das, was ihr im Kontext Schule wichtig ist, nämlich einen ‚richtigen' Abschluss zu machen, um dann einen ‚richtigen' Beruf ergreifen zu können. Hier reproduziert sie konventionelle Erwartungen an eine (westliche? deutsche?) Normalbiografie. Sie denkt Schule und Lernen damit von ihrem Ergebnis her, um zu konstatieren, dass sie, um diese Ziele zu erreichen, alles Nötige tun will. Doch was das ist, bleibt offen.

Ich fasse Saras Antwort sogleich zusammen und bringe den Leistungsaspekt ins Spiel: ein guter Abschluss impliziere gute Noten. Damit habe ich einen Zusammenhang hergestellt, den Sara nicht artikuliert hat. Gleichzeitig weise ich sie auf diesen Zusammenhang hin. Dann bitte ich sie, ihren Berufswunsch zu konkretisieren. Sie nennt daraufhin zwei Berufe, die in Bezug auf ihren Status und die Voraussetzungen sehr unterschiedlich sind: Kindergärtnerin und (Kinder-)Ärztin. Die Gemeinsamkeit bilden die Kinder, die Sara – sich verbessernd – auch mit der

---

2 Transkriptionsregeln: fett: laut; unterstrichen: betont; klein: leise; [nuschelt]: Anmerkungen, Gestik und Mimik; @...@ lachend; (...): Pause von 3 Sek.; Kursiv: schnell

Ärztin verknüpft. Auf die Diskrepanz der Voraussetzungen verweist nun meine nächste Frage: welchen Abschluss strebst du denn nun an? Hier kapituliert sie und sagt lachend, dass sie es noch nicht weiß.

In der Art meines Fragens zeigt sich die Überlegenheit meines Wissens im Hinblick auf die Funktionsweise eines meritokratischen Bildungssystems. Sara kann diese Zusammenhänge in dieser Situation nicht benennen. Es wird jedoch deutlich, dass sie sich ihrer Ziele bewusst ist, und es wäre nunmehr eine pädagogische Aufgabe, die Wege zu explizieren und dabei auch die eigene Machtposition zu reflektieren.

Doch auch wenn die Machtpositionen in dieser Interviewbeziehung eindeutig zu sein scheinen und dafür sorgen, dass die Definitionsmacht sich immer wieder in meiner Rede reproduziert, und dass mir gleichzeitig die Grenzen der Artikulationsmöglichkeiten in Saras Rede marginal vorkommen, zeigt sich auch die Möglichkeit der Differenzierung und Ermöglichung von *Agency*, und zwar genau dann, wenn sie über Erfahrungen spricht, die mir nicht widerfahren sind:

> „I: Mmh, und, ähm, (..) kannst du vielleicht mal was erzählen, also, oder kannst du dich erinnern an etwas, was vielleicht in der Schule dir passiert ist, was, was nicht so toll war? (.) Wo du dich vielleicht geärgert hast oder wo du traurig warst? (..)
> S: Ähm [gedehnt], ich [gedehnt] werde immer so Art schwarz genannt [I: Mmh.] also das ist wegen meiner Hautfarbe, [I: Mmh.] *denk ich mir dann so*, dass ich (.) eigentlich nicht (.) schwarz bin, sondern eigentlich braun bin und *so bin ich eben halt geboren* [I: Mmh.] und ich kann ja nix dafür und ich kann daran nix ändern. [I: Mmh.] Ja, [I: Mmh.] aber ich achte eigentlich nicht darauf, weil meine Lehrerin meinte, ich soll stark bleiben und (.) das nie beachten [I: Mmh.] Ja.
> I: Mmh. Und wer sagt sowas? (.)
> S: Mmh [gedehnt] (.) Paar (.) Jungs zum Beispiel, (.) a- die machen das auch zum Spaß sagen sie, (.) aber ich weiß nicht, ob ich daran glauben soll."[3]

Hier frage ich, ob Sara sich im Kontext Schule an etwas erinnern kann, worüber sie sich geärgert hat oder was sie traurig gemacht hat. Daraufhin erzählt Sara von einer Rassismuserfahrung, wobei sie davon ausgehen kann, dass ich als weiße Frau derlei Erfahrungen nicht habe machen müssen. Gleichzeitig wird auch deutlich, dass diese Erfahrung für sie schwieriger ist als beispielsweise schlechte Noten.

Sie werde *immer* – dies verweist auf eine sich wiederholende, nicht etwa eine einmalige Erfahrung – ‚so Art schwarz genannt'. Die Kategorie ‚schwarz' wird somit von vornherein als unzutreffend eingeführt. Sara führt diese Bezeichnung

---

3 Transkriptionsregeln: **fett**: laut; <u>unterstrichen</u>: betont; klein: leise; [nuschelt]: Anmerkungen, Gestik und Mimik; @...@ lachend; (...): Pause von 3 Sek.; *Kursiv*: schnell

auf ihre Hautfarbe zurück. Ich als Interviewerin gebe mit dem ‚Mmh' gleichzeitig zu verstehen, dass ich Sara folgen kann und die Interpretation plausibel finde. Nun weist Sara aber diese Bezeichnung zurück, weil sie keineswegs findet, dass sie schwarz ist, sondern vielmehr braun. Hier zeigt sich eine Hautfarben-spezifische Hierarchisierung, die insbesondere in kolonialen Kontexten (z.B. auf dem indischen Subkontinent) etabliert ist. Damit ist braunsein besser oder mehr wert als schwarzsein. Sara weist hier also eine Zuschreibung zurück, wehrt sich, erkennt aber gleichzeitig die ‚weiße' Ordnung an und stabilisiert sie, denn es wird von ihr angenommen, dass sie lieber braun als schwarz sein will. Nun allerdings übt Sara eine grundlegende Kritik an rassistischen Zuschreibungspraktiken: Sie kritisiert, dass sie wegen etwas diskriminiert wird, was ihr angeboren ist, an dem sie nichts ändern kann, und zeigt damit die Gewalttätigkeit rassistischer Diskriminierung im Allgemeinen auf. Es ist unmöglich, die Zuschreibung zu entkräften. Aber es ist sehr wohl möglich, die Zuschreibung zurückzuweisen, was sie ja auch tut. Aber eigentlich, so sagt sie und folgt damit einem Rat ihrer Lehrerin, achte sie gar nicht darauf. Hier zeigt sich ein Widerspruch, indem sie das, worauf sie eigentlich nicht achtet, als das herausstellt, was sie am meisten ärgert und traurig macht. Zudem ist anzuzweifeln, ob das Nichtbeachten von diskriminierenden Zuschreibungen und Rassismuserfahrungen, ein angemessener Weg ist, darauf zu antworten, oder ob sich hier nicht vielmehr eine grundlegende Problematik zeigt, nämlich, dass oft versucht wird, Rassismus bzw. seine Realität zu leugnen; gerade aus ‚weißer' Perspektive. Anstatt den diskriminierenden Jungen entgegenzutreten, wird dem Opfer empfohlen, ‚stark' zu sein.

Auf die Frage, wer sie denn als schwarz bezeichnet, sagt sie ein paar Jungen, die selbst sagen, es wäre Spaß. Dies jedoch kann Sara nicht glauben. Wie sollte sie auch, wenn es für sie kein Spaß ist? Gleichzeitig funktioniert aber die Strategie des Nichtbeachtens nicht. Hier zeigt sich die Wirkmächtigkeit von Zuschreibungspraktiken, die strukturell gegebene Machtverhältnisse stabilisieren, indem sie selbst in der Zurückweisung reproduziert werden. Hier zeigt sich m.E. eine deutliche Diskrepanz zwischen Struktur und Agency in deren Zusammenwirken, nämlich vor dem Hintergrund subjektiv notwendig differierender Erfahrungshorizonte, die sich aus einer (mehr oder weniger impliziten) rassistischen Gesellschaftsordnung ergeben, die die einen benachteiligt und die anderen privilegiert als zwei Seiten derselben Medaille. Indem von den Privilegierten diese Differenz verleugnet oder marginalisiert wird, werden die Handlungsoptionen der diskriminierten Subjekte negiert.

4 Ausblick und offene Fragen

Sara kommt aus einem Elternhaus, das im englischsprachigen Raum vermutlich als ‚underprivileged' gälte. Im Deutschen sind die sprachlichen Attribute für Menschen aus armutsgeprägten Milieus noch problematischer, z.B. ‚bildungsfern', ‚sozial schwach' etc. (Liesner 2012).

Sara hat einen Migrationshintergrund und ihre schulischen Leistungen sind eher schlecht. Vor allem im bildungspolitischen Diskurs besteht heute weitgehend Einigkeit darüber, dass Bildung die primäre Ressource wäre, um ihre Lebenslage zu verbessern. Eines von vielen Problemen an dieser Überzeugung liegt aber darin, dass auch der Bildungsbegriff ungelöste Probleme mit sich schleppt. Seit dem 19. Jahrhundert wurde er nämlich immer stärker an die imago dei angeähnelt. Und dies führt bis heute zumindest im deutschsprachigen Raum „zu einer Privilegierung des Intellekts, der sich selbst denkt und der sich gegen alle Äußere abschließt. ‚Bildung' wird [so,...] immer mehr zur bloßen Selbstbespiegelung ohne Versagung, wie sie das Bilderverbot in der Unfaßlichkeit Gottes noch in Erinnerung hielt. ‚Bildung' und Identitätsfindung gehen in unserer Zeit einen Pakt ein, in dem eine narzißtische Befriedigung des Selbst mit sich im Mittelpunkt steht" (Meyer-Drawe 2008, S. 172). Vergessen wird dabei oft, dass Menschen leibliche Wesen sind: Sie haben nur eine begrenzte Lebenszeit, sie sind weder heil noch heilig, sie sind sich als Subjekte nur bedingt transparent, und man kann ohne Gewalt nicht komplett über sie verfügen.

Das zu wissen und zu reflektieren, birgt gerade im Blick auf die Lebenslagen sozioökonomisch benachteiligter Kinder und Jugendlicher große Herausforderungen. Die analytischen Aufgaben sind entsprechend komplex. Allerdings gibt es erziehungswissenschaftlich sowohl im deutschsprachigen Raum wie auch international vielversprechende Impulse, um sich dem Thema anders als bisher zu nähern: Anregend erscheinen uns hier vor allem Ansätze, sich dem Thema mit Hilfe eines anspruchsvollen Lernbegriffs statt des metaphorisch aufgeladenen der Bildung zu nähern (vgl. Meyer-Drawe 2015), den internationalen Diskurs über die gesellschaftlichen Bedingungen von structure und agency zu intensivieren (vgl. Leonardo 2002, Rollock 2012), und intensiv an der Entwicklung eines weiten Empiriebegriffs zu arbeiten, der theoriegeleitete Forschung erfordert und gleichzeitig keine Scheu vor Berührungen mit dem ‚Gegenstand' hat.

In diesem Sinne werden im Folgenden statt eines Resümees einige Fragen formuliert, die auf die Richtung erziehungswissenschaftlich wichtiger Forschungsaufgaben in Bezug auf die Lebenslagen von Kindern und Jugendlichen in Armutsmilieus verweisen:

- Wie zeigt sich schulisches Lernen als Erfahrung empirisch? Und zwar eingedenk der Diskrepanz zwischen unserem wissenschaftlichen Verständnis von Lernen und dem Verständnis der interviewten Jugendlichen?
- Welche Möglichkeit hat Schule, angemessen mit den sozioökonomischen Bedingungen des Lernens von Sara umzugehen? Mit ihrer spezifischen sozialen Herkunft, ihren Rassismuserfahrungen?
- Lässt sich aus empirischen Untersuchungen wie der skizzierten eine Typologie entwickeln, aus der sich – bei aller Vorsicht, d.h. mit dem Anspruch auf ein freies und öffentliches Prüfen der theoretischen Prämissen und der methodischen Angemessenheit – allgemeine Aussagen ableiten lassen?
- Welche Implikationen hätte eine solche Typologie für den Anspruch, institutionell bessere Bedingungen der Möglichkeit von Bildungsprozessen zu schaffen? Wo wäre also ihre bildungstheoretische Relevanz für Schulpädagogik und Allgemeine Pädagogik? Für die universitäre Lehrerinnenbildung? In welchem Bezug stünde ihr kritischer bildungstheoretischer Anspruch zur Bildungspolitik? Und in welchem zur außerschulischen Kinder- und Jugendarbeit, gerade in Zeiten der Zauberformeln ‚Ganztag' und ‚Inklusion' (Kluge et al. 2015)?

Die Sozialstruktur hat sich in Deutschland wie auch in anderen westlichen Industriegesellschaften seit den 1990er Jahren erheblich verändert. Das Risiko, zu verarmen, reicht heute längst bis in die Mittelschicht hinein. Pädagogik kann zwar „weder Familien- noch Sozialpolitik ersetzen" (vgl. Butterwegge 2008). Sie hat aber in dieser Situation die Aufgabe, ihre theoretischen wie praktischen Möglichkeiten gerade im Blick auf diejenigen, welche strukturell kaum Chancen auf eine Zukunft außerhalb ihrer sozioökonomisch benachteiligten Herkunftsgruppe haben, öffentlich, kritisch und engagiert auszuloten.

Literatur

Albert, M., Hurrelmann, K., Quenzel, G., Leven, I., Schneekloth, U., Gensicke, T., Utzmann, H. (2015). *Jugend 2015. Eine pragmatische Generation im Aufbruch.* Frankfurt, Main: Fischer-Taschenbuch-Verlag.
Alheit, P. (2003). Biografizität. In: Ralf Bohnsack, Winfried Marotzki, Michael Meuser (Hrsg.), *Hauptbegriffe Qualitativer Sozialforschung* (S. 25). Opladen: Barbara Budrich.
Beck, U. (2012). *Risikogesellschaft. Auf dem Weg in eine andere Moderne.* 21. Aufl. Frankfurt am Main: Suhrkamp.
Bourdieu, P. (1987). *Die feinen Unterschiede. Kritik der gesellschaftlichen Urteilskraft.* Frankfurt am Main: Suhrkamp.
Bourdieu, P. (1993). *Sozialer Sinn. Kritik der theoretischen Vernunft.* Frankfurt am Main: Suhrkamp.
Budde, J. (Hrsg.) (2013). *Unscharfe Einsätze: (Re-)Produktion von Heterogenität im schulischen Feld.* Wiesbaden: Springer VS.
Butler, J. (2001). *Psyche der Macht. Das Subjekt der Unterwerfung.* Frankfurt am Main: Suhrkamp.
Butterwegge, Ch. (2008). Bildung – ein Wundermittel gegen die (Kinder-)Armut? Pädagogik kann weder Familien- noch Sozialpolitik ersetzen. In: Birgit Herz, Ursel Becher, Ingrid Kurz, Christiane Mettlau, Helga Treeß, Margarethe Werdermann (Hrsg.), *Kinderarmut und Bildung. Armutslagen in Hamburg* (S. 21-39). Wiesbaden, VS-Verlag für Sozialwissenschaften.
Christof, E., Ribolits, E. (Hrsg.) (2015). *Bildung und Macht. Eine kritische Bestandsaufnahme.* Wien: Löcker Verlag.
Cooper Stoll, L. (2012). Constructing the color-blind classroom: teachers' perspectives on race and schooling. *Race Ethnicity and Education 17*, H 5, 688–705.
Crenshaw, K. (1991). Mapping the margins. Intersectionality, identity politics, and violence against women of color. *Stanford Law review 43*, H 6, 1241–1299.
Delgado, R., Stefancic, J. (2000). *Critical race theory. The cutting edge.* Philadelphia: Temple University Press.
Eggers, M. M., Kilomba, G., Piesche, P., Arndt, S. (Hrsg.) (2009). *Mythen, Masken und Subjekte. Kritische Weißseinsforschung in Deutschland.* Münster: Unrast-Verl.
Euler, P. (1998). Gesellschaftlicher Wandel oder historische Zäsur? Die „Kritik der Kritik" als Voraussetzung von Pädagogik und Bildungstheorie. In: Josef Rützel, Werner Sesink (Hrsg.), *Jahrbuch für Pädagogik: Bildung nach dem Zeitalter der großen Industrie* (S. 217–238). Frankfurt, Main: Lang.
Fenstermaker, S., West, C. (2013). *Doing Gender Doing Difference.* Hoboken: Taylor and Francis.
Flick, U. (2011). Das Episodische Interview. In: Gertrud Oelerich und Hans-Uwe Otto (Hrsg.), *Empirische Forschung und soziale Arbeit. Ein Studienbuch* (S. 273–280). Wiesbaden: VS Verl. für Sozialwissenschaften.
Foucault, M. (1992). *Was ist Kritik?* Berlin: Merve.
Freyberg, T. von, Wolff, A. (2005). *Störer und Gestörte.* Frankfurt am Main: Brandes & Apsel.
Geißler, R., Weber-Menges, S. (2009). Migrantenkinder im Bildungssystem: doppelt benachteiligt. *Hessische Blätter für Volksbildung 4*, 383–391.

Giddens, A. (1997). *Die Konstitution der Gesellschaft. Grundzüge einer Theorie der Strukturierung.* 3. Aufl. Frankfurt am Main [u.a.]: Campus-Verl.
Göhlich, M., Wulf, Ch., Zirfas, J. (Hrsg.) (2007). *Pädagogische Theorien des Lernens.* Weinheim: Beltz.
Haraway, D. J. (1991). *Simians, cyborgs, and women. The reinvention of nature.* New York: Routledge.
Harding, S. (1991). *Feministische Wissenschaftstheorie. Zum Verhältnis von Wissenschaft und sozialem Geschlecht.* Hamburg: Argument-Verl.
Jessop, B. (2014). Beyond Structure and Agency to Structuration and Semiosis. Reflections on Complexity Reduction, Societalization, and Potentiality. In: Thilo Fehmel, Stephan Lessenich, Jenny Preunkert (Hrsg.), *Systemzwang und Akteurswissen. Theorie und Empirie von Autonomiegewinnen* (S. 199–220). Frankfurt am Main: Campus Verl.
Kaiser, A., Kaiser, R. (2001). *Studienbuch Pädagogik.* 10., überarbeitete Aufl. Berlin: Cornelsen.
King, V., Wischmann, A., Zölch, J. (2010). Bildung, Sozialisation und soziale Ungleichheiten. Ein intersektionaler Zugang. In: Andrea Liesner und Ingrid Lohmann (Hrsg.), *Gesellschaftliche Bedingungen von Bildung und Erziehung. Eine Einführung* (S. 86-98). Stuttgart: Kohlhammer.
Kluge, S., Liesner, A., Weiss, E. (Hrsg.) (2015). *Inklusion als Ideologie. Jahrbuch für Pädagogik 2015.* Frankfurt a.M.: Peter Lang.
Künkler, T. (2011). *Lernen in Beziehung. Zum Verhältnis von Subjektivität und Relationalität in Lernprozessen.* Bielefeld: Transcript.
Leonardo, Z. (2002). The Souls of White Folk: Critical pedagogy, whiteness studies, and globalization discourse. *Race Ethnicity and Education 5,* H 1, 29–50.
Liesner, A. (2012). »Bildungsferne Schichten«? Über Armut als Bildungsrisiko und als Ergebnis von Bildungsausgrenzung. In: Dieter Kirchhöfer, Christa Uhlig (Hrsg.), *Bildung und soziale Differenzierung in der Gesellschaft* (S. 59-72). Frankfurt a.M [u.a.]: Peter Lang.
Liesner, A., Lohmann, I. (2010). Einleitung. In: Andrea Liesner, Ingrid Lohmann (Hrsg.), *Gesellschaftliche Bedingungen von Bildung und Erziehung. Eine Einführung* (S. 9-15). Stuttgart: Kohlhammer.
Masschelein, J., Simons, M., Bröckling, U., Pongratz, L. (Hrsg.) (2006). *The Learning Society from the Perspective of Governmentality. Special Issue of Educational Philosophy and Theory 38,* H 4, Oxford, Malden: Blackwell Publishing.
Meyer-Drawe, K. (2008). *Diskurse des Lernens.* München: Fink.
Meyer-Drawe, K. (2015). Lernen und Bildung als Erfahrung. Zur Rolle der Herkunft in Subjektivationsvollzügen. In: Eveline Christof, Erich Ribolits (Hrsg.), *Bildung und Macht. Eine kritische Bestandsaufnahme* (S. 115-132). Wien: Löcker Verlag,.
Mitgutsch, K. (2008). Lernen durch Erfahrung. Über Bruchlienien im Vollzug des Lernens. In: Konstantin Mitgutsch, Elisabeth Sattler, Kristin Westphal, Ines Maria Breinbauer (Hrsg.), *Dem Lernen auf der Spur. Die pädagogische Perspektive* (S. 263–277). Stuttgart: Klett-Cotta.
Ohlhaver, F. (2009). Der Lehrer „riskiert die Zügel des Unterrichts aus der Hand zu geben, da er sich nun auf die Thematik der Schüler einläßt". Typische Praxen von Lehramtsstudenten in fallrekonstruktiver pädagogischer Kasuistik. *Pädagogische Korrespondenz 39,* 21–45.

Oevermann, U., Allert, T., Konau, E., Krambeck, J. (1979). Die Methodologie einer „objektiven Hermeneutik" und ihre allgemeine forschungslogische Bedeutung in den Sozialwissenschaften. In: Hans-Georg Soeffner (Hrsg.), *Interpretative Verfahren in den Sozial- und Textwissenschaften*. Stuttgart: Metzler.

Parsons, T. (1949). *The structure of social action. A study in social theory with special reference to a group of recent European writers*. 2. Aufl. Glencoe, Ill: Free Press.

Peters, A. M., Besley A.C., Olssen, M., Maurer, S., Weber, S. (Hrsg.) (2009). *Governmentality Studies in Education*. Sense Publishers: Rotterdam, Boston, Taipei.

Ricken, N., Rieger-Ladich, M. (Hrsg.) (2004). *Michel Foucault: Pädagogische Lektüren*. Wiesbaden: VS Verlag für Sozialwissenschaften.

Rollock, N. (2012). The invisibility of race. Intersectional reflections on the liminal space of alterity. *Race Ethnicity and Education 15,* H 1, 65–84.

Rosenthal, G. (1995). *Erlebte und erzählte Lebensgeschichte. Gestalt und Struktur biographischer Selbstbeschreibungen*. Frankfurt a.M.; New York: Campus.

Ruhloff, J. (2003). Problematisierungen von Kritik in der Pädagogik. In: Dietrich Benner, Michele Borelli, Frieda Heyting, Christopher Winch (Hrsg.), *Kritik in der Pädagogik. Versuche über das Kritische in Erziehung und Erziehungswissenschaft* (S. 111–123). Weinheim: Beltz Verlag.

Schütze, F. (1983). Biographieforschung und narratives Interview. *Neue Praxis 13,* 283–293.

Shilling, Ch. (1992). Reconceptualising Structure and Agency in the Sociology of Education: structuration theory and schooling. *British Journal of Sociology of Education 13,* H 1, 69–87.

Tomlinson, J., Muzio, D., Sommerlad, H., Webley, L., Duff, L. (2012). Structure, agency and career strategies of white women and black and minority ethnic individuals in the legal profession. *Human Relations 66,* H 2, 245–269.

Weber, S., Maurer, S. (Hrsg.) (2006). *Gouvernementalität und Erziehungswissenschaft. Wissen – Macht – Transformation*. Wiesbaden: VS Verlag für Sozialwissenschaften.

Welter-Enderlin, R. (2006). *Resilienz. Gedeihen trotz widriger Umstände*. Heidelberg: Carl-Auer-Verlag.

Wernet, A. (2006). *Hermeneutik-Kasuistik-Fallverstehen*. Stuttgart: Kohlhammer.

Wernet, A. (2009). *Einführung in die Interpretationstechnik der Objektiven Hermeneutik*. 3. Aufl. Wiesbaden: VS Verlag für Sozialwissenschaften.

Vater, S. (2015). Bildung und die »Kunst, nicht dermaßen regiert zu werden«. In: Eveline Christof, Erich Ribolits (Hrsg.), *Bildung und Macht. Eine kritische Bestandsaufnahme* (S. 217-235). Wien: Löcker Verlag.

Wischmann, A. (2010). *Adoleszenz – Bildung – Anerkennung. Adoleszente Bildungsprozesse im Kontext sozialer Benachteiligung*. Wiesbaden: VS Verlag für Sozialwissenschaften.

Autor_innen und Herausgeber_innen

Burghardt, Daniel, Dr., Universität zu Köln,
Daniel.Burghardt@uni-koeln.de

Dausien, Bettina, Prof. Dr., Universität Wien,
bettina.dausien@univie.ac.at

Demmer, Christine, Dr., Juniorprofessorin, Universität Bielefeld,
christine.demmer@uni-bielefeld.de

Dietrich, Cornelie, Prof. Dr., Leuphana Universität Lüneburg,
cornelie.dietrich@uni.leuphana.de

Forster, Edgar, Prof. Dr., Universität Freiburg (Schweiz),
Edgar.Forster@unifr.ch

Grabau, Christian, Dr., Eberhard Karls Universität Tübingen,
christian.grabau@uni-tuebingen.de

Harant, Martin, PD Dr. Dr., Eberhard Karls Universität Tübingen,
martin.harant@ife.uni-tuebingen.de

Hebenstreit, Astrid, Dipl. Päd., Europa-Universität Flensburg,
astrid.hebenstreit@uni-flensburg.de

Heinze, Carsten, Prof. Dr., Pädagogische Hochschule Schwäbisch Gmünd,
carsten.heinze@ph-gmuend.de

Hinrichsen, Merle, Dipl. Päd., Europa-Universität Flensburg,
merle.hinrichsen@uni-flensburg.de

Horvath, Ken, Dr., Pädagogische Hochschule Karlsruhe,
kenneth.horvath@ph-karlsruhe.de

Hummrich, Merle, Prof. Dr., Europa-Universität Flensburg,
merle.hummrich@uni-flensburg.de

Klika, Dorle, Prof. Dr., Universität Siegen,
klika@erz-wiss.uni-siegen.de

Liesner, Andrea, Prof. Dr., Universität Hamburg,
andrea.liesner@uni-hamburg.de

Mai, Miriam, Dipl. Päd., Europa-Universität Flensburg,
miriam.mai@uni-flensburg.de

Mayer, Ralf, Prof. Dr., Universität Kassel,
ralf_mayer@hotmail.com

Miethe, Ingrid, Prof. Dr., Justus-Liebig-Universität Gießen,
ingrid.miethe@erziehung.uni-giessen.de

Ricken, Norbert, Prof. Dr., Ruhr-Universität Bochum,
norbert.ricken@rub.de

Sertl, Michael, Prof. Dr., Pädagogische Hochschule Wien,
michael.sertl@phwien.ac.at

Straehler-Pohl, Hauke, Dr., Freie Universität Berlin,
h.straehler-pohl@fu-berlin.de

Tervooren, Anja, Prof. Dr., Universität Duisburg-Essen,
anja.tervooren@uni-due.de

Thon, Christine, Prof. Dr., Europa-Universität Flensburg,
christine.thon@uni-flensburg.de

Wischmann, Anke, Dr., Leuphana Universität Hamburg,
anke.wischmann@uni-hamburg.de

Printed in Poland
by Amazon Fulfillment
Poland Sp. z o.o., Wrocław